비욘드 블랙

하늘 아래 우리는 모두 앞이 안 보인다

비욘드 블랙
장애 넘은 희망 스토리 60

초판인쇄   2009년 12월 1일
초판발행   2009년 12월 1일

지은이   김헌식
펴낸이   이찬규
펴낸곳   북코리아
등록번호   제03-01240호

주소   서울시 마포구 공덕동 115-13
전화   02) 704-7840
팩스   02) 704-7848
이메일   sunhaksa@korea.com
홈페이지   www.sunhaksa.com
ISBN   978-89-6324-045-9(03330)

값 15,000원

비욘드 블랙

장애 넘은 희망 스토리 60

김헌식 지음

북코리아

머리말

장애는 삶의 은유

이 책은 비록 영화를 주로 다루었지만, '장애'가 반영된 문화예술 작품을 대하는 창작자, 평가자ー연구자, 일반인들에게 각각의 함의점을 준다. 이 점을 살펴보기 위해서는 필자가 생각하는 기존 영상미디어와 콘텐츠의 한계를 지적해야 한다.

우선 장애를 소수자의 영역에 한정하는 것이다. 예컨대 장애인 영화는 소수자 영화에 묶여 있다. 소수자 영화제가 대표적이다. 이는 장애인 영화를 소수의 장애인에게만 해당하는 영화로만 인식시키는 결과를 낳게 했다. 하지만 장애는 누구나 가지고 있으며 그것은 경중(輕重)의 문제임을 우리는 잘 알고 있다. 사실상 장애는 물리적인 신체의 장애만이 아니라 정신적 혹은 마음의 장애까지도 포괄하는 인문학적인 주제이다. 하지만 그간 많은 영상 콘텐츠에 등장하는 장애의 문제는 그것이 실제 증상과 맞아떨어지는가에 초점이 맞추어졌다. 즉, 실제 장애인의 모습을 제대로 형상화했는가, 그렇지 않았는가에 주목하고 재단되었다. '증상'과 '행동' 양상에 천착했던 것이다. 증상에 정확하게 부합하는 영화일수록 좋은 영화였다. 이는 종종 메타포와 상징, 알레고리가 의미하는 문화 예술적 관점이 거세되는 결과에 이르게 했다. 요컨대, 문화예술콘텐츠에 등장하는 장애에 담긴 다양한 삶에 관한 철학과 혜안을 간과하는 결과를 낳았다. 따라서 이 책은 장애를 단지 물리적·정신적 장애의 증상에만 주목하지 않았다. 장애를 메타포와 상징, 알레고리로 대하고 그것이 주는 삶에 관한 함의점을 이끌어 내려고 했다.

이 책에서 다루고 있는 영상콘텐츠 가운데는 기존의 장애인 영화의 범주에 들어가지 못했던 작품들이 많다. 비록 장애인이 비중 있는 역할로 등장하지 않거나 주제가 장애인 문제가 아니어도 다루었다. 이것도 기존의 장애 관련 영화들의 한계에서 탈피하려는 의도에서 비롯했다. 여기에는 약간의 설명이 필요하겠다. 대개 장애인 영화제에서 인정하는 장애인 영화는 장애인이 제작하거나 장애인에 관한 주제 의식을 드러내야 한다. 또한 주인공이 장애인이어야 하며, 주요 조연에 비중 있게 장애인이 등장해야 한다. 이러한 접근은 장애인과 장애인 인권을 널리 알리고 진작시켜 정책적 방안을 도출시키는 데 유용할 수 있을 것이다. 다만, 일정한 범주를 구획하면, 그것에 포함되지 않는 것이 문제가 될 수도 있다. 장애인을 규정하고 그것을 내세울수록 장애인과 비장애인의 구분이 확연해지고, 장애인과 비장애인의 통합적인 관점이 저해될 수가 있다.

그동안 장애인 영화는 장애인 관련 주제와 주인공을 다루었을 때만 관련 이해관계자들이 주목했지만 수많은 영화에는 장애인들이 빈번하게 등장한다. 비록 그 장애인들이 주인공이거나 주요 조연은 아니라고 해도 매우 큰 의미를 주는 경우가 많았다. 또한 왜곡된 모습을 투영하는 경우도 생겼다. 하지만 기존의 영화 평가에서는 이러한 부분이 간과되는 경향이 많았다. 장애인은 비장애인과 구분되는 이들이 아니라 같은 사회적 구성원이다. 따라서 장애인 제작자, 주인공, 주제 의식에 꼭 매달릴 필요는 없다.

이 때문에 이 책에서는 기존에 우리가 알고 있는 장애인 영화의 범주에서 벗어난 영화까지도 포함하고 있다. 비록 그 배역의 비중이 작다고 해도 상징적 혹은 알레고리를 통해서 삶의 지혜와 혜안을 주는 경우를 다루었다. 이 책은 매주 한 편씩 장애 관련 영화들을 5년 동안 분석한 100여 편의 리뷰 가운데 60여 편을 뽑은 것이다. 이 책의 목적은 기존의 장애 관련 영화들의 한계를 벗어나서 장애 관련 영상콘텐츠를 정리하는 것이다. 이렇게 정리하는 작업은 창작자나 독자에게 모두 차별화된 가치를 선사하리라 생각한다.

우선, 창작자에게는 장애에 관한 여러 가지 아이디어나 영감을 줄 수 있다. 그동안 장애 관련 영화들을 한 번에 묶어 놓는 작업들이 거의 없었다. 이 책과 같이 한 번에 묶어 놓음으로써 장애가 실제로 문화예술에 어떻게 적용되고 있는지 일목요연하게 살펴볼 수 있을 것이다. 설령 장애인 감독이라고 해도 장애를 객관화시킬 수 있는 계제는 많지 않다. 오히려 장애인 제작자의 작품이 비장애인 제작자의 작품보다 이상한 결과를 낳기도 했다. 이 책의 시각이 모두 정확하거나 반드시 옳은 관점이라고 강변할 수는 없지만, 장애에 대한 다양한 관점이나 해석을 제시하려 했다. 이는 다른 작품으로 창작되는데 준거점은 될 것이다.

요컨대, 장애에 대한 다양한 관점을 접하고 그것을 활용해서 다른 작품을 창작하는데 참고할 수 있을 것이다. 아울러 흔히 잘못 접근할 수 있는 장애에 대한 편견이나 왜곡을 이 책을 통해 미연에 방지할 수도 있을 것이다. 또한 단순히 상징이나 메타포를 분석하는데 그치는 것이 아니라 스토리라인에서 장애가 어떤 기여와 역할을 할 수 있는지 가늠할 수 있다. 따라서 장애인 영화가 아니라고 해도 다른 콘텐츠를 제작할 때도 장애를 통해 스토리를 구성할 수 있는 구조를 볼 수 있다. 이 때문에 각각 영화를 다룬 꼭지들은 수사학적인 기술을 자제하면서 그 스토리구조를 최대한 자세하게 밝히려고 했다. 즉, 스토리텔링을 통해서 장애가 갖는 인문학적인 성찰을 추구했다. 다만, 때로는 인문학적인 성찰만이 아니라 심리학적 이론을 적응하고 사회과학적인 접근을 통해 객관화를 기하려고도 했다.

무엇보다 이 책은 어려움과 고통 속에서도 희망을 꿈꾸는 사람들에게도 의미점을 갖는다. 장애는 특정 누군가에게만 해당하는 것이 아니기 때문이다. 장애는 다른 말로 고난과 고통, 역경을 뜻하기도 한다. 우리는 언제든지 수많은 난관에 부딪히게 된다. 그것은 유형무형으로 우리들을 어렵게 한다. 우리는 그것을 뛰어넘고 행복해지기를 원한다. 역시 그것은 하나의 상징이며, 메타포로 우리에게 삶의 성찰을 제공한다. 60편에 담긴 각각의 스토리에는 등장인물과 그들이 난관을 넘고 이겨내는 가운데 희망과 꿈을 전하는 내용이 담겨 있다. 이 가운데 많은 작품들이 실제 일어난 이른바 실화를 바탕으로 하기도 했다. 어려운 시기, 이러한 스토리와 캐릭터들은 삶을 더 진전시키는 데 지혜와 용기, 혜안을 줄 것이다.

차례

1 어둠은 생명의 시작

블랙(Black, 2005)

시각장애인에게 블랙은 암흑이다. 암흑은 갑갑함이다. 블랙은 장애인 모두에게 암흑이다. 그러나 블랙은 일상의 공기와 같다. 절대적인 존재 혹은 자연적 질서와 능력 앞에 모두 블랙이다. 암흑일 때 밝음을 꿈꿀 수 있다. 그리고 생명을 준비할 수 있다. 항상 블랙은 생명과 삶의 근간이다.

"하느님 아래 여러분은 모두 눈이 안 보이는 사람들입니다."

영화 〈블랙(Black)〉은 이렇게 여주인공의 내레이션으로 시작한다. 블랙은 듣지도 말하지도 못하는 소녀와 오랫동안 갖은 어려움을 참으며 헌신하는 특수학교 선생의 이야기다.

미셸 맥날리(아예샤 카푸르 분)는 두 살 때 귀가 안 들리고, 눈이 보이지 않았다. 따라서 귀와 눈은 블랙, 즉 어두움에 빠지고 만다. 어둠은 대개 눈이 보이지 않고 들리지 않는 장애인의 세계를 나타낸다. 미셸은 이렇게 말했다. "어릴 적에, 전 항상 뭔가를 찾았습니다. 하지만 결국 찾은 것은 어둠뿐이었습니다." 하지만 어둠이 어디 장애인에게만 해당될까? 비장애인이라고 해도 어둠에 빠져 있기는 마찬가지다. 그런 면에서 장애인이나 비장애인은 같다. 완전히 같지 않은 것은 당장에 빛은 볼 수 있다는 점. 하지만 그것이 영원할 수는 없으며, 비장애인보다 더 못한 지경에 이르기도 한다. 무엇보다 어둠은 답답한 의미만 함축하고 있는 것은 아니다. 어둠은 노자가 말한 현의 철학과 맞닿아 있는데, 영화 〈블랙〉은 이 노자의 현과 비교해 볼 수 있다.

눈이 안 보이고 귀가 들리지 않는 미셸은 짐승처럼 길러지며 각종 말썽을 일으킨다. 불을 지르고, 동생을 내동댕이치고…. 이에 아버지는 미셸을 기관으로 보내자고 한다. 하지만 미셸의 엄마는 극구 반대한다.

미셸의 부모는 마지막 끈이라도 잡는 심정으로 미셸을 담당할 가정교사를 한 명 부른다. 혹시나 미셸의 인생에 빛을 가져다 줄 선생인지도 모른다며 연락을 하게 된다. 30년 경력을 자랑하는 자신감에 찬 테라둔의 특수학교 교사 사하이 선생을 직접 만나 본 미셸의 부모는 기대감이 커진다. 데브라이 사하이(아미타브 밧찬 분) 선생은 손가락을 펼쳐 보이면서 그 손으로 미셸에게 세상을 가르치겠다고 한다.

"이 손가락으로요. 맥날리 씨, 이게 눈이 안 보이는 이의 눈이오, 농아의 목소리며, 귀가 안들리는 사람의 시지요."

어둠 속에서는 눈이 필요 없어요

사하이 교사는 곧 미셸의 부모를 놀라게 한다. 평소 미셸의 부모는 미셸이 어디 있는지 항상 알 수 있도록 허리춤에 방울을 달아놓았다. 사하이 선생은 이를 보고 분노한다. 마치 개나 고양이 취급을 하는 행위라고 생각했기 때문이다. 또한 식사시간에 미셸이 자기 멋대로 일어나서 손으로 밥을 먹는 것을 보고 사하이 선생은 다시금 화를 낸다. 식구 어느 누구도 식사예절을 가르치려는 것이 아니라 방치하는데서 더욱 화가 난 것이다. 사하이 선생은 미셸을 자리에 앉히고 수저를 사용하도록 강압한다. 그러자 미셸의 아버지는 "장애를 가진 아이가 불쌍하지도 않냐"고 항의한다. 이에 사하이 선생은 "사람은 사람답게 길러야지 이렇게 막되게 내버려두는 것은 잘못된 것"이라고 말한다. 그리고 미셸을 멋대로 장애인 취급을 하지 말라고 말한다. 동정적이고 시혜적인 태도가 장애인에게는 결코 도움이 되지 않는다는 상식을 생각해 보면, 미셸 부모의 행동은 어린 장애 소녀를 위하는 것이 아니라 망치는 것일 수도 있기 때문이다.

자리에 앉지도 않고, 수저를 사용하지 않으려고 몸부림치는 미셸에게 크게 혼을 내는 사하이 선생. 자기 마음대로 할 수 없자, 미셸은 사하이 선생의 뺨을 때린다. 더욱 놀라운 것은 사하이 선생 역시 바로 미셸의 뺨을 때린다. 예절에 맞지 않게 행동하면 밥을 주지 않는 것과 마찬가지다. 잘못하는 행동에 대해서는 그에 대응하는 벌을 내려 이를 통해 행동을 바로잡는다. 그러자 미셸은 자리에 앉아 수저로 밥을 먹는 흉내를 내기 시작한다. 이를 본 미셸의 엄마는 기뻐한다. 하지만 미셸의 아버지는 사하이의 교육방식을 못마땅하게 생각해서 그에게 다음 날 첫 차로 떠날 것을 명령한다. 그리고 미셸에게서 떼어놓은 방울을 제자리에 돌려놓으라는 말까지 잊지 않는다. 다행일까. 미셸의 아버지는 그 명령을 내리고 아침에 출장을 떠난다. 하지만 사하이 선생은 미셸의 아버지가 말한 것을 따르지 않는다. 사하이 선생은 미셸의 어머니에게 20일 동안 미셸을 변화시키겠다고 말한다. 하지만 미셸의 엄마는 미셸의 아버지가 이미 사하이 선생을 해고했고, 너무 매몰차게 아이를 몰아세우는 듯싶어 허락하지 않는다. 하지만 사하이 선생의 인간미와 열정에 순간적으로 감동해서 20일 동안의 시간을 허락한다.

사하이 선생은 무슨 말을 했던가. "만약 저를 내보내시면 미셸은 정말 농아가 되고, 나아가 지적장애아가 될 것이고 기관에 수용될 것"이라고 말한다. 이에 미셸의 엄마는 자신이 살아있는 한은 절대로 기관에 수용되는 일은 없을 거라고 말한다. 그러자 사하이 선생은 이렇게 말한다.

"내가 살아있는 한은? 저희 어머니도 그런 말씀을 하셨지요. 과연 그럴까요? 맨 처음에 우리 어머니도 그렇게 다짐하셨지요. 절대 누이를 기관에 보내지 않겠다고. 그러나 나중에는 자발적으로 어머니 스스로 누이를 기관에 가두셨어요. 누이는 그렇게 수용소 철문 뒤로 사라졌어요."

어느새 사하이 선생의 눈에는 눈물이 그렁그렁 했다. 미셀이 만지고 먹는 모든 사물의 이름을 가르치고 수화로 대화를 할 수 있도록 공간은 물론 모든 것을 바꾸겠다고 말한다. 심지어 그동안 끊지 못했던 자신의 음주 습관도 말이다. 20일 동안 어떤 변화를 이끌어내지 못하면 사하이 선생은 정말 떠나야 한다. 첫 시간, 사하이 선생은 식사법을 가르치려 한다. 사하이 선생은 케이크를 앞에 두고 팔에 철자를 적고, 미셀의 손을 자신의 입에 대고 발음 모양을 느끼게 한다. 하지만 쉽지 않다. 미셀은 여전히 자기 마음대로 먹으려고 한다. 미셀의 몸부림에 전구가 꺼진다. 암흑, 블랙이다.

　불이 꺼지자 케이크는 미셀의 손에 들어간다. 어쩌면 당연하다. 사하이 선생은 아무것도 보이지 않자, 미셀의 엄마에게 도움을 청한다. 불을 들고 방으로 올라간 미셀의 엄마에게 사하이 선생은 이렇게 말한다.

"빛에 비하면 눈은 별로 중요하지 않아요. 어둠 속에서는 눈이 필요 없다는 것을 미셀을 가르치는 동안 배웠어요."

하루는 여러 가지 사물의 존재를 알려주기 위해서 분수대로 데려가 물을 워터라고 알려준다. 알려주는 방식은 케이크와 같았다. 먼저 미셀의 손에 떨어지는 분수대의 물을 닿게 하고, 철자를 팔에 써주는가 하면 워터를 발음하는 사하이 선생의 입에 미셀의 손에 대게 한다. 창밖

으로 이 모습을 본 미셸의 엄마는 이렇게 말한다.

"미셸은 물을 무서워해요."

손끝에 느껴지는 그 차갑고 시린 감촉은 눈과 귀가 소용없는 이에게
매우 두려운 대상이 될 수밖에 없다.

　한편, 미셸은 자기 독백을 통해 천천히 관계에 대해서 알아갔다.
가시와 아픔에 대해서, 물과 목마름에 대해서, 이름과 의미에 대해서.
빗물을 통해 워터는 미셸에게 제대로 알려준 최초의 단어였다. 설리
번 선생도 헬렌에게 사물을 손에 쥐어주고 손바닥에 철자를 써주면서
이름과 사물의 관계를 이해시켰다. 듣고 볼 수 없는 아이에게 단어 하
나를 익히게 할 때는 다른 사람의 손바닥에 글씨를 써주어 촉각적 기
억으로 익숙하게 해야 한다.

　20일의 시간은 너무나 짧았다. 어느새 아버지가 돌아오는 날이 되
었다. 미셸의 엄마는 내일 집을 떠나라고 사하이 선생에게 통보한다.
미셸은 확실한 변화를 보이지는 않고 새벽은 밝아온다. 드디어 사하

이 선생이 나가야 할 때가 온다. 애원하는 사하이 선생 앞에 미셸의 아버지가 마침내 엄한 모습을 드러낸다. 짐을 싸가지고 나가는 동안 그는 식사를 하고 있는 미셸을 본다. 전날까지 수저로 밥을 먹던 미셸이 20일 전의 모습으로 다시 돌아가 제멋대로 하고 있는 모습을 보자 사하이 선생은 그것을 그대로 보고 있지 못한다. 자리에 앉아 수저로 음식을 먹이려 하지만 말을 듣지 않는 미셸. 그는 미셸을 데리고 분수대로 간다. 그리고 그 분수대에 미셸을 빠뜨린다. 가장 두려운 존재 한가운데로 던져 버린 것이다. 물은 공포와 고통, 두려움과 시련 등을 극대화하는 상징이다. 가장 두려워하던 곳에 빠진 미셸은 비로소 그 무서워하던 존재에 대해서 인식하게 된다. 워터, 그것은 물이었다. 그리고 다시 미셸은 풀과 꽃을 만지고, 그것을 발음하려 한다. 그때마다 사하이 선생은 글자를 손과 팔에 적어주고 입의 발음을 느끼게 한다.

그 순간 사하이 선생은 미셸의 엄마 매날리 부인을 부르고, 미셸은 엄마(Mom…)와 아빠(Fa…)를 차례로 발음하려 한다. 부모는 감격하고 만다. 그리고 선생님(Tea…)도 발음한다. 그 뒤 미셸은 본격적으로 세상에 대한 학습을 시작한다. 미셸은 이제 겨우 큰 산을 하나 넘었다. 다시 더 큰 산을 넘기 위해 그녀는 길을 나서야 했다.

어느 날 파티장에서 사하이 선생은 대학의 학장인 페르난데 씨를 만난다. 그는 페르난데 씨에게 미셸이라는 학생을 신입생으로 부탁한다. 무대에서는 미셸 맥날리(성인 역, 라니 무케르지 분)가 노래에 맞추어 춤을 추고 화음을 넣고 있었다. 이를 보고 있던 페르난데 씨는 경탄한다. 사하이 선생은 바로 저 여학생이 미셸이라고 말한다. 그러나 페르난데 학장은 미셸이 장애인이라는 말에 놀라며 장애인은 특수학교에 가야지 일반대학에서 공부할 수는 없다고 한다. 하지만 사하이 선생은 그러한 차별을 두면 안 된다고 강하게 주장한다. 마침내 미셸은 면접시험을 보게 된다. 그녀는 면접시험을 통과할 수 있을 것인가?

"아메리카는 인도의 어느 쪽에 있는가?"
"지구는 둥글어 어느 쪽으로 가든 아메리카를 갈 수가 있습니다."
"미셸 씨에게 지식이란 무엇인가?"
"지식은 빛이며, 용기이고, 지혜이며, 영혼입니다."
"브라보!"

심사위원들은 미셸의 재치 있는 답변에 감동한다. 드디어 미셸은 대학생이 되었다. 사하이 선생은 강의 시간에 같이 출석해서 수화로 강의 내용을 설명해 주었다. 대학의 강의와 공부에 임하는 미셸의 나날은 활기와 행복으로 가득 찬다. 그런데 졸업은 더욱 난관으로 다가온다. 정해진 시간에 답안을 제출하지 못하는 미셸은 번번이 낙방한다. 그러던 가운데 엎친 데 덮친 격으로 사하이 선생은 알츠하이머병의 징조를 보인다. 그는 주변 사람들을 깜빡 깜빡 잊어버리는 증세를 보인다. 심지어 미셸조차도 기억하지 못한다.

이런 중에 미셸의 동생 사라가 결혼한다. 미셸은 자신이 평생 사랑도 못하고 결혼도 할 수 없을 것이라는 공포감에 휩싸인다. 이러한 심리 속에서 그녀는 사하이 선생에게 그 사랑의 감정을 얻으려 한다. 그리고 자신에게 키스를 부탁한다. 볼이 아니라 입에 하는 키스. 선생은 그 키스로 선생의 품격을 잃는다는 사실을 알게 되었는데도, 미셸에게 키스를 한다. 그리고 떠나며 이러한 말을 남긴다.

"어둠이 필사적으로 널 집어 삼키려 할 거야. 하지만 넌 항상 빛을 향해 걸어가야 돼. 희망으로 가득한 너의 발걸음이 날 살아있게 할거야. 미셸."
"제게 여자의 품격을 주시려고…. 당신은 선생님으로서의 모든 품위를 잃으셨습니다."

미셸은 자신의 품격을 잃으면서 미셸을 배려한 사하이 선생을 존경하며, 반드시 선생님을 찾아 졸업 가운을 입은 모습을 보여주려고 노력한다. 그렇게 시험에 도전한 지 12년이 흘렀다. 그즈음 알츠하이머병으로 아무도 아무것도 기억하지 못한 채 사하이 선생이 되돌아온다. 그렇게 배려했던 미셸조차도 알아보지 못하고 혼자 몸을 간수하기도 힘들어 한다. 마치 미셸이 어린 시절 눈과 귀가 어둠에 갇혀 사람과 세상에 단절되어 있었듯이. 미셸은 사하이 선생이 알츠하이머병을 극복하고 세상으로 돌아올 것을 믿는다. 마치 사하이가 미셸이 세상의 인식 체계로 돌아올 것을 굳건하게 믿었듯이.
　마침내 졸업식 장에 선 미셸은 그곳에서 이렇게 말한다.

"수차례 떨어지기는 했지만 거미는 마침내 집을 지었습니다. 여러분이 20년 걸린 일을 저는 40년 걸렸지만 결국 해내었습니다."

생명과 꿈의 색

어느덧 마흔이 된 미셸. 미셸은 자신을 거미와 비교했다. 거미집을 지을 때 여러 번 떨어져도 다시 올라가 짓고 마는 거미의 행동을 자신과 비교한 것이다. 자신도 번번이 시험에서 떨어져도 끝끝내 다시 도전해서 마침내 시험에 통과하고 졸업을 할 수 있었기 때문이다.

"제겐 모든 것이 검습니다. 그러나 선생님은 나에게 그 의미를 다르게 알려주셨습니다. 검은색은 어둠과 갑갑함만이 아닙니다. 그것은 성취의 색이며, 지식의 색입니다. 졸업 가운의 색입니다. 우리의 꿈이 이루어진 것을 보여드리고 싶기 때문에 오늘 저는 가운을 입지 않았습니다."

사하이 선생은 '미셸에게 알파벳의 처음 시작은 a, b, c가 아니라 b, l, a, c, k.'이라고 말한 적이 있다. 미셸에게는 모든 의미의 출발은 달라야 한다는 것이다. 그것은 어둠을 인정하는 데서 출발한다. 그것은 단순히 갑갑함만은 아니라 성취의 색, 생명의 색이다.

"생의 시작이 어머니의 자궁이든 대지이든…. 그 여정은 어둠에서 시작되어 어둠으로 끝납니다."

어둠은 검음을 나타내는 한자어는 玄이다. 현(玄)은 가물 현, 검을 현으로 번역된다. 아득하다(幽遠), 현묘하다(理之妙), 고요하다(淸靜)를 뜻하기도 하며, 하늘을 궁극적으로 의미하기도 한다. 높고 끝이 없어 가물가물한 하늘의 모습을 현이라고 했다. 도덕경 제6장에서는 '玄牝之門(현빈지문)'을 시위천지근(是謂天地根), 즉 하늘과 땅의 뿌리(天地根)라고 했는데 이는 곧 '생명을 잉태하여 낳는 문'이라는 뜻이다. 소리가 들리지 않고 보이지 않는 검은 공간은 생명의 기원이다. 어둠의 공간은 신이 죽지 않고, 영원불사하는 곳이다. 미묘하면서도 끊어지지 않아 신묘함이 함께 있는 공간이기도 하다. 깊고 오묘하게 숨겨져 있으니 이는 여성을 의미하기도 한다. 현은 씨앗이다. 씨앗은 생명이 담긴 오묘한 검은 존재다. 현과 밀접하게 관련된 글자는 축(畜)이다. 축

(蓄)은 본래 하늘밭(天玄之田)이라는 말이다. 점차 쌓여서 어느 순간 질적인 급격한 변화가 일어난다. 그것은 경천동지할 일일 수 있다. 다시 모든 생명은 씨앗으로 축적되고, 그것은 다시 어느 순간 생각지도 못하던 존재로 변화한다. 미셸은 그 공간에서 새로운 빛과 생명을 열었다. 그것은 혼자만의 빛과 생명은 아니다.

병원으로 가운을 입고 찾아간 미셸. 그녀를 본 사하이. 사하이는 마침내 미셸을 알아본다. 그리고 가운 입은 미셸을 한참이나 둘러보면서 눈물을 흘린다.

"우리의 꿈이 이루어졌어요."

그리고 미셸은 문을 열어 빗물을 사하이의 손에 닿도록 한다. 사하이는 비로소 의식이 돌아오게 된다. 사하이 선생이 미셸에게 세상의 빛으로 가는 방법을 물로 알려주었듯이 미셸도 알츠하이머에 걸린 사하이를 물로써 인도한 셈이다. 알츠하이머는 불치병이라고 포기하라는 말을 들으면서도 꿋꿋하게 사하이 선생을 그 상태에서 벗어나게 할 수 있다고 확신한 미셸이 마침내 이긴 것이다. 미셸의 내레이션은 이렇게 마무리한다.

"오늘은 사하이 선생이 학교에 처음 가는 날입니다. 그에게 알파벳의 처음은 a, b, c가 아니라 b, l, a, c, k."
"하느님 아래에서 여러분은 모두 눈이 안 보이는 사람들입니다. 여러분 가운데 어느 누구도 하느님을 보지 못했으니까요."

여기에서 말하는 하느님은 기독교에서 말하는 하느님은 아니다. 신적 존재를 의미하는데 이는 절대적 존재이다. 절대적 존재는 겉으로 보이지 않는다고 존재하지 않는 것은 아니다. 절대적 존재는 시각적·청

각적 인지만으로 그 존재를 증명할 수는 없는 것이다. 신적 혹은 절대적인 존재는 진리이며 본질일 수도 있다. 진리와 본질을 보는 것은 당장에 시각과 청각을 벗어나는 일이다. 진리와 본질을 보지 못한다면 모두 눈이 안보이고 귀가 안 들리는 셈이다. 모든 것을 보고 듣는 것 같지만, 실제로는 아무것도 보고 듣지 못한다. 헬렌 켈러 이야기와 비슷하면서도 다른 것은 이러한 어두움에 대한 인식적 가치관의 다름이 아닐까? 그럼에도 데브라이 사하이는 말했다.

"인생은 아이스크림이다."

녹기 전에 맛있게 먹어야 한다.

죽음은 또 다른 생명을 낳는다

내사랑 내곁에(2009)

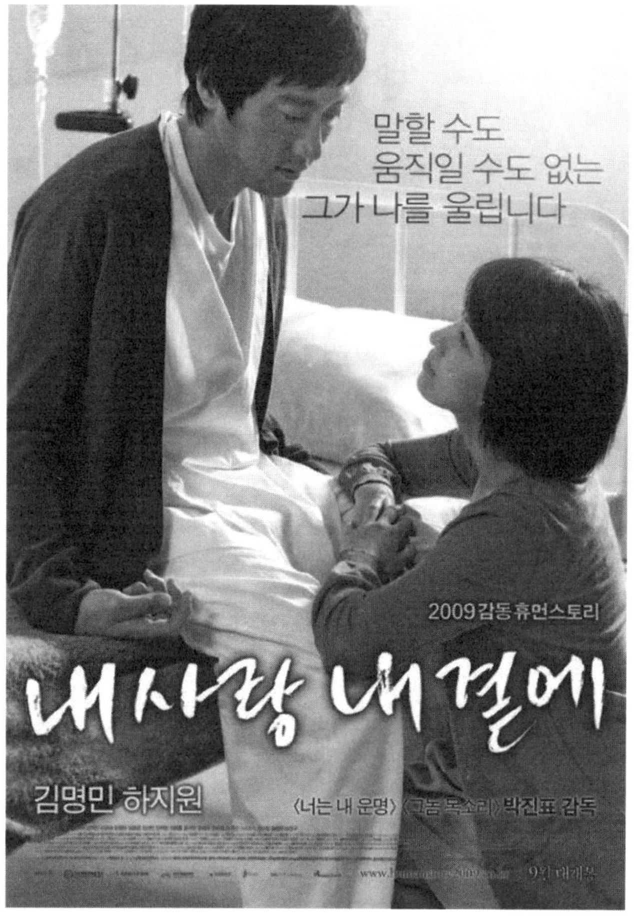

블랙은 죽음을 상징하기도 한다. 하지만 블랙은 블랙으로 끝나는 것이 아니라 새로운 삶과 희망을 잉태시킨다. 비록 개체는 죽을지 몰라도 다른 생명들이 존재할 수 있도록 계기와 자양분을 준다. 영화 〈내사랑 내곁에〉는 이런 점을 담고 있다. 죽음이 그러하듯 장애도 누군가의 새로운 삶을 탄생시키거나 생의 전환을 이루어낸다. 이는 영화 〈선샤인 클리닝〉의 윈스턴이 상징한다.

"원래 사람은 다 죽어. 그냥 하루하루 행복하게 살면 되는 거야."

자연계에서 한 생명체의 죽음은 또 하나의 탄생을 낳는다. 혹은 다른 무수한 생명을 존재하게 한다. 하나의 사라짐은 다른 하나의 탄생과 관련된다. 영화 〈내사랑 내곁에〉에서 종우 어머니의 죽음이 없었다면 주인공들의 만남과 사랑의 탄생은 없었듯이.

여주인공 지수(하지원 분)가 먹고 살 수 있는 것은 누군가의 죽음 때문이다. 지수의 직업이 장례지도사이기 때문이다. 장례 지도사는 다른 사람의 죽음이 없으면 존재할 수 없다. 종우(김명민 분)가 지수와 만난 것은 종우의 죽음 때문이다. 만약 종우의 어머니가 죽음을 맞지 않았다면, 종우가 장례대행업체를 찾을 리는 없었을 것이다. 대행업체 직원이 어린 시절 같이 한동네에서 살던 지수라는 사실을 알고 종우는 설렌다. 하지만 종우는 지수에게 과연 자신의 감정을 털어놓을 수 있을 것인가. 그는 루게릭병에 걸렸다. 근육은 차츰 굳어가고 곧 생명을 멈출지도 모른다. 그러나 종우는 장례식 마지막 날, 하얀 국화꽃 한 송이를 지수에게 주면서 사랑을 고백하고 정식으로 사귀자고 말한다. 여기에서 하얀 국화꽃은 죽음을 맞은 사람에 대한 조의(弔意)의 뜻

을 지니고 있다. 영화에서는 죽음을 상징하지만 새로운 사랑의 탄생을 함축했다. 그런데 루게릭병 환자를 과연 지수가 받아들일 수 있을까? 더구나 지수같이 예쁘고 성격도 좋으며 나무랄 데 없는 젊은 여성이 말이다. 영화는 이를 가능하게 만들려고 장례지도사라는 직업을 둘러싼 편견을 활용했다. 시체를 닦는 손이 더럽다며 두 번이나 이혼시켰다. 결국 남의 죽음을 도맡아 주는 직업 때문에 둘의 사랑이 가능해질 수 있었던 것이다. 그렇다면 종우의 죽음은 무엇을 탄생시켰을까. 그들의 아름다운 사랑일까. 아니면 그 영화를 본 수많은 관객들의 가슴에 영원히 생생하게 살아남았던 감동일까?

죽음은 생명을, 장애는 비장애를 잉태

최근 죽음에 관한 새로운 인식이 필요하다는 문제제기가 많이 일어나고 있는 가운데 영화 〈내사랑 내곁에〉는 이 점에 대해 여러 가지를 생각하게 만든다. 죽음이 새로운 탄생을 예고하듯이 사회가 변화하면 사라지는 일자리가 있는 반면 새로 생기는 일자리가 있기 마련이다. 실제로 죽음은 많은 이들에게 뜻하지 않는 새로운 일자리를 잉태하게 하는 모양이다. 노령인구가 많아지면서 그에 따른 직업도 같이 생기고 있다. 그 가운데 하나가 유품정리사라는 직업이다. 최근 국내에 요시다 다이치(吉田太一)의 『유품 정리인은 보았다!』라는 책이 번역 출간되었다. 요시다 다이치는 2002년 최초로 '키퍼스'라는 유품 정리와 사후 청소를 도맡아 처리하는 업체를 만들었고, 스스로 유품 정리인이 되었다. 유품 정리인이 하는 일은 주로 쓸쓸하고 고독하게 세상과 이별한 사람들을 수습, 장례를 치르는 것은 물론 남긴 물건을 처리한다. 뿐만 아니라 재산이나 금융, 상속 등의 법적 절차 등도 담당한다. 만화와 영화도 이러한 직종을 다룬 작품들이 있다.

　『나인틴』의 작가 기타가와 쇼의 만화, 『데스 스위퍼(Death Sweeper)』

는 시체의 흔적을 치우는 사람들의 이야기를 다루고 있다. 물론 주인 공은 유품 정리와 청소 담당회사 스위퍼스의 직원 미와 레이지가 아니다. 갑작스런 형의 죽음을 맞게 된 동생의 시선으로 죽음과 흔적에 대한 성찰이다.

할리우드 영화 〈선샤인 클리닝(Sunshine Cleaning, 2008)〉은 비슷한 내용이지만, 약간 다른 면을 보여준다. 미혼모인 로즈는 동생과 같이 청소업을 하게 되는데, 이른바 범죄 현장 등을 청소한다. 가정폭력이나 폭행, 살인의 현장이나 그 때문에 흔적이 심하게 남아있는 실내 공간을 청소한다. 그들이 하는 일 가운데는 독거노인이 자살하거나 홀로 사망한 자리를 청소하는 일도 있다. 하지만 유시다 다이치의 유품 정리인처럼 각종 재산이나 금융관계까지 처리하지는 않는다.

그런데 이 영화에서는 장애인의 관점에서 주목해야 할 인물이 등장한다. 그는 바로 윈스턴(클리프튼 콜린스 주니어 분) 씨다. 그는 팔이 하나 없고 청소용품점을 운영한다. 로즈 로코스키(에이미 애덤스)는 동생과 함께 가게 주인 윈스턴을 통해 청소업체를 운영할 때 필요한 자격증과 여러 사항들을 들어준다. 윈스턴은 그의 아들 오스카를

돌봐주기도 한다. 그러는 동안 둘 사이에서 뭔가 교감을 느끼기도 한다. 그 사이 윈스턴에게 능동적인 장애인의 모습이 드러난다. 다음과 같은 이야기에서 그의 이런 모습이 드러난다. 로즈와 동생은 처음 청소업에 뛰어들면서 청소용품을 사기 위해 윈스턴의 청소용품 가게에 들른다. 친구가 찾아와 500달러 받고 뛰어든 풋내기들이 있다는 말을 하면서 폐기물을 그대로 쓰레기장으로 버릴 것이라며 흉을 본다. 맞는 이야기였다. 윈스턴은 그 둘이라고 생각하면서도 모른 체 해준다. 그는 청소업에는 관련 자격증(BBP)이 있어야 한다면서 자격증 이수 강좌를 알려준다. 또한 각종 세미나를 통해 정보를 얻도록 도와준다. 아들을 혼자 키우는 로즈는 동창 모임에 나가기 위해 아들을 누군가에게 맡겨야 하는 상황이 벌어진다. 그때 로즈가 아들을 맡기는 사람이 윈스턴이다. 윈스턴의 가게에 맡기는 것이다. 윈스턴은 로즈에게 단순히 스쳐지나가는 존재가 아니다.

그런데 왜 영화는 팔이 없는 그를 등장시켰을까? 여기에서 장애인은 스스로 독립적인 점포를 운영하는 경제적 주체로 등장하고 있다. 처음 청소 일을 하는 그들에게 친절하게 정보를 제공해주고, 다른 사람들에게서 공격을 당하거나 자칫 일을 잘하지 못하고 도태되지 않도록 도와준다. 그는 일을 하는 동시에 아이도 보는 양육의 주체자이다. 장애인은 항상 양육되는 보호의 대상인 듯한 기존의 태도와는 사뭇 다르다.

로즈는 일이 잘 풀리지 않자 윈스턴에게 와서 하소연을 한다. 동창 모임에 나간 사이 노라가 청소 일을 나갔다가 고객의 집에 불을 내어 많은 돈을 상실하고, 동창모임에서도 유쾌하지 못했던 것이다. 윈스턴은 로즈의 하소연을 들어주고 다독인다. 로즈는 자신이 잘하는 게 아무것도 없다고 말한다. 오로지 결혼해주지 않은 남자들과 사귀기만 잘하고 하나 더 있다면 응원 정도랄까?

로즈는 고객의 집을 태웠을 때 그 집을 어떻게 보상하게 되는지 묻고, 윈스턴은 보험을 통해서 보상하게 된다고 말한다. "자격증도 없고, 자격증이 있다면 사고를 당해도 더 많은 보상을 받겠죠?"라고 로즈가 말하자 윈스턴은 고개를 끄떡인다. 이와 같은 일련의 에피소드들은 일상생활에서 장애인이 어떠한 존재인지를 나타낸다. 비장애인의 든든한 후원자, 지지자, 친구가 된다는 점을 잘 보여주고 있다. 그가 이렇게 여주인공을 도와주는 이유는 장애인으로서 경제적 독립과 생계 문제에 관해 많은 고민을 했었기 때문이다. 경제적 자립에 성공한 장애인이 비장애인의 경제적 자립을 도운 것은 물론 삶이 장애에 걸리지 않도록 최선을 다한다.

어쨌든 유품 정리인이라는 직업은 고령화 사회와 나홀로 가정이 늘어나면서 발생한 것이다. 우리나라에서는 얼마 전까지만 해도 장례 지도사의 중요성이 크게 부각이 되지 않았다. 하지만 지금은 대학에 관련 학과가 생겼고, 상조에 관한 업체도 크게 증가했을 뿐만 아니라 대기업도 이 분야에 진출하고 있다.

고독한 죽음의 증가, 정책과제의 탄생

한국에는 아직 유품 정리인이 없지만, 고령화 사회와 나홀로 가정이 늘어나면서 언제든 등장할 수 있다. 장의사도 장례 지도사로 바뀌어 전문직업인으로 인정받은 지 얼마 안 되었기 때문에 아직 드라마나 영화에 그렇게 많이 등장하지는 않았다.

영화 〈내사랑 내곁에〉에는 장례지도사가 등장한다. 죽음의 문화에 대한 한국적 특성과 편견 때문인지 장례 지도사인 지수의 결혼 생활은 평탄하지 못했다. 지수는 두 번이나 장례 지도사라는 직업 때문에 이혼한다. 그리고 그것을 받아주는 이가 종우다. 하지만 종우는 루게릭병으로 시한부 인생을 살고 있다. 그것을 알고 있음에도 불구하고 아름다운 지수는 종우와 결혼한다. 그리고 종우의 아이를 갖고 싶어 한다.

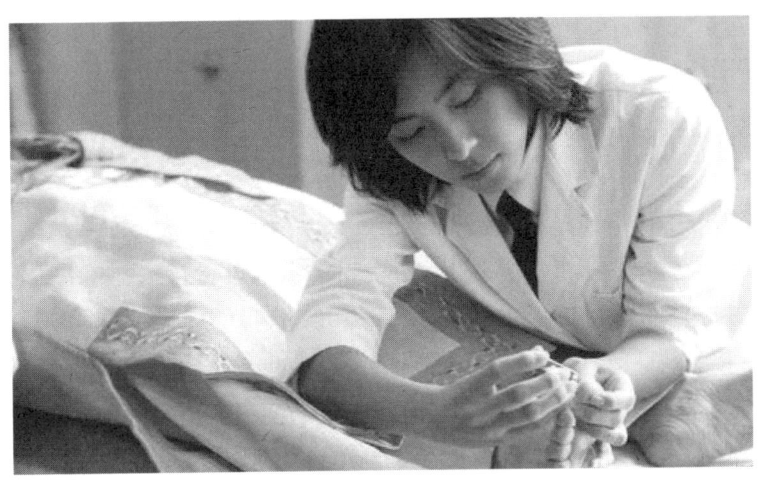

영화의 핵심적 장면은 아내가 자신이 사랑하는 남편을 염(殮)하는 것이다. 장례 지도사라는 직업을 가진 아내 지수가 자신의 손으로 결국 루게릭병으로 세상을 떠난 남편 종우의 몸을 닦고 염을 하는 장면은 여러 가지 함의를 가진다. 영화의 많은 에피소드는 전체적으로 마지막 장면에 이르기까지의 뒷받침이다.

사실 종우는 행복한 것인지도 모르겠다. 자신을 항상 지켜주던 아내가 있었고, 그가 죽은 뒤에 아내가 깨끗하게 씻겨주고, 고운 옷을 입혀주었으니 말이다. 지수와 종우처럼 아직 한국사회에서는 이렇게 누군가 지켜줄 수 있는 것일까, 아니면 현실을 영화가 제대로 반영하지 않은 것일까?

영화 〈내사랑 내곁에〉에는 남성들의 불안과 공포가 반영된 것일지도 모른다. 아내 없이, 아니 지켜주는 사람 없이 혼자 쓸쓸이 세상을 떠나갈 것에 대한 두려움 말이다. 더구나 종우는 자신의 꿈도 이루지 못한 채 죽음을 서서히 맞는다. 그는 법전을 항상 손에 쥐고 있었으며 심지어 근육의 힘이 점점 떨어져 책을 볼 수 없자 지수를 시켜 읽게 했다.

사법고시는 웬만한 남성들이 한번쯤은 꿈꾸었을 만한 것이다. 그것은 남성의 못 다 이룬 꿈을 상징하는 것이다. 사회적 꿈을 이루지 못하고 떠나는 남편 곁에는 그를 사랑하며 항상 존중하는 예쁜 아내가 있다. 그러나 아기를 갖자는 아내의 제안을 남편은 반복해서 거절한다.

죽어가는 남편의 아이를 받아 아내가 혼자 키우겠다는 것, 이는 남성의 로망이 아닐까. 그런 점에서 장례 지도사 아내를 등장시킨 것은 이 영화의 핵심 아이디어다. 하지만 처음부터 장례지도사와 불치병인 루게릭병을 등장시켜 결말을 너무 쉽게 예측하게 만들었고, 이것이 극적 긴장감이 덜하게 만든 감이 없지 않다.

우리나라 65세 이상 인구는 93만 명이고, 이 가운데 17만 명이 독거노인이라고 한다. 최근 세상을 떠난 지 오래된 독거노인들의 사체가 발견된 사실이 매체에 오르내렸다. 또한 노인자살도 그렇다. 국회에 제출된 자료에 따르면 지난해 노인 자살 사망자 수는 4,365명이라고 한다.

인구 10만 명당 자살 사망자 수는 나아가 들수록 증가하는 경향을 보였다. 20대 22.6명, 30대 24.7명, 40대의 28.4명, 50대 32.9명, 60대 47.2명, 70대 72명이며, 80대 이상의 자살 사망자 수는 112.9명이었다. 무조건 비교할 수는 없지만, 이 가운데 독거노인도 많다. 외롭게 세상을 등지지 않도록 방지하는 정책이 중요하다. 자살을 방지하기 위한 상담서비스 체계도 중요하다.

독거노인의 죽음은 이제 개인의 문제가 아니라 공동체적인 문제이다. 그들에게는 누군가 정리해주는 사람이 필요할 것이다. 유품 정리인이나 사망 현장 청소업은 더 이상 남의 일이 아니며, 이에 대한 국가적·공공적 대비가 필요한 시점이다. 공공정책 과제의 탄생이다. 누구나 예비적 장애인이며, 우리 모두는 홀로 죽음을 맞이할 수 있다. 그것은 혼자만의 문제인 것 같지만, 우리 모두에게 해당되기 때문에 개인 혼자의 문제가 아닌 까닭이다.

3 새하얀 어둠

눈먼 자들의 도시(Blindness, 2008)

장애인들을 열등한 존재로, 문제와 갈등의 주인공으로 간주된다. 하지만 잠시라도 눈이 보이지 않는 비장애인들은 다른 이들에게 큰 불편을 끼친다. 본래 시각장애인들만의 공간은 오히려 평화로움만이 있다. 영화 〈눈먼 자들의 도시〉는 갑자기 눈이 보이지 않게 된 비장애인들의 행태를 통해 도덕과 윤리, 가치들이 얼마나 쉽게 붕괴될 수 있는지 그려낸다. 장애는 비장애인들의 오만함과 문명이 진보가 갖는 허약함을 드러내는 상징이다.

"눈이 안보이게 되어서야 진정한 당신을 보게 되다니…."

희소성은 가치를 높인다. 희소한 것은 권력을 준다. 다른 사람들이 가지고 있지 않은 것을 가지고 있다면 그는 큰 영향력을 갖게 되는데 그것이 바로 권력이다. 영화 〈눈먼 자들의 도시(Blindness)〉는 1995년 '주제 사라마구(1998년 노벨문학상 수상)'의 동명 소설을 바탕으로 했는데, 이 영화에서 흥미로운 설정 가운데 하나는 모든 사람이 눈이 안보이게 되었지만, 단 한 사람만이 볼 수 있는 점이다. 그 이유는 정체불명의 실명 바이러스 때문이었다. 이 영화는 현실 속의 영화는 아닐지 모른다. 하나의 은유와 상징으로 설정된 가상의 상황 속에서 실명이 던져주는 함의를 형상화했다. 영화는 갑작스런 가상의 상황에 사람들을 던져놓고 인간 존재에 대한 근원적 성찰을 하게 만든다. 시각장애는 하나의 은유이자, 상징으로 영화를 꿰뚫는다.

본격적으로 이야기를 풀어놓기 전에 따져 보아야 할 것이 있다. 영화의 원제는 '블라인드니스(Blindness)'인데 '눈먼 자들의 도시'로 번역한 것에 대해 비판의 목소리가 크다. 소설 제목도 마찬가지였다. '눈먼 자들'은 시각장애인을 의미하는 단어인데, 원제의 '~의 도시'에 해당하는 말은 없다. 우리말로 번역할 때 직역도 좋고, 의역도 좋지만 이 영화 제목은 특정한 사람들을 비하하는 것처럼 오인받을 수 있다. 굳이 이런 제목을 영화 제목으로 붙여야 했을까?

지구 전체에서 단 한 명만을 제외한 모든 사람이 시각장애인이라는 내용인데, 그렇다면 차라리 실명(失明) 정도의 번역은 안 되었을까? 아니면 '블라인드니스(Blindness)'라는 원제를 그대로 사용하는 것이 더 좋을 수도 있었을 것이다. 물론 문학적 표현에 대한 자유는 인정해야 하겠지만, 번역은 별개의 문제다. 얼마든지 다르게 번역할 여지가 있기 때문이다. '눈이 안보이다'와 '눈이 멀다'는 다른 의미다. 눈이 멀다는 말은 대개 부정적인 느낌이 강하다. 실제로 눈이 먼 녀석이라는 쓰임은 비하와 비난의 뉘앙스가 강하다. 무엇보다 중요한 것은 사회적인 부정적 인식을 개선하기 위한 맥락일 것이다. 매체에서 주목을 받은 바 있듯이 절름발이, 귀머거리, 맹인 등의 단어를 지체장애인, 청각장애인, 시각장애인으로 고치기 위해 20년이 넘는 시간 동안 장애인 운동단체에서 애를 써왔다는 점을 상기할 필요가 있다.

시각의 상실, 문명의 위기

몇 가지 논의를 위해 간략하게 줄거리를 짚어보자. 차가 느림보 걸음을 하는 도심에서 한 남성(이세야 유스케 분)이 갑자기 세상이 하얗게 변하며 아무것도 보지 못하는 '백색 실명'에 이른다. 그를 돕겠다는 남자는 그의 차를 가지고 도망가지만 곧 똑같이 눈이 안 보이는 처지가 된다. 이세야 유스케의 아내(기무라 요시노 분)는 물론 그들이 찾은 안과 의사(마크 러팔로 분)와 안과 환자들도 차례로 눈이 안 보이게 된다.

　문제는 그들을 대하는 정부의 태도이다. 정부는 눈이 안보이게 된

이들을 '시민보호'라는 핑계로 수용소에 격리한다. 그런데 유일하게 눈이 보이는 사람이 있다. 안과 의사의 부인(줄리안 무어 분)이다. 부인은 남편과 함께 수용소에 들어간다.

시간이 흐를수록 눈이 안 보이는 사람들이 점점 늘어난다. 그런데 수용자는 많아졌지만 보급품은 줄어들고 마침내 외부와 단절된다. 물자가 제한되자 수용소 안은 동물세계, 즉 약육강식의 세계로 변한다. 그것은 물자의 희소성과 그것을 지배하는 자의 권력화 현상으로 나타난다. 현실 사회에서는 무력하기만 했던 바텐더 종업원이 보통 때는 생각하지 못할 사악함과 폭력성을 바탕으로 수용소를 장악했기 때문이다. 우리는 그가 현실에서는 무력했다는 점을 주목해야 한다. 그것은 언제든 현실에 대한 불만이 강한 범죄적 권력화로 이어질 수 있다는 점을 말해준다. 심지어 부족한 물품을 얻기 위해 여자들은 희소한 물건을 지배한 남자들에게 몸을 판다. 강자에게 지배를 받게 된 약한 남자들은 여자들이 몸을 팔아 얻어온 음식물로 연명을 하게 된다.

수용소 내에서 사람과 사람은 서로 착취하고, 신뢰하지 못하며, 오로지 힘의 질서만이 이성과 논리의 질서를 붕괴시킨 자리를 차지하고 있었다. 하지만 수용소를 지키고 있는 이들은 수용소 안의 인원들이 밖으로 나오지 못하도록 총을 겨누고 있다.

역설적인 현상들도 나타난다. 사회적 지위가 높던 의사 남편은 처음 수용소에 왔을 때만 해도 강력한 리더십을 발휘하며 위기를 헤쳐 나가는 것으로 보였다. 하지만 처음의 모습은 사라져가고 시간이 지나면서 점점 나약해진다. 이때 평범한 주부였던 의사 아내는 강인한 리더로 거듭나고 이 여성의 리드에 따라서 마침내 그들은 수용소를 탈출하게 된다. 그것은 어떻게 보면 수용소에서 가장 핍박을 받으면서도 문제의식과 실천력을 확보한 여성들을 상징하는 것이기도 하다. 극단적 상황에서 발휘되는 리더십은 관념적인 엘리트 의식이나 지식, 사회적 위치가 아니라 현실의 경험과 문제의식에서 나오는 것이다.

영화는 상식적인 수준에서 눈이 안 보이는 것에 대한 가치적 재인식을 놓치지 않는다. 영화에서 안과 의사의 대사 가운데에 "눈이 안 보이게 되어서야 진정한 당신을 보게 되다니…"라는 말이 있다. 이 또한 '실명'은 어떤 역설적인 의미를 갖는 것으로 해석하게 만든다. 즉, 눈이 안보이고 나서야 이전에는 무심코 지나쳤던 것들이 오히려 비로소 그 가치와 의미를 재발견하게 되는 것을 말한다.

또한 다수주의에 따른 역설적인 가치의 절하가 일어난다. 안과 의사의 부인은 다른 사람들에게 자기가 눈이 보인다는 것을 숨겨야 한다. 눈이 보이는 것은 좋은 일일 수 있지만, 다수가 눈이 보이지 않을 때 혼자 눈이 보이는 것은 또 다른 위험을 야기한다. 자격미달이기 때문이다. 오히려 눈이 보인다는 사실이 본인의 생명을 위협하기까지 하며, 다른 사람들과 동등하게 섞일 수 없게 한다. 이런 면에서 눈이 보이는 그녀는 비정상이 된다. 정상과 비정상의 기준은 상대적이라는 점을 충분히 드러낸다.

상실은 새로운 얻음

시각장애는 인간을 시험하는 알레고리이기도 하다. 창대하게 언제나 우뚝할 것 같은 문명과 도시는 단지 실명이라는 단 하나의 장애 앞에 허무하게 무너져 내린다. 갑자기 눈이 안 보이는 상황 속에서 얼마나 쉽게 인간이 이성을 잃고 파괴적으로 변할 수 있는가를 보여주기 때문이다. 본성과 이성 사이에서 갈등하는 인간은 눈이 안 보인다는 이유로 쉽게 악의 화신으로 돌변한다. 그런 면에서 시각장애인들이 온전한 인격체를 유지하고 사는 것은 대단한 일이다. 시각장애인들은 그러한 악의 화신으로 변해가지는 않을 것이다. 다만 영화에서는 비장애인에 대한 복수를 펼치는 장면이 나오기는 한다. 여기서 이 영화는 눈을 뜨고도 눈앞에서 벌어지고 있는 것들을 외면하는 현실을 우회적으로 비판하기도 한다. 네티즌들은 이 영화가 과연 말하고자 하는 바가 무엇인가 설전을 벌이기도 했는데, 이 작품의 주제를 생각한다면 다음과 같은 물음은 단순히 웃음거리일 것이다.

'도대체 왜 눈이 멀고, 왜 여자 주인공은 그 바이러스에 걸리지 않았으며, 정부는 왜 그 사람들을 수용소에 가두고 비인간적으로 대하는지에 대한 설명은 없다.'

사라마구의 소설처럼 이 영화는 가상의 세계에 인간을 던져놓고 현실을 되묻는다. 이 영화가 주는 파장의 본질은 실명 그 자체가 아니라, 이성적이고 합리적 존재이며 동물과 다른 만물의 영장이라는 인간이 쉽게 괴물이 되는 모습이다.

신분이나 직업의 귀천, 남녀노소의 구분없이 눈이 안 보이게 된 사람들은 곧 쉽게 괴물이 된다. 더구나 동물과 다름이 없다. 돼지우리보다 더 더러운 오물로 뒤덮인 수용소를 벌거벗은 채로 걷는 모습들은 단시간에 문명이 붕괴된 상황을 통해 영화는 인간이 얼마나 나약한 존재인가를 나타낸다. 하지만 그것만을 전적으로 생각한다면 사실 뻔한 내용의 작품으로 기억될 것이다. 영화의 내용은 너무나 극단적인 상황을 설정하기 때문이다. 과연 눈이 갑자기 안 보일 때 모든 인간이 이렇게 형편없는 존재로 전락할 것인가? 그렇지는 않을 것이다. 그런 점을 보여주는 것이 또 다른 전복적 접근일 수도 있다.

긍정적인 점을 대개 말했지만 눈에 거슬리는 부분도 있다. 원작 때문에 영화에 대한 기대가 큰 만큼 아쉬운 점 역시 있을 수밖에 없다. 처음에 바이러스 감염 환자들의 수용소 감금 장면들은 리드미컬하게 흘러가지만, 수용소 안의 스토리는 지루하고 긴 호흡에 빠진다. 또 등장인물들의 심리 상태를 통해 관객의 공감을 얻는 것을 포기하고 약육강식의 피폐한 미장센을 구현하는데 더 치중하고 만다. 1인칭 시점의 심리 묘사가 대부분인 원작을 그리기에는 무리가 있었기 때문일까?

상황의 요약에 치중감이 눈에 거슬릴 수 있는 것이다. 소설 속 은유를 어떻게 표현해 낼 것인지, 그 영상에 덜 고민한 흔적이 보인다. 다른 한편으로는 소설 특유의 '아우라'를 잃었다.

여하간 이 영화는 각자의 생존이 아니라 서로 공생을 모색할 때 서로 살 수 있고 인간다우며, 마침내 보이지 않는 것들이 보이기 시작한다고 말하는 셈이다. 그것이 주제의식이다. 분명한 것은 영화 〈나는 전설이다〉와 마찬가지로 화려하지만, 언제나 황량한 도시로 변할 수 있는 개연성을 통해 인간의 본질에 대해 다시금 생각하게 만든다.

바보의 철학
바보(2008)

장애인은 바보 캐릭터로 문화콘텐츠에 빈번하게 등장한다. 왜 바보로 등장하는 것일까? 흔히 바보는 순수하고 정직하다. 결국 장애인이 순수하고 정직하다는 관점을 부각시키고, 영화의 감동을 높여주는 장치가 된다. 그들의 욕망과 생각을 놓치고 그들의 자아는 온데 간데 없다. 더구나 그들은 항상 희생하는 존재요, 자신을 위해서 살면 안 된다. 스스로 자신을 위하거나 삶을 만들어가는 모습은 찾아볼 수 없다.

"하나는 나쁘고 둘은 좋은 거야 ." - 영화 〈레인맨〉에서

장애인은 문화콘텐츠에서 여러 가지 모습으로 나타나지만 자주 바보 같이 일관된 모습을 보인다. 특히 대중적인 작품일수록 더 그렇다. 통념을 벗어나서는 성공할 수 없기 때문인가 싶기도 하다. 많은 평론가들이 '바보'들이 등장하는 이유에 대해 '현대생활의 각박함이 순수한 바보들을 불러일으킨다'라고 분석하기도 했다. 하지만, 이 '바보'라는 단어를 보면 쓴웃음을 지을 수밖에 없다. 여기서 '바보'들은 바로 장애인들을 가리키고 있기 때문이다. 이런 영화와 드라마 주인공들은 모두 지적 장애를 가졌거나, 발달 장애를 겪는다. 이러한 장애인을 '바보'로 표현하니 씁쓸할 수밖에 없다.

연기자들은 장애인 연기를 통해 도약을 하려 하겠지만, 장애인이 수단이 되는 건 좋은 일은 아니다. 더구나 그들의 실제 삶보다는 그들의 전인격이 감동과 웃음을 위한 도구로만 쓰인다면 더욱 그렇다. 때문에 한꺼번에 이런 작품들이 쏟아져 나오는 것을 반길 일만은 아니다.

요즘 '바보'는 단지 지적 능력이 다른 이들보다 뒤지는 사람만을 가리키지는 않는다. 문명화를 자랑하는 사회에서 정직한 사람이 바보다. 정직한 사람이 바보가 되는 사회는 정직한 사람을 불편해하는 사회다. 그들은 갈등과 분란을 일으키는 존재가 된다. 조직에서 성과와 결과물을 위해 속이는 일이 더 많아지고, 무감각해질수록 바보들은 더더욱 살아남을 수 없다.

그뿐이 아니다. 우직한 사람도 바보다. 디지털 시대는 쥐의 시대라고 한다. 부지런히 이곳저곳 재빨리 움직이는 쥐와 같은 캐릭터가 각광을 받는다. 쥐는 옥황상제가 열두 띠를 정할 때 소의 머리 위에 타고 가다가 결정적인 순간 폴짝 뛰어서 일등이 되었다. 소같이 우직하게 전진하는 이보다 쥐처럼 남의 노력에 기대어 결정적일 때 자신의 이익을 챙기는 이를 선호하는 풍토에서 소에게는 바보라는 딱지가 붙는다.

조직에 우직하게 남아있는 이들은 이제 선망이나 존경이 아니라 바보
가 되었다. 대중문화콘텐츠에서는 역설적으로 장애인을 바보로 만들
고 존경과 동정, 배려의 대상으로 만든 뒤에 그 바보를 감동의 수단으
로 이용한다.

영화 〈바보〉도 하나의 장치로 지적 장애인을 다루는 가운데 비장
애인에게 감동을 선사하는 극적 선물이 된다. 그러나 감동이라는 선
물이 누군가에는 불편함을 줄 수 있다는 점을 다시금 생각하게 만든
다. 본래 바보는 없으며, 지적 장애인이라는 것도 타당하지 않은 말이
다. 바보, 아니 지적 장애인을 다루되 정작 장애인을 위한 내용 없는
것이 영화 〈바보〉만은 아닐 것이다.

대개 영화나 드라마 속에 등장하는 장애인은 몇 가지 유형을 보인
다. 영화 〈검은집〉이나 〈유주얼 서스펙트〉에서 장애인은 가공할만한
살인마로 등장한다. 하지만 사람들은 그를 의심하지 않는다. 다리를
저는 가냘픈 여성이거나 휠체어에 의지하는 무력한 존재로 그려지기
때문이다. 그래서 주변 사람들은 전혀 짐작하지도 못한다. 영화 〈추격
자〉에서 지영민(하정우)이 유약한 모습으로 여성에게 접근하는 것은
그렇게 사람들을 방심하게 만들려는 전략이기도 하다.

영화 〈레인맨〉에서 더스틴 호프만은 중증 자폐 증세를 보이지만, 암산의 천재로 등장한다. 이는 최근 연구결과를 볼 때 전혀 틀린 것은 아니다. 베토벤과 칸트, 뉴턴이나 비트켄슈타인, 아인슈타인도 자폐증 때문에 한 가지 분야에 집중해서 뛰어난 업적을 만들어냈다. 아일랜드 트리니티 대학의 마이클 핏젤라드 교수는 "자폐증 등이 창조적인 천재성과 큰 관련이 있다"고 했다. 영화 〈말아톤〉에서는 〈레인맨〉과 비슷한 설정이 등장한다. 마라톤 코치가 초원이의 암산이 순간 빠른 것을 보고 아연 긴장한다. 그는 복잡한 계산식을 구성해 물어보지만 초원이는 계산을 안 하고 딴 짓을 해 관객에게 웃음을 준다. 영화 〈뷰티풀 마인드〉에서 러셀 크로우는 자폐증에 정신분열증을 앓고 있는 천재 수학자 존 내쉬를 잘 연기해 호평을 받았다.

낭만적 감수성을 위한 캐릭터

살인마나 지략가, 혹은 천재도 아닌 많은 장애인들은 영화 〈바보〉처럼 바보로 등장한다. 여기에서 바보는 순수한 존재를 더 강하게 내포하고 있다. 영화 〈길버트 그레이프〉에서 디카프리오는 순수한 지적 장애 소년으로 등장하면서도 갈등의 원인을 제공하는 인물이다. 영화 〈라디오〉의 라디오, 〈말아톤〉의 초원이나 드라마 〈안녕하세요 하나님〉에서 하루는 순수한 청년이다. 대표적으로는 영화 〈허브〉, 〈웰컴 투 동막골〉에서 주연한 강혜정의 모습을 떠올릴 수 있다. 그런데 이러한 인물들은 욕망이 거세된 인물이다. 언제나 환하게 웃고 남을 위해 희생하는 존재로 등장한다.

영화 〈바보〉의 승룡이(차태현 분)도 마찬가지다. 이 역할의 차태현은 대사가 몇 마디 없을 정도로 웃기만 한다. 순수성을 드러내기 위해서다. 그에게서는 희노애락, 인간의 5욕 7정이 드러나지 않는다. 또한 사랑을 대등하게 하지도 못한다. 영화 〈오아시스〉나 〈씨크릿 러브〉 그리고 〈사랑하고 싶은 그녀〉, 홍콩 영화 〈성원〉은 그래도 장애인의 사랑을 정면에서 다루고 있지만, 〈바보〉에서는 언제나 묵묵하게 지켜만 보는 사랑만 있다. 지호(하지원 분)를 향한 승룡이의 사랑은 결국 고백한 번 하지 못하는 외사랑이며, 정작 그녀는 알지도 못한다. 또한 동생 지인이 승룡이의 희생과 사랑을 몰라주는데서 영화는 극적인 감수성을 자극한다. 장애인을 사랑의 주체적 존재로 그리지도 않는다. 낭만적 감수성을 보여주지만 언제나 장애인의 성이 거세되어 있기는 마찬가지다.

감동보다는 변화를 위한 철학자들

분명 영화 〈바보〉는 은근히 감동적이다. 감동을 위한 스토리텔링이 만화적 반전을 통해 눈물샘을 자극하기도 한다. 지호와 여동생 지인의 오해와 외면, 그리고 상수와 그를 둘러싼 인물들의 뜻하지 않는 엮임은 이를 더 강하게 한다. 더구나 가족애를 지키려는 순수한 주인공이 누군가를 위해 묵묵하게 아낌없이 희생하는 내용을 담고 있기 때문이다. 영화 〈아이엠 샘〉의 숀 펜을 떠올릴 수도 있겠다. 많은 영화들이 장애인을 감동의 희생 수단으로 삼듯이 이 영화에서도 지적 장애인은 죽음을 맞을지라도 주요 인물들은 살아남는다. 남은 이들은 그의 희생을 통해 인생의 성찰을 얻는다. 장애인은 항상 그렇게 사라져 간다. 순수한 사랑과 희생은 오직 지적 장애인에게만 해당되는 것인가?

이 영화에서는 직업을 가진 장애인이 등장하는 것이 특이점이다. 드라마 〈연인〉에서 직업을 가진 장애인이 등장했던 이후, 영화 〈바보〉는 직업을 가진 장애인을 다시 등장시키고 있다. 이것이 왜 특이점이 될까? 많은 영화들이 장애인을 무직자로 혹은 집안에서 말썽을 일으키는 존재로만 그리는 것과는 다르기 때문이다. 하지만 영화 〈바보〉에서 승룡이의 직업은 토스트 판매자다.

　그런데 학교 앞에서 토스트를 파는 이유는 동생을 위한 것으로, 자신을 위해 돈을 버는 것이 아니다. 이 영화에서도 바보는 결국 타자적이다. 바보라는 말은 언제나 그 자신을 향해 부르는 것이 아니라 다른 이들이 딱지 붙인 것이다. 비장애인이 장애인을 타칭하는 것이듯 말이다. 강풀의 『바보』는 현실에는 존재하지 않는 비장애인의 장애인에 대한 만화적 판타지다. 그 속에 장애인은 갇혀있다. 만화적 판타지 속에는 유사 현실만이 있다. 작품 『바보』가 현실감이 있는 듯하면서도 비현실적인 이유다. 비장애인들은 감동적으로 볼 지라도 지적 장애인들이 얼마나 감동적으로 볼 수 있을지 의문이다. 정작 바보는 없다. 누구의 시선이 강하게 작용할 뿐이기 때문이다. 대부분 비장애인의 시선이다. 더 이상 대중작품이 원래 그런 것이라고 면피할 내용은 아닐 것이다. 대중문화 속 작품들은 하나같이 지적 장애 혹은 발달 장애인을 수단화하는데 치중하고 마는데, 바보의 철학에 대해서 생각해 볼 필요가 있을 것이다.

　사람들은 자기와 다른 사람들을 바보라고 한다. 개성과 창의를 인정하지 않는 사회일수록 바보는 많아진다. 이럴수록 사회는 다양화되지 못하고 역동성과 활력을 잃어간다. 만약 바보들만 있다면 영리한 이들이 오히려 바보가 될 것이다. 김수환 추기경은 자신의 자화상을 '바보야'로 이름 붙였다. 운보 김기창은 자신의 산수화를 '바보산수'라고 했다. 신영복은 바보철학이 세상을 바꾼다고 했다.

'지우이신(至愚而神)'이라 했다. 어리석음이 도의 경지에 이르면 세상을 바꾼다. '우공이산'이라는 말도 있다. 영리한 이들은 세상에 재빠르게 영합하지만, 바보들은 세상에 관계없이 자기 일을 하며 세상을 자기에게 맞춘다. 결국 세상을 조금이나마 바꾸는 것은 바보들이다. 세상에 재빨리 맞추기만 한다면 세상을 바꾸지는 못한다.

또한 바보는 단순히 백치가 아니라 경험과 그에 따른 통찰이 많은 사람만이 구가할 수 있는 경지다. 그래서 수많은 성인(聖人)과 현자들이 바보철학의 경지를 말했다. 이기적이고 위선적인 사회에 대항한 예수의 힘은 단순성과 정직성이었다. 그런 의미에서 승룡이는 세상을 바꾸었을까?

5 정신 상담을 받는 영웅들

핸콕(Hancock, 2008)

엄청난 능력을 지니고 인류를 구원하는 영웅들은 완벽해 보인다. 하지만 부족함이 장애의 경지일 수 있듯, 너무 뛰어남도 장애가 된다. 키 작은 것만이 아니라 키 큰 것도 장애다. 넘치는 능력으로 스스로 장애를 겪고 다른 이들에게 피해를 주기도 한다. 그들은 사회적 부적응자이며 스스로도 가눌 수 없는 루저가 된다. 이를 영화 〈핸콕〉에서 살펴볼 수 있다.

"나는 핸콕이고, 나는 병나발을 잘 불어요."

정신 장애 분석서인 『스타는 미쳤다(원제 : Celebrities)』는 엘비스 프레슬리에서 마이클 잭슨, 재니스 조플린, 휘트니 휴스턴, 빌리 홀리데이, 로비 윌리엄스, 마릴린 먼로까지 30명의 스타들을 성격장애의 관점에서 분석하고 있다.

독일의 정신병리학자이며 괴팅겐대학교 의대 교수인 보르빈 반델로 교수는 그들이 예술적 성취를 낳은 것은 성격장애 때문이었다고 본다. 성격 장애 때문에 뛰어난 예술가가 되었다는 것. 장애를 통해 큰 업적을 이룬 사람으로 언급되는 이들은 그 외에도 그동안 많았다.

버지니아 울프, 루드비히 반 베토벤, 레프 니콜라예비치 톨스토이, 미켈란젤로, 찰스 디킨즈, 패티 듀크도 정신장애가 있었던 것으로 평가되고 있다. 또한 신경 의학자들은 뉴턴과 아인슈타인이 자폐 장애의 일종인 아스퍼거 증후군(asperger syndrome)에 시달렸다고 본다. 지금까지 예를 든 것은 모두 뇌에 관한 장애에 관련된다. 요즘에는 서번트 신드롬(savant syndrome)이 주목받고 있다. 뇌 장애나 자폐증과 같이 정신장애를 갖고 있는 이들 중에 음악이나 미술, 암산에서 놀라운 재능을 보이는 것이 서번트 신드롬이다. 심리학, 의학계뿐만 아니라 국가적으로도 임상 사례로 속속 보고되는 이들에 대해 관심을 보이고 있고, 관련 방송콘텐츠나 출판물들이 심심치 않게 대중들을 불러 모으고 있다.

사실 우리가 알고 있는 천재, 위인, 영웅들은 보통 사람들과 다른 능력 때문에 그것으로 장애를 겪었을 가능성이 많다. 특히 슈퍼 히어로는 영웅 중에서도 영웅이기 때문에 보통 사람들과 함께 살 수가 없을지 모른다. 일단, 여기에서 말하는 영웅은 배트맨이나 슈퍼맨과 같은 캐릭터를 건강한 정신 상태라고 말할 수는 없을 것이다. 배트맨은 어린 시절 자신의 눈앞에서 부모님이 권총으로 살해당하는 정신적인

외상을 겪은 브루스 웨인의 아바타이다. 그는 부유하고 저명한 기업의 리더이기 때문에 공식적으로는 악당에 대응해 법을 넘어서는 복수를 벌일 수 없다. 그렇기 때문에 배트맨이 되어 밤마다 나름의 외상을 극복해 나간다. 이는 마치 어머니와 아버지가 죽을 때 아무 일도 하지 못했던 무력감을 극복하고, 속죄하기 위한 행동이다. 슈퍼맨은 입양아의 정신 장애와 부모에게서 너무 일찍 떨어져 나와 항상 정체성의 혼란을 겪는 클라크의 아바타이다. 슈퍼맨은 배트맨과 달리 초능력을 감추어야만 자신의 존재기반을 가질 수 있는 캐릭터다. 만약 클라크와 같이 얼빵한 캐릭터를 통해 위장을 하지 않으면, 그는 금방 제거대상이 될지 모른다. 다만, 언론사와 같이 세상의 모든 정보가 유입되는 곳에 붙어 있는 것이 현명할 뿐이다. 그의 뛰어난 능력은 오히려 다른 이들과 어울리는 데 장애가 될 뿐만 아니라 생명의 위협을 가져온다.

영웅은 장애인?

한편 영화 〈핸콕(Hancock, 2008)〉에서 슈퍼맨, 배트맨, 스파이더맨, 그리고 X맨이 가지고 있는 모든 능력을 능가하는 핸콕(윌 스미스 분)은 그야말로 장애인이다. 그는 노숙자 영웅, 혹은 루저(패배자) 영웅이라는 이름을 얻기도 한다. 언제나 알코올에 찌들어 지내고, 복장은 영락없는 거지꼴이다. 그는 사회범죄나 골치 아픈 문제를 해결하지만, 그 해결방법이 거칠어 600여 건의 소송을 당한 처지이고, 사람들은 그의 무례함에 혐오감을 갖는다. 능력은 가장 뛰어나지만, 인기 없는 영웅의 모습이다. 그는 정신장애를 가지고 있는 영웅이었다. 어느날 우연히 핸콕은 PR 전문가 레이 엠브레이(제이슨 베이트먼 분)가 철도 건널목에서 옴짝달싹 못하는 위기에 빠진 것을 목격하고 그를 구해준다. 물론 그 과정에서 기차를 아주 못 쓰게 만들고, 몇 대의 차도 부수고 만다. 만약 기차에 많은 사람들이 타고 있었다면 엄청난 인명피해가 났을텐데 영화는 대상을 화물 기차로 설정한다. 물론 기관사들은 정말 인명 피해를 보았을 것이다. 수백 킬로로 달리는 기차를 순간적으로 막았기 때문에 기관사들은 앞으로 튀어나와야 한다. 자칫 레이 엠브레이 한 명을 살리려고 많은 사람들을 죽이는 셈이다. 여하간 이러한 장면은 바로 핸콕이 앞뒤 논리적인 사고를 못하는 존재임을 드러낸다. 공감의 능력도 떨어지기 때문에 함부로 욕설을 하고 어른 아이 할 것 없이 자신의 마음이 내키는 대로 혼내주고 모욕을 준다. 그렇다고 그가 정신적인 외상을 겪어서 인위적으로 자기 파괴하는 것으로 보이지는 않는다.

다만, 강한 충격으로 정신적으로 장애가 생겼다는 것을 그의 전 부인이자, 레이 엠브레이의 아내인 메리(샤를리즈 테론)를 통해 짐작하게 한다. 그가 과거를 기억하지 못하는 것도 결국 강한 외부의 충격을 받아 기억상실증(amnesia)에 걸렸기 때문이다.

레이 엠브레이는 생명의 보답 차원에서 핸콕을 진정한 영웅으로 만들어 주고자 하는데, 감옥에 간지 한 2주 정도가 되면 범죄가 들끓을 것이고, 사람들은 다시 핸콕을 원하게 될 것이라고 말한다. 그때 핸콕이 등장하면 지금 겪고 있는 문제들은 자연스럽게 해결이 되고, 핸콕은 슈퍼 히어로가 될 것이라고 조언한다. 이에 동의한 핸콕은 길거리에서 감옥에 갈 것이며, 정신 상담을 받겠다고 발표한다. 여기에서 중요한 것은 정신적인 상담이다. 핸콕은 그 초능력 때문에 다른 사람과 같이 있을 수 없을 뿐만 아니라, 그 정신장애 때문에 다른 사람들과 같이 있을 수가 없는 것이다. 그는 정신적인 장애만이 아니라 대인관계장애, 의사소통장애를 지닌 존재이다. 그는 다른 사람들과 같이 섞여서 생활하는 존재가 아니기 때문에 사람들과 소통하는데 장애를 갖게 된다. 대화는 항상 욕설이나 윽박지르기로 일관한다. 그는 X맨의 울버린(wolverine)과 같이 인류 역사를 지켜본 존재이지만, 변화된 환경 속에서 다른 이들과 함께 커뮤니케이션을 하지 못한 채 자기본위적인 행동만을 일삼았다. 장애의 발생은 사람과 사람 사이에서 발생할 뿐만 아니라 시간과 시간 사이에서 발생할 수 있다는 점을 느끼게 한다.

그는 슈퍼맨과 같이 여성과 사랑을 나눌 수 없는 존재이다. 너무 강력한 힘 때문에 보통 여성과 같이 관계를 맺을 수 없다. 그를 받아줄 수 있는 존재는 메리(샤를리즈 테론) 같은 종족이다. 핸콕은 자신의 종족에게는 불문율이 있다는 사실을 뒤늦게 깨닫게 된다. 그것은 바로 아내 메리가 떠날 수밖에 없었던 요인이다. 초능력을 지닌 존재들끼리 가까이 있으면 보통 사람과 같은 존재가 되므로 힘이 약해지고 총상을 입으면 다른 생명체와 같이 죽게 되는 것이다. 이 때문에 서로 사랑하면서도 떨어질 수밖에 없다. 사랑 때문에 같이 있었던 다른 커플들은 모두 보통 인간과 같이 역사 속에서 사라져갔다. 여기서 주목할 점은 아이러니하게도 핸콕이 충격으로 기억상실증이라는 장애를 얻게 되면서 메리가 핸콕을 떠날 수 있었다는 사실이다. 핸콕이 알아보

지 못했으니 메리가 떠난다고 그가 잡을 리 없다. 물론 이는 영화의 비극적 멜로 요소를 강조하기 위해서 중요 얼개로 사용한 것이다. 이를 통해 알 수 있는 것은 영웅은 단독으로 존재할 때만이 그 정체성이나 지위, 능력을 인정받는다는 것이다. 당연히 이것은 할리우드식 영웅론의 장점이자 한계이다. 할리우드는 밑도 끝도 없는 단독, '나홀로 영웅'을 선호하기 때문에 리얼리즘 경향의 평론가들에게 비판을 받는다. 하지만 동양적인 정서로 보았을 때 그러한 영웅은 협객형 영웅 캐릭터로 볼 수 있기에 비판만 할 계제도 아닐 것이다.

한편 또 다른 초능력자인 메리는 어떻게 살아남았는가. 그녀가 그 능력을 그대로 보였다면 살아남지 못했을지 모른다. 그녀는 일단 보통남자 아니 그 이하일 수도 있는 레이와 결혼했다. 또한 별로 강하지 않은 남자인 레이에게 병마개 여는 것을 부탁할 정도로 나약한 여자인 척 한다.

1등만 추구하면 사회는 장애에 걸려

영화 〈핸콕〉은 결국 장애의 범위를 다시 한 번 우리에게 각인시킬 소지가 있다. 흔히 장애는 결핍, 부족을 의미할 수 있다. 대개의 사람에게 있는 것이 없거나 그 기능을 미처 못 따를 때 장애라고 부르기 때문이다. 하지만 오히려 장애가 과잉일 때도 장애라고 할 수 있다. 따라서 슈퍼 히어로는 장애인 것이다. 만약 어린 시절 슈퍼 히어로였다면 정상적인 생존을 영위하기가 쉽지 않을 것이다. 누군가 철저하게 은폐하거나 스스로 그러한 생존법을 터득하지 않고는 살아남을 수 없다. 일반 장애인은 숨을 수 있다. 그곳이 집일 수도 있고. 어떠한 시설일 수도 있다. 하지만 슈퍼 히어로는 어디에 있은들 사람의 눈에 띄고 만다. 오히려 그것이 영웅을 정신분열증으로 만들거나 심각한 자폐적 존재로 만들어 버릴 것이다. 사람 사이에 섞일 수도 없고, 사랑을 할 수도 없고, 가족을 만들 수도 없으니 심장은 없는 듯하고 감정의 공유라는 것은 생각할 수도 없다. 핸콕이 처음에 보인 정신 장애 증상들은 오랫동안 이러한 과정에서 만들어진 것이다. 더구나 그는 다른 사람들이 자신에게 '얼간이'라고 말할 때마다 폭력적 보복을 감행하는 열등감, 콤플렉스 덩어리이기도 하다. 어떻게 보면 슈퍼 영웅들은 끊임

없이 완벽해져야 한다는 완벽주의자들인지 모른다. 그들은 워커홀릭이 병이듯 세상의 모든 일에 참여하려면 쉴 틈이 없을 것이다. 대개 워커홀릭은 대인관계에서 장애를 겪는다. 대인관계에서 만족감을 느끼지도 못한다. 그렇기 때문에 유일하게 자신의 일에서 그 존재적 즐거움과 정체성을 찾게 된다. 물론 슈퍼 히어로는 다행인 것이 그가 하는 일이 자신 혼자만을 위한 일이 아니라 타인과 사회, 지구를 위한 일이라는 점이다.

우리는 슈퍼 히어로 같은 매우 뛰어난 능력을 갖기를 바란다. 무엇이든 남보다 뛰어나고자 한다. 하지만 1등만 추구하는 이들이 사회적으로 큰 장애를 일으키는 것을 우리는 심심치 않게 보고 만다. 부족한 것은 채울 수 있고, 다른 이들에게 덜 위험스럽다. 하지만 넘치는 것을 줄이기는 쉽지 않다. 또한 그 파괴력은 〈핸콕〉의 무심함 속에 벌어진 도시의 파괴에서 알 수 있다. 오히려 과잉인 것보다 약간 부족한 것이 나을 수 있다. 과유불급!

6 추한 마음은 아름다운 마음을 낳는다

뷰티풀 마인드(A Beautiful Mind, 2001)

인간의 결핍은 결핍 없음을 꿈꾸게 한다. 결핍이 없는 세상을 꿈꾸는 가운데 두 가지 행동이 나타난다. 결핍된 현실의 엄혹함을 잊고 일정한 결과물을 위해 매진할 수 있다. 또한 결핍과 과정에서 염원하는 꿈이 때로는 환상일지라도 소중한 가치를 한결 도드라지게 한다. 결핍을 장애라고 할 때 장애는 세상에서 소중한 가치들을 도드라지게 한다.

"이 세상에 확실한 것은 없어, 그것이 내가 아는 유일한 진리야."
"우리가 저 여자를 잡으려하지 않으면 잡을 수 있어."

론 하워드 감독의 영화 〈뷰티풀 마인드(A Beautiful Mind, 2001)〉는 1994년 노벨경제학상을 받은 수학자 존 내쉬(John Forbes Nash Jr.)의 삶을 다루었다. 존 내쉬의 인생 역정을 통해 '뷰티풀 마인드'는 두 가지 함의를 준다. 하나는 정신장애 속에서 이루어낸 이론적 결과물이 우리의 삶에 많은 함의점을 준다는 사실이다. 다른 하나는 그의 정신분열증 속에서 볼 수 있는 인간의 근원적인 욕망이다. 여기서 우리는 정신장애가 오히려 인간의 근원적인 욕망을 드러내 준다는 것을 알 수 있다. 이로써 장애인과 비장애인이 다르지 않다는 점을 생각하게 한다.

존 내쉬가 정신분열증 속에서 창안해낸 '거버닝 다이내믹스(Governing Dynamics)' 이론은 균형 이론과 무관심이 보여주는 힘의 관계를 알 수 있고, 이는 우리의 일상생활은 물론 사회현상을 이해하고 운영하는 데 의미점을 준다.

존 내쉬는 정신분열증으로 평생 고통을 받았는데, 정신분열증 속에서 다른 이들이 만들어내지 못한 이론을 창안해냈다. 〈뷰티풀 마인드〉는 존 내쉬를 그의 부인의 노력을 통해 마침내 분열증을 극복하고 학자라면 한 번쯤 되고 싶은 노벨상 수상자가 되는 내용을 담고 있다.

무의식과 균형이론

존은 대학원 박사 과정생 시절 박사학위논문 아이디어를 고민하다가 내쉬의 균형이론을 만들어내는데, 우선 이 글에서 다루고자 하는 부분은 영화에서 균형이론을 설명한 장면이다. 1947년 고아였던 그는 경제적 여력이 되지 않았지만, 장학금을 받고 프린스턴 대학원에 입학한다.

첫날 환영회 파티장, 뛰어난 수학적 능력 탓인지 동료나 유수의 사람들의 논문이나 이론을 신랄하게 비판하고 반박한다. 독창성이 없다는 거였다. 그리고는 자신의 독창성을 죽인다면서 한 번도 수업에 들어가지 않는다. 그러나 다른 친구들은 논문을 완성해 가는데 정작 그들을 비판했던 내쉬는 논문을 쓰지 못한다. 그러면서 국방성 산하의 윌러 연구소에 들어가기를 원한다. 하지만 학장 혹은 지도 교수는 그에게 실적이 없기 때문에 안 된다고 한다. 무엇보다 박사 학위 논문도 없었다.

무엇인가 독창적인 것을 만들어내야 한다는 강박에 시달리면 시달릴수록 결과는 참담했다. 너무 심한 내적 고통 때문에 그는 스스로 자해를 하기에 이른다. 그러다 그는 룸메이트 친구(나중에 이 친구는 분열증으로 만들어진 환상임이 드러난다)의 충고로 술집에 기분을 전환하러 간다. 이 결정적인 제안이 바로 내쉬의 인생을 바꾼다. 물론 그것은 자신의 제안이었다.

내쉬가 잘 생기고, 매력이 있어 보이는지 매번 여성들이 관심을 보인다. 영화니까 그럴 수도 있겠지만 그는 실제로 미남이었다. 그런데

영화에서 존에게 다가오는 여자들은 남학생들이 한 번 데이트하고 싶어 하는 최고의 금발 미녀들이다. 그러나 내쉬는 별 관심이 없었다. 아니 그들에 대해서 어떻게 대해야 할지 알지도 못했을 뿐만 아니라 그들은 자신의 관심대상에서 부차적인 존재였다. 이때도 마찬가지였다.

내쉬가 술집에서 책을 읽고 있는데 저편에서 금발의 미인과 그 추종자들인듯한 여자 몇 명이 등장한다. 그러자 내쉬의 친구들(환상 아닌 실제)이 저 여자를 누가 유혹하겠느냐고 한다. 이 장면에서 내쉬는 갑자기 섬광같이 균형 이론을 착상한다.

내쉬는 "아무도 못한다"고 한다. 그러자 친구 중 하나는 "너에게 관심이 있는 것 같은데?"라고 말한다. 내쉬는 "그래도 소용없다"고 한다. 왜 그랬을까? 내쉬는 이렇게 설명한다.

"아담 스미스가 말하기를 '개인의 이익과 행복은 다수의 이익과 행복에 기여한다'고 했어! 하지만 이것은 틀렸어."
"왜? 뭐 때문에…?"
"우리가 저 여자를 잡으려 하면 아무도 잡지 못하지. 하지만 우리가 저 여자에 대해 무관심하게 되면 애가 닳은 저 여자는 누군가에게 달려들게 되어 있어. 더구나 저 여자 주위에 있는 여자들부터 공략하면 더욱 효과적이지. 자신만 남으면 더욱 조급해지니까. 또 자존심이 허락하지 않을 테니까. 그러면 우리는 모두 즐겁게 놀 수가 있게 되는 거지."

그러면서 내쉬는 말한다. 개인의 이익이나 행복의 추구가 그대로 전체의 이익이나 행복에 이바지하는 것이 아니라, 개인들이 조직에 얼마나 이바지하는가가 전체의 이익이나 행복에 연결된다고. 남자들이 개인 플레이를 하기보다는 논의해서 공통으로 모두 금발에 관심을 갖지 않기로 하는 것은 결국 전체 조직에 이바지하는 것이다. 이때 전체 이익과 행복이 일어난다. 이 착상을 알려준 금발에게 내쉬는 고맙다고 하면서 급히 나간다. 금발의 여성은 무슨 영문인지 몰라 어리둥절해 한다. 달려나간 내쉬는 기숙사에서 이 이론에 대해 미친 듯이 쓰기 시작한다.

영화에서는 그의 이러한 가설의 수학적 증명이 박사학위 논문이 된다. 당시 스무 살의 그는 27쪽짜리 논문으로 제2의 아인슈타인이라는 타이틀을 얻으며 명성을 얻게 된다. 그리고 150년 된 스미스의 이론을 깬 업적이라며 학위는 물론 윌러 연구소에 들어가게 되는 자격을 얻게 된다. 물론 이 이론으로 1994년 노벨상까지 받는다.

내쉬의 착상에서 중요한 것은 관심과 무관심의 엄청난 전략성이었다. 관심은 바로 관심을 받는 사람의 권력 힘을 말한다. 사실 금발의 미녀들은 진정으로 남자를 사귀기보다는 남자들의 행동을 즐기는데 목적이 있을 것이다. 따라서 그들을 쫓아다니면 누구도 잡을 수 없다. 내부 분란이 일어나고 오히려 이용만 당할 것이다. 이것은 관심이 금발에 집중하고 있는 점을 여자들이 역이용할 것이기 때문이다. 내쉬는 그것을 다시 역이용해서 무관심으로 대응하였다. 관심을 통해 권력을 유지하는 금발을 무관심으로 무력화시키고자 하였다. 반드시 그렇지는 않지만 생각해 볼 여지가 있다.

내쉬가 이렇게 무관심의 이론을 발견한 것은 단지 그의 재능 때문만은 아니다. 결과적으로 보았을 때 장애가 중요한 역할을 했다. 장애는 새로운 생산과 창조의 출발이기도 하다. 내쉬는 다른 존재에 대해서는 관심이 거의 없다. 오로지 수학적인 질서 속에서만 존재한다. 수학을 통해서만 자신을 발견하고 살아가는 의미를 느낀다. 그렇게 하다보니 사람이 가지고 있는 감정과 의욕을 모두 잃어버린다. 혼자 철저하게 고독하고 다른 사람, 친구, 사회와도 철저하게 단절된다. 그때부터 존 내쉬의 정신분열증은 시작되었던 것이다.

정신분열증의 대표적인 특징은 실제로는 있지도 않은 환상을 실제인 것으로 받아들이는 것이다. 실제에는 있지도 않은 존재들과 이야기하고, 그 이야기에 따라 움직인다. 따라서 다른 사람들이 보기에는 미친 사람이 된다. 중요한 것은 단지 그 사람이 있지도 않은 존재나 사실을 실제인 것으로 보아 미친 듯한 행동을 한다는 데 있지 않다. 정신분열증에서 나타나는 그 존재들이 존 내쉬가 잃어버린 희망과 꿈을 나타내는 것이기 때문이다. 그것은 비장애인과 마찬가지로 욕망의 산물이었다.

세 가지 꿈과 희망

역시 배우자를 잘 만나는 것이 중요한 것일까? 그가 그의 환상 세계를 인식하고 그곳에서 비로소 빠져 나오는데, 결정적인 역할을 하는 사람은 그의 연인이자 아내인 알리시아(제니퍼 코넬리분)였다. 내쉬의 수학강의를 듣고 있던 알리시아는 내쉬가 내준 숙제를 들고 연구실로 찾아간다. 내쉬가 강의에 잘 들어오지 않기 때문에 그날도 강의실에서 기다리다가 연구실로 찾아간 것이다. 문제를 풀었다며 수학문제풀이를 내보이는데, 내쉬는 완벽한 해법은 아니라면서 아쉬움을 표시한다. 그러나 알리시아의 목적은 과제를 해결하는데 있지 않았다. 내쉬는 가보라고 말하지만 알리시아는 머뭇거리다가 내쉬에게 저녁을 같이 먹자고 제안을 한다. 데이트 신청이었다. 결국 그들은 그렇게 데이트를 시작하게 되고 마침내 결혼을 하게 된다.

행복한 결혼 생활이 이어지는 가운데, 알리시아는 이상한 사실을 발견하게 된다. 국가의 일을 한다는 내쉬의 행동이 이상하게 보였기 때문이었다. 물론 내쉬가 미국 국방성 일에 관여하고 있는 윌러 연구소이기 때문에 맨 처음에는 그러려니 했지만, 점차 이상한 점을 발견한 것이다. 어느 날 어떤 이들이 자신을 쫓아온다며 방의 불을 끄게 하거나 아내와 아들을 처갓집으로 피신하도록 한다. 또 강의실에서도 항상 창문을 닫으며 누군가에게 쫓긴다. 불안 증세를 보이는 그를 이

상하게 여긴 알리사아는 신경정신과 전문의에게 도움을 요청하고 그는 정신분열증이라는 진단을 받게 된다. 그를 병원에서 치료받게 하지만, 내쉬는 자신의 정신 상태가 이상하지 않으며, 자신을 병원에 가두는 사람들을 소련의 스파이라고 말한다.

알리사아는 그의 행적을 추적하다가 그의 연구실을 가보고 충격에 빠진다. 소련의 비밀 암호를 해독한다며 각종 신문 잡지를 방 가득히 찢어 붙여놓고 있었다. 내쉬가 그러한 신문 잡지 속에서 찾아낸 암호코드 해독 보고서를 발송했다는 사실을 비밀 아지트 우편함을 열어보고 알게 된 알리사아는 놀라고 만다. 내쉬가 보낸 해독 보고서 우편물은 그대로 우편함에 그대로 쌓여 있었다. 그 우편물들을 병원에 있는 내쉬에게 보여주지만, 내쉬는 잘 믿으려 하지 않는다. 그에 대한 전기치료와 약물치료를 실시하지만 그것은 일시적인 치료일 뿐이었다. 그는 집으로 돌아온 뒤 갑자기 무능력자가 된다.

정신분열증을 치료하기 위해서 약물을 복용하는데 그는 두 가지 이유 때문에 약을 먹지 않고 숨긴다. 하나는 약물이 수학연구에 대한 몰입을 방해하는 것이고, 다른 하나는 남성 발기가 되지 않게 만들기 때문이다. 그는 집안에서 애를 보는 무능력자가 되고 생계는 아내인 알리시아가 담당한다. 하지만 그는 약을 먹지 않게 되면서 다시 환상을 보게 된다. 다시 비밀 요원 윌리엄 파쳐(에드 해리스 분)가 나타나 국가안보 프로젝트를 다시 하라면서 결혼 생활에서 벗어나라고 한다. 창고에는 다시 해독코드를 전담하는 팀이 설치된다. 그러면서 그는 갑자기 명랑해진다. 어느날 외출에서 돌아온 알리시아에게 존이 찰스(폴 베타니 분)가 놀러와 아들 목욕을 해주고 있다고 한다. 하지만, 기분이 좋아진 존과는 달리 알리시아는 불안한 마음을 감추지 못한다. 찰스는 없었으며, 아들은 욕조에서 익사를 당할 위치에 있었다. 곧이어 비밀 요원 파쳐가 아내를 죽이려는 것을 말리다가 마치 알리시아를 때리는 듯한 형국이 되어 버리고 알리시아는 큰 충격을 받게 된다. 실제로 파쳐는 찰스와 함께 존재하지 않는 인물인 것을 잘 아는 알리시아. 결국 다시 발작이 일어난 것이었다.

그래서 다급해진 그녀는 아들을 데리고 처가로 가려 한다. 차가 출발하려는 사이 갑자기 내쉬는 아내의 차를 막으면서 이렇게 말한다. "*She never gets old!*" 즉, "그녀는 결코 나이가 들지 않는다." 찰스의 조카 마시는 결코 나이가 들지 않았다는 사실을 비로소 내쉬는 깨닫게 된 것이다. 언제나 그녀는 어린 소녀의 모습으로 남아 있다는 것을 발견했다. 결국 핵심은 시간이 흘러 내쉬는 늙어가고 있는데, 자신을 항상 귀신같이 쫓아다니는 그들은 결코 나이가 들이 않았던 것이다. 비밀 요원 윌리엄 파쳐, 찰스, 마시는 내쉬의 머릿속에서만 존재하는 환상이었던 것이다. 그는 망상환각증을 통해 세 사람을 만들어 낸 것이다. 물론 환청과 언어, 사고장애도 복합적으로 이 세 인물의 존재를 현실로 믿게 만들었다. 이 세 인물이 의미하는 바를 내쉬의 욕망을 분석해서 그것이 일반인들의 심리와도 밀접하게 영향을 미친다는 점을 생각해보자.

찰스는 내쉬가 프린스턴 대학에 처음 온 날부터 맞게 되는 룸메이트였다. 영문학도라고 자신을 소개한 그는 항상 내쉬의 주변에 있다. 영화는 그가 실존 인물이 아니라는 점을 넌지시 영화 속에서 말해주고 있다. 찰스는 항상 내쉬와만 말을 하지, 다른 이들과는 말을 하지 않는다. 찰스는 수업에도 들어가지 않으며 친구를 데려오지 않는다. 또한 술집에 가도 항상 찰스는 혼자 앉아 내쉬만 바라볼 뿐이다. 친구가 없던 내쉬는 자신의 이야기를 들어주는 친구를 만들어 냈는데 그가 찰스였던 것이다. 찰스는 내쉬에게 언제나 자신을 북돋아주고 자신의 내면 깊이 있는 고민과 고통에 귀 기울여 주는 존재이다. 여기에서 특징적인 것은 그가 영문학도라는 사실이다. 수학을 전공하는 이와 비교가 된다. 인문학적인 감수성이 없는 내쉬의 결핍을 거꾸로 이 영문학도 찰스가 드러내주고 있는 것이다. 영문학도인 찰스는 술을 즐겨먹는 방탕아적 기질을 보여주지만, 항상 내쉬는 박사논문 주제에 골몰해서 방 안에서 수학문제를 붙잡고 있다. 사실 그가 박사논문 주제를 잡게 된 것도 방 안에서 수학문제만을 푸는 그를 찰스가 맥주집으로 이끌었기 때문에 가능했다. 물론 찰스는 환상의 인물로, 억압되어 있는 내쉬 내면의 소리였다.

그런데 찰스는 혼자가 아니었다. 찰스는 다른 학교(하버드) 특강을 간 내쉬에게 유일하게 자신이 알고 있는 사람을 소개해주는데, 그게 조카 마시(Marcee)다. 마시는 6, 7세의 여자 아이다. 찰스는 자신의 누이가 교통사고를 당해 죽으면서 자신이 마시를 맡게 되었다고 했다. 마시에게도 친구는 없으며, 오로지 아는 사람은 찰스와 내쉬다. 마시는 해가 바뀌어도 전혀 변하지 않는 항상 어린 소녀의 모습이다. 내쉬에게 마시는 순수한 유아로 돌아가고 싶은 심리를 상징한다. 마시는 더구나 여자 아이이기 때문에 자신의 어린 시절과 순수한 소녀에 대한 갈망이 함께 결합되어 있는 존재라고 할 수 있다. 어떻게 보면 유아적인 상태로 퇴행하고 싶은 심리다. 결과적으로 마시가 언제나 나이가

들지 않고, 그대로 있다는 사실을 알고 그들이 실제적인 존재가 아니
라는 사실을 알게 된다.

윌리엄 파쳐는 비밀요원인데, 국가의 안보를 맡아 대소련 정보 업
무를 담당한다. 일종의 빅브라더의 특별 업무를 맡고 있는 것이다. 하
지만 그 역시 실체적 존재가 아니다. 그럼 왜 그는 윌리엄 파쳐라는 인
물을 만들어냈을까? 일단 존 내쉬는 자기의 일이 국가와 밀접하게 연
결되어 있고, 그것이 매우 중대하고 의미 있는 일이라는 사실을 자기
스스로 확증시키고 싶어 했다. 틀어 박혀서 단순히 수학문제만 푸는
것이 아니라 무엇인가 거국적인 일을 자신이 하고 있고, 능동적으로
국가적 과제에 대응해서 공을 세우려는 심리가 담겨있었다. 그것은
우리 일상인들이 사소하고 자잘한 일에만 파묻혀 있지 않고, 무엇인
가 의미 있는 일을 하고 있다는 사회적 자긍심을 갖기 원하는 욕망과
같은 맥락에 있다. 그것은 내쉬에게 미래였다. 앞으로 미국과 세계를
구하는 위대한 일, 자신의 이론이 세계를 구하고 있다는 생각과 밀접
하게 연결된다. 마시는 자신의 과거다. 나아가 자신이 귀소하고 싶은

상징체를 말한다. 찰스는 언제나 자신의 현재를 지켜보아 주고 있는 존재다. 이렇게 세 존재는 과거와 현재, 미래와 연결되어 있으며, 정신 분열증이 없는 이들과 같은 욕망적 반영물로 보인다. 그들은 끊임없이 자신이 실제이며, 다른 이들은 모두 가짜라고 항변한다.

물론 마침내 내쉬가 환상의 캐릭터들 속에서 벗어나 그들과 거리를 두고 현실로 나올 수 있도록 한 것은 아내 알리시아였다. 알리시아는 내쉬의 얼굴을 만지면서 진짜는 이런 것이고, 내쉬의 손을 자신의 가슴에 대며 현실은 이런 것이라고 말한다. 내쉬는 알리시아의 이런 감동적인 노력 끝에 드디어 자기 환상 속에 있는 인물들과 싸움을 벌이기 시작한다. 그러한 싸움은 다른 이들에게 미친 사람의 행위로 받아들여졌다. 환상 속의 인물들에게 호통을 치는 장면이 다른 이들에게는 혼자서 헛소리를 하는 것으로 보여졌다. 마침내 내쉬는 그들과 말을 하지 않을 정도로 초인의 경지에 이르게 되었다. 하지만 그 환상 속의 캐릭터는 없어지지 않았다. 다만 본인이 그것에서 무관심하게 반응할 뿐이었다. 그것이 없어지지 않는다고 해도 내쉬는 그것에 마음을 쓰지 않았다. 깨달은 자, 도인의 풍모까지 보인다.

결국 이 영화를 통해 볼 수 있는 것은 정신분열증에 따른 존 내쉬의

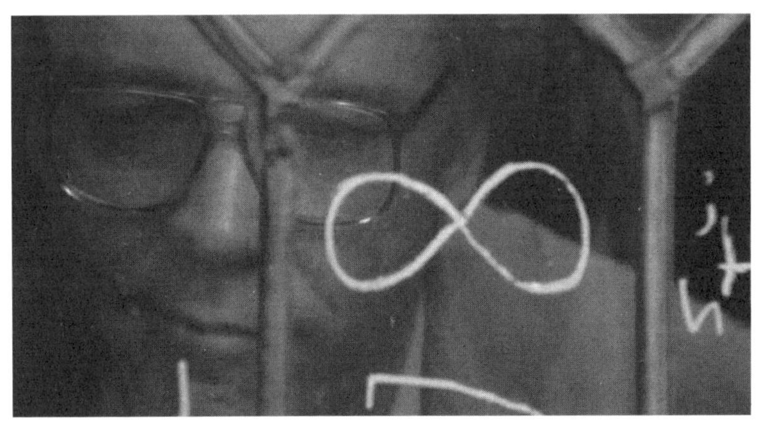

고통과 그것의 극복이 핵심이 아니다. 결핍이 욕망을 만들어내고, 그것이 만들어낸 환상은 언제나 누구에게나 있다. 비장애인이든, 장애이든 말이다. 비단 그러한 인물들은 내쉬의 머릿속에만 존재하지 않는다는 점에서 장애인과 비장애인의 동일성이 있으며, 그러한 점들이 대중적으로 이 영화에 대한 호응을 이끌어낸 것이 아닐까 싶다. 환상과 욕망에 연연해하지 않은 깨달은 자로 성공하는 것은 누구나 연모하는 것이기도 하다.

7 문명은 장애와 교환된 결과?

프루프(Proof, 2005)

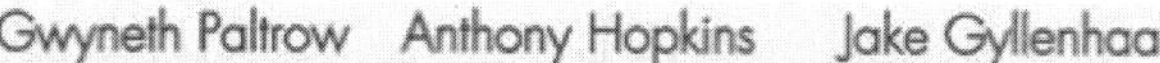

천재들의 삶은 장애로 채워지고는 한다. 보통 사람들의 능력을 뛰어넘는 그들의 성취는 장애를 얻은 결과였다. 어디 천재들이 이루어낸 성취물만 그러할까. 어쩌면 인류 문명은 장애와 맞교환하여 이루어 온 것인지 모른다. 따라서 장애는 문명이 결과를 얻기 위한 희생을 함축하고 있다. 이 점을 영화 〈프루프〉를 통해 가늠해볼 수 있다.

"얼마나 많은 날들을 내가 잃어버린 건가?"

영화 〈프루프(Proof, 2005)〉는 정신 분열증으로 죽은 천재 수학자의 업적 증명 과정에서 수학적 공식이 인간관계의 함수보다 중요하지 않다는 것을 말하고 있는 작품이다. 이 작품은 〈뷰티풀 마인드〉와 같이 존 내쉬를 모델로 한 영화이고, 다만 영화 속에 등장하는 딸은 가상의 존재이다. 또한 존 내쉬의 구체적인 삶과는 별로 관계가 없다. 무엇보다 존 내쉬는 죽지 않았다. 이 작품은 천재적인 수학자의 위대한 업적 뒤에 있던 정신장애의 의미를 가상의 딸을 통해 잔잔하게 여운을 전달할 뿐이다.

〈프루프〉는 데이비드 어번의 퓰리처상 수상작을 원작으로 삼았는데, 미국 브로드웨이에서 20년 최장기 연극(918회)으로 작품성과 흥행성을 인정받았다. 영화 제작 전 각색 작업에 원작자인 데이빗 어번이 참가했으며 영국에서 기네스 펠트로 주연의 연극으로 공연되어 화제가 되기도 했다. 한국에서도 2003년 추상미 주연으로 연극 무대에 올려진 적이 있다.

영화의 연출은 〈셰익스피어 인 러브〉, 〈리플레이스먼트〉의 존 매던 감독이 맡았다. 영국 연극 무대에서의 연출을 시작으로 경력을 쌓았던 그는 특히 〈셰익스피어 인 러브〉로 아카데미 작품상을 수상하며, 탁월한 연출력을 인정받은 바 있다.

사실 〈프루프〉는 감독의 연출력을 필요로 하는 작품이다. 특별한 효과에 의존하지 않고 등장인물들의 말로만 사건의 원인과 과정, 결과를 풀어내야 한다. 아니나 다를까. 이 작품은 죽은 수학자의 노트를 둘러싸고 그 저작자의 진위 여부를 등장인물들의 대사를 통해 풀어 간다. 별 의미 없다고 여기는 등장인물들의 대사들 안에 진실을 보여주는 실마리들이 들어있다. 과거와 현재를 오가면서 수학적 업적이 누구 것인지 그 진실을 하나 둘씩 맞추어간다. 캐서린(기네스 펠트로 분)

은 아버지 로버트의 재능과 성격을 그대로 이어받았다. 그래서인지 아버지를 누구보다 생각하는데 정신 분열증으로 고생하던 아버지의 간병을 위해서 학업까지 포기하고 아버지를 돌본다. 한편으로는 자신도 아버지의 정신병을 이어받을까 싶은 극도의 두려움을 나타낸다. 사람들은 그녀가 정신분열증에 걸렸다고 한다. 그럼에도 그녀는 아버지가 마지막까지 수학적 업적을 남길 수 있도록 옆에서 도와준다.

한편 그녀의 아버지 로버트 르웰린(앤서니 홉킨스 분)은 화산이 폭발하는 것 같은 열정을 지닌 천재 수학자다. 열정에 재능이 더해져 젊은 나이에 학계가 깜짝 놀랄 수학적 업적을 남겼다. 하지만 정신분열증 증세와 정신적인 불안장애로 말년에는 혼란의 시간을 보내야 했던 인물이다. 그는 그렇게도 명민하던 모습을 어디로 던져 버리고, 현실과 가상의 공간을 구분하지 못하고 수학적 기호와 문학적 언어를 혼동한다.

클레어(호프 데이비스 분)는 캐서린의 언니인데, 정말 성공한 전형적인 똑똑한 커리어우먼의 모습을 보여준다. 하지만 그녀는 나름대로

성공한 위치에 있음에도 불구하고, 캐서린이 아버지의 재능을 이어받은 것에 대한 질투심을 가지고 있다. 한편으로는 아버지를 모시지 못한 죄책감을 마음 한 쪽에 간직하고 있다. 그녀는 캐서린이 아버지와 같이 정신분열증 증세를 보이는 것에 대해서 우려하고, 그녀를 병원에 보내기로 결정한다. 무엇보다 그녀는 캐서린이 수학 이론을 썼다는데, 동의하지 않는다.

할(제이크 질렌홀 분)은 로버트의 제자이고, 수학자이며 강단에서 강의를 하고 있다. 수학자인데도 수학자 같지 않은 유머와 위트를 지니고 있으며 열정이 넘친다. 수학이라는 학문, 자신의 스승이 남긴 업적뿐만 아니라 캐서린에게도 관심이 많다. 사건의 발단, 즉 영화가 시작하는 원인을 만들어낸 인물이며, 결국 노트를 쓴 주인공이 누구인지 최종적으로 밝혀낸다.

영화는 할이 캐서린의 집에 침입해 로버트가 남긴 노트를 훔치는데서 시작한다. 할은 천재적인 수학자인 자신의 스승 로버트가 뛰어난 업적을 남겼을 것이라고 여겨 집안에 있는 노트에 대한 궁금증을 참지 못한다. 할뿐만 아니라 다른 이들 모두 그 노트의 존재에 대해서 매우 큰 관심을 갖고 있다. 하지만 캐서린은 할을 믿지 못한다며, 몰래 집에 들어온 것에 대해서 분노한다.

이렇게 분노하는 캐서린을 향해 할은 캐서린의 아버지 로버트가 비록 정신분열증을 앓았지만, 그의 천재성에 비추어 볼 때 새로운 수학적 증명을 남겼을 가능성이 크다며 노트들을 보여 달라고 한다. 그러나 할의 제안에 대해서 캐서린은 동의하지 않는다. 아버지의 증명을 검증하겠다는 것은 빌미일 뿐, 결국 아버지의 업적을 자신의 연구에 이용하려는 속셈이라며, 그의 말을 믿어주지 않는다. 하지만 계속되는 설득과 그의 순수한 의지에 캐서린의 마음이 변하기 시작하고, 마침내 아버지의 노트를 보여준다. 할은 그녀가 준 노트 하나를 보고 놀라움을 감추지 못한다. 그것은 여태까지 보지 못했던 수학 이론이었기 때문이다.

천재업적 뒤의 불행

여기에서 초점은 노트에 적힌 수학적 업적을 누가 만들었는가에 모아진다. 처음에 캐서린은 그 노트가 아버지가 작성한 것이라고 말한다. 하지만 이후에 자신이 작성한 것이라고 말한다. 그러나 할과 언니 클레어는 믿어주지 않는다. 왜 그럴까?

글씨 자체가 로버트의 글씨체를 많이 닮았기 때문이다. 더구나 캐서린은 대학조차 중간에 그만두었기 때문이다. 이 때문에 고도의 수학적 논리를 펼 수 없었을 것이라는 것이 잠정적인 결론이었다. 그러나 의구심은 있었다. 로버트는 최신의 수학 이론에 대해서는 거의 알지 못하는데, 노트에는 많은 새로운 수학 이론이 들어가 있다. 더구나 그 이론들에 관한 책은 로버트가 아니라 캐서린의 방에 있었다. 또한 글씨는 같이 지낸 기간이 많으면 닮을 수도 있다. 그렇다면 캐서린이 이 노트를 작성한 것일까? 자, 과연 어떻게 된 것일까?

캐서린을 통해 영화에서 드러내고 싶은 것 중 하나는 천재와 그의 업적 뒤에 있는 불행이다. 영화에서 사람들은 로버트의 수학적인 업적에 대해서는 많이 이야기한다. 그러나 캐서린은 사람들이 자주 언급되는 업적 뒤에 도사리고 있었던 아버지의 불행에 대해서는 언급하지 않는 것에 대해서 울분을 토한다. 그래서 아버지의 사망 뒤 대학에서 연 추모회에서 자리를 박차고 나온다. 그녀는 누구보다 아버지가 정신 분열증으로 고생한 사람이라는 사실을 더 이야기해주기를 바랐기 때문이다.

흔히 업적에 가려진 불행이나 고통을 생각하지 않은 일반적인 세태를 영화는 꼬집는다. 위인의 업적은 결국 수없는 고통과 자기희생을 통해 만들어낸 것이지만, 다른 사람들은 그것을 소홀하게 만들어

버린다. 〈뷰티풀 마인드〉에서 우리가 알 수 있었듯이 존 내쉬는 극심한 정신분열증을 얻은 대가로 '거버닝 다이내믹스' 이론을 만들어낼 수 있었는지도 모른다. 하지만 대개 위대한 업적은 그의 천재적 재능으로 돌려 버린다. 천재적 재능에 그 원인을 두면 그 사람의 노력은 별로 중요해지지 않는다.

인류의 문명은 어떻게 보면 수많은 장애를 만들어내고 창출해 냈는지 모른다. 인류 문명은 수많은 그 높이를 올려갈수록 이들에게 장애를 선사했던 것이다. 그러한 장애를 얻은 사람들이 없었다면 현대문명은 구축될 수 없었을 것이다. 정신적 산물은 정신적 장애와 물리적 산물은 물리적 장애와 맞교환되었다. 고통으로 일그러진 묘사는 아무도 그 분야에 뛰어들지 못하게 하여 아름다운 천재성이나 장인의 정신으로 미화되고 있는지 모른다.

천재도 증명할 수 없는 것

그럼, 〈프루프(증명)〉가 의미하는 것은 무엇일까? 언뜻 보면 수학적 증명에만 해당하는 것처럼 보인다. 그러나 조금만 자세히 보면 한 마디로 정의내리기 어려운 복잡미묘한 인간관계를 이야기하고 있음을 알게 된다. 즉, 삶이란 건 눈에 보이는 공식을 대입하여 간단명료하고 논리적으로 증명할 수 있는 것이 아니라는 점 말이다. 가족 사이의 사랑, 남녀 사이의 사랑, 믿음, 신뢰를 다른 누군가에게 속 시원히 보여줄 수 없는 것이다. 수학적 업적이 누구 것인가 속 시원하게 말하지 못하는 것, 오해가 생기는 것도 이와 같은 맥락에서 비롯한다.

원작자 데이비드 어번(David Auburn)은 이 작품에서의 '증명'은 수학적인 증명인 동시에 사랑에 대한 증명을 의미하며, 헌신에 대한 증명, 믿음에 대한 증명이라고 밝힌 바 있다. 오히려 캐서린은 수학적 증명보다는 자신의 존재 자체를 증명하고자 한다.

　역설적으로 수학 증명이라는 단어를 통해 영화가 최종적으로 증명해낸 것은 딸 캐서린이 아버지 로버트를 사랑하는 마음이었다. 그러나 그것은 수학으로 논증한 것이 아닌 마음으로 느끼는 것이다. 결국 〈뷰티풀 마인드〉에서 존 내쉬를 살려낸 것이 수학 이전에 알리시아의 마음이었듯이, 이 영화에서도 위대한 수학자의 진면목을 드러내는 데 딸의 마음을 활용한다. 그것은 수학적 성취가 인류의 업적 추구행태, 과중한 노동을 의미하는 것이라면, 마음은 사랑, 여유, 감성, 행복을 의미하는 것이겠다. 인류문명은 장애를 반대로 주지만, 그것에 대한 집착을 버리는 것은 오히려 삶을 비장애의 상태로 만든다.

사람을 위한 제도에서 소외되는 사람들

아이엠 샘(I am Sam, 2001)

제도는 사람을 위해 탄생한다. 종종 사람을 위해 만든 제도가 사람을 소외시킨다. 제도나 그것을 운용하는 사람을 위해 움직이기 때문이다. 아동의 교육복지를 위해 만든 복지시스템이 오히려 아동에게 해로움을 주고는 한다. 아동의 의견보다는 제도의 원칙과 명분에 더 충실하기 때문이다. 그 원칙과 명분 앞에 장애는 좋은 먹이감이 된다. 이를 다룬 영화가 아이엠 샘 이다.

"아빠 눈이 왜 내리는 거야?"
"왜냐하면 눈이… 왜냐하면 눈이 내리니까."

불교에서 아이는 하나의 불씨다. 아이가 불씨로 비유되는 이유는 무엇일까? 불씨는 현재 미약한 존재에 불과하지만, 차츰 거대한 불길로 거듭날 수 있는 가능성을 가지고 있다. 아이도 불씨처럼 현재는 힘없고 능력도 없지만 훗날 어떤 인물로 자라날지 알 수 없다. 또한 얼마나 많은 아이를 생산할 수 있을지도 생각해야 한다. 그것은 현재가 아니라 미래의 가능성에 두어야 한다.

아이는 씨앗이기도 하다. 작고 볼품이 없지만 그것은 화려한 꽃과 창대한 열매를 맺을 가능성을 가지고 있다. 하지만 이러한 목적과 결과를 염두하고 아이를 소중하게 생각하는 것도 생각해 볼 필요는 있다. 아이와 씨앗은 그 자체가 소중한 생명이며, 누군가의 분신이다. 그 자체가 사랑과 존중의 대상이 되어야 한다. 만약 그렇지 않다면 훌륭한 결과를 낳을 것 같지 않은 아이와 씨앗은 아예 제거될 것이다. 여기서 우리는 목적론적 태도의 위험성을 알 수 있다.

복지제도의 역설

영화 〈아이엠 샘(I Am Sam)〉에서 샘 도슨(숀 펜 분)은 루시(다코다 페닝 분)가 일곱 살이 되기 전까지는 평화로운 생활을 한다. 하지만 그들의 행복은 일곱 살 이전까지만이었다. 루시가 일곱 살이 되면서 갑자기 사회복지기관의 직원들의 방문을 받는다. 사실 단순한 방문은 아니었다. 더 이상 샘 도슨이 자신의 딸 루시와 같이 살 수 없다는 선고였기 때문이었다. 이유는 이제 루시가 아버지에게서 더 이상 좋은 영향을 받을 게 없다는 이유 때문이었다. 샘 도슨의 지적 능력은 일곱 살 수준이라는 것이 이유였다. 루시는 아이이기 때문에 지적으로 성장하

지만, 사실 샘은 어른이기 때문에 더 이상 지적 성장이 이루어지지 않고 있었다. 아이는 무한한 가능성을 지닌 존재이지만 샘은 그렇지 못한 존재인 것이다. 사회복지기관 직원들이 샘과 루시의 사이에 끼어든 것은 샘이 아니라 루시를 위한 것이라고 말한다. 아이의 권리를 지키기 위한 것이라는 것이다.

이 영화에는 제도적 역설을 드러나 있다. 아이를 위해서 만들어진 제도가 오히려 아이가 원하지 않는 것을 강박하기 때문이다. 루시는 아버지와 떨어져 살기를 원하지 않지만, 그것을 스스로 결정할 수가 없다. 법적·제도적 장치가 루시의 선택을 가로막는 것이다. 무엇보다 샘은 자신이 지적 장애인이라는 이유만으로 스스로 루시를 양육할 선택권을 박탈당한다.

이 영화에서 묻고 있는 것은 '과연 아이에게 필요한 것이 지적 능력만이냐'라는 점이다. 그것은 아빠와 딸이라는 가족애의 존재 이유를 묻는 것과 같다. 부모가 아이를 정말 사랑하고 있고, 거꾸로 부모에 대한 애착이 강한 자녀가 자신들의 의사와는 관계없이 함께 있을 수 없다면, 그것은 국가의 제도적 폭력을 당하고 있다고 볼 수 없을까? 단지 아이가 지적으로 성장하는데, 아버지가 도움이 되지 않는다는 이유로 둘 사이를 갈라 놓는 것은 지나친 목적론적인 태도가 아닐까 싶다.

지적능력 만능주의?

무조건 이별시키기보다는 대안적인 장치들을 모색하는 것이 필요할 것이다. 기계적으로 아이와 떼어놓는다면, 자칫 장애인 부모들을 사회에서 격리시키는 것과 다름없기 때문이다. 국가의 제도와 원칙이 우선인가, 개인의 스스로 행복추구권이 우선인가 생각해보아야 할 문제이다.

또한 이 영화에서 제도의 문제는 학교라는 제도의 모순으로 등장한다. 학교는 아이들이 교육을 받을 수 있게 한다. 그런데 학교에는 원칙이 있다. 그것은 다른 사람들과 함께 반드시 많은 것을 배워야 한다는 점이다. 배우기 싫어도 남아있고, 남아있고 싶어도 남아있을 수 없다. 학년이 영원히 올라가지 않고 그대로 5학년이면 얼마나 좋을까.

나는 시골에서 초등학교 6년 동안 같은 반 아이들 40명과 한 교실에 있었다. 그때 어찌나 6학년이 되는 것이 싫었던지. 하지만 개인적인 거부에도 불구하고는 6학년이 되고 졸업과 동시에 6년 동안 같은 반에서 웃고 뒹굴던 아이들과 헤어졌다. 그리고 입시 전쟁에 밀려 떨어져 지냈고 그렇게 친했던 아이들은 서로 데면데면해져 버렸다.

이 영화에서 아이는 아버지와 같은 지능에서 벗어나기를 거부한다. 자신이 많은 것을 알고 지능이 높아지면 아빠와 말이 안 통하게 되니까 일부러 배우지 않는 것이다. 이를 가리켜 선생이나 전문가들은 루시를 학습 지체라고 판단했다. 학습 지체가 이루어지기 때문에 샘과 떨어트려야 한다고 보는 것이다. 하지만 주인공 여자 아이에게 중요한 것은 지식이나 학습의 양이 아니라 자신을 사랑하고 항상 옆에 있어주는 사람과 함께 할 수 있는가였다.

제도는 추상적으로는 사람을 위한 것 같지만 각자의 개인에게는 맞춤형이 되지 못하고 오히려 개인이 제도에 맞추어야 하는 모순을 지니고 있다. 어디 제도만이 그럴까. 상품은 사람을 위해 만들어냈다. 그러나 상품은 오히려 인간을 위협하고 소외시킨다. 시장은 소비자를 위해 만들어졌다. 그러나 오히려 인간을 시장의 수단으로 삼았다. 금융은 사람들의 재화를 더 풍부하게 만들기 위해 고안되었다. 하지만 금융은 생산보다는 부당이익을 통해 재화의 생산을 위협하게 된다. 이러한 역전을 변곡점이라고 한다.

소통의 변곡점

이 변곡점에 이르기 전에 적절하게 조절하는 지혜가 필요한데 이것을 조절의 지렛대 또는 크리티컬 포인트라고 한다. 이 지점을 알아내는 것은 우는 아이의 눈물을 닦아내는 것만큼 중요한 일이다. 적절한 지점에서 국가 정책이 개입하고, 그것을 방지하면서 개인의 권리와 행복을 보호하거나 유지하는 것이 중요한 것이다.

다음과 같은 샘과 루시의 대화를 들으면 루시의 앞날이 걱정될지도 모르겠다.

"아빠 눈은 왜 내리는 거야?"
"왜냐하면 눈이… 왜냐하면 눈이 내리니까."
"아빠, 겨자는 뭐로 만들었어?"
"그건 노란색 케첩이란다."
"아빠, 아저씨들은 왜 대머리야?"
"때때로 대머리가 있지. 왜냐하면 머리가 반짝이다보니 머리카락이 안 자라. 그래서 머리가 얼굴 대부분을 차지하지."
"아빠 레이디버그(무당벌레)는 암컷뿐이야? 아님 수컷도 있어? 만약 있다면 뭐라고 불렀을까?"
"응, 비틀즈라고."

이 대화를 통해 루시와 샘의 대화가 전혀 소통하지 못하고 있는 점을 금방 알 수 있다. 이러한 면에서 루시의 앞날이 걱정이 되기 때문에 당장 루시를 샘에게서 격리시켜 교육기관으로 보호조치하거나, 다른 가정에 입양시켜야 할지도 모르겠다. 하지만 다음과 같은 대화를 듣고 있으면 다른 생각을 갖게 될 것이다. 루시가 자신의 아빠 샘이 다른 아빠들과 다르다는 걸 알게 된 이후에는 다음과 같은 대화가 오갔다.

"제 말은 아빠는 틀려요."
"그게 무슨 말이야?"
"아빠는 다른 아빠들과는 다르단 말이에요."
"미안해, 미안해. 그래, 미안해."
"괜찮아요, 아빠. 미안해하지 마세요. 전 운이 좋거든요. 어떤 아빠도 공원까지 오진 않거든요. 다른 아이들은 아빠가 같이 공원에 가주지 않아."
"그래, 우린 운이 좋지. 운이 좋다고, 그렇지?"

문제를 해결하는 가장 좋은 방법은 서로에 대한 인정을 통해 소통과 대화의 수준을 맞추어 주는 노력이 아닐까. 그러한 노력은 일률적으로 국가기관이 판단하고 강제할 수 있는 것은 아닐 것이다. 그러한 무리하고 강제적인 기준들은 진정으로 시민과 약자들을 위하는 것이 아니라, 제도 그 자체와 제도의 존립으로 이익을 취하거나 안정적인 토대를 제공받는 이들을 위한 행동일 뿐일 것이다.

9 악한 장애인 정의를 지키다

슬링 블레이드(Sling Blade, 1996)

사회생활을 잘하는 사람은 누구일까? 도덕적 원칙이나 윤리적 가치를 근본적으로 고집하기 보다는 타협하고 때로는 그것을 위반하는 이들일 것이다. 그렇게 하지 못하는 이들은 사회 부적응자로 몰리고 심지어 정신 이상이나 감옥에 갇히기도 한다. 범죄자가 될 수도 있다. 이러한 점을 극단적인 상황을 통해 내포하고 있는 영화가 슬링 블레이드 이다.

"다시 살인을 할 건가요?"
"그럴만한 이유가 없어요."

〈슬링 블레이드〉는 감독의 영화적 세계관이 주연배우를 통해 잘 형상화되었다는 평가를 받은 바 있다. 그도 그럴 것이 감독과 주연배우가 동일하다. 물론 이러한 장점이 모든 영화에서 빛을 발휘하는 것은 아닐 것이다.

클린트 이스트우드, 로버트 레드포드, 팀 로빈스의 공통점은 아무래도 배우이면서 영화를 연출한 점일 것이다. 물론 우열은 있겠다. 여기에서 우열이란 지속적으로 좋은 작품을 얼마나 내놓았는가에 따라 편의상 서열을 두는 것이다. 케빈 코스트너는 〈늑대와 춤을(1990)〉을 통해 아카데미 감독상 외에도 작품상, 각색상, 촬영상, 음악상 등 7개 부문을 수상했지만, 그 뒤로 그가 연출한 영화는 별다른 재미를 보지 못했다. 하지만 클린트 이스트우드는 〈건틀릿(1977)〉, 〈앱솔루트 파워(1997)〉, 〈블러드 워크(2002)〉, 〈밀리언달러 베이비(2004)〉, 〈그랜토리노(2008)〉 등 많은 영화를 감독하고 직접 출연도 했는데, 흥행과는 별도로 작품성을 인정받아왔다. 물론 우디 알렌(Woody Allen)과 같이 그가 만드는 작품이 대중 흥행 영화는 아니지만 독특한 개성과 작품성을 통해 많은 마니아를 몰고 다니는 연출자 겸 배우도 빼놓을 수 없다.

배우 출신이 영화를 연출, 감독하면서 직접 출연하는 경우, 배역에서 각본의 캐릭터를 잘 살릴 수 있을 것이다. 여기에서 다룰 〈슬링 블레이드〉는 빌리 밥 손튼이 감독, 각본, 주연을 모두 맡은 작품이다. 〈슬링 블레이드〉는 아카데미 최우수 각본상 수상을 받고 남우주연상 후보에까지 올라 밥 손튼의 가능성을 확인시켜준 작품이다. 이 작품으로 손튼은 '제2의 오손 웰스'라는 극찬을 받았다. 참고로 1941년 오손 웰스가 만든 '시민케인'은 가장 위대한 영화 가운데 하나로 꼽히는데, 불과 스물다섯 살의 나이에 오손 웰스가 직접 그 영화에 출연하고

감독했다. 그는 그 뒤에도 많은 영화를 연출하고 출연했다.

〈슬링블레이드〉는 1997년 선댄스 영화제 최고의 화제작으로 꼽히기도 했다. 100만 달러짜리 독립영화 〈슬링 블레이드〉는 무려 8개월간이나 장기 상영되었고, 2,440여만 달러의 수입을 올려 흥행에서 큰 성공을 거두었다. 하지만 2000년 국내에서는 천 명 관객을 동원하는 수준에 멈추어서 대중적 주목을 받는 데는 실패했다. 따라서 대중적 주목을 받지 못한 것은 장애인 문제에 대한 외면은 아닌지 생각해보게 만들었다.

이 영화는 기존의 영화와는 달리 감동도 없어서 그랬을까. 장애인이 등장하는 영화에 반드시 들어가야 할 법한 감동이 없으니 더욱 대중 미학 차원에서 외면을 받았는지도 모른다. 이러한 조짐은 단적으로 밥 손튼의 연기에서 이미 알 수 있다. 밥 손튼의 얼굴에는 표정이 거의 없다. 극중 칼의 움직임은 거의 변화가 없이 일정하다고 말할 수 있다. 어디 영화를 재미로만 볼까? 가치론적 의미도 분명 중요하다. 그는 그러한 변화 없이, 무미건조한 연기를 통해 무엇을 전달하려는 것일까?

대개 장애인이면 선한 주인공으로 등장하는 기존의 장애인 영화

와는 달리 극중 인물인 칼(밥 손튼 분)은 살인범이다. 보통 살인범이
아니라 사람을 두 명이나 죽였으며, 그 가운데 한 명은 자신의 어머니
였다. 어머니를 죽인 살인범이라니, 이보다 더 흉악무도할 수가 없다.
그런데 그 살인범이 25년 만에 출소한다. 사실 출소는 정확한 표현이
아니다. 그는 지적 정신 장애인으로 판정받아 요양원에 갇혀 있었으
니 말이다. 어쨌든 칼은 세상 밖으로 다시 나가게 된다.

선과 악의 양면성

여기에서 관객은 두 가지 점을 기대하게 된다. 우선 그가 다시 살인을
저지르지 않을까 하는 점이다. 그 대상은 누구이고 어느 때 벌어질지
기대 아닌 기대감을 갖는다. 더구나 출소하기 바로 직전 기자가 찾아
와 다시 살인을 저지를 것이냐고 묻는다. 칼은 살인을 저지를 이유가
없다고 말한다. 이 말은 다시는 살인을 저지르지 않을 것이라는 다짐
으로 들리기도 하지만 살인을 예고하는 것이기도 하다. 살인할 이유
가 있다면 살인을 저지를 것이라는 점을 암시하기 때문이다.

두 번째로 관객이 기대하는 것은 살인범이면서 지적, 정신장애를
갖고 있는 주인공이 사회에서 적응을 할 수 없을 것이라는 것이다. 결
국 둘을 연결시키면 살인을 저지른 경력의 장애인이 사회적 냉대와 소
외를 견디다 못해 다시금 누군가 살인을 저지르는 내용이 펼쳐질 것으
로 기대한다. 하지만 영화는 이러한 기대를 갖는 관객을 배반한다. 물
론 처음에 칼은 사회에 다시금 나가는 것이 두려워 다시 요양원으로
돌아가고 싶다고 말하지만 거부당한다. 하지만 현실은 그렇게 냉혹하
지 않았다. 25년 만에 고향으로 돌아간 그는 생각한 것과는 달리 사람
들의 냉대는 받지 않는다. 그는 일자리를 얻으며 일정한 수입을 받고
사람들의 인정을 받기에 이른다. 처음부터 그를 냉혹하게 배척하는
인물은 등장하지 않는다. 영화는 느리고 관조적인 풍경과 노을을 통

해 이러한 분위기를 충분히 보여준다. 더구나 그는 자신을 대등하게 여겨주는 소년 프랭크(루카스 블랙 분)를 만나게 된다.

칼이 지적 장애인이기 때문에 지능이 비슷한 프랭크라는 소년과 친구가 된다고 볼 수도 있지만, 둘은 격의 없이 말을 터놓을 수 있는 순수한 마음을 가진 존재였다. 그래서 말이 잘 통했고, 친구가 될 수가 있었다. 눈치가 빠른 관객들은 바로 그 프랭크라는 소년을 통해 칼의 앞날을 점칠 수 있게 된다. 처음부터 프랭크는 칼에게 자신의 비밀 장소인 호수를 보여줄 만큼 격의가 없는데, 처음 만난 칼에게 자신의 가족에 대해서 말하는데도 거침이 없었다. 특히 홀로 사는 어머니의 남자 친구 도일에 대한 분노는 하늘로 뻗쳐나갈 정도로 '저 자식 죽이고 싶어요'라는 말을 거침없이 한다. 하지만 칼은 그러한 프랭크가 자신과 같은 사람이 될까봐 우려스럽게 제지한다.

칼은 어머니를 살해했지만, 처음부터 어머니를 살해하려고 한 것은 아니었다. 마을에서 바람둥이로 유명한 제시가 어머니 위에 올라타 괴롭힌다고 생각한 칼은 잔디 깎는 칼(슬링 블레이드)로 제시의 머리를 내리친다. 사실은 제시가 어머니를 괴롭힌 것이 아니라 성적관계를 맺고 있었던 것이다.그가 제시를 죽인 것은 칼 자신을 위한 것이 아니었다. 그것은 어머니를 위한 것이었다. 어머니를 위해 사람을 죽인 것이다. 그런데 어머니는 '왜 죽여야 했니?'라고 하며 오히려 아들을 질책했다. 칼은 그래서 담담하게 어머니의 머리에도 칼을 내렸다고 말했다. 상식적으로 이해할 수 없는 상황일 수도 있지만, 오히려 너무 순수해서 악을 저지르는 유형이 아닐 수 없다. 프랭크가 만약 어머니에게 못되게 구는 도일(드와이트 요아캠 분)을 죽인다면 자신과 같은 살인범이 되는 것이었다. 그런데 비장애인이라고 하면서 언제나 자신들이 우월하다고 느끼는 마을 사람들은 정작 이러한 프랭크의 고통에는 아무도 관심이 없다. 오히려 많은 남자들은 도일과 어울려 놀기도 한다.

　상황은 점점 악화되어 도일의 행패가 갈수록 늘어나고, 프랭크의 어머니는 어쩔 수 없이 끌려가는 형국이 된다. 어느 날 도일은 프랭크에게 자기가 이제 프랭크의 아버지라면서 여러 가지 훈육책을 제시한다. 프랭크가 자신의 원칙대로 움직여야 하며, 말대답을 할 때는 자신의 허락을 얻어야 한다고 주지시킨다. 이는 자신의 폭력으로 프랭크를 제압시키려는 의도가 담겨 있었다. 그 과정에서 폭력을 휘두르기도 한다. 더구나 칼에게 너 같은 천치는 당장 집에서 나가라고 하면서 모욕적인 언사를 함부로 발설한다. 도일이라는 인물을 통해서 칼은 다시 살인을 해야 할 이유가 생겨버린다. 물론 칼이 도일을 살해하는 이유는 자신을 위한 것이 아니라 프랭크를 위해서다. 자칫 자신이 하지 않으면 프랭크가 살인자가 될 수 있으며, 그렇지 않더라도 영원히 도일로 인해 두 사람이 고통을 받을 수 있다고 생각한 것이다. 칼은 프랭크와 그의 어머니를 대피시키고, 도일이 혼자 술을 마시고 있는 집을 찾아간다. 그리고 당신을 죽일 것이라고 통보한다. 칼은 살인 후 911에 신고해 자신이 도일을 살해했으며, 살인을 저지른 장소까지 구체적으로 신고한다. 영화는 다시 초기 장면과 같이 맞물린다. 초기 장면에서 칼은 두 번째 살인을 저지르고 병원에 갇혀 있었고, 영화의 내용은 두 번째 살인을 저지르게 된 과정을 회상한 것이었다.

순수한 마음이 범죄로 이어지는 사회

일부에서는 이 영화의 주제를 선악의 상대성이라고 말한다. 누가 악인이고 누가 선인(善人)이냐는 질문을 던졌을 때, 살인범이 된 칼이 악인이라고만 할 수는 없다는 것이다. 불의에 상응하는 벌을 내렸기 때문이다. 하지만 불륜을 저지르거나 아동에 대해 폭력을 휘두른다고 해서 죽음을 맞아야 하는 것은 아니다. 또한 성장하는 장애인의 모습을 그린 작품이라는 지적도 있다. 어린 시절에는 자신의 주체적인 판단이 없이 살인을 했다면, 25년 뒤에는 뚜렷한 목적을 가지고 스스로 정의를 위해 살인을 했다는 것이다. 하지만 칼이 일관된 삶의 태도를 보인다는 점에서 이 같은 점은 타당하지 않다. 그럼 일관된 삶의 태도는 무엇일까?

그것은 순수한 마음일 것이다. 그 순수한 마음은 단지 때묻지 않은 상태를 말하는 것이 아니다. 그럼 무엇을 말하는 것일까? 우선 자신을 위해서 살인을 저지르지 않는다. 그는 잘못된 것은 잘못된 것이라고 지적할 수 있는 삶의 자세를 갖고 있다. 무엇보다 그는 기계를 아주 잘 고치는데, 비장애인이라는 이들은 기계에 대해서 이러쿵, 저러쿵 복잡한 이야기만 할뿐 휘발유조차 넣지도 않은 채 기계가 고장났다고 투덜거린다. 칼은 기름이 있는지 없는지 확인하는 것은 기본이라고 말한다. 그는 아무 말하지 않은 채 직접 연료통부터 확인했다. 세상에 대해서 여러 가지 말을 하기 전에 기본적인 것부터 생각하라는 것이 칼의 메시지인지 모른다.

옳지 않은 것에 대해서 분노하지 않고, 행동하지 않는 것에는 어떤 의미가 있을까? 자신들이 장애인보다 우월하다고 여기는 비장애인들은 오히려 기본적인 마음이 결핍된 장애인들이 아닌가. 누가 장애인인지 칼은 행동으로 묻고 있지만, 그의 행동이 절대적으로 옳다고 할 수 없으므로 그는 끝내 교도소 안의 정신병원에서 햇살이 드는 창문 밖을 표정없이 보고만 있다. 어쩌면 순수한 사람은 갇혀 있어야만 하는 것이 인간이 사는 세상인지 모른다. 그럴 때 밖에 있는 이들이 장애인이고 이 안에 있는 이들은 비장애인이다.

10 마음의 때를 세탁하는 청년

란도리(Laundry, 2001)

때를 씻어내는 것은 원래의 모습을 복원하는 것이다. 빨랫감을 씻어내야 할 때가 묻어 있는 의복류를 빨랫감이라고 한다. 씻어내야 할 때는 의복에만 있지 않다. 겉으로는 말끔한 의복을 입었어도, 그러한 외모를 지녔어도, 정신과 마음에 세탁해야 할 때가 있을 수도 있다. 거꾸로 본래의 상태로 복원시켜야 할 사람으로 보이지만 오히려 정신과 마음은 깨끗한 사람도 있다. 이와 같은 사람이 영화 〈란도리〉의 테루다.

"사랑이야. 지구에선 그걸 사랑이라고 해. 우주에선 잘 모르겠지만."

모리 준이치이 감독의 영화 〈란도리(Laundry, 2001)〉는 2006년 12월에
야 국내 개봉된 작품이다. 이 영화는 2001년 몬트리올 영화제에서 신
인감독 작품에 주는 '내일의 영화상'을 받았다. '위대하지 않고 불완전
한 이들에 대한 따스한 송가'라는 평가를 받은 작품이다.

순수한 청년 캐릭터를 상징하는 테루는 재일 조선인을 그린 영화
고(GO)의 주인공인 쿠보즈카 요스케(窪塚洋介)가 맡았다. 〈란도리〉
는 세탁소를 뜻하는 'laundry'의 일본식 발음이다. 감독은 순수한 청년
과 상처를 지닌 여성의 사랑 이야기를 통해 홀로 서기가 힘든 두 사람
이 서로에게 기대어 온전한 삶을 살아가는 모습을 담아내려 노력했다.

어릴 때 일어난 사고로 인해 뇌에 약간의 장애를 가진 청년 테루와
첫사랑에게 배신당한 충격으로 삶에 대한 의욕을 잃고 수면제에 의지
하며 하루하루 살아가는 미즈에. 두 사람의 만남은 상처받은 이들끼
리 서로 상대방의 아픔을 깨끗하게 세탁해주는 상징적인 의미를 지닌
다. 그래서 그들이 만난 장소는 세탁소다.

그들은 처음에 섬과 섬이었다. 비록 세탁소에서 스친다 해도 그들
사이에는 알 수 없는 바다가 흐르고 있었다. 뇌에 장애가 있어 뒤쳐져
도 순진무구한 테루와 상처받은 미즈에 사이에 잃어버렸어도 상관이
없는 세탁물이 다리를 놓는다. 사람과 사람 사이에 끈을 만들고, 섬과
섬 사이에 다리를 놓듯이.

마음의 세탁소

사람들에게 세탁소는 어떤 의미를 가질까? 우선 세탁물은 란도리(세
탁소)에 빨래를 하러 오는 여러 사람들의 고민과 마음의 무게를 상징
한다. 그 아픔과 상처는 지우고 없애버리고 싶은 때과 같다. 통상적인

의미에서 세탁소라는 물리적 공간은 옷에 묻은 더러움을 정화하는 곳이다. 마찬가지로 정신적인 차원에서 세탁소는 상징적으로 다양한 사람들의 삶을 정화하고 깨끗하게 만들어주는 곳이다.

따라서 영화 속 세탁소는 작은 '멜팅 포트(Melting Pot, 용광로)'와 같은 공간이다. 스티븐 프리어스 감독의 〈나의 아름다운 세탁소(My Beautiful Launderette)〉에서는 세탁소가 이민족 간의 장벽을 허무는 공간이었고, 〈란도리〉에서도 서로 소통하면서 융화되는 삶을 모색하는 그런 공간이 된다.

할머니를 도와 코인(셀프) 세탁소에서 일하는 스무 살의 테루는 어릴 적 사고로 머리를 다친 후, 환상과 현실을 구별하는 능력이 결핍되었다. 이 세탁소에 테루는 여자들의 속옷을 훔쳐가지 못하도록 감시하는 일을 한다. 그는 세탁소에서 다양한 인물들의 모습을 볼 수 있다. 사진 찍기에 열중하는 아주머니, 며느리에게 불만이 많아 매일같이 속옷을 직접 빨아 입는 할아버지, 한 번도 우승해 본 적 없는 아마추어 권투 선수 등등.

그들이 보여주는 일상적인 삶의 방식은 매일 매일 비슷하다. 세탁소에서 보내는 '테루'의 하루처럼. 어느 날 '미즈에'라는 여자가 세탁소를 찾아와 핏자국이 있는 드레스 한 벌을 남기고 사라진다. '테루'는 드레스에 남은 핏자국을 깨끗이 제거하고, 그녀가 오기를 기다린다. 하지만 그녀는 세탁소에 다시 나타나지 않는다. 테루는 그녀의 드레스를 돌려주기 위해 그녀를 찾기로 결심하고 무작정 길을 떠난다.

그녀의 이름은 '미즈에'. 그녀는 과한 남자를 열렬히 사랑했다. 하지만 일방적으로 버림을 받았다. 그 후부터 정신없이 물건을 훔치기 시작했다. 우울증 등으로 몇 번의 자살도 시도했다. 그녀가 그러한 일탈적인 태도를 보이게 되자 가족들도 그녀를 외면했다. 홀로 외로움을 견디던 그녀는 다친 마음의 상처가 더욱 심하게 곪았다.

그런 그녀에게 세탁물을 들고 불쑥 찾아온 남자가 테루였다. 세탁물을 맡기고 그녀는 세탁물을 잊은 채 고향으로 내려와 있었다. 새로운 삶을 시작하기 위해서였다. 그녀를 용케도 찾아낸 테루의 손에는 핏자국을 없애기 위해 너무 많이 빨아서 너덜너덜해진 드레스가 꼭 쥐어져 있었다. 돌려주고 돌아서는 테루에게 미즈에가 한마디 던진다.

"차 한 잔 하고 갈래요?"

영화 〈봄날은 간다〉에서 이영애가 유지태에게 던진 말, "라면 먹고 갈래요?"보다는 고전적이다. 우여곡절 끝에 사랑을 확인한 두 사람, 테루는 그녀에게 청혼을 한다. 미즈에는 테루의 청혼을 쉽게 승낙하지 못한다. 테루의 순수한 마음을 알면 알수록 자신이 그의 사랑을 받을 자격이 없다고 생각했기 때문이다. 미즈에는 스스로 다시 방황을 하게 되고 번민의 늪에서 허우적거리며 도둑질을 시작하게 된다. 그때 미즈에는 경찰에 잡히고 만다. 청혼을 했던 테루는 다시 코인 세탁소로 돌아가는데, 이때 영화는 몽환적인 테루의 상상을 통해 바닷가에 누워있는 테루가 다시 일상으로 돌아오는걸 압축적으로 보여준다. 1년 후 미즈에는 출소하고 둘은 다시 만나게 된다.

진짜 동정 받아야 하는 사람들

이 영화는 테루가 세탁소를 지키면서 관찰하는 사람들이 비장애인의 일상이라는 점이 독특하다. 감독은 테루를 통해 비장애인이라는 사람도 결국에는 장애가 있다는 점을 말하고 싶었던 것이 아닐까? 연민의 시선으로 동정하지만 어쩌면 동정 받아야 할 사람은 누구인가를 생각해보게 만든다.

테루가 온종일 세탁소 앞을 지키며 손님들을 감시하는 행위는 일종의 관찰이며, 그의 관찰행위는 테루의 시선을 통해 관객에게 심리적으로 전이된다. 재미있는 것은 장애가 없는 일반인들의 모습이다. 테루가 지키는 가게를 찾는 손님들은 제각각 특별한 인상을 지니고 있다. 마치 중독과도 같이 사진을 찍어대며 자신의 사진을 평가받고 싶어하는 아주머니, 또 18전 전패의 3류 복서, 매일 자신의 속옷 한 벌을 세탁하러 오는 노인이 있다. 테루는 그 이유를 아마 집에서 박대받기 때문이라고 추측한다. 영화 속에서 특별해 보이는 이들의 모습은 사실 우리의 삶과 동떨어져 있지 않다. 현실에 존재하는 이들이 영화를 통해 특별하게 여겨질 뿐이다. 이는 분명 현실을 살고 있는 정상인의 삶이 과연 그들이 정상인다운 삶을 살고 있는가 하는 의문을 갖게 한다. 이는 당연하다고 믿는 것들 외에 보려하지 않는 것들, 생각해보려하지 않는 것들이 보인다는 의미가 담겨있다. 결국 테루의 눈에 비친 비장애인의 모습은 오히려 장애인에 비해 나을 것이 없어 보인다. 그들도 역시 이상한 나라에 살고 있는 것이다.

결국 이 영화를 통해서 마음을 순백색으로 세탁하는 것은 관객이 아닐까? 순백색 감성 안에서 관객의 마음은 순수하게 빨아지는 것만

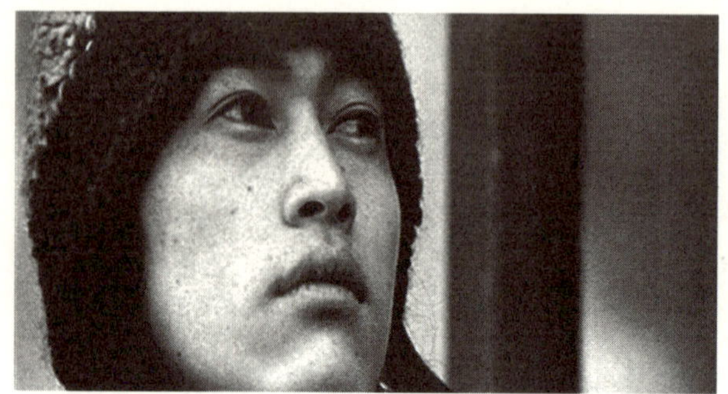

같다. 마치 찌들어버린 삶 안에서 위안을 얻고자 하는 극 속 인물들과
다를 바 없는 관객에게 심리적 치유와 위안을 주기 때문이다. 영화는
말 그대로 때묻은 감성을 표백하는 란도리 그 자체다. 가식도 없고 허
세도 없는 진실한 위안이 어리고 정결한 감성과 같은 세제향이 은은하
게 퍼지는 느낌이라고 하면 지나친 것일까? 뇌가 멀쩡한 사람들이 과
연 테루와 같이 순수할 수 있을까?

그러나 테루의 순수함에만 초점을 맞춘 나머지 현실성이 떨어지
고 리듬감이 없는 전개는 영화의 흡입력을 떨어뜨리고 관객에게 지루
함을 느끼게 한다. 세탁소를 벗어나면서 영화는 처음의 순수한 동화
에서 약간 비현실적인 이야기로 변한다. 미즈에는 고향으로 내려가고
코유키를 찾아간 테루는 낯선 남자의 도움으로 미즈에를 찾게 되는데
이 남자가 나중에 일본을 떠나면서 전 재산을 테루에게 물려준다. 이
부분은 조금 황당하고 비현실적인 설정이다. 그는 아무 이유 없이 단
지 테루의 순수한 모습이 좋다는 이유로 재산을 물려주게 되는 것이
다. 더구나 약간 황당스럽게도 백인의 글래머와 결혼하겠다는 계획을
말하며 떠난다. 아무래도 경제적 능력이 없는 테루의 모습을 이어가
기 위한 영화감독의 영화적 장치가 아닌가 싶다. 어쨌든 자칫 바보로
묘사되기 쉬운 캐릭터를 순수 청년으로 부각했다는 점이 이채로운 것
만은 부정할 수가 없다.

11 가시길 고행의 화해 메시지

스트레이트 스토리(The Straight Story, 1999)

노화와 함께 장애는 필연적 벗이 된다. 그 벗은 인생을 되돌아보게 만든다. 자신의 잘못을 반성하게 하고 자신의 잘못으로 고통 받는 이들에게 용서를 구하게 한다. 적대적인 사람과는 화해하게 하는 힘도 지녔다. 스스로 장애를 겪는 고행이 같은 화해의 평화를 지향하며 사람들을 하나로 묶게도 한다. 이를 영화 〈스트레이트 스토리〉에서 볼 수 있다.

"형님에게 내 힘으로 가야겠어. 너는 내가 왜 그러는지 알지?"

73살의 앨빈 스트레이트는 언어장애가 있는 딸 로즈와 단 둘이 아이오와 시골에 살고 있다. 어느 날 로즈가 잠깐 일을 보러 집을 비운 사이 스트레이트는 마룻바닥에 쓰러진다. 이웃 도로시는 스트레이트가 집 안에서 쓰러져 도움을 기다리고 있는 줄도 모르고 밖에서 일광욕을 편안하게 즐긴다. 맥줏집에서 스트레이트를 기다리던 친구는 집으로 그를 찾으러 온다. 아무리 불러도 응답이 없자 일광욕을 하면서 햇빛을 즐기고 있던 도로시는 스트레이트 씨는 집에 없을 거라고 말한다. 친구는 마침내 부엌에 쓰러져 있는 그를 발견한다. 놀라서 쫓아들어 온 도로시는 911에 전화를 걸려하지만, 스트레이트는 한사코 전화를 걸지 말라고 한다. 병원에 실려 가는 것을 원하지 않았기 때문이다. 스트레이트가 쓰러져 있던 이유는 좌골 관절이 좋지 않아서 일어날 수가 없었기 때문이다. 여기에서 좌골은 골반을 이루는 좌우 한 쌍의 뼈로 궁둥이뼈다. 로즈는 아버지를 설득해서 작은 동네 병원에 데려간다. 동네 친구의 도움으로 간신히 병원 앞에 도착하지만, 스트레이트는 한사코 들어가려 하지 않는다. 그리고는 쓸데없이 돈이나 내버리지 않을 것이라고 말한다.

의사는 수술을 받으라고 하지만 스트레이트는 거부한다. 의사는 보행기라도 사용해야 한다고 권유하지만 그것도 거부하자 지팡이를 두 개 사용하라고 말한다. 아울러 스트레이트에게 각종 병을 앓고 있음을 말한다. 혈액 순환장애, 폐기종 초기증세, 당뇨와 이로 인한 시력 감퇴 현상까지 보이고 있다는 것.

집에 와서 여러 가지 상념에 젖어있던 스트레이트는 자신이 평소 즐기는 잔디 깎이를 하려고 나선다. 하지만 잔디 깎는 기계도 주인을 닮았는지 움직이지 않는다. 그날 밤 스트레이트는 로즈가 받는 전화 한 통화를 듣게 된다. 형님이 쓰러졌다는 것이다. 혈기 왕성하던 두 형제가 한순간에 같은 처지가 된 것이 아닌가. 스트레이트는 형님을 방문해야겠다고 로즈에게 말한다. 그러나 로즈는 그것이 어려운 점을 정리해 말한다.

첫째, 시력이 나빠서 운전을 할 수가 없고, 둘째, 위스콘신 주 자이온산까지 370마일이나 되지만 그곳에 가는 버스가 없고, 셋째는 좌골 관절장애 때문에 운신하기가 힘들고, 넷째는 73세라 너무 나이가 들었는데, 딸인 자신은 운전면허가 없어서 운전을 대신할 수 없다고 말한다.

스트레이트는 이러한 말을 듣고는 자신은 아직 안 죽었다면서 낙관적으로 말한다. 그리고는 어떻게 갈 것인지는 구체적으로 말하지 않고 로즈에게 많은 양의 소시지를 사오라고 한다. 매장 점원은 많은 양의 소시지를 보고 '어디서 파티하냐?'고 묻는다. 로즈는 자신은 소시지를 싫어하는데 아버지가 멀리 떠나는데 필요한 식량을 사오라고 했다고 말할 수밖에 없다. 한편 스트레이트는 휘발유와 집게 등 다양한 일용품을 산다. 물론 주변의 이웃들은 의아한 눈길로 쳐다본다. 과연 그는 어떻게 가려는 것일까? 스트레이트는 용접과 목공을 통해 잔디 깎이 뒤에 짐칸을 연결한다. 그는 낡은 잔디 깎이를 타고, 그 머나먼 길을 떠나려 하는 것이다. 이를 보고 로즈는 깜짝 놀라고 만다. 그날 밤 둘은 잔디밭에 누워 별을 보면서 대화를 나눈다.

"저것을 타고 가야 하나요?"
"형님에게 반드시 가야겠다. 내 힘으로 하고 싶다. 너는 왜 그러는지 알지 않니?"

이 말을 듣고 로즈는 이렇게 말한다.

"이해해요."

드디어 스트레이트가 잔디 깎이를 타고 읍내를 나선다. 많은 이웃들
이 "앨빈, 지금 무엇하냐", "나가자마자 휙 날아가 버릴 걸" 하며 웃으
면서도 우려와 걱정을 나타낸다. 과연 그는 정말 그 머나만 길을 성공
적으로 갈 수 있을까?" 스트레이트 1차 시도에서 잔디 깎이가 말을 듣
지 않아서 집으로 돌아와야만 한다. 장총을 꺼낸 그는 관절을 다친 말
을 처리하듯 잔디 깎이를 장총으로 쏘고 만다. 그리고는 먼 길을 갈 새
로운 말, 아니 잔디 깎이를 산다. 그렇다고 신형을 사지는 않는다.
1966년에 나온 구형을 구입해 새로운 길 떠나기에 나선다.

　　곡창지대인 그곳의 넓은 평원을 비춰주는 장면에서 그가 가는 그
길이 얼마나 단조롭고 기나긴 길인가를 알려준다. 낯선 사람들은 그
가 잔디 깎이를 타고 가는 모습을 낯설고도 신기하게 본다. 하지만 그
는 친숙하게 손을 흔들어준다. 이는 그가 길에서 만난 사람들에게 어
떤 마음을 가지고 있는지를 단적으로 드러내 준다. 스트레이트는 관
광객의 재미난 볼거리가 되기도 하며, 때로는 큰 트럭의 거친 질주에
위협을 당하고, 짙은 폭풍우와 비를 피해 대피하기도 한다. 밤에는 언

제나 혼자 노숙을 하게 된다. 또한 먼 길을 가는 낡은 잔디 깎이는 힘든 여정 도중에 못쓰게 된다. 이 때문에 큰 사고를 당해서 생명을 잃을 뻔하기도 한다.

장애겪기는 참회

왜 그는 그 위험하고 먼 길을 가야만 했을까? 영화에서 길은 대개 정체성을 찾아가는 것을 의미하고는 한다. 이 영화에서는 70세 넘은 노인이 인생의 길을 찾는다는 점이 상징적이다. 하지만 젊은이도 아닌 노인에게 새삼 정체성 찾기는 맞지 않을 수 있을 것이다. 그렇다고 인생의 교훈과 깨달음을 전달하려는 것도 아니다. 길 자체를 횡단하는 것에 더 의미부여를 할 뿐이다.

다시 한 번 말하지만 이 영화에서 길은 정체성 찾기나 인생의 깨달음을 찾는 공간이 아니다. 참회와 자기 고백의 공간이다. 두 가지 의미에서 그렇다. 한 가지는 형님에 대한 것이고, 다른 한 가지는 다른 사람들에 대한 것이다. 위스콘신 주에 거의 도착해서 두 번째 잔디 깎이

가 고장난다. 그곳에서 잔디 깎이를 고칠 동안 도움을 주는 제2차 세계대전 참전 용사를 만난다. 그 참전 용사는 자신의 전우들은 죽고 자신만 살아남은 것에 대해 죄책감을 가지고 있었고, 맥줏집에서 울먹이며 그 속내를 스트레이트에게 털어놓는다.

그러자 스트레이트도 말한다. 기억에 떠오르는 것은 언제나 젊은 전우들의 얼굴이고 나만 살아남았다는 생각이라고. 그가 놀랍게 털어놓은 것은 자신이 자신과 병사들을 살려준 전우 코츠를 오인 사격해 사망하게 했다는 사실이었다. 물론 공식적으로는 적군이 코츠를 저격 사망케 한 것으로 되어 있었다. 그로 인한 죄책감은 스트레이트에게 말할 바가 없을 것이다. 무엇보다 그 먼 길은 자신의 힘으로 가는 것 자체를 큰 의미로 받아드릴 사람이 있기 때문에 가야 했다. 그가 바로 그의 형이었고, 그것은 스트레이트가 자신의 과오에 대한 참회와 뉘우침의 표시이다. 스트레이트는 형님과 사소한 다툼 때문에 너무나 오랜 시간을 떨어져 있었다. 그 다툼은 서로의 자존심을 세우기 위해서 못할 말을 서로 하면서 일어난 것이다. 스스로 유폐한 자신을 벗어나 그는 화해를 하고 싶어 했다. 스트레이트는 머나먼 고행을 통해 스스로 자신의 몸에 채찍질을 하는 것이었다.

같이 잔디 깎이를 고치는 형제를 만나자 형제만큼 좋은 관계가 없다면서 젊은 시절 형과 싸운 자신의 이야기를 한다. 그 형제에게 한 충고는 사실 젊은 날 자신에 대한 질책이었다. 형제는 가족을 상징한다. 영화의 중심은 가족에 대한 사랑이다. 몸이 어려운 지경에 있거나 장애를 얻게 될 때 강조하게 되는 것이 가족이다. 늙음과 병은 더욱 가족을 반추하게 만든다. 스트레이트는 장애인에게 가족은 무엇인지 말하면서 그것이 보통 가정과 어떻게 연결되는지 드러낸다. 그 매개가 되는 것이 가출소녀다.

첫 번째 만난 사람은 가출소녀 로렌스였다. 임신 때문에 가출한지 5년 된 소녀였다. 가족에서 떨어져 나온 가출소녀와 수십 년 만에 형님을 찾아가는 스트레이트가 같이 노숙을 하게 된 것이었다. 이 소녀는 여러 가지 의미를 준다. 로렌스는 자신의 가족들이 자신을 싫어한다고 말한다. 더구나 자신이 임신한 것까지 알면 더욱 그럴 것이라고 말한다. 스트레이트는 그녀에게 가족들에게 임신한 사실들을 말했느냐고 묻는다. 로렌스는 아무도 모른다고 했다. 심지어 남자 친구조차도. "노여움은 있겠지만 너의 가족들은 너나 그 아이를 잃고 싶지는 않을 거야. 이상한 곳에서 이상한 노인과 있는 것보다 가족과 함께 있는 게 낫지 않겠니?"라고 말하자, 로렌스는 마음이 풀린 듯 웃는다.

스트레이트는 그러면서 가족의 중요성을 말한다. 이때 자신의 딸 로즈 이야기를 한다. 사실 로즈는 언어장애를 갖고 있어서 많은 사람들이 이 점을 지적하곤 했다.

"많은 사람들은 로즈를 문제가 있다고 보는데 나는 그렇게 보지 않아. 로즈가 집안일을 하는 걸 보면 그런 말을 못하지. 네 아이들의 좋은 엄마이기도 했다.

다른 사람에게 아이를 맡기고 일을 하러 간 사이 집 안에 불이나 둘째 애가 많이 다쳤지. 그런데 국가에서는 로즈 때문에 일어난 일도 아닌데, 아이들을 다른 곳으로 데려가 버렸어. 그래서 지금은 항상 슬픔 속에서 살아가고 있어."

고행과 화해

로즈는 남들이 보기에는 장애를 가진 사람으로 보이지만, 실제로는 자신의 일을 잘하는 주체적인 인물이다. 더구나 로즈는 새장을 만들어 판다. 새장은 주로 나무로 만들고 지방은 파랑이나 빨간색으로 칠한다. 철망으로 만든 새집과는 비교할 수 없을 정도로 멋진 집이다.

미국 정책의 모순도 다시금 등장한다는 사실을 짚지 않을 수 없다. 이 같은 점은 영화 〈아이엠 샘〉에서도 나온 바 있다. 영화는 관련 공공기관에서 로즈가 육아의 능력이 없다고 아이들을 빼앗가 버렸다는 점을 말한다. 하지만 아버지인 스트레이트는 그렇게 보고 있지 않았다. 물론 그것은 꼭 가족이기 때문에 그런 것만은 아니다. 항상 가족구성원은 그 사람의 진면목을 이해하고 있는 존재들이다. 또한 아무리 장애를 가지고 있거나 말썽을 부려도 가족은 가족이라는 것을 말하기 위해 자신이 어렸을 때 즐겨하던 이야기를 한 가지 말한다. 이야기의 요지는 나무는 하나씩은 부러뜨릴 수 있지만, 그것을 다 같이 모아서 부러뜨릴 수는 없다는 것. 그것이 가족이라는 것.

한 번은 그가 자전거 레이서들과 함께 노숙을 하게 된다. 그는 열렬한 환영을 받는다. 어쨌든 스트레이트도 레이서가 아닌가. 그는 젊었을 때는 나이가 들었을 때를 생각하지 않는다고 했다. 이 말을 다른 말로 하면 장애가 없을 때는 장애를 생각하지 않는 것이 된다. 그는 나이가 들면 좋은 게 한 가지 있다고 말한다. 필요없는 것에 집착을 하지 않게 된다는 것이었다. 물론 장애를 갖게 되면 쓸데없는 것에 집착을 하지 않게 될 것인지 알 수가 없다.

　다음으로 만나게 되는 사람은 7주 동안 열 세 마리의 사슴을 치어 죽이게 된 여성이었다. 그녀는 자신이 사랑하는 사슴을 로드킬하는 것에 대해 울분을 토해내었다. 경적을 울리거나 음악을 크게 틀어놓고, 소리를 질러도 결국에는 치어 죽이게 되는 출근길이 정말 원망스러운 것이었다. 하지만 그녀는 생업을 위해서 그 길을 오가지 않을 수 없다. 우리의 인생길은 가야만 하고 그 과정에서 자기가 정말 원하지 않는 일을 하게 되거나 당할 수밖에 없다는 것을 알려준다. 그는 그녀가 남기고 간 사슴을 식량으로 일용하고 뿔도 장식품으로 사용한다. 누군가 큰 의미를 부여하면서 거부한 것은 다른 누군가에게 유용한 것이 되는 게 인간의 삶이기도 하다.

　그는 6주 동안 잔디 깎이를 타고 마침내 형님이 살고 있는 위스콘신 주의 자이온산에 도착한다. 형님의 집은 너무나 허름하여 잘 알아볼 수도 없다. 찾아온 동생을 맞이하는 형은 놀라고 만다. 동생이 타고 온 교통수단을 보고야 말았기 때문이다. 정원에서만 오가는 낡은 잔디 깎이를 타고 360마일을 6주간에 거쳐왔기 때문이다. 사실 그 외의 시간까지 합하면 훨씬 더 걸린 것이다. 길을 그렇게 왔다는 사실 자체가 주는 상징의 효과는 컸다. 만약 자동차로 몇 시간 만에 왔다면, 형은 왜 왔는지 물어보거나 진의를 캐려 할지도 모른다. 불편한 몸에 낡은 잔디 깎이로 풍천노숙을 하면서 오랜 기간 달려온 동생이 아무리 어떤 짓을 과거에 했다고 해도 용서하지 않을 사람은 없을 것이다. 장애를 갖고 있는 이가 장애를 넘어 길을 간다는 것은 그 자체가 많은 사람들에게 긍정적인 화해의 신호로 받아들여진다. 백 마디 말보다 스스로 가해지는 고행은 적에게도 평화와 화해의 메시지를 전달하는 것이다.

12 본래 루저는 없었다

국가대표(2009)

사회적으로 주류가 되지 못한 사람을 루저라고 말한다. 그런 면에서 장애인도 루저라고 말할 수 있겠다. 루저 개념을 긍정적으로 보는 이들을 패배자 정서를 옹호하는 문화콘텐츠의 가능성을 말하는 것이다. 하지만 승자/패자의 이분법적 도식이 문제다. 장애인과 비장애인을 나누는 도식과 마찬가지다. 본래 이분법적 도식이 아니라 각자 꿈을 가는 인생길이 있듯 장애/비장애도 마찬가지다. 이를 영화 〈국가대표〉를 통해 살펴보자.

"넌 장난일지 모르지만, 우린 목숨 걸고 하는 거야."

만약 김용화 감독의 〈국가대표〉를 루저들의 영화라고 한다면, 영화 속에 등장하는 지적 장애인은 루저가 된다. 이를 받아들이기는 쉽지 않다. 장애인은 모두 루저라고 할 때, 모두 자동으로 인생 실패자가 되기 때문이다. 영화 〈국가대표〉를 단지 루저들의 영화라고 보지 않는 이들도 있다. 그들은 결국 점프 스키 종목에서 나름 성공을 하기 때문에 진정한 루저라고 할 수 없다는 것이다. 일부에서는 한국에는 진정한 루저영화가 없다고 말한다. 하지만 루저 그 상태로 남아 있기를 바라는 사람은 전지구적으로 많지 않을 것이다. 대중영화는 일반사람들의 보편적인 욕망을 대변하기 때문에 한국만의 특수한 현상이라고 보기는 힘들다. 어떻게 보면 고급예술영화나 독립영화에서 루저 영화가 많다면 족할 일일 것이다. 루저 자체는 상품화의 운명을 걸게 된다. 많은 사람들이 루저의 정서에 호응을 보내는 것은 그만큼 루저를 양산하는 사회구조의 심리 때문인지 모른다. 그것을 적절하게 대중들이 접할 수 있도록 매체적 가공을 한 이들이 인기를 차지한다. 근래 대표적인 것이 '장기하와 얼굴들'이다.

2009년 '장기하와 얼굴들'이 한국 대중음악상에서 3관왕을 차지했다. 이 상을 받지 않았어도 이미 장기하의 노래들은 대중적으로 많은 호응을 받고 있다. 단지 마니아층의 호응뿐만 아니라, 실제로도 많은 음반판매량을 보이고 있다. 음반 판매는 물론 여러 부가수입에서도 상상 이상의 결과를 보여주었다. 장기하의 노래들은 '불나방스타쏘세지클럽', '달빛요정역전만루홈런' 등과 같이 루저 문화의 대표 아이콘이라는 평가를 받았다. 일상성 속에서 문화적·사회적 의미들을 이끌어 낼만한 요소가 있다. 물론 인디밴드가 아니라는 거부와 비판도 있다. 특히 '장기하' 등의 노래들과 루저 관련 소설들이 꽤 나오는 것에 따라 최근 루저 담론들이 형성되고 있다.

　　그 의미는 분명 있을 것이다. 다만, 과연 그 담론이 전적으로 맞는 것인지 의문이 든다. 그러한 담론에서 루저 문화는 당당한 자기 정체성을 밝히는 것이라고 한다. 여기에서 정체성은 바로 '루저'라는 것이다. 한국 사회에서는 자신이 루저라는 것을 밝히지 않는다. 여기서 계몽의 기운이 느껴진다.

　　루저 문화는 자신을 확실하게 인식하고 정정당당하게 밝히라고 말한다. 그리고 루저들끼리 연대하라고 한다. 그러나 루저라는 것을 당당하게 밝히는 문화는 모순적이 된다. 승자와 패자라는 이분법적인 도식에 근거하고 있기 때문이다. 아니, 그 도식을 용인한다고 해도 루저 문화를 주도하는 사람들은 정말 승자와 패자의 도식에서 패자라고 할 수 있을지 의문이다.

　　루저 담론에는 한시적인 시간과 나그네의 시선이 많다. 예컨대, 반지하방의 축축한 이불과 쩍쩍 달라붙는 방바닥의 기운이 피어오르는 곳에서 사는 사람들은 문제의식을 갖지 못하는 경우가 많다. 오히려 편안한 공간에서 살던 이들이 한 번 그 공간에 들어가 보았을 때 확실하게 인지하게 된다.

그것은 마치 부잣집 도련님이 가난한 집에 와서 가난에 대해서 새삼 느끼고 낭만화하거나 자신의 작품으로 만들어 이름을 높이는 행위와 같다. 이를 오늘날 우리는 '가난의 상품화'라고 한다. 루저 문화는 가난의 상품화가 될 여지가 많다. 진정 가난한 자들은 가난이 무엇인지 모르며, 그것이 상품화가 되는지조차 모르는 경우가 많다. 그것을 계급의식이 없기 때문이라고만 할 수는 없다.

어떻게 보면 현재의 루저 문화의 담론을 주도하는 이들은 진정한 루저들이 아니라 나그네들이다. 언제인가 그 판을 벗어날 수 있는 이들이다. 하지만 언제나 그 판을 벗어날 수 없는 이들은 현실 자체가 끔찍할 수 있다. 그 끔찍한 현실에서 무기력하다면, 결국에는 루저가 될지 모르겠다.

위너와 루저의 구분을 넘어

루저 문화의 핵심은 단순히 지금 현재의 묘사에 있지 않다. 문제는 단순히 루저를 범주화하고 고정하는 것이 아니라, 꿈과 희망을 가지고 어떤 삶을 그리고 그것을 실현하기 위해 노력하는가이다. 많은 루저 담론들은 생물학적인 본성을 거스르면서 영원히 유아의 유토피아에 정신을 가두어 버린다. 육체를 혹사시키고 욕망 자체를 거세시키기 위해 고군분투한다. 그 결과는 자아분열이다.

루저 문화의 핵심은 당당하게 루저의 정체성을 밝히고 그 현실을 노래하는 것이 아니다. 또한 현실을 위한 연대도 아니다. 루저와 위너라는 이분법적 도식을 거부하고 끊임없이 열패감을 만들어내는 이들과 구조에 대한 끊임없는 저항과 그것을 위한 소통이다. 즉, 루저라는 단어 자체를 거부하는 것이 루저문화의 핵심이다.

그렇기 때문에 루저라고 자임하는 것은 승자의 도식에 갇혀버리는 것이다. 톰과 제리의 구도처럼 강자와 약자, 승자와 패자는 역설적이고 상대적이다. 이는 행태경제학에서 유행하는 '승자의 저주'라는 개념에서 충분히 확인할 수 있다. 기계적인 승자와 패자의 담론은 자본주의 상품구조나 신자유주의적인 양극화의 사회 탓만은 아니다.

승자에 대한 안티적인 루저에 대한 무조건적인 긍정성은 승자에 대한 선망을 내포해 버린다. 루저는 자랑거리가 될 수 없듯이 당당할 수도 없다. 루저 문화를 상품화하는 이들은 루저를 규정하고 계몽하며 승자가 되려는 역설적 권력자에 위치한다.

즉, 왜 사람들이 루저를 자임하지 않는가를 계몽하는 것이 아니라 루저라는 딱지 자체에 대한 재검토가 필요하다. 알파걸이나 여초현상이라는 말이 없어야 평등한 세상이듯, 루저 문화라는 역설적인 단어가 없어져야 승자의 도식에서 벗어날 수 있다. 루저 문화는 자칫 승자의 도식에 굴복하는 문화적 담론이 되고 마는 것이기 때문이다.

적어도 루저라고 불리는 이들은 죽음으로 끝나지는 않는다. 그러나 대중상업영화는 대박을 위해 죽음을 불사한다. 루저라고 불리는 영화들은 최소한 그들을 죽이지는 않으려 한다. 희망을 노래하기 때문이다. 그렇다고 루저들이라 불리는 이들이 독립예술영화에만 있을 필요는 없다. 김용화 감독의 〈국가대표〉는 사회적 소수자과 장애인을 다루면서 그들을 실패자, 루저의 범주에 가두지 않고 우회적으로 희망을 찾으려 한다.

〈괴물(1,301만 명)〉, 〈태극기 휘날리며(1,174만 명)〉, 〈실미도(1,108만 명)〉, 〈왕의 남자(1,230만 명)〉는 모두 천만 관객을 넘은 작품들이다. 천만 관객을 넘은 것도 공통점이지만, 이들 영화의 또 다른 공통점은 수많은 사람을 죽인 것이다. 여기에서 죽였다는 것은 영화가 죽였다는 말이 아니라 영화 스토리에서 수많은 사람들이 죽었다는 것이다. 〈디워(8,426만 명)〉, 〈친구(8,181만 명)〉, 〈웰컴 투 동막골(800만 명)〉, 〈화려한 휴가(7,307만 명)〉에도 수많은 죽음이 등장한다. 어떻게 보면

많은 사람들이 죽지 않으면 흥행의 가속도가 덜 붙는지도 모르겠다.

흥행 영화 중에 〈해운대〉도 수많은 죽음이 등장하기 때문에 흥행에서 성공했는지 모른다. 당연히 재난영화이기 때문에 사람들이 죽지 않으면 영화의 의미가 없을 수도 있다. 현상만을 보았을 때, 사람들의 죽음을 통해 관람객 수는 많이 증가한 셈이 되므로 많은 사람들을 죽여야 흥행에서 성공을 거둔다고 볼 수 있겠다. 물론 이러한 지적은 억지스러울 수도 있다. 수많은 사람들을 죽인다고 해서 반드시 관람객들이 그 영화를 많이 보지는 않기 때문이다.

문제는 그 죽음을 통해 무엇을 말하는 것인가다. 원초적으로 죽음을 두려워하는 사람들의 본질을 건드렸기 때문에 흥행했을 수도 있을 것이다. 관객들은 죽는 사람들이 등장하지 않는 영화를 찾지 않는 현상이 있다.

하지만 어느 새 죽음의 수단화, 무감각화가 일어난 것은 아닌가 하는 우려가 든다. 대부분 수없는 죽음은 오락화된다. 더구나 영화 〈해운대〉가 수많은 죽음을 오락화해 얻은 것은 자연 앞에 무력하게 당할 수밖에 없는 가운데 안타까운 상황에 눈물을 흘리게 하는 통속적인 감상주의였다. 쓰나미가 오기 전까지 그들의 일상은 고민과 갈등의 반복이었지만, 쓰나미로 일순간 날아가 버린다.

꿈을 향한 길만 있을 뿐

영화 〈국가대표〉에는 죽음이 등장하지 않는다. 수많은 사람을 죽이거나 삶을 말하려 하지 않는다. 처음부터 부대끼는 삶에서 희망을 놓지 않으려는 인물들을 중심에 둔다. 그렇다고 진지하기만한 무거운 영화는 아니다. 인생은 아무리 고단해도 웃음과 울음의 희비극이 얽혀 있기 마련이기 때문이다.

비록 인생 실패자로 스스로 규정하는 인물들이 다수 등장한다고 해도 스스로를 죽음으로 몰거나 남을 죽이는 캐릭터는 없다. 이른바 루저들은 존재하지만, 인생을 버리거나 삶을 없애지는 않는 것이다. 물론 루저라는 표현이 맞지 않을 수 있다. 그들은 단지 현실에서 스스로 좌절하고 꿈을 잃어버렸을 뿐, 실패자들은 아니기 때문이다.

해외 입양아로 부모를 찾으려는 헌태, 술집 웨이터로 살아가는 동철, 가부장적인 아버지에 억눌린 재복, 근근이 노동으로 동생과 할머니를 보살펴야 하는 칠구, 지적장애를 갖고 있는 봉구는 스키점프 국가 대표 선수들이다. 그것이 가능한 것은 스키 점프가 대단히 비인기 종목이기 때문이다. 그들은 어떻게든 살고자 몸부림치지만, 살고자 다른 사람을 죽이지는 않는다.

더구나 영화 〈국가대표〉는 실화를 바탕으로 했다는 점에서 더욱 남의 이야기만으로 보이지 않는다. 어떻게 보면 등장인물들이 부럽다. 하지만 영화를 보는 관객 자신이 그러한 사회적 그늘에 있는 존재가 아니라고 생각하는 순간 몰입감은 현저하게 떨어지며, 재난 영화로 일상의 공간이 공포와 죽음의 공간으로 변하는 파격성을 경험하는 것이 낫다고 여길 것이다. 그것은 부자가 가난한 자들의 정서를 배척하는 것과 같다. 사회적 성공을 이룬 이들이 찌질이들의 고군분투에 울다 웃다하지 않는 것과 같다. 어쨌든 스키 점프의 활강 장면을 통해 영화가 이야기하고 싶은 것은 사회 구조의 모순일 것이다.

자신의 실력대로 평가받는 면에서 스포츠보다 정직한 것은 없을 것이기 때문이다. 어쩌면 그들 다섯 명을 가로막는 것은 그들의 능력을 제대로 인정해주지 않는 사회구조가 아닐까. 그러한 사회 구조는 언제나 소수자들을 배척하고 소외시키기 마련이다.

그러한 면에서 김용화 감독은 여전히 사회 소수자에 대한 시선을 놓치지 않았다. 지적장애인, 해외 입양아, 약물 중독자, 이주민 여성! 그러나 이러한 사회적 소수자라는 단어도 정확하거나 긍정적이지는 않다.

감독의 말대로 누구나 장애를 어느 정도 가지고 있듯이 결핍된 점을 지니고 있기 때문에 그들은 사회 다수이고, 우리 전체를 가리키는 말이다. 더구나 봉구라는 지적 장애인의 등장을 달가워하지 않았던 제작진의 입장은 우리들 자신 스스로가 편견의 늪에 가두고 있다는 것을 말한다.

개인적으로 영화 〈국가대표〉가 작품의 내용 면에서 영화 〈해운대〉보다 뛰어나다고 생각한다. 왜 이렇게 대책 없이 말하는 것인가. 영화 〈해운대〉가 수많은 사람들을 죽인 뒤에 얻은 것은 무엇일까. 재난을 대하는 인간은 무력했으며, 단지 사랑하는 주변 사람을 챙겼을 뿐이다. 감상적이고, 수동적이었을 뿐이다. 아이러니컬하게도 재난의 죽음은 오락성으로 변신되었다. 여기에서 오락성은 많은 사람들의 죽음과 맞바꾼 것이다.

그러나 적어도 영화 〈국가대표〉에서는 이른바 '쓰레기'(헌태와 동철의 대화에서 나온 말)라고 불리는 이들이 스스로 살아보겠다고 발버둥친다. 국가대표라는 화려한 이름을 얻고 국제 대회에서 메달을 따내지만 수많은 사람들은 그들의 이름조차 모른다. 하지만 그들은 언제나 능동적이었고, 자신의 운명을 스스로 개척해 간 사람이었다. 주변 환경의 역경이나 어려움에도 불구하고 말이다.

일상이 장애, 그 자체가 승리

루저 문화는 단지 패배자 정서를 인정하는 문화가 아니다. 루저라는 개념도 없이 스스로 다른 이들의 시선이나 평가에 연연해하지 않고, 자신들이 좋아하고 원하는 길을 꾸준히 가는 것이다. 그것이 창작자들에게는 인디 음악과 영화이며, 예술의 길이기도 하다.

영화의 마지막 장면에는 많은 국제대회에서 메달을 손에 넣었지만, 여전히 점프 스키 등록선수는 다섯 명이라는 자막이 올라간다. 물론 일반 관객들은 그들이 각종 국제대회에서 좋은 성적을 냈는지 모른다. 다섯 명뿐인 점프 스키 선수가 승자-패자의 구도에서 승자문화의 주도자라고 볼 수는 없을 것이다. 승자와 패자의 구분에서 벗어난다면, 루저문화를 애써 내세울 필요는 없다. 사람들은 잘 모를 뿐만 아니라 크게 인기가 있는 종목도 아니다. 그렇다고 그들이 루저는 아니다. 마찬가지로 아무리 주류 사회에서 가시적인 큰 성공을 거두지 않는다고 해도 각 개인은 적어도 작은 분야에서 자신이 잘하는 것이 있기 마련이다.

봉구는 다른 이들과 비교했을 때 지적 장애를 가지고 있는지 모르지만, 적어도 순수한 마음이나 유쾌한 삶의 자세에서는 다른 이들보다 뛰어나다. 장애인이 아니라고 하는 이들이 오히려 장애인이다. 그들은 오히려 인간소통의 장애를 갖고 있다. 봉구라는 캐릭터야 말로 승자와 패자 이분법에서 벗어나게 한다. 나가노 올림픽대회 2차 시기에서 보여주었던 봉구의 시도는 그 자체가 아름답고도 용기 있으며, 사랑이 담긴 희생적인 삶의 자세가 배어 있었다. 비록 13위라는 꼴찌의 기록을 했지만 관중과 관람객은 아무도 그들을 루저라고 하지 않았다. 그것을 애써 내세울 필요도 없다. 실패는 일상이고 그 자체가 승리이기 때문이다. 장애는 일상이고 그것 자체가 승리를 내포하고 있다.

하지만 영화 〈국가대표〉는 110억 원의 제작비를 뽑아내기 위해 통속적인 장치들을 너무 많이 사용해서 '자신의 길'을 잃어버린 면이 있음을 부정할 수 없다. 그 가운데 루저들의 성공기라는 감상주의에 경도되어 비판에 직면하기도 했다. 다만, 〈미녀는 괴로워〉에 이어 대중이 원하는 정서를 정확하게 꿰뚫고 있다는 점에서 다음 작품을 기대하게 한다.

13 사랑아, 나의 영혼은 변하지 않았어

우리 생애 최고의 해(The Best Years of Lives, 1946)

전쟁은 가공할 폭력으로 육신을 앗아가거나 불능으로 만들어 버린다. 수많은 죽음과 함께 더 많은 장애를 남긴다. 육신의 불능뿐만 아니라 정신적인 불능도 드러나지 않게 깊숙이 남긴다. 하지만 인간은 상처와 불능 장애에 저항하고 자신을 지켜나가려는 의지가 있다. 참담한 전쟁에서 영혼을 지키려 하고 전쟁을 통해 연인과 가족에 대한 사랑은 더 깊어진다. 장애는 사람과 영혼을 더욱 깊게 한다. 이를 담은 영화가 우리 생애 최고의 해 이다.

"군대가 저렇게 만들었어요. 인생을 바꿔 버렸죠."
"다른 것들은 변했을지 몰라도 나는 아니야."

〈우리 생애 최고의 해(The Best Years Of Our Lives, 1946)〉는 〈폭풍의 언덕〉, 〈벤허〉, 〈로마의 휴일〉 등등 많은 작품들을 남긴 '윌리엄 와일러' 감독의 역량이 담겨 있는 작품이다.

〈우리 생애 최고의 해〉는 전쟁 후 세 병사들이 겪는 전쟁의 후유증과 적응과정을 감동적으로 그려 1947년 아카데미 7개 부문 수상 등 수많은 상을 받았다. 그 이유는 아무래도 이 영화가 미국 전쟁 후 상황을 아주 리얼하게 그렸기 때문일 것이다. 그 당시 미국에서뿐만 아니라 전쟁을 겪었던 우리나라에서도 상당한 성공을 거두었다.

세 병사들, 즉 전쟁으로 두 팔이 없게 된 병사, 전쟁 후 일자리를 잃고 이혼마저 당하는 사람, 전직 은행장이었던 사람 등이 각기 다른 전쟁의 후유증으로 인해 '전쟁'이라는 것 자체가 얼마나 사람에게 무자비하고, 혹독한지를 잘 보여주고 있다. 무엇보다 전쟁은 수많은 장애인을 낳으므로 전쟁후유증의 한 가운데에 장애인이 있는 것이 별다르게 낯선 일이 아님을 말해주고 있다.

프레드릭(다나 앤드류스 분)과 호머(해럴드 러셀 분)는 제2차 세계대전 참전 용사들로 전쟁이 끝나고 귀향하는 비행기에서 만나 친구가 된다. 그들은 집에 돌아간다는 기쁨에 들뜬다. 처음 만난 사이임에도 불구하고 오랫동안 친하게 지낸 친구처럼 수다를 떨면서 유쾌한 분위기를 만들면서도 한편으로는 걱정에 잠겨 있다. 가족과 사회에 적응해야 한다는 두려움에 사로잡혀 있었기 때문이다.

각자 집에 도착한 그들은 이제 본격적으로 자신의 일상생활로 돌아오려 노력한다. 프레드릭은 나이트클럽에 다니고 있는 아내가 못마땅하다. 아내를 설득해 일을 그만두게 하고 자신이 일을 구해보려 한다. 하지만 생각과 달리 쉽게 취직을 하지 못해 고민에 빠진다. 한편,

신체에 장애를 입은 호머는 가족들이 자신을 동정어린 시선으로 바라
본다고 생각하여 가족을 피해 겉돈다. 물론 모두 부적응하는 것만 그
린다면, 미국 정부가 불편해 했으리라. 전쟁이 터지기 전에 은행가로
서 부유하게 살았던 알은 다시 은행으로 돌아가 부사장직을 맡아 일을
하게 된다. 그런데 이 알과 프레드릭은 공교롭게도 장인과 사위의 관
계로 다시 만날 운명이었다. 일자리를 구하러 다니던 프레드릭은 결
국 예전에 일했던 소다수 가게 점원 일을 다시 시작하는데 이곳으로
알의 딸 페기(테레사 라이트 분)가 찾아온다. 그리고 두 사람 사이에는
알 수 없는 사랑의 감정이 싹트기 시작한다.

한편 나이트클럽을 다니며 유흥의 생활을 즐기던 프레드릭의 아
내는 궁핍한 생활을 견디다 못해 프레드릭에게 이혼을 선언하고 떠나
버린다. 이때 페기가 프레드릭을 사랑한다는 사실을 알게 된 알은 프
레드릭을 만나 헤어질 것을 권고하고, 프레드릭은 결국 고향을 떠나
기로 결심한다. 또한 자신의 처지를 비관하는 호머는 사랑하는 윌마

(캐시 오도넬 분)를 회피하고 그녀를 떠나보내려고 한다.

이 영화는 퇴역 군인의 취직과 결혼이 주요 소재다. 이러한 소재 속에서 영화는 병사들의 전쟁 후유증을 사실감있게 그렸다는 평가를 받았는데, 좀 더 자세히 살펴보자. 프레드릭은 전쟁 후 쉽게 잠을 이루지 못한다. 공군이었던 그는 예전 동료의 죽음으로 항상 꿈에서 전쟁의 악몽으로부터 빠져나오질 못하고 있다. 한편, 프레드릭은 전쟁 전 자신이 일했던 곳을 찾아가지만 그 곳은 이미 전혀 다른 곳이 되어버렸고, 프레드릭은 자신이 실업자가 되어버린 것을 알게 된다. 여기서도 알 수 있듯이 영화는 전쟁 후 '실업자'가 되어버린 젊은이들을 보여주고 있다. 한편, 전직 은행장이었던 알은 전쟁 후 참전용사들의 대출을 맡는 일을 하게 된다. 하지만 나라를 위해 죽도록 고생했던 그들에게 남은 재산이 있을 리가 없다. 은행 법칙상 대출을 하지 못하게 되어 있지만, 자신도 전쟁을 겪은 사람으로서 그들을 이해하게 되고 최대한 그들을 도와주려 한다. 만약 그가 전쟁에 있지 않았다면, 그러한 상이 군인들의 처지를 이해하지 못하고 도움을 주려고도 하지 않았을 것이다. 여기서 알 수 있듯이 영화는 참전 용사들이 전쟁 후에 겪는 경제적 문제도 보여주고 있다.

한편, 프레드릭의 부인은 페기에게 말한다. 프레드릭은 이제 돈도 못버는 '쓰레기'에 불과한 인간이라고. 이렇게 프레드릭을 통해 전쟁 후 참전용사들이 겪는 '가족해체' 문제를 잘 보여주고 있다. '돈'을 우선하는 여성들의 모습은 당시 남아있는 가족들의 고충을 말해준다. 프레드릭의 애인이 말하는 장면은 후에 프레드릭이 이혼을 당할 것임을 암시한다.

"사람들은 돈이 별것 아니라지만, 돈이 있으면 훨씬 도움이 되지요. 우리도 전엔 한 달에 5백 달러 넘게 벌었어요. 하지만, 지금은 일주일에 32달러로 먹고 살아야 하죠. 불쌍한 프레드릭, 이제 쓸모없어졌어요. 전엔 그러지 않았는데,

군대가 저렇게 만들었어요. 인생을 바꿔버렸죠."

주위의 시선에 임하는 자세

무엇보다 주목해야 할 인물은 전쟁에서 양손이 없어진 호머다. 전쟁
에서 양손이 없어졌기 때문에 주위 시선이 힘들었을 법하다. 그는 전
쟁 후 장애인이 된 참전 용사들이 겪는 후유증을 잘 묘사하고 있다. 극
중에서 호머는 자신의 '장애'에 상당히 민감하게 반응하고 있다. 한편,
자신을 향해 웃고 있는 아이들을 보자 장애인이 된 자신을 비웃는 것
으로 오해하고 불같이 화를 낸다.

"이 자식들아. 괴물을 보러왔냐? 내 갈고리를 보러 왔냐고! 내가 보여주지. 잘
봐. 똑똑히 봐."

시종일관 남들이 자신을 '평범한 사람'이 아닌 '장애인'로 바라본다고
생각을 하며, 자신의 신세를 한탄한다. 호머 역을 연기한 해럴드 러셀
이라는 배우는 실제로 전쟁 장애인이다. 드디어, 꿈만 같은 가족과의
만남에서 호머는 자신을 끝까지 기다려준 가족들과 애인 윌머를 보며
기쁨의 눈물을 흘린다. 하지만 기쁨도 잠시 어머니는 호머가 불구가
되었다는 것을 알고는 금새 울음을 터뜨린다. 장애인이 된 호머를 보
고 가족들은 매우 낯설어한다.
　호머는 사랑하는 애인과 가족이 자기의 이런 모습을 어떻게 받아
들일지 초조해한다. 집에 오자마자, 호머는 장애가 된 자신이 할 일이
라고는 하나도 없음을 인식하고 슬퍼한다. 심지어, 눈앞의 유리잔마
저도 제대로 못 잡는 자신이 한심스럽다. 동네 술집에서 만난 세 사람
그리고 '알' 상사의 딸 페기. 이 술집은 바로 '호머' 삼촌의 술집이었다.
셋은 만나서 음악에 맞춰 춤도 추고, 술도 마시며, 서로의 감정을 토로

한다.

　한편 장애인이 된 호머는 애인 윌머와 어떻게 될지 궁금증을 자아 낸다. 호머는 장애자가 된 자신을 더 이상 애인 윌머에게 보이기 싫어 한다. 참전 전 결혼까지 약속했던 사이이지만, 막상 장애인에다, 직장도 없는 초라하기 짝이 없는 자신을 보며, '윌머'를 행복하게 해줄 자신이 없었던 것이다.

"윌머, 난 전에도 널 사랑했고, 지금도 변함없어. 다른 것들은 변했을지 몰라도… 나는 아니야."

하지만 호머는 이렇게 이야기한다.

"팔꿈치가 있어 다행이야. 그것마저 잃은 사람도 있지. 단추는 혼자 못 잠가. 갈고리를 벗고 나면 아무것도 할 수 없어. 손이 침대에 놓여있을 땐, 누가 도와 주지 않으면 다시 입을 수가 없어. 담배를 피울 수도, 책도 읽을 수 없지. 문도 열 수도, 잠글 수도 없고. 우는 것 밖에 못하는 아기가 되는 거야. 이제 알겠어? 나와 사는 게 그런 거야. 괜찮아. 이제라도 늦지 않았어. 가족에게 돌아가. 부탁이야."
"무슨 말을 해야 할지 알아. 널 사랑해. 무슨 일이 있어도 네 곁을 떠나지 않을 거야. 절대로. 절대로. 떠나지 않을 거야."

부인할 수 없는 이 영화 최고의 하이라이트가 아닐 수 없다.
　드디어 장애를 이기고 호머는 사랑하는 윌마와 결혼에 골인한다. 달콤한 키스를 나누는 윌마와 호머. 한편, 호머와 윌마의 결혼식장에 참석한 프레드릭은 페기와 눈이 마주치며 그들의 장래를 예견시킨다.
　이 영화는 장애인이라고 결코 좌절하는 모습을 보이는 것은 아니다. 호머는 두 팔을 잃은 장애인인데도 불구하고, 삼촌과 함께 '젓가락 행진곡'을 친다. 장애란 결코 중요하지 않다는 것을 우리에게 가르쳐

주는 부분이다. 보는 이로 하여금 눈시울을 뜨겁게 만든다.

"제 옛날 손이 지겨워졌어요. 늘 씻어야하고, 손톱정리도 해야 하죠. 그래서 최신모델로 바꾼 거죠. 한번 보세요. 이 손으로 아이스크림을 먹을 수도 있고, 담배도 필 수 있어요."

이것만이 아니다. 호머가 프레드릭이 일하고 있는데서 아이스크림을 먹던 도중, 전직 군인이었던 한 남자에게 '우리는 지금껏 조국을 위해 싸운 것이 아니라, 조국이 우리를 전쟁터로 내몬 것이다' 이런 소리를 듣는다. 순간, 조국을 위해 두 팔을 희생해가며 전쟁터를 누볐던 호머는 항의한다.

사랑을 더 깊게 하다

이 영화는 결국 온갖 어려움에도 불구하고 희망적인 메시지를 담고 있지 않나 싶다. 한편, '돈'이 없다는 이유로 부인한테 이혼을 당한 프레드릭은 각종 수송기들을 보고, 군에 있을 적을 회상한다. 그러다 마침 수송기들로 각종 건물을 짓는다는 걸 알게 된다. 마침내 그는 작은 보수이지만, 다시 일자리를 찾게 된다. 그리고 새로운 사랑의 결실을 알차게 맺는다. 이렇게 영화는 '아무리 극한 상황에 처해도 헤쳐 나갈 수 있다'는 교훈을 남기려 한다.

"안정이 되려면 몇 년이 걸릴지 몰라요. 난 돈도 없고, 변변한 집도 없는 놈이지만, 일을 할 수 있고 건강합니다."

'알'은 참전용사들의 특혜와 권리에 대해 여러 사람 앞에서 연설한다.

"제가 군대에 있을 때, 가장 중요시된 건 '지혜'와 '통찰'입니다. 믿을 수 있는 사람과 그 반대의 사람을 보고, 믿을 수 있는 사람을 구별하게 되지요. 그는 믿을 수 있습니다. 그의 보증은 그의 농사기술과 배짱, 그리고 따뜻한 가슴입니다! 이건, 그의 권리이기도 하고요."

'전쟁'으로 인한 부상자들, 직장을 잃는 사람, 가족해체 현상, 사회계층의 양극화 등 전쟁 후 사회문제를 복합적으로 다루고 있는 이 영화에서 장애는 전쟁후유증의 극단화된 형태이다. 감동과 사랑을 통해 전쟁 후유증을 리얼하게 그리는데 있지 않고 감싸 안으려는 데 더 관심을 두는 영화인데, 그렇다보니 현실의 진정한 치유가 아니라 봉합인 부분도 분명 존재한다. 실제로 장애인에 대한 처우가 사회적 제도적으로 나아진 것이 아니고, 두 사람의 의지로 해피엔딩이 이루어진 것이기 때문에 더욱 그렇다. 장애는 결코 개인들만의 문제나 그들의 의지와 의식으로 해결되는 것은 아니며, 공적 제도의 개입이 중요하다는 사실을 잊어서는 안 된다.

14

교감 없는 사랑은 추억도 남기지 않네

그녀에게(Hable Con Ella / Talk to Her, 2003)

의식이 없는 누워 있는 사람에게 소통하려는 의식 있는 이들은 소통의 장애를 느낀다. 소통의 문제는 전적으로 의식 있는 이에게 해당한다. 그 상태에서 사랑은 일방적인 사랑이 된다. 소통이 되지 않는 사랑은 결국 아무런 교감을 받지 못한다. 교감이 없는 사랑이 아니라 추억조차 남기지 않는다. 장애에 걸린 사랑이다. 그러나 현대인들은 장애에 걸린 사랑을 통해서라도 고독을 해소하려 갈구하는 모습이 영화 <그녀에게>에 담겨 있다.

"나무를 키우다가 정들었다고 나무와 결혼할 수는 없어."

영화 〈그녀에게(Hable Con Ella / Talk To Her, 2003)〉는 2003년 아카데미 감독상 후보에 오르고, 각본상을 수상했으며, 2002년 유럽영화상에서 최우수 유럽영화상을 비롯해 감독상, 남우주연상 등 5개 부문에서 수상했다. 수상은 못했어도 수많은 영화제에 후보작으로 오르는 등 호평을 받았던 작품이다. 그러나 반드시 누구나 감동적으로 볼 수 있는 작품은 아니다. 이는 대개 예술영화의 특징이기도 하다.

영화는 사고 때문에 코마에 빠진 두 여자와 그녀들을 사랑하는 두 남자에 관한 이야기다. 특히 그 가운데에서 그녀를 간호하는 한 남자의 지고지순한 사랑이 영화의 중심이다.

타임 지는 〈그녀에게〉를 2002년 올해의 영화로 선정한 바 있다. 그 선정 이유로는 '혼수상태에 빠진 두 여자와 그들을 사랑하는 두 남자의 사랑이야기로 사랑과 죽음을 뛰어넘는 숭고한 인간애를 그린 작품'이라는 점을 들었다. 영화에서 중점적으로 다루는 것은 사랑하는 행위를 어디까지 인정해줄 수 있는가의 문제다. 특히 식물인간 상태의 여성에게 임신을 시키는 것이 과연 사랑이라고 할 수 있을까? 사랑이란 상식과 비상식, 혹은 도덕과 범죄의 구분 따위를 뛰어넘는 것인가. 영화는 과거와 현재, 현실과 초현실을 넘나드는 현란한 구성을 통해 사랑과 인연의 진정성에 대한 물음을 본격적으로 제기한다.

영화에는 네 명의 주인공이 등장한다. 뇌사상태에 빠진 여자 둘(무용수 알리샤와 투우사 라디아)과 그 두 여자를 돌보는 남자 둘(간호사 베니그노와 기자 마르코)이다. 영화는 공연을 보는 두 남자(상대방을 모르는 상태)의 이야기로 출발한다. 그 뒤 각자의 연인들과의 관계를 현재 시점에서 보여주고, 두 남자의 만남을 계기로 각자 과거 연애담으로 돌아갔다가 다시 현재 시점에서 반전하는 방식을 취하고 있다. 영화의 처음 장면에서 무용극 카페 뮐러를 보는 두 남자가 등장한다.

베니그노와 마르코는 처음에 서로 알지 못하는데 공연에 감동한 마르코는 눈물을 흘리고, 베니그노는 그런 그를 바라보며 공감한다. 그리고나서 친하게 된 두 남자가 들려주는 사랑 이야기가 시작된다.

소통 없는 사랑

베니그노는 어머니의 죽음 이후, 의지할 데 없이 슬픔에 빠져있다가 그는 우연히 창 밖으로 보이는 건너편 발레 학원에서 음악에 맞춰 춤추고 있는 알리샤를 본다. 베니그노는 창문 너머로 보이는 그녀를 사랑하게 된다. 이 사랑이 그의 운명을 바꾸어 놓을 줄은 본인도 다른 이도 아무도 몰랐다. 또다른 주인공 마르코는 여행 잡지사 기자인데, 우연히 방송에 출연한 여성 투우사 리디아의 인터뷰 내용을 본다. 그 뒤 그녀가 이용당한 내막을 취재하는 과정에서 사랑에 빠지고 만다.

리디아는 강하고 주체성이 남다른 여성인데, 여성에 대한 편견과 차별이 존재하는 투우계에서 성공한 여성 투우사다. 그럼에도 애인에게 이용당한 상처를 안고 있다. 그러던 중 마르코를 만나 사랑에 빠지는데 그만 소에게 받힌다. 알리샤는 청순한 여성으로 20대의 발레리

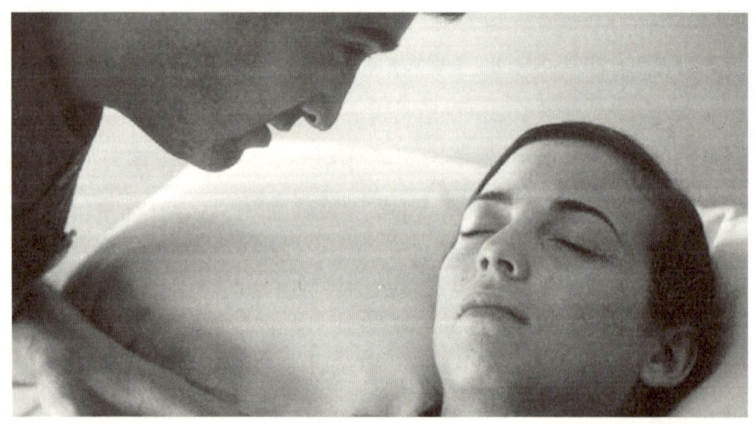

나 지망생인데, 비가 오던 어느 날 교통사고를 당해 식물인간이 된다. 마르코는 아무것도 해줄 수 없음에 슬퍼한다.

서로 모른 체 오페라를 보던 베니그노와 마르코는 자신들의 여인들이 병원에 입원해 같이 있게 되면서 다시 만나게 된다. 알리샤는 교통사고를 당해 베니그노가 근무하고 있는 병원에 실려 온다. 마르코는 리디아가 소에 받혀서 식물인간이 되어 병원에 찾아 가는데, 그 병원이 베니그노가 근무하는 병원이었다.

이 영화의 중심은 베니그노의 사랑 이야기이고, 마르코의 사랑 이야기는 그 주변을 감싼다. 베니그노는 사모하던 알리샤를 항상 돌봐준다. 머리를 감기고 목욕을 시키고 옷을 입힌다. 머리도 빗겨주고 얼굴도 항상 깨끗하게 닦아 준다. 책을 읽어주고 세상 돌아가는 이야기도 들어준다. 하지만 그녀는 베니그노가 그렇게 하는지 알지 못한다. 그녀가 알아주건 그렇지 않건 그는 4년 동안 이렇게 그녀를 보살펴 준다.

4년이 흐른 어느 날, 그녀가 생리를 하지 않는다는 사실이 병원을 발칵 뒤집어 놓는다. 그녀가 생리를 하지 않는 것은 아이를 가졌다는

것일 수 있다. 그것은 강간이었다. 환자가 의식이 없기 때문에 강제로 성관계를 맺는 것이기 때문이다. 마침내 그녀가 누군가의 아이를 임신했다는 사실이 밝혀진다. 그 범인으로 베니그노가 지목되고, 마르코는 구속된 베니그노를 찾아 자초지종을 들으려 한다. 도대체 이게 어떻게 된 일인가. 마르코는 베니그노를 처음에는 이해하지 못하지만 점차 이해하게 된다. 그러나 베니그노는 곧 자살을 하게 되고 만다. 베니그노가 그녀를 임신시켰다면, 왜? 욕정을 채우려고 그녀를 갖기 위한 소유욕인가? 그렇다해도 단순히 소유욕 때문이라고 할 수는 없을 듯하다.

그녀에게 들어가고 싶은 욕망

영화 〈그녀에게〉 속의 무성영화는 베니그노의 심정을 극명하게 대변한다. 연인이 점점 작아져 고통스러운 여자와 그녀를 지독히 사랑하는 남자의 사랑 이야기다. 이 영화의 제목은 '애인이 줄었어요'. 작아진 남자가 결국 여자의 몸속으로 들어가고 그렇게 평생 함께 있을 수 있게 된다는 내용이다.

베니그노의 행동은 너무나 그녀를 사랑한 나머지 그녀의 몸 안에서 살고 싶은 욕망에서 비롯한 행동으로 은유된다. 은유적 상징 때문에 영화에서 직접적인 성적 행위는 나오지 않는다. 대신 흑백영화의 작게 변한 남자가 여자의 몸으로 들어가는 장면을 배치했다. 판타지 기법을 통해 작은 요정과 같은 남성이 그녀의 몸 안으로 들어가는 방식으로 처리했다. 이는 사랑하는 여인 앞에서 왜소함을 느끼는 남성의 심리와 연인을 향한 마음이 맞물려 있다.

성폭행을 미화했다는 비판도 있다. 그 행위를 성폭행으로 알고 한 것이 아니라 나름대로 알리샤와 하나가 되기 위한 그의 헌신적이고 순수한 사랑을 표현한 것이라는 평가다. 표면적으로는 강간이지만 그는 알리샤의 몸을 탐한 것이 아니라 정신적인 합일을 원했던 것이다. 물론 그의 생각이 틀렸을 수 있고 잘못됐을 수도 있지만, 도덕적으로는 지탄받아 마땅한 행위다. 그러나 그렇다고 해서 베니그노의 알리샤를 향한 감정을 사랑이 아니라고 할 수 있을까? 그 감정이 더럽다고 할 수 있는지 물을 수도 있는 대목이다.

또한 과연 베니그노의 사랑을 사랑이라고 할 수 있을까? 이를 보기 위해서는 그가 그녀를 어떻게 사랑하게 되었는가를 보는 것이 중요하다. 베니그노가 알리샤를 좋아하게 된 계기는 직접 그녀와 말을 하거나 경험을 공유했기 때문이 아니다. 멀리서 그녀를 바라보면서 혼자 좋아하게 되었을 뿐이다. 그는 단순한 그녀의 껍질을 사랑한 것은 아닌가? 그녀의 외모에 혼자만의 상상과 만족으로 가득찬 그러한 그녀의 허상을 사랑한 것일 수도 있다는 말이다.

그의 사랑은 올바른 사랑이 아니고, 일방적인데 이것을 나쁘게 바라본다면 광기 어린 집착 이라든지, 서로의 교감없는 집착적인 사랑 등으로 해석할 수도 있겠다. 이른바 변태적인 사랑이다. 비정상적인 사랑을 숭고한 사랑으로 치장한 영화라고 비판하는 이들도 있을 수 있다. 다만, 정신적인 교감을 끊임없이 나누는 모습을 간과할 수는 없을 듯하다. 무엇보다 그의 죽음으로 많은 관객들이 베니그노에게 연민과 동정을 지니고 있는 것도 사실이다. 영화 속에서도 주변 사람들이 그의 사랑을 인정하지 않는다. 심지어 그와 같이 병수발을 들던 친구 마르코조차도 말이다. 마르코는 베니그노가 코마상태의 알리샤와 결혼하겠다고 하자 교감되지 않는 사랑에 일격을 가한다.

"나무를 키우다가 정들었다고 나무와 결혼할 수는 없어."

베니그노의 행동을 이해하기 위해 마지막으로 물어야 할 것이 있다. 왜 베니그노는 자살을 하게 되었을까? 베니그노가 정말 견딜 수 없었던 것은 갇혀 있는 것이 아니고, 그녀를 볼 수 없었던 점이었다. 그녀를 4년 동안 계속 빠짐없이 보아왔던 그였다. 알리샤는 식물인간 상태에서 아이를 출산한다. 아이는 죽은 채였다. 그러나 사람들은 베니그노에게 그녀가 죽었다고 말해 버린 것이다. 이 소식을 듣고 베니그노는 스스로 목숨을 버린다. 베니그노는 마르코에게 다음과 같은 편지를 남기고 자살한다.

"이제 나는 알리샤도 알리샤의 머리핀도 없이 이 세상을 혼자 살아갈 자신이 없습니다."

알리샤가 그 이후에 어떻게 되는지 궁금하게 되는데, 그녀는 그 이후에 깨어난다. 그리고 지팡이를 짚고 다니기는 하지만 끊임없이 재활훈련을 한다. 좀 비현실적이라는 생각이 드는 대목이기도 하다.

그럼 알리샤는 베니그노를 기억할까? 안타깝게도 알리샤는 전혀 베그니노를 기억하지 못한다. 자신이 누워있었던 사실이나 베니그노가 4년 동안 자신을 돌본 것은 물론, 그가 그녀를 사랑했고 아이를 임신시켰다는 사실조차 모른다. 아이가 사산된 상태도 모른다. 물론 항상 옆에서 많이 들락날락거렸던 마르코도 기억하지 못한다. 요컨대, 베니그노라는 사람 혹은 존재 자체를 그녀는 인식하지 못하고 있다. 그의 사랑은 무슨 의미가 있었던 것인지 생각해보면 애달픈 생각을 하게 만드는 장면이다. 상호교감이 없는 사랑은 사랑을 받기만 한 이에게 아무런 흔적도 기억도 추억도 남기지 못하고 바람같이 날아가 버린다.

누워있기만 해도 좋으니 내 말을 들어주오

이 영화의 주제는 말과 외로움이라고 할 수 있을까? 베니그노도 마르코도, 아버지와 단 둘이 살았던 알리샤도, 애인과 헤어졌던 리디아도,

베니그노를 짝사랑하는 동료 간호사도, 알리샤의 발레선생 카타리나도 외롭다. 베니그노는 정신과 의사와의 상담에서 "문제가 무엇이냐"는 질문에 "외로움"이라고 답한다. "외로움" 때문에 베니그노는 알리샤에게 끊임없이 말을 건넨다. 페드로 알모도바르 감독은 자신의 영화가 "고독, 질병, 죽음, 광기에 대항하는 수단으로서의 '말'에 대한 영화"라고 말했다.

베니그노의 헌신은 병적인 사랑, 광기 어린 집착일 수도 있지만 외로움을 가슴에 품은 주변 사람들과 '말'로 소통하면서 위안을 얻으려는 행위로 보인다. 그녀도 누워있기 때문에 외로운 존재라고 생각했나 보다. 이는 장애인에 대한 편견일 수는 있다. 장애인은 정작 힘들지 않은데, 동정과 연민을 투영하는 것도 대표적인 것이다. 어쨌든 알리샤는 어떤 말을 해도 베니그노의 말을 들어준다. 물론 베니그노는 그녀가 진정으로 들었다고 생각하고 죽었다. 영혼의 소통이 가능하다고 끝까지 그는 믿고 있었으니 말이다.

감독은 자신의 영화가 들을 수 없는 사람에게까지도 자기 삶을 이야기하며 인간 사이의 소통을 꾀하는 '남자들의 이야기'라고 했다. 현대 남성들은 얼마나 외로운가. 만약 알리샤가 식물인간의 상태로 누워있지 않았다면 베니그노는 그녀에게 말조차 건넬 수 없으며, 외로움도 해소할 수 없었을 것이다. 어쩌면 현대인들은 그냥 누워있기만 해도 좋으니 내 이야기를 들어줄 수 있는 존재가 간절하게 필요했는지 모른다. 그런 존재 자체가 없으면 목숨까지도 버리는 참으로 고독한 존재인 것이다. 하지만 외로움을 일방적으로 내쏟은들 그것을 기억해줄 리 없다. 그것은 외부 사람을 통해 해결될 일이 아닌 문제인지 모른다. 외부의 존재에 의존해서 외로움을 해결하려 할수록 더욱 외로워질 뿐이다.

15

비어야 충만할 수 있다지!

플래닛 테러(Planet Terror, 2007)

그릇은 비어야 쓸모가 있다. 가득 차면 더 이상 아무것도 담을 수 없다. 가장 밑바닥일 때 가장 높이 치고 올라갈 공간이 확보된다. 하나를 잃으면 그 잃은 공간에 다른 무엇인가를 채울 수 있다. 손쉽게 그것을 채우기 위한 여력을 얻게 한다. 장애는 무엇인가 없음으로 발생하지만 무엇인가 없을 여력을 찾게 한다. 영화 〈플래닛 테러〉는 부족함이 충만을 위한 전제 조건이지 그 자체임을 보여준다.

"너를 믿어. 항상 그랬어. 넌 정말 굉장해 질 수 있고 그럴 자격 있어."

영화 〈플래닛 테러(planet terror)〉는 절단된 다리에 의족 대신 기관총을 장착한 여전사의 포스가 강렬하다. 감독은 〈데스페라도〉, 〈씬 시티〉의 로버트 로드리게즈. 그리고 제작은 2004년 칸 국제영화제 폐막식에서 심사위원장으로 심사위원 대상작 〈올드보이〉를 신나게 외쳤던 쿠엔틴 타란티노 감독이다. 로버트 로드리게즈 감독의 〈플래닛 테러〉는 B급 영화의 정신을 그대로 이어받은 영화다. 싸구려 B급을 표방했지만, B급을 만드는 품새가 A급이다. B급 영화는 할리우드 감독들의 향수가 배어있는 장르다. 이 때문에 인위적으로 B급을 만들어내는 감독들과 그의 작품들이 나오고 있는 것이다.

〈플래닛 테러〉에서도 끊임없이 '비(긁힌 자국)'가 내리고, 포커스가 나가고, 화면이 끊겼다가 심지어 '미안하다'는 자막까지 나온다. 예전 동시 상영관에서 B급영화를 즐겼던 이들에게는 향수 어린 '사고'들이다. B급영화는 처음에 별생각 없이 만들어지게 된 영화다. A급 영화와 동시에 상영되는 싸구려 영화로 출발했다. 적은 제작비이기 때문에 배우와 감독은 1급이 아니었다. 공황기인 1930년대 미국은 영화흥행을 위해 두 편의 영화를 한 편 값으로 동시 상영했다. 공을 들인 작품을 A급 영화, 상대적으로 신경을 덜 쓴 두 번째 영화를 B급 영화라고 했다.

1950년대는 공상과학영화, 1960년대에는 모터사이클영화, 1970년대의 흑인개척영화와 마약에 관한 영화들이 그 예다. 많은 제작비가 들지 않았기 때문에 원초적인 감각에 충실했다. 따라서 가벼운 웃음과 폭력, 그리고 선정적인 내용들이 많았다. 이를 통해 인간이 가지고 있는 솔직한 욕망이 드러났다. B급 영화가 가지고 있는 통속성 등은 쉽게 대중문화와 맞닿아 있으면서, 대중문화에 적지 않은 영향을 미치게 된다. 상대적으로 상업성에 연연해하지 않아도 되기 때문에 자유로운 시도가 있었고, 장르적인 실험도 가능했다. 그러한 실험적인 내용을 통해서 영화의 지평을 넓히기도 했다. 어설픈 내용이라 해도 용인되는 것이 이러한 영화들이었기 때문에 짜임새는 없지만 의미 있는 작업들이 많이 시도될 수 있었다.

〈플래닛 테러(planet terror)〉의 줄거리도 예전 B급 영화들이 천착했던 좀비 호러의 전형을 그대로 따른다. 좀비 바이러스에 감염된 미군 특수부대원들이 바이러스를 퍼트려서 생존자들에게서 해독제를 만들려고 하면서 온 마을이 좀비 바이러스(DC-2) 감염되어 생존자들과 좀비들이 벌이게 되는 사투를 그린다.

기관총 의족의 여전사 탄생기

텍사스의 시골 마을에서 에로틱 댄서 체리 달링(로즈 맥고완 분)은 남성들의 끈적한 눈길 속에서 춤추는 것에 환멸을 느낀다. 이제 마을을 떠나 스탠딩 코미디언으로 직종을 바꾸려고 한다. 그녀의 연인 엘레

이(프레디 로드리게스 분)는 대형 트럭에 총기를 싣고 다니며 무술에
도 능한 인물이다. 엘레이의 트럭을 타고 마을을 벗어나려는 그녀는
도로변에서 좀비들의 습격을 받는다. 겨우 목숨을 건지지만 한쪽 다
리를 잃는다. 평화롭던 한 마을에 정체불명의 DC−2 바이러스가 무
차별 살포되면서 마을 주민들은 엄청난 속도로 감염된다. 좀비들은
땀구멍이 부풀어 온몸이 고름 투성이다. 그 좀비들에게 쫓기는 체인
달링은 자신의 예쁜 다리를 잃어버리자 큰 고통과 슬픔에 휩싸인다.
하지만 감염되지 않은 소수의 주민들과 여전사로 거듭나는 체리 달링
은 한쪽 다리에 머신 건을 장착하고 좀비의 섬멸에 나선다. 한순간에
그녀는 에로틱 댄서에서 정의의 여전사가 된다.

그녀는 분명 늘씬한 금발 미녀에서 어느 순간 여성 장애인이 되었
다. 다리에 의족 대신 총을 꽂는 기상천외한 주인공이 바로 체리 달링
인 것이다. '지금까지의 내가 아닌 다른 무언가가 되고 싶다'던 체리의
꿈은 개그맨이 아니라 여전사로서 이뤄진다. 영화 후반부는 여주인공
의 다리에 장착된 기관총으로 몰려오는 좀비들과 대항해서 생존자들
을 구해내는 장면에서 절정을 이룬다. 댄서인 그녀는 화려한 발동작
과 함께 좀비들에게 죽음을 선사한다. 처음엔 걷지도 못할 것 같던 주
인공 체리가 전사로 거듭나 결국에는 생존자들의 수장이 되어 그들을
보호한다는 설정이 관객들에게 후련함을 준다. 물론 다른 액션 영화
와 같이 총알은 떨어지지 않는다.

많은 영화에서 장애인은 수동적이고 사회의 피해자 또는 분란을
일으키는 자(그것도 장애로 입은 상처 때문에 사회의 불특정 다수의
사람들에게)이다. 그래서 영화 속에 장애인이 등장하면 문제를 해결
하는 인물보다는 문제를 일으키는 인물로 묘사되는 것이 무슨 공식처
럼 그려진다. 특히 여성은 수동적일뿐만 아니라 갈등의 중심에 있다.
또한 남성 주인공에게 의존적인 존재이고 남성 주인공은 그러한 여성
을 화려한 활극이나 지혜를 동원해 구해주고 괴물이나 악당을 물리친

다. 하지만 체리 달링은 자신의 다리에 단 기관총으로 좀비라는 문제
덩어리 악당들을 퇴치한다. 더구나 그동안 많은 영화들에서 의존했던
남자 주인공은 허망하게 죽는다. 엘레이의 죽음은 비록 B급의 전복성
이지만, 여성 주인공의 주체화를 뜻한다.

　댄서생활을 하던 체리 달링이 자신의 매력 No.1 다리를 잃고 이를
전화위복 삼아 인류를 구하는 여전사로 거듭난다는 설정을 통해 '쓸모
없는 재능이란 없으며, 인간은 스스로 개척점을 찾을 수 있다'는 다소
교훈적이기까지 한 내용을 담으려 한 모양이다. 무엇보다 그녀가 전
사가 될 수 있었던 것은 다리를 잃어 장애를 가진 존재가 되었기 때문
이다. 노자의 말대로 비어 있어야 쓰임이 있다. 땅도 마찬가지이지만
그릇도 비어야 채울 수 있다. 다리가 비어 있었기에 그곳에 기관총을
장착할 수 있었다.

　다리에 기관총을 단 주인공뿐만 아니라 좀비에 맞서는 비범한 캐
릭터들이 많이 등장한다. 영화가 노리는 것은 각기 개성있는 등장인

물들이 주는 재미다. 레즈비언 마취의인 아내를 좀비가 되어서도 쫓아다니는 의처증 남편, 갖은 폼을 구사하며 체리를 구하는 남자친구 엘 레이, 장인 정신 하나로 바비큐 소스의 비결만은 절대 아무에게도 알려주지 않는 바비큐집 주인과 죽음을 맞이하면서까지 기어코 소스의 비결을 받아 적는 보안관 동생, 예의라곤 찾아볼 수 없는 막돼먹은 쌍둥이 베이비시터까지 각각의 캐릭터들은 그들만의 독특함 혹은 강렬함으로 관객들의 눈길을 끈다.

B급이 A급, 결핍이 충만

도망만 다니는 여타 좀비영화의 생존자들과 달리 당당히 맞서는 점이 이들의 공통점이다. 좀비들과 맞서며 목숨이 위태로운 위기상황에서 달랑 용기와 배짱만 가지고 있다. 하지만 엉뚱하게 일을 처리하는 캐릭터들은 피가 튀고 유혈이 낭자하는 괴기스런 장면에서도 공포감 대신 웃음을 유발한다. 간호사는 허벅지에 마취주사를 장전하고 마치 무기처럼 주사기를 던져댄다. 죽을 위기에 처한 식당 주인은 실수로 피를 맛본 뒤 '새로운 소스의 발견'이라며 신나하고, 10대의 베이비시터들은 좀비들의 공격이라는 급박한 상황에서도 시종일관 떠들면서 티격태격한다.

설령 취향과 꼭 맞지 않더라도 〈플래닛 테러〉는 영화 마니아라면 구미가 당길 만한 작품이다. 마치 과거 미국 B급 영화관 재현 테마파크에 앉아 있는 듯이 로드리게즈의 연출력은 변두리 상영관 분위기를 되살리는 데 뛰어나다. 시작부터 낡은 필름을 돌리는 척 화면에 비가 내리는데, 어느 순간 낡은 영사기에 불이 붙은 척 필름이 오그라드는 모습까지 등장한다. 빛바랜 필름의 효과를 만들기 위해 고의로 화면에 스크래치를 내고, B급 장르 영화에 따라붙기 마련인 상투적 음악을 바탕에 까는 것으로도 모자라, 베드신의 절정에서 일부러 화면을 끊고 '필름이 분실되어 죄송합니다'라는 자막을 넣기까지 한다.

〈플래닛 테러〉는 평가가 갈릴 수 있다. 절정의 관람 체험이 될 수도 있고, 불쾌한 쾌락이나 오락, 악취미와 재치가 혼재하고, 독창적 디테일과 식상한 클리셰가 함께 있다. 염치 상실한 페티시즘과 섹슈얼리티가 초강력 액션과 국제 정세에 관한 비판 등과 함께 우스꽝스럽게 뒤섞여 있다. 죽음과 삶, 에로틱과 추함이 범벅되어 정상이라는 미학의 경계를 허문다. 그것은 상식의 파괴이므로 지극히 상식적인 이들과는 봐줄 수가 없다. 그들의 농담과 유머가 어디 농담과 유머이겠는가. 장난기와 재치는 자유정신으로 읽히는 것이 아니라 정신이 아예 없는 것으로 읽힐 것이다. 그렇다면 체리 달링의 다리에 달린 총을 장애인 관점으로 분석하는 것도 너무 진지한 것 아닌가. 하지만 이런 것이 B급 영화가 보여주는 저항문화의 맥락이 아닐까. 진지한 스토리 라인과 섬세한 연출을 통해서 장애인 여전사가 액션영화에서 나오지 말라는 법은 없다.

16 둥지를 떠나는 새, 돌아오는 사랑

어웨이 프롬 허(Away from Her, 2006)

장애는 외부에서 주어지기도 하지만 자기 스스로 만들어내기도 한다. 장애를 스스로 만들어낼 필요가 있을까. 사람들은 아이러니하게도 자신을 지키기 위해 장애를 만들어낸다. 일종의 사회심리학에서 말하는 셀프 핸디 캡핑(Self handicapping)현상이라고나 할까. 불안한 무의식이 만들어내는 보호기제가 정신장애 현상으로 나타날 수 있다는 점을 영화 〈어웨이 프롬 허〉는 은유적으로 보여주고 있다.

"당신을 보니 기뻐요. 당신은 그냥 가버릴 수도 있었어요. 세상 걱정 없이 말이에요. 그렇게 날 버릴 수도 있었어요."

〈어웨이 프롬 허(Away from Her, 2006)〉가 개봉 15일 만에 관객 만 명을 동원하자, 영화 〈원스〉 이후 대단한 사건이라는 보도가 있었다. 당초 세 개였던 개봉관 수도 네 개로 늘렸다. 일단 독립영화이면서 관객동원에서 호조를 보인 것인 이 영화가 대중적으로 익숙한 소재를 다루고 있기 때문이었다. 이 영화는 흔히 따뜻한 노년기의 사랑—알츠하이머병을 둘러싼 노부부의 사랑이야기, 시간의 흐름 앞에 속절없이 잊혀져가는 옛 사랑의 기억을 떠올리게 만드는 영화로 평가되었다.

그런데 이 영화를 만든 이가 겨우 1979년생의 배우 출신 감독 사라 폴리라는 점을 생각하면 반드시 노년기나 44년간의 부부 생활에 대한 삶을 그린 영화만은 아니라는 점을 짐작할 수 있다. 〈어웨이 프롬 허〉는 노년기 부부를 통해 시간의 흐름을 관통해 현대인이 지니고 있는 무의식 속의 불안을 드러내주고 있다. 그것은 둥지를 떠날 나의 피앙새에 대한 불안의식이다. 선택 사항이 많아진 현대사회일수록 둥지는 상대적으로 언제든 떠날 수 있는 공간이 될 가능성이 많아졌다. 그 둥지에 혼자 덩그러니 남아있게 된다면 그보다 더 슬픈 일은 있을 수 없다.

영화 개봉 당시 한 남성 아나운서에게 〈어웨이 프롬 허〉의 내용을 이야기 했더니, 자신도 비슷하다고 말했다. 방송국에 근무하는 자신을 아내가 불안한 시선으로 본다는 것이다. 아내의 처지에서 보면, 방송국에 워낙 미모가 출중한 이가 많을 테니 걱정이 된다는 말이다. 하지만 여성 아나운서는 실제로 미모가 뛰어난 이가 그렇게 많지 않다며 불안한 시선이 불필요하다고 했다. 대단한 미모라 해도 고친 얼굴도 많고, 모두 화장발이라는 말씀이다. 사실인지 알 수 없으나 그렇다고 아내의 불안의식이 사라질 수 있는 객관적인 조건은 아니다. 많은 관계 속에 노출되는 현대인들은 그 빈번한 관계 때문에 불안의식을 갖는다. 그러한 불안은 무의식으로 잠재되게 마련이고, 의식이 작동을 하지 않으면 튀어나오게 마련이다. 어쨌든 만약 〈어웨이 프롬 허〉와 같은 상황이라면 그 아나운서도 영화의 주인공이 될 만한 조건을 갖추고 있는 셈이다.

〈어웨이 프롬 허(Away from Her)〉는 이러한 맥락에서 현대인의 잠재된 불안의식을 다룬 수작이다. 심리적 메커니즘을 생각하면 잘 짜인 구조를 가지고 있다. 물론 그러한 구조는 프로이트의 심리학에 전적으로 의지하고 있다. 만약 그의 이론에 찬성하지 않으면 별거 아닌 영화에 불과해진다. 프로이트의 단순 이론을 뛰어넘는 것은 알츠하이머 병이 불안의식을 드러내주는 긍정적인(?) 역할을 하는데 있다.

평생반려자 남편, 치근덕거리는 남자로

불과 1개월 전 요양 병원에 들어갈 당시 볼 때에는 정말 사랑해서 죽고 못 사는 사이였는데, 다시 만나서 보니 44년 동안 같이 산 아내가 자신을 알아보지 못한다면, 대부분의 남편은 당황스러울 것이다. 당황하지 않는 사람은 아내를 사랑하지 않거나 지긋지긋하게 생각하고 있었

는지 모른다. 자신을 알아보지 못할 뿐만 아니라 다른 사람과 사랑에 빠지고 남편인 자신을 치근덕거리는 남자로 취급한다면 더더욱 황당할 것이다. 도대체 어떻게 된 일일까?

그랜트와 피오나는 44년 동안 한 눈을 팔지 않고 잉꼬부부처럼 살았다. 그런데 어느 날 아내 피오나는 알츠하이머병에 걸린 사실을 통보 받는다. 남편은 그녀를 요양원에 보내는 것을 생각하지만 차마 그러지 못하고 만다. 하지만 아내인 피오나는 그랜트가 가져온 요양원 안내 책자를 보고 자발적으로 요양원에 가겠다고 주장한다.

요양원에 들어가며 피오나는 그랜트에게 절대 자신을 잊어버리지 말라고 한다. 요양원 측에서는 요양원 적응을 위해 한 달 뒤에 면회가 가능하다고 말한다. 한 달 뒤에 찾아갔을 때 피오나는 다른 남성 환자와 사랑에 빠져있게 된다. 그리고 정작 40여 년을 항상 살을 붙이며 살았던 자신은 귀찮은 타인이 되어 버렸다. 그랜트는 아내와 함께 읽었던 책들을 가져다주는 등 끊임없이 과거의 기억을 떠올리게 하려고 하지만 허사다.

요양원 측에서는 단기기억은 사라지고, 장기기억은 그래도 오래 지속된다는 통설을 뒤집은 특이한 환자라고 진단한다. 또한 정말 최악의 상태가 계속되다가 마지막 한순간만 기억이 되돌아온다고 말한다.

마침내 그랜트는 해결책을 모색한다. 아내와 사랑에 빠진 남성의 아내를 찾아가 남편을 집으로 데리고 갈 것을 부탁한다. 그랜트는 요양원에서 그 남자가 사라지면 다시 자신에게 돌아오리라 생각했던 것이다. 그러나 그것은 순진한 생각이었다. 아내는 그 남성이 집으로 돌아간 뒤 우울증에 빠져버리고 너무나 상심한다. 증세는 급속하게 악화된다. 보다 못한 그랜트는 할 수 없이 아내를 놔주기로 결정한다. 그리고 다시 그 남성을 데리고 온다. 자신의 손으로 아내가 사랑하는 남성을 직접 데리고 요양원으로 온다. 아내의 병실 앞에서 그랜트는 새로운 아내의 연인에게 이렇게 말한다.

"지금까지 있었던 사정을 다 아내에게 다 말해주고 올 테니 밖에서 잠시 기다리시오."

문을 열고 그랜트가 들어가고 보니 아내는 예전의 멋스런 옷을 다시 꺼내 입고 예전에 같이 읽던 책을 읽고 있다. 피오나는 자신이 중간에 가져온 책이라는 사실을 잊고 '이곳에서 이런 책을 읽는 사람이 있다는 게 신기하다'고 말한다. 그랜트에게 이렇게 말한다.

"정말 오랜만에 왔네요."

다시 예전의 피오나로 잠깐 돌아온 것이다. 왜 피오나의 기억은 장기기억이 단기기억보다 일찍 사라지고, 그랜트를 잊어버리다가 마지막에 잠깐 돌아왔을까? 이 지점에서 남편과 아내의 심리적 차이가 드러난다. 그랜트는 요양원 도우미에게 자신이 44여 년 동안 그녀를 떠나지 않았다고 자랑스럽게 말을 말한 바 있다. 그러자 그 도우미는 남편들은 아내에게 매우 잘해주었다고 여기지만 실제로 아내는 그렇게 받아들이지 않는 경우가 많다고 말한다.

영문학과 교수인 그랜트는 자신이 수많은 젊은 여학생들 사이에서도 눈길 한 번 주지 않고, 피오나의 곁에 있었다는 점을 자랑스러워한다. 하지만 피오나는 남편 그랜트가 젊은 제자와 눈이 맞아 자신을 버리고 갈지 모른다는 무의식을 갖는다. 이는 영화의 중간마다 몽롱한 과거회상 장면에서 등장한다.

그러나 그 무의식은 평소 의식이 억압한다. 그런데 알츠하이머로 의식이 마비되자, 무의식이 튀어나오게 되고, 무의식 속에 있던 불안 심리는 일정한 행동을 이끌어 냈다. 즉, 피오나의 무의식은 의식이 마비된 사이 방어기제를 작동시킨다. 자신이 버림받을지도 모른다는 불안을 해소하는 것은 자신을 버릴 수 있는 남편을 먼저 버리고 새로운 사랑을 찾아가는 것이다.

자기보호를 위해 망각의 숲으로

심리학자 카렌 호르나이는 사람은 안전에 대한 욕구가 만족되지 않으면 근본적인 불안이 생긴다고 했다. 여기에서 안전에 대한 불안은 존재의 불안, 신경증적인 불안을 모두 포함한다. 카렌 호르나이는 이때 불안에서 자신을 보호하기 위한 신경증적 행동이 나타난다고 했다.

우선, 사람을 사랑하는 착한 마음이 나타난다. 이웃이나 남을 위해 자신을 희생하면서도 박애정신으로 삶을 살려는 따뜻한 마음을 가진 마음이다. 두 번째는 자신이 항상 주도적 역할을 한다. 존재의 불안, 신경성 불안이 있던 피오나는 새로운 사랑에게 매우 박애적이고 헌신적이다. 그리고 사랑을 받는 수동적인 모습이 아니라 주도적인 행동

을 유지한다.

『불안』이라는 책에서 알랭 드 보통은 "지난 2천 년간 부, 식량, 과학, 기대 수명, 경제적 기회 등이 증가했지만, 사람들의 불안도 같이 증가했다"고 밝혔다. 불안의 정체는 늘 외부의 사랑이라는 공기를 집어넣어 주어야 하는 풍선이고 무시라는 작은 바늘에 아주 쉽게 상처를 받아 터지는 인간의 생리라고 보았다.

그는 사람들이 끊임없이 불안해하는 이유 가운데 하나는 지위 불안이라고 했다. 지위의 상실에서 지위는 단지 사회적 혹은 조직 내의 지위만을 말하는 것은 아니다. 남편이 다른 여자와 살림을 차린다면 아내의 지위는 없어진다. 결국 남편의 사랑으로 존재할 수 있었던 근원적인 불안이 피오나의 무의식 속 불안의 근원이었다고 볼 수 있겠다.

자신에 대한 심리적 안정은 자신에 대해 스스로 가지는 충족감과 자부심에 따른다. 상대에게 의존하는 사랑은 아무리 44년 동안 금슬 좋은 관계를 보였다고 해도 어느 순간 그 오랜 시간의 기억을 상실하게 만들 수 있다.

스스로 자신이 중심이 되지 못한 사랑은 끊임없이 불안을 야기하기 때문이다. 다른 이들을 통해서만 안정이 좌우되는 지위의 삶이란 끊임없이 불안을 만든다. 또한 조직 속의 현대인의 불안은 그것에서 기인하는 바가 크다. 이런 맥락에서 볼 때 현대인들은 만성적인 불안 장애에 시달리고 있는 존재가 아닐까.

17 정신장애 청년과 열 살 소녀가 사귄다면

마이 러브 리키(Digging to China, 1998)

남성 장애인은 비장애인 남성들과 달리 다루어진다. 사랑의 대상으로 여겨지지 않고 사랑을 할 수 있는 존재로, 특히 어린 소녀의 연인으로 남성 장애인은 상상조차 될 수 없다. 남성 장애인은 이럴 때 더욱 위협적인 존재가 된다. 이런 편견에 도전하는 열 살 소녀가 영화 〈마이러브 리키〉에 등장한다. 중요한 것은 항상 누군가 옆에서 지켜주는 것임을 말한다.

"살아가면서 많은 친구를 둘 필요는 없어요. 정말 필요한 사람은 어떤 상황에서도 곁에 있어 주는 사람입니다."

영화 〈더 리더 – 책 읽어주는 남자〉는 15세 소년과 36세 여성의 사랑 이야기를 담고 있다. 나이 많은 여성과 나이 적은 남성 그러니까 성인 여성과 어린 소년과의 사랑은 낭만적인 평가를 듣는다. 낭만적인 로맨스는 아니라고 해도 누나와 동생의 관계로만 본다고나 할까. 여성은 약자이고 남성은 강자이니 나이 많은 여성과 나이 어린 소년은 균형이 맞는 것이기 때문일까. 그런데 나이 많은 남성과 나이 어린 소녀의 연애는 원조교제쯤으로 인식될 것이다. 원조교제라는 동양적 현상을 떠나서 만약 15세 소녀와 36세의 남성 간의 사랑 이야기라면 '롤리타 콤플렉스'라는 말이 나올 듯싶다. 더구나 정신장애인 남성과 비장애인 소녀가 가까워진다면 그들을 바라보는 보통의 시선은 어떨까. 차별받는 남성 장애인에게 이 문제는 다른 남성들과 다름없이 동등하게 아니 더 심하게 적용될지 모르겠다. 이런 점을 생각해볼 수 있는 영화가 〈마이 러브 리키(Digging To China)〉이다.

원조교제의 역설

영화 〈마이 러브 리키(Digging To China)〉처럼 초등학생 소녀와 정신지체 청년이 친구가 되고 그 관계가 깊어져 우정 이상의 단계로 간다면 사람들은 어떻게 받아들일까? 영화를 감상할 때는 무덤덤하게 아니, 감동적으로 받아들일 수 있을 것이다. 하지만 한국 사회의 통념상 실제로 자신의 동생이나 딸이 영화의 주인공과 같은 상황이라고 한다면 태도는 충분히 달라지지 않을까? 교육적인 문제만이 아니라, 미래의 인생과 삶이 달려있다는 명분이 아니라 해도 혐오감을 나타낼지도 모르겠다.

깜찍한 소녀 해리엇(에반 레이첼 우드 분)과 지적 장애인 리키(케빈 베이컨 분) 사이의 진솔한 우정 그리고 사랑을 그린 영화 〈마이 러브 리키(Digging To China)〉는 잔잔하고 유쾌하지만 끝에는 그들의 이별을 둘러싸고 벌어지는 에피소드를 통해 진지한 감동을 준다. 제4회 부천국제판타스틱 영화제 초청작이기도 했으며, 〈길버트 그레이프〉, 〈제8요일〉을 잇는 감동 영화라는 평가를 받기도 했다. 이 작품은 배우 티모시 휴튼(Timothy Hutton)의 감독 데뷔작인데, 허튼은 1981년 〈보통사람들〉로 아카데미 남우조연상을 수상했고, 1982년 〈생도의 분노〉로 골든 글로브 남우주연상에 노미네이트되기도 한 실력파 배우이기도 하다.

그는 이 영화로 선댄스 영화제에서 극찬을 받아 연출 능력도 인정받았다. 이 영화가 어떻기에 그가 감독으로서 인정받을 수 있었을까?

우선, 등장인물의 면면부터 살펴보자. 해리엇 프랑코비츠(에반 레이첼 우드 분)는 열 살인데도 불구하고 웬만한 어른들 이상의 성숙한 세계관을 보여준다. 풍부한 상상력과 예민한 감수성을 가진 열 살 소녀 해리엇은 때로는 독특한 행동을 한다. 수업 시간인데도 그녀는 학교 운동장에서 UFO를 기다리며 혼자 야단이다. 그리고 땅을 파서 중국에 가겠다고 소동을 일으키는데, 집안으로 통하는 전기 배선만 건드려 집안을 온통 정전이 되게 한다. 해리엇은 복합적인 심리를 드러낸다. 그녀는 자신이 다 컸다고 믿는 한편, 성장에 대한 두려움으로 한없이 순수하고 동심에 가득 찬 상태를 유지하고자 한다.

어머니(캐시 모리어티 분)는 강인하고 똑똑한 여성이다. 실제 그렇지 않을지라도 그러한 모습을 잃지 않으려고 한다. 하지만 혼자 모든 것을 혼자 감내하려다 보니 담배와 술에 의존했다. 고단했을 일상 탓인지 그녀는 알코올 중독증을 가진 싱글맘으로 딸과 손녀를 기르면서도 어려움을 내색을 하지 않는다. 싱글맘의 애환을 잘 극복하고 언제나 강하게 버티고 있을 것 같았던 그녀는 갑작스런 고통사고로 세상을

떠난다. 어머니의 죽음은 또다른 방식으로 해리엇에게 영향을 주게
된다.

헤리엇에게는 언니가 있다. 그런데 동생보다 못한 언니였다. 오히
려 초등학생 해리엇보다 오히려 철이 없는 이십대 중반의 그웬(매리
스튜어트 매터슨 분)이 해리엇의 언니다. 아니, 정확하게 말하면 어머
니의 죽음 이전까지는 해리엇의 언니였다. 어머니의 죽음 이후 그녀
는 해리엇의 언니가 아니라는 사실이 밝혀진다. 그녀는 해리엇의 엄
마였다. 어머니의 죽음 이후 그웬은 자신이 해리엇의 엄마라는 사실
을 알린다. 해리엇은 그웬이 열 다섯 살 때 낳은 아이이고, 어머니가
대신 키웠다는 것이다. 해리엇이 충격을 받기에 충분한 사실이었다.

해리엇의 친구이자 연인인 리키는 정신박약 청년이다. 열 살 정도
의 지능으로 해리엇과 같다. 순수하고 맑은 심성을 지녔다. 그의 어머
니마저 자신을 차갑고 딱딱하게 대하자, 유일한 안식처로 해리엇을
찾는다. 그러나 성장하는 소녀와 계속 지체상태인 자신의 처지를 생
각하며 이별을 예감한다. 리키를 둘러싼 등장인물들은 비장애인 어린
소녀와 정신지체 청년의 관계를 둘러싼 현실 속의 주변 시선을 통해
장애인을 바라보는 인식을 드러내주고 있다.

상상력과 감수성이 풍부한 열 살 소녀 해리엇에게 일상은 무료하
고 기대할 것이 없다. 그러했기에 그녀는 기적 같은 일, 마법 같은 사
건이 일어나길 늘 바란다. 또 그런 일을 자신이 만들려고 한다. 외계인
과의 교신을 시도하거나 중국으로 향하는 굴을 파며 일상 탈출을 꿈꾼
다. 그러나 해리엇의 행동에 대해서 누구도 찬성하지 않는다. 무료한
일상에서 마법 같은 일이 벌어지기만을 기다리던 어느 날, 심한 우울
증을 가진 리키가 그의 어머니와 함께 해리엇의 모텔에 묵게 된다. 리
키는 비뚤어진 걸음걸이에 어눌한 말투를 쓴다. 하지만 해리엇은 리
키에게 편견 없이 다가간다. 그들은 진정한 우정으로 서로를 받아들
이기 시작한다. 그것은 마법같은 일이었다.

어느 날 갑자기 교통사고로 어머니가 죽고 언니가 자신의 진짜 엄마라는 사실에 충격받은 해리엇은 어머니 없는 공간에서 번민한다. 너무 편해 무료했던 일상의 공간은 불편함 그 자체였다. 이러한 상황에서 더욱 리키는 유일한 안식처가 되었다.

때마침 어머니의 뜻으로 정신 병원에 가야하는 리키는 안타까운 마음을 금할 길이 없다. 리키도 자신이 있을 공간을 잃었다. 결국 둘은 모두 갑자기 편히 지낼 공간이 없어졌다. 갈 곳은 숲 속 밖에 없었다. 둘은 숲 속에 비밀의 왕국을 마련한다. 그리고 결혼을 서약한다. 숲속의 생활이 이어지던 중 해리엇은 심한 감기에 걸려 구조를 받게 된다. 두 사람 사이의 관계가 알려지자, 사람들은 오해의 눈길을 보낸다. 특히 언니이자 어머니인 그웬은 리키와 어울리는 것 자체를 싫어하는 터에 숲속에서 있었던 일에 대해서도 몸서리치며 의심을 한다. 그녀는 교육적으로나 정서적·육체적으로 해가 될까봐 우려하는데, 이는 사회 일반의 일상적인 의식을 드러내는 것이기도 하다.

이 일이 있은 후에 그웬은 더욱 리키가 해리엇의 몸과 마음을 망칠

까 봐 내내 두려워하는데 그러한 심리는 어느 날 리키가 해리엇을 성폭행하는 줄 알고 오해하게 한다. 물론 사실이 아니었다. 그웬은 그들 사이에 달려들어 둘을 떼어놓으려 한다. 거꾸로 리키는 그웬이 해리엇을 다치게 하려는 것으로 오해하고, 제지하려 하다가 결국 그녀의 팔을 다치게 한다. 리키가 그웬에게 폭행을 한 셈이 되었다. 이 때문에 리키는 곧 경찰에 연행된다. 둘 사이의 관계는 최소한의 우정을 갖지도 못하게 갈수록 꼬여만 간다. 결과적으로 볼 때 이런 상황에서 장애인은 차별하지 않는다. 똑같은 남자이며, 롤리타 콤플렉스를 지닌 존재다. 여기서 평등이 실현된다.

열 살 소녀와 청년의 사랑이 불만

다른 영화와 다른 점은 열 살 소녀와 정신지체 청년의 우정과 사랑 이야기라는 점이다. 무엇보다 둘은 결혼 서약까지 맺는다. 이 점 때문에 작품이 국내에 선보일 때 수난(?)이 있기도 했다. 하지만 열 살 소녀와 청년의 사랑 이야기가 불민하다고 여겼을까? 원래 필름대로 물 흐르듯이 영화의 흐름을 자연스럽게 느끼며 보도록 하면 좋을 텐데, 국내에서 개봉될 때 많은 부분이 잘려나갔다. 이는 초등학생 소녀 해리엇과 성인 리키의 사랑이라는 설정 때문이었다.

중요한 것, 영화의 의미점은 소녀가 리키와 친해지게 된 이유에 있다. 누구보다도 말이 통한다는 데 있었다. 서로 공유하는 가치와 마음이 있기 때문에 둘은 친숙해졌다. 리키가 장애인이기 때문이라는 시혜적 관점, 동정적인 관점이 아니라 상호 동감을 통한 소통성에 초점을 맞추고 있다.

다만, 열 살 소녀와 정신 지체 청년의 소통과 우정 그리고 사랑의 과정을 잔잔하게 보여주고는 있지만 결말 부분이나 이야기 전개가 지나치게 평이했다. 전개와 결말에 무리가 없지만 이것이 오히려 흠이

될 수 있다는 뜻이다.

리키를 연기한 케빈 베이컨은 2000년 〈할로우맨〉에서 주연을 맡기 전에는 조연에 머물렀지만 대체적으로 장애인 역을 많이 맡은 배우다. 이 때문에 연기력은 일찍부터 검증을 받았다. 그를 각인시켜 준 것은 〈일급살인〉의 억울한 복역수 헨리 영 역이었다. 케빈 베이컨의 손놀림, 안면 근육의 미세함과 엉거주춤한 걸음걸이에 쥐어짜는 듯한 어법은 실제 장애인을 보는 듯 하다는 평가를 듣게 했다. 반면, 〈마이 러브 리키〉에서는 케빈 베이컨의 지적 장애 연기는 지나치게 상투적이라는 평가가 있었다. 이는 너무 전형적인 장애인의 모습을 보여주었기 때문인지 모른다.

영화에서 중요한 것은 그가 어린 소녀와 소통을 이룬 청년 리키의 역을 통해 충분히 감화력을 주었다는데 있을 것이다. 만약 리키가 정말 우리들의 아이와 같이 어울린다면 애써 반대할 이유가 없다는 마음이 들게 하기 때문이다. 이것은 비단 이들에게만 해당되는 것은 아닐 것이다.

15세 소년과 36세의 여인이든, 15세 소년과 36세의 남성이든 롤리타 콤플렉스와는 관련 없이 마음이 통하는 것이 중요하다. 물론 그것이 현실에서 흔하지 않기 때문에 대중문화 콘텐츠에서 희소성의 차원에서 색다른 소재로 알레고리를 가지면서 애용되고 있는지 모른다.

18 서로의 언어가 다른 사랑일 때

작은 신의 아들(Children of A Lesser God, 1986)

소통의 장애는 언어가 없기 때문이 아니라 서로 언어가 다르기 때문에 일어난다. 구어를 쓰는 사람들과 수화를 쓰는 사람들은 서로 다른 언어 때문에 소통의 불능이 생길 수 있다. 구어를 쓰는 사람이 많은가 수화를 쓰는 사람이 많은가에 따라서 장애에 걸린 사람의 규정이 달라질 뿐이다. 더구나 사랑하는 사이에서는 소수와 다수가 없기 때문에 자신의 언어를 다른 일방에게 강요할 수는 없다. 연인들을 통해 언어의 다름과 소통의 문제를 다룬 것이 영화 〈작은 신의 아이들〉이다.

"당신은 당신이 만들어낸 이미지를 나에게 투영할 뿐이야."

영화 〈작은 신의 아이들〉에서 '작은 신의 아이'는 장애아동을 가리킨다. 장애인 아동도 신의 자식이지만 그 신이 거대한 신이 아니기 때문에 약간의 장애를 갖게 되었다는 뜻이다. 장애인이나 비장애인이나 신의 자식이라는 점은 같기 때문에 동등하다는 의미라고 볼 수 있다.

영화는 〈신의 아이들〉이라는 제목에 맞게 제임스 리드(윌리엄 허트 분)가 농아학교에 부임하면서 시작된다. 신의 아이들, 즉 장애 아동을 가르치는 선생님의 이야기로 보이기 때문이다. 신의 아이들이라는 제목과 교사의 부임은 학교와 교육에 관한 내용을 기대하게 만든다. 감동적인 교육 승리의 이야기가 펼쳐지지 않을까. 이 영화는 그러한 부분을 놓치는 것은 아니다. 제임스는 뛰어난 교육 방식으로 장애인 아동들과 친숙한 관계를 만들어가며 교육적 효과도 거둔다. 여기에서 교육적 효과는 교사나 학교가 아니라 장애 아동들이 적극적으로 말을 배우려는 데서 드러난다.

하지만 제임스의 마음대로 되지 않는 이가 있다. 바로 사라(말리 매틀린)다. 물론 사라는 이미 졸업한 학생이기 때문에 교실의 학생 다루듯이 할 수는 없었다. 졸업생이지만 사라는 학교에 남아 청소 일을 하고 있었고, 자주 만날 기회가 있었다. 장애 학생을 가르치는 교사 이야기 정도로 인식하기 쉬운 초반부의 내용은 급속하게 사라와 제임스의 관계로 초점이 이동하게 된다. 결국 영화의 많은 부분은 이 제임스와 사라의 사랑 이야기에 모아진다. 처음에는 교육자의 입장에서 사라에게 다가가지만, 제임스는 사라를 사랑하고 만다. 이때서야 관객은 비장애인 교사와 장애인 여성의 사랑 이야기가 중심인 것을 알아챈다. 이 영화가 다른 장애인 영화와 다른 점은 장애인의 성적인 이야기가 비교적 많이 가미되어 있다는 것이다.

우선 사라는 어린 시절 말을 배우려고 했지만, 그 목소리가 듣기

싫다는 언니들의 놀림에 말배우기를 그쳤다. 놀림감이 되어 상처를
받은 사라는 자신을 자학하게 되고, 이에 따라 언니의 남자 친구들과
문란한 성적 관계를 맺기 시작한다. 그러나 그것은 사라를 끊임없이
괴롭히는 또 따른 큰 상처가 된다. 성애적 장면을 위해서 영화는 말리
매틀린이라는 젊고 예쁜 배우를 기용했다. 이를 통해 장애인 여성 가
운데 예쁜 여성만이 비장애인과 사랑을 할 수 있다는 편견을 줄 우려
도 있다. 또한 여성장애인과 비장애인 남성의 베드신이 가장 많이 등
장하는 작품 중에 하나일 것이다. 따라서 이 영화를 상업영화로만 바
라볼 수도 있지만, 장애인을 둘러싼 사랑과 성을 부각시키는 역할은
분명 있다. 비록 여성장애인이 너무 예뻐서 흠 아닌 흠이지만 말이다.

자기 언어를 위한 사랑

어쨌든 이 영화에서 강조하고자 하는 것은 소통과 자유에 관한 형상화
다. 그 형상화에 담긴 주제의식은 개인에게 각각의 자유가 있지만, 그

자유가 소통을 방해할 수도 있다는 메시지로 요약할 수 있겠다. 아무리 사랑하는 사이라도 말이다. 오히려 가장 소통과 가까울 것 같은 사랑이 소통을 방해하는 것이 삶일지 모른다.

제임스와 사라가 사랑에 빠진 것은 그들이 소통하려 했기 때문인데, 제임스가 교사 혹은 전문가로 사라에게 다가간 측면이 많다. 제임스는 사라에게 말하는 법을 가르쳐주고자 노력하는 과정에서 늦은 밤 수영장에서 우연히 사라와 같이 수영을 하면서 말없이 교감을 나누게 된다. 이런 일이 있은 뒤부터 그들은 육체적으로도 급속하게 가까워지고, 마침내 동거에 이르게 된다.

동거는 그들의 사랑을 더욱 뜨겁게 해주기도 했지만 그 뜨거움 때문에 서로에게 해를 줄 수도 있었다. 제임스는 바흐의 '2대의 바이올린을 위한 협주곡'을 즐겨 듣는다. 처음에 사라와 같이 그 음악을 느낄 수 있다는 것에 큰 즐거움을 느꼈다. 이 영화에서도 음악은 장애인과 비장애인이 무언의 교감을 나누게 만드는 매개물이 된다. 어떻게 보면 그들의 다름과 같음에 대한 공존을 같이 고민하게 만드는 매개체가 음악이 되는 셈이다.

제임스가 동작을 통해 음악을 전달했고, 스피커의 진동과 울림으로 사라는 감상할 수 있었으며, 그것을 사라가 미소나 수화를 통해 말할 수 있었다. 특히 수화는 사라의 언어였다. 하지만 제임스는 시간이 흐르면서 귀로 듣고 입으로 같이 음악에 대해서 말을 했으면 좋겠다는 의지를 더욱 굳히게 된다. 그렇게 의지가 굳어질수록 힘들어하는 것은 사라였다. 제임스는 사라에게 압력을 가했기 때문이다. 압력은 말을 배우라는 것. 이제 함께 말하고 싶다는 것이다. 거리가 어느정도 있었다면 이렇게 강압적이 되었을까 싶다. 자신의 이해관계가 연관되자 객관적이고 합리적이면서 우수한 교사였던 제임스도 자신을 절제하지 못하고 폭언까지 하고 만다. 사랑에 눈이 멀어 보이는 것이 없어진 것인가. 그것은 소유욕과 자기 실현을 위해 눈에 뵈는 게 없어진 것이다.

사라는 제임스의 말 배우기 요구를 거부한다. 수화는 자신의 언어이며, 그것을 인정해주어야 한다는 것이다. 세계에는 적어도 112종의 수화언어가 있다. 아키야마 나미, 가메이 노부다카가 쓴 『수화로 말해요』라는 책에는 다음과 같은 대목이 있다.

> 잠깐만. 목소리를 내는 게 '한 걸음 다가가는' 거라구? (…중략…) (이는) 휠체어를 쓰는 사람에게 "필요하다면 손잡이나 지팡이를 이용해서(필요하다면 보청기나 인공내이를 사용해서) / 비틀거려도 괜찮으니까(발음이 불분명해도 괜찮으니까) / 자신의 발로 걸으세요.(스스로 얘기하세요.) / 그것이 상대에게 한 걸음 다가가는 것입니다. / 휠체어를 고집하면 건물을 개축해야 해요.(수화만 고집하면 통역을 준비해야 해요.) / 그러려면 돈이 듭니다."라고 말하는 것과 같다.
>
> – 『수화로 말해요』, 88쪽

수화를 포기하고 비장애인의 말을 배우라는 것은 휠체어를 버리고 걸어 다니라고 하는 것과 같다는 말이 인상적이다. 제임스는 사라에게 휠체어를 버리고 일어나 걸어 다니라고 한 것이다. 물론 간혹 일어날 수 있는 사람이 있는지 모르지만 대부분은 그렇지 못하다. 무엇보다 각자의 가치관이나 다양성을 인정하지 않는 것에 사라를 분노했고 집을 나가게 된다.

언어로 소통하는 사랑

왜 이 영화가 사랑과 소통의 문제를 다루려 했고, 사랑이 어떻게 소통을 방해하는 것인가를 정리해 보자. 제임스가 사라에게 자신의 요구를 강하게 주장했던 이유는 사라를 더 사랑하게 되면서이다. 처음에는 교육자의 시선에서 그녀의 수화를 인정해주면서 관계를 유지했지만, 사랑하게 되면서 대화를 나누고 싶다면서 말을 배우라고 강요하게 되었다. 이는 자신의 의지를 상대방에게 강요하는 것이다. 사랑한다는 이유만으로 말이다. 이는 연인 간에 사랑이라는 이름으로 이루어진 강압과 일방통행의 문제를 생각하게 만든다. 비단 이것은 연인 간의 문제일까? 부모와 자식, 부부, 형제 자매사이, 친구 간에도 이러한 일은 있다. 진정한 사랑 관계란 서로에게 인격적인 성숙을 줄 수 있어야 한다. 사라는 자신의 언어와 세계를 인정하지 않은 제임스 곁을 떠난다. 하지만 그들은 다시 만난다. 그들이 다시 만날 수 있었던 것은 서로에게 다가가려고 끊임없이 소통하려는 의지 때문이었다.

참고로 당시 열아홉 살이었던 사라 역할을 맡은 마리 매틀린은 실제 청각장애인이다. 청각장애인들은 수화를 할 때 항상 상대방을 봐야한다. 말하고자 하는 것을 손으로 표현하고 눈으로 그 본래 의도를 파악해야 한다. 비장애인이 여주인공을 맡았더라면 단순히 손의 표현에서 멈추었을 것이다. 하지만 실제 청각장애인 배우를 선택함으로써, 손과 더불어 눈으로도 진의를 확인하는 효과를 영화에서 느낄 수 있었다. 이러한 수화를 사용하는 장애인을 이해하지 않는다면 그것은 민주주의 원칙에 어긋나는 것이다. 상대방을 나에게 맞추는 것, 그것은 장애인이들이 일상에서 많이 겪는 것들이다. 장애인에게는 본인만의 정체성이 있고, 물리적인 특징이 있는데도 불구하고 비장애인 기

준에 무조건 맞추라고 하는 것은 또 하나의 폭력이 될 수 있다. 각자의 가치관과 세계관, 그리고 선호를 인정하지 않는다면 공화국은 요원할 것이다. 국민을 사랑한다면서 이 같은 행태를 보인다면 더욱 모순적일 수밖에 없다.

이 영화를 어떻게 정리할 수 있을까? 영화에서는 음성언어와 수화라는 차이가 크지만 각자의 삶을 살아온 두 남녀에게서 나타나는 의사소통방식의 차이는 사랑을 오해와 고통으로 바꾸기에 충분하다. 장애인, 비장애인의 커뮤니케이션만이 아니라 모든 관계는 사랑에서 비롯하는데 서로 다른 두 사람이 차이를 이해하고 좁혀 가는 과정은 힘들지만 그렇기 때문에 아름답고 소중한 일이다. 순간적으로 반한 사랑은 금세 식는다. 하지만 시간이 걸리고 인내로 만들어 낸 사랑은 오래도록 타는 모닥불이 아닐까.

그것은 사랑만이 아니리 우리를 둘러싼 모든 관계들이 마찬가지 아닌가 싶다. 이 영화는 장애인과 비장애인의 사랑과 소통을 다루고 있지만, 인간관계에서 발생하는 모든 소통의 장벽들을 넘기 위한 조건을 말하고 있다. 여기에서 소통의 장벽이란 언어와 문화의 차이, 인종별 간극, 남녀 간의 다름 등이다.

19 보이지 않는 것 속의 보이는 것

<u>사랑이 머무는 풍경(At First Sight, 1990)</u>

인식할 수 없는 것을 인식할 수 있는 것이 장애극복일 수 있다. 더 많은 능력을 가질수록 그 능력이 줄어드는 것이 인간이다. 장애 극복이 오히려 이전에 인식할 수 있었던 사물의 가치를 잃어버리게 할 수도 있다. 그것을 인식할 수 없는 사람들은 인식하는 사람들은 장애인으로만 규정한다. 보이지 않는 것 속에 보이는 것이 있기 때문에 오히려 보이는 것들이 많아질 때 보이지 않게 될 수 있다. 이 가운데 사랑을 잃을 수도 있다는 점을 사랑이 머무는 풍경 이 보여준다.

"세상엔 보이지 않지만 존재하는 것들이 있어."

발 킬머, 미라 소르비노 주연의 영화 〈사랑이 머무는 풍경(At First Sight, 1999)〉은 시각장애인 남성과 비장애인 여성 사이의 사랑을 그렸는데, 셜과 바바라의 실화를 다룬 올리버 색스(Oliver Sacks)의 보는 것과 보지 않는 것(To See And Not See) 이 원작이다. 영화의 좀더 나은 이해를 위해 원제목이 왜 'At First Sight'인지 생각해보아야 한다. 'Have you ever fallen in love at first sight?'는 '첫눈에 반한 적이 있습니까?'라는 뜻이 된다. 그럼 'At First Sight'는 두 사람이 첫눈에 반했다는 사랑을 말하려는 것일까? 하지만 버질은 내내 앞을 보지 못했고 에이미와 사랑에 빠진 것도 앞을 전혀 볼 수 없었을 때였다.

천천히 살펴보면, 선천적으로 시력을 잃은 버질이 잠시 시력을 회복하면서 겪게 되는 갈등과 깨달음에 관한 이야기임을 알 수 있다. 잠시 동안 시력을 회복하는 시간이 영화에서 매우 중요한 순간이기 때문에 'At First Sight'로 지은 것이 아닐까 싶다. 정말 그런지 자세한 이야기의 설명이 필요하겠다. 또한 그 잠깐에 버질은 어떤 것을 인식하고 관객들에게 어떤 깨달음을 주는지도 보아야 하겠다.

우선 두 사람의 사랑은 사랑이라는 힘 때문에 이해가 가능하다. 건축디자이너인 에이미와 시각장애인 버질은 전혀 다른 세계 속의 사람일 수도 있기 때문이다. 에이미는 이혼을 한 상태에서 전남편과 같이 쉴 새 없이 일을 하는 뉴요커다. 성공적인 삶을 살고 있지만 너무나 바쁜 일상에서 잠시 휴식이 필요하다고 판단한 뒤 스파 휴양지로 휴가를 떠나게 된다. 그리고 그곳에서 버질을 만나게 된다. 물론 같은 여행객으로 만난 것이 아니었다. 버질은 스파 휴양지에서 안마 일을 하고 있었다. 그러나 버질이 다른 안마사들과 달랐던 것은 사람의 몸만 어루만져 주었던 것이 아니라 사람들의 마음까지도 따뜻하게 어루만져 주었다는 점이다.

에이미는 사랑에 빠지고 난 뒤에서야 그가 시각장애인임을 알게 된다. 주변 사람들의 만류에도 불구하고 그녀는 계속 그와 사랑에 빠진다. 에이미는 버질의 시력을 찾아주기 위해서 노력한다. 하지만 버질은 두려움으로 에이미의 제안을 받아들이지 않는다. 여러 번의 수술 실패 때문에 좌절한 탓이었다. 버질은 에이미에게 있는 그대로 사랑해달라고 말한다. 버질을 항상 지근거리에서 돌봐주는 누나 제니도 에이미의 노력에 반대한다. 그러나 완강하게 반대하던 버질은 에이미가 떠날까 두려워 수술을 받기로 한다.

시각장애 극복이 시각장애 낳아?

수술은 마침내 성공한다. 하지만 눈에서 전달하는 영상이미지를 뇌에서 완전하게 받아들이지 못하는 문제가 발생한다. 여기에 갑자기 보이게 된 버질은 일상생활에서 적응하는데 시간이 걸린다. 그러다보니 짜증과 다툼이 일어나는 것은 당연한 노릇이다. 버질은 한 살 때부터 시력이 약화되었고, 세 살 때에는 완전히 못 보게 되었다. 버질은 눈보다 다른 감각으로 세상을 인식해야 했다. 따라서 오랫동안 사용하던 다른 감각보다 갑자기 시력에 더 의존하려 할 때 부적응은 당연한 수순이었을 것이다. 또한 다른 감각으로 익숙하던 애인, 개, 그리고 가족들이 실제 눈앞에 모습을 드러냈을 때 자신이 상상하던 것과 다른 편차는 더욱 심적 고통을 강화했을 법하다. 무엇보다도 시력이 없을 때 보지 않아도 되었던 것들을 보게 된다. 또한 사람들의 표정을 통해 마음이 산란해진다. 어린 시절부터 사람의 반응을 읽어내는 훈련을 받지 못했기 때문이다. 이러한 점들은 대인관계에서 또 다른 장애를 불러오게 된다. 우리는 여기서 오랜 동안 시각장애인으로 익숙하게 살아온 버질에게 시각을 애써 회복하는 것이 과연 필요한 것인지 되묻지 않을 수 없다. 즉, 장애는 꼭 극복의 대상이 되어야 하는가라는 질문이

나올 법하다. 적어도 버질의 관점에서 보면 눈을 떴을 때 아름다운 것
들이 있고, 눈을 감았을 때 아름다운 것들이 있다. 버질은 짧은 시력
회복의 시간을 뒤로 하고 다시 자신의 자리로 돌아온다. 하지만 버질
이나 에이미에게 그 짧은 시간은 결코 짧지 않은 시간이었으며, 많은
깨달음을 남겨주었다.

　또한 이 영화는 시각장애인의 사랑 이야기를 통해 비장애인과는
다른 방법으로 세상을 바라보는 시각장애인들의 특징을 드러내준다.
따라서 그러한 이해에 따른 시각장애인과 비장애인의 사랑을 이루는
방법에 대해서도 말하고 있다. 한편으로 이 영화를 보면서 생각나는
키워드는 장애와 사랑 그리고 선입감이다. 시각장애인이나 청각장애
인이라는 선입감을 가지고 대하지 않는다면 장애인과 비장애인의 사
랑은 가능할 수 있다는 점이다. 만약 에이미가 버질을 시각장애인이
라는 선입감을 가지고 바라보았다면 사랑에 빠지지 않았을 수도 있다.

이 영화는 단순히 남녀 간의 사랑 이야기로만 볼 수는 없다. 에이미는 앞이 보이지 않는 버질에게서 세상을 아름답게 바라보는 방법을 배운다. 빗소리를 듣는 방법, 손끝으로 사람을 알아가는 방법들이 대표적이다. 특히 버질이 빗소리의 섬세함을 묘사할 때의 장면은 인상적이면서 감동적이다.

또한 에이미는 버질에게 세상에 대해서 설명하면서 자신이 잃었던 것을 찾는다. 이를 통해 에이미 스스로 자신이 장애에 걸려있음을 알게 된다. 예컨대 에이미는 잃어버렸던 감수성을 되찾게 된다. '나무들이 서로 키스를 하고 있는데 여자가 수줍어서 뒤로 물러나는 것 같다'는 에이미의 표현이 대표적인 감수성 회복의 예가 된다. 버질은 에이미를 다시 만나서 다음과 같이 말한다.

"에이미…. 세상엔 보이지 않지만 존재하는 것들이 있어. 당신은 내게 그것들을 추구할 가치를 가르쳐 줬어."

하물며 교육자는 말할 것도 없겠다. 교사는 특정한 삶의 방식만을 가르치기보다는 교육받는 이들의 처지에서 삶을 바라거나 바라보게 만드는 것이 중요하고, 그들의 도우미이며 안내자이고 조력자이어야 한다. 이 영화는 장애인과 비장애인의 사랑과 헌신 그리고 시각의 상징성뿐만 아니라 장애가 지니는 삶의 다양성 측면을 종합적으로 생각하게 만든다. 한 가지 덧붙이자면, 버질을 통해 장애인과 가족의 분리할 수 없는 애증의 관계와 가족 안의 진정한 약자도 생각하게 한다. 이런 가족에 대한 두 가지 의미는 아버지와 누나로 양분된다. 아버지는 가족을 버리고, 누나는 끝까지 가족—동생을 지키는 사람으로 설정된다. 아버지는 시각장애에 걸린 자신과 어머니를 버렸다. 사춘기 시절 버질의 어머니는 돌아가셨고, 버질은 누나의 힘으로 살았다. 아버지는 어느 날 매스컴에서 버질을 보게 된다. 시력 수술회복이 화제가 되었던 것이다. 아버지는 버질의 누나를 통해 연락이 하게 된다. 누나는 아버지가 일하는 현장으로 버질을 데리고 간다. 하지만 버질은 아버지의 코앞에서 뒤돌아선다. 아직 만날 준비가 되지 않았다면서.

그런 와중에 버질은 다시 시각장애인으로 의사의 판정을 받는다. 그러자 버질은 아버지에게 달려가 제일 먼저 그 사실을 알리며 왜 자신을 버렸는지, 무슨 일이 있어도 떠나지 말았어야 했다고 말한다. 버질의 눈가에 눈물을 가득 담고 아버지에게 몰아붙이고 아버지는 죄책감에 말없이 일터로 간다.

그렇다고 버질이 그렇게 떳떳한 사람일까. 아버지의 죄책감 때문일까. 버질도 미안함 혹은 죄책감을 갖게 된다. 도시에서 다시 자신의 고향으로 되돌아온 버질은 누나의 얼굴을 세심하게 보기 시작한다. 사실상 가족 가운데 가장 고생을 한 사람은 누나라는 사실을 깨닫는 순간이었다. 부모 없는 가정에서 시각장애인 동생을 온몸으로 수발든 것이 누나였다. 누나는 자기 인생을 포기했던 것이다. 그들의 대화는 이렇게 이어진다.

"누나가 그렇게 미인인 줄 몰랐어! 왜 내게 말 안 해준 거야?"
"네게 필요한 말만 하고 살았어."
"누나! 나는 이렇게 자랐는데 누나는 왜 그대로야? 이제 누나 인생을 찾아가. 내가 보내줄게."

장애인이 가장 약자인가. 그가 정말 약자라면 그를 항상 보듬어야 할 그 누구의 희생은 더욱 가치가 있다. 장애인에게 항상 희생만 하며 보듬는 이들이 있다면 그들은 항상 주목받는 장애인보다 약자일 수 있다.

20 침묵의 사랑, 비밀 사랑을 넘다

시크릿 러브(Amour Secret, 2001)

자본주의 경제는 경제 영역에만 머무는 것이 아니라 정치, 사회, 문화 전반에 영향을 미친다. 경제적 성과를 증대하지 못하는 존재들은 전반적인 영역에서 배제의 대상이 된다. 배제되지 않으려면 최소한 남들보다 뛰어난 능력을 발휘해야 한다. 여기에서 뛰어난 능력은 영혼의 능력이 아니라 물리적 능력이거나 물질의 생산 능력이다. 영화 〈시크릿 러브〉에는 이러한 경제사회구조에서 유폐된 영혼이 맑은 남성과 여성이 등장한다.

"내 안에도 음악이 있어요."

〈시크릿 러브(Amour Secret, 2001)〉는 수녀와 소매치기의 사랑 이야기다. 안토니아 수녀와 소매치기 미카스의 사랑을 다룬 영화라고 할 때 일반적인 멜로 영화일지 모르겠지만, 이 영화는 눈여겨 볼만한 점이 있다. 그것은 바로 수녀와 소매치기 청년 모두 귀가 안 들리고 말을 못한다는 사실이다.

　제목이 '시크릿 러브'라서 뭔가 비밀스러워 보이고 의미심장한 느낌이 들기 때문에 궁금증을 갖고 볼만도 한데, 국내에서는 개봉된 지 불과 일주일 만에 간판을 내렸다고 한다. 그 소리를 듣고 왜 망했을까 궁금증이 일어났는데, 영화를 보고 그 이유가 바로 이것이구나 싶었다. 이 영화는 19세 미만은 볼 수 없었다. 하지만 19금 영화는 나름대로 수효가 있기 때문에 그렇게 빨리 극장간판을 내리지는 않다. 더구나 수녀의 사랑 이야기가 아닌가. 금기를 깬 영화이니, 호기심을 자극할 만도 했다. 그러나 과연 이 영화가 19금 영화인지 생각해야 했다. 그렇게 야한 장면이 많은 것도 아니기 때문에 성인 관객들이 호기심을 갖고 많이 볼 내용도 아니었다. 더구나 비밀스런 사랑이라는 '시크릿 러브'가 아니라 '침묵의 사랑'이 더 정확한 표현일 것이다. 비밀스러운 사랑이라는 것은 결국 또 다른 의미로 침묵 속에서 일어나는 비밀스런 사랑, 혹은 수녀와 불법이민자이자 범죄자인 소매치기의 사랑을 은밀히 은폐해야 하기 때문에 '시크릿 러브'였던 셈이다.

침묵의 수녀를 등장시킨 이유

우선 둘은 어떻게 장애를 갖게 되었을까? 안토니아 수녀는 태어나면서부터 청각장애를 가진 소녀였다. 안토니아 수녀가 수녀원에 들어가서 자원봉사를 나가면서 이야기는 시작된다. 수녀원은 안토니아 수녀에게 일종의 안식처라는 의미보단 단지 농인(聾人)인 자신이 세상에 적응하기 힘들기 때문에 그녀를 가두어 놓은 높은 울타리라는 느낌이 들었다. 한편 소매치기 청년은 열다섯 살 때 병으로 청력을 상실한 후천적 농인이다.

안토니아의 이야기부터 들어보자. 안토니아는 처음에 침묵을 사랑했다. 그래서 말 못하는 안토니아는 20세가 되자 수녀가 되기로 마음먹었다. 바깥세상의 소리가 두려운 한편, 정적을 사랑했기에 침묵이 생활인 수녀원의 안전한 울타리 안에 안주하는 삶을 선택했던 것이다. 적어도 미카스를 만나기 전까지는 그것이 옳은 선택이라는데 이의가 없었다.

"내 안에도 음악이 있어요!"

아름답게 성가를 부르는 수녀들 속에서 혼자 입 다물고 우두커니 서있는 그 시간이 안토니아에게는 가장 외로운 시간이었다. 그녀도 노래를 부르고 싶었다. 그녀는 눈부시게 세상을 수놓은 빛의 일렁임, 바람에 사뿐히 산들거리는 나뭇잎에서 음악을 느끼지만 듣고 표현할 수 없어 답답함은 외로움으로 쉽게 변했다. 그녀는 수화로 음악을 연주하는 법을 배우고자 했지만, 그녀의 바램을 이해해주는 사람은 아무도 없었다. 역시 미카스를 만나기 전까지는.

안토니아와 미카스는 만나자마자 첫 눈에 서로의 영혼이 통한다는 걸 알았다. 미카스는 아낌없이 사랑을 주는 남자였다. 안토니아는 그와 함께 낯선 세상을 경험하게 되었다. 유쾌하고 신기하고 경이로운 소리의 세계였다.

사랑에 빠진 안토니아는 미카스와 함께 밤늦도록 연극을 보고, 첫 키스를 하고, 나이트클럽에서 블루스도 추고, 사랑도 나누었다. 그리고 새삼 천상의 사랑보다 따뜻한 육체의 사랑이 있다는 것을 알게 되었다. 그러나 그러한 사랑은 금기의 대상이었다. 수녀는 육체의 사랑이 아니라 천상의 사랑 그 안에만 있어야 했다. 결국 안토니아는 수녀원의 규율을 어기고 만 셈이었다. 더구나 미카스는 경찰에 쫓기는 불법체류자에 절도범이었다.

미카스 이야기도 있다. 고향인 리투아니아를 떠나 유럽의 낯선 도시를 떠도는 외로운 영혼 미카스. 리투아니아에서 스위스로 들어온 불법체류자 미카스는 의붓 형과 함께 취리히 거리에서 소매치기를 하며 살아가고 있었다. 어릴 적 서커스단에서 익힌 곡예와 마술실력이 소매치기 기술로 전락해버린 것은 그에게 슬픔이었다. 많은 꿈을 안고 들어온 풍요로운 스위스에서 얻은 것은 부와 성공이 아닌 천대와 괄시뿐이었다.

그는 경찰에 쫓기고 매정한 사람들의 발길에 채이며 희망도 없이 하루하루를 살아가고 있었다. 안토니아 수녀를 만나기 전까지는. "그녀는 나의 수호천사" 미카스는 안토니아 수녀를 그렇게 생각하고 있었다. 어느 날 미카스의 의붓 형이 경찰에 잡히고 말았다. 이제 믿고 의지해왔던 의붓 형마저 그의 곁을 떠나게 되었다. 미카스에게 누구 하나 의지할 데 없는 낯선 땅에서 수호천사처럼 나타난 이가 안토니아였다. 둘은 따로 언어를 배우지 않아도 되었다. 미카스의 언어를 이해해주고 변호해주며, 다친 상처를 치료해주는 그녀를 그는 사랑하지 않을 수 없었다. 하지만 태어나서 처음으로 느끼는 사랑, 그런데 그 상대가 수녀라니. 그것은 슬픔이자 비극적 사랑의 탄생이었다.

모든 걸 주고픈 오직 한 여인, 안토니아에게 미카스는 아무것도 바라지 않았다. 사랑을 강요하지도 않았다. 결국 안토니아가 그의 사랑을 받아들였을 때, 세상 어느 것보다도 더 기쁜 것은 없었다. 미카스는 처음으로 자신에게 따뜻한 사랑을 준 안토니아에게 무엇인가를 해주고 싶었다. 항상 그녀의 꿈을 이뤄주고 싶어했다. 그러나 그들의 사랑은 결코 평탄치 않았다. 처음부터 가슴 아픈 사랑이었는지 모른다.

하지만 나중에 이 위험한 사랑은 수동적이고 자신을 침묵에 유폐시킨 안토니아에게 낯선 세상에 맞설 용기와 새로운 삶의 희망을 안겨주었다. 마침내 안토니아는 자신의 미래를 위해 새로운 선택을 하려 한다. 안토니아는 워싱턴에 있는 갈로뎃 대학에서 수화연극을 배우는 게 꿈이었다. 그는 안토니아의 행복을 위해 자신의 모든 것을 걸었고, 마침내 그녀의 꿈이 이루어지려는 순간, 큰일이 벌어지고 만다. 그것은 바로 미카스와 이별하는 것이었다.

이 영화를 통해 청각장애로 일어나는 특성에 대해서 알 수 있다. 그들은 듣지 못하므로 예기치 못한 상황에 잘 놀란다. 예를 들어 등 뒤에서 툭툭 칠 때 그렇다. 또한 전달하려는 내용을 상대가 제대로 이해해 주지 않을 때 대부분 신경이 날카로워진다. 예를 들어 "이렇게 하는 게 좋지 않겠어요?" 라고 물으면 "뭐라구? 뭐라구? 뭐라구?"라고 대답할 수 있다.

일반적인 관점에서 보았을 때 '장애'가 있음으로써 오는 사회적 불만이 일어나고, 이로 인해 일탈, 범죄를 저지르게 된다. 남자 주인공인 미카스는 곡예로서 정당히 돈을 벌 수 있지만 소매치기가 된다. '장애'에서 오는 자아위축감, 상실감, 소극적인 성격과 삶의 자세를 보이게 된다. 여자주인공 안토니아는 여성으로서의 삶 대신 수녀가 된다.

이중삼중의 소외

이 영화의 주제를 어떻게 요약할 수 있을까? 이 영화 속 두 주인공을 통해 '농인'이 이 사회 안에서 장애로 인식됨에서 벗어나 자아를 찾아가는 과정을 보여주는 영화다. 냉전 체제가 무너지고 많은 이들은 냉혹한 자본주의 시장에 내몰린다. 리투아니아 출신의 미카스가 서유럽으로 이동해서 자립의 기반을 마련하려고 노력하지만, 그가 할 수 있는 일은 소매치기와 도둑질이었다. 가난한 나라 출신의 이주민이면서 장애인인 미카스가 이중삼중의 소외와 고통을 당했다. 그가 아무리 착하고 성실한 마음을 먹고 있어도 범죄의 세계에 노출될 수밖에 없는 사회구조에 속해 있다. 더구나 그의 사랑은 안토니아라는 수녀와의 금지된 사랑이었다. 그는 금지된 사랑의 결말로 다시 한 번 참혹한 결과를 온몸으로 안아야 했다. 다만 그는 안토니아 수녀가 자신의 꿈을 이룰 수 있도록 희망과 힘을 주고 산화해간다.

21 작은 것에도 행복을 느끼는 힘

행복한 날들(幸福時光 : Happy Time, 2000)

자신이 부족하다고 인정하는 사람, 몸에 장애가 생긴 사람은 겸손하다. 일상과 삶이 소중함을 인식하고 작은 일의 성취에도 감사함을 느낀다. 자신이 부족하지 않고, 몸도 다른 누군가보다 최고라고 자부하는 이들은 우월과 욕망추구의 심리로 가득 차 있다. 작은 것의 성취에도 관심이 없고, 큰 것에 대한 성취욕 망으로 충만하다. 만족 없이 질주한다. 장이모우는 이런 질주의 위험성을 영화 〈행복한 날들〉에서 중국의 현실을 빗대어 경고한다.

"가짜 돈에 화나지 않아요. 그 돈에 담긴 마음이 너무나 고맙습니다."

〈행복한 날들(幸福時光 : Happy Time, 2000)〉은 장이모우 감독의 작품
이다. 〈붉은 수수밭〉, 〈홍등〉, 〈국두〉 등의 초기작에서 강렬한 색채를
통한 새로운 영상으로 세계영화제에서 주목을 받은 바 있다. 하지만
장이모우 감독은 〈행복한 날들〉에서 과거 작품과는 거리를 두고 있다.
그는 오히려 이 영화에서 〈귀주 이야기〉 이후 〈책상서랍 속의 동화〉로
이어진 소박한 리얼리즘 스타일을 다시 한 번 선보인다. 〈행복한 날
들〉은 무기교의 기교라고 할 만큼 별다른 형식적 특징 없이 완성된 영
화다. 〈행복한 날들〉은 2001년 부산국제영화제에서 상영된 후 2002년
베를린 영화제 경쟁부문에 초청된 작품인데, 미국 샌프란시스코 크로
니클 지에서도 초기 이탈리아의 네오리얼리즘 영화를 떠올리게 한다
는 평가를 들었다. 장이모우 영화 중 유일하게 극장에서 개봉되지 못
하고 비디오로만 출시된 이 영화는 〈귀주 이야기〉와 맥을 같이 하는
데, 달라진 것은 중국 변방이 아닌 도시를 배경으로 하고 있다는 정도
다. 장이모우는 이 영화에서 자본주의화된 중국의 현실을 우회적으로
때로는 직접적으로 비판한다. 그것은 공동체주의에서 벗어나 개인의
이익만을 추구하는 변화한 중화인민공화국 사람들의 풍경을 그린 것
이기도 하다. 무엇보다 장이모우는 시각장애라는 틀 거리를 통해 맹
목적인 현대 중국인들의 행태를 그려내고 있다. 도대체 중국 사회에
서는 어떤 일들이 벌어지고 있는 것일까?

시각장애 속에서 행복 갈구하는 자본주의형 사람들

정년을 맞아 직장에서 퇴직해 어렵게 홀로 살고 있는 50대의 쟈오. 그
는 인생의 반려자를 찾기 위해 부단하게 노력한다. 하지만 번번이 여
성들에게 퇴짜를 맞는다. 그러다가 18번째로 만난 뚱뚱한 아줌마에게

데이트 약속을 받아낸다. 하지만 그것은 거짓말 때문에 가능했다. 이혼녀 동 리판에게 큰 호텔 부지배인이라고 속여 겨우 데이트 약속을 받아낸 것이다.

그는 사랑하는 여인을 얻기 위해 버스로 간이 여관을 만들고 창고를 개조해서 안마 시술소를 꾸미며 그녀의 딸을 취직시키는 연극을 하게 된다. 사랑을 위해서라면 물불을 가리지 않는 순수남인 그는 자신과 결혼하기를 망설이는 이혼녀에게 지금 '우리가 만나는 날이야말로 행복한 날'이라고 한다. 그러나 그녀는 딴 생각을 가지고 있었다.

대체적인 과정은 이렇다. 동 리판은 쟈오가 사랑한 여인이지만, 탐욕스러움을 나타내듯 뚱뚱하고 날카로운 눈매를 한껏 내뿜는다. 그녀는 자오가 호텔 지배인이라는 생각에 돈을 먼저 요구한다. 또한 의붓딸 우징을 시켜 돈을 벌어오게 한다. 우징의 아버지에게서 온 편지에는 신경도 쓰지 않고, 그녀에게 보여주지도 않는다. 그는 눈이 안 보여 자신에게 불편만 준다고 생각해온 우징을 귀찮은 듯이 쟈오에게 넘긴다.

우징은 눈이 안 보이는 소녀로 초등학교 때까지는 시력을 유지했지만, 뇌종양을 앓으면서 점점 색깔과 빛을 못 보게 되었다. 떠나간 아버지를 항상 그리워하며 돈을 벌어 자신의 눈을 고치고 아버지를 만나겠다는 꿈을 가진 소녀인데, 쟈오를 따라나서며 돈을 많이 벌겠다고 마음을 다 잡는다.

영화는 이 세 인물을 중심으로 사건을 풀어나간다. 극 전개는 처음에 쟈오가 거짓말을 한데서 일어났다. 쟈오는 자신이 큰 호텔의 지배인이라고 거짓말을 했고, 이에 여인은 지참금으로 5,000위안을 요구한다. 쟈오가 돈을 마련하기 위해 후배와 함께 버려진 버스를 '해피 타임 호텔'이라는 간이 여관으로 개조해서 젊은 연인들에게 빌려주는 사업을 시작한다.

그리고 동 리판에게는 호텔 지배인이라고 계속 거짓말을 한다. 어

느 날 여인의 집에 찾아간 쟈오는 그녀의 의붓딸 우징을 만나게 된다. 여인은 우징을 호텔에 취직 시켜 달라고 부탁한다. 강력한 동 리판의 요구에 떠밀려 우징을 데리고 '해피 타임 호텔'에 온다. 그러나 버스는 환경 정화 차원에서 시청에서 끌고 가 버린다. 할 수 없이 동 리판의 집으로 돌아온 쟈오와 우징. 그러나 우징의 방은 새로운 가구로 채워져 있다. 방이 그새 없어진 것이다. 이번에는 호텔에 안마사로 취직시켜달라고 부탁하는 동 리판이 쟈오를 난처하게 한다. 호텔이 있을 리 없기 때문이다.

영화 안의 연극 – 거짓말과 편지 그리고 파국

요컨대 결혼하고 싶은 여자의 의붓딸을 취직시켜 돈을 벌 수 있도록 해주어야 자신이 사랑하는 여인을 얻을 수 있다고 생각하는 쟈오는 앞을 못 보는 소녀를 '속이기' 위해 공장을 그럴듯한 안마실로 만든다. 쟈오는 우징이 눈이 보이지 않으니 공장인 줄 알지 못할 것이고, 사람이

많은 시장인 것처럼 녹음소리를 틀어주면 알 리가 없을 거라고 생각
한다.

그런데 손님은 어떻게 마련할까? 안마실이 아니므로 손님은 있을
리 없다. 쟈오는 동료들에게 돈을 주고는 손님인 것처럼 행세를 하도
록 시킨다. 그러나 많은 돈이 없는 쟈오, 그리고 그건 그의 친구들도
마찬가지다.

궁리 끝에 '종이돈'을 만들어 소녀에게 후한 인심을 쓰며, 완벽하게
그녀를 속이고 있음에 기뻐하기도 한다. 태어나 그렇게 많은 돈을 처
음 벌어 보았다며 소녀는 지배인 아저씨에게 저녁을 사겠다고 한다.
난처한 상황. 가짜 돈으로 무슨 저녁을 살 수 있을까? 상황을 모면하
려고 오히려 그 소녀를 축하한다며 이 불쌍한 주인공 아저씨는 소녀에
게 식사를 사고, 건배를 한다. 그리고는 그 자리에서 아버지에게서 온
편지를 읽는다. 그러나 그 편지에 우징에 대한 이야기는 없다. "자신의
이야기는 없냐"는 우징의 질문에 난처한 쟈오. 쟈오는 글씨가 깨져 안
보이므로 나중에 해독해주겠다고 한다.

그 뒤 통화한 전화를 매정하게 끊는 동 리판을 향해 쟈오는 여전히
장미꽃에 한 벌 뿐인 옷을 입고 그녀의 아파트에 찾아간다. 하지만 그
아파트에는 다른 남성이 있었다. 동 리판은 쟈오의 정체를 알았다면
서 거짓말쟁이와는 관계를 유지할 수 없다며 절교를 선언한다. 그리
고 우징도 돌려보내라고 한다. 결국 모든 것이 수포로 돌아가는 것인
가. 쟈오는 상심하면서 술을 먹고 우징의 아버지 대신에 편지를 써 주
머니에 넣은 채 길을 건넌다. 아뿔사! 이때 그는 교통사고를 당하게 된
다. 쟈오가 사고를 당해서 병원에 실려 갔을 때, 흔히 하나의 결말을
떠올릴 수 있다. 그건 바로 쟈오의 눈을 우징에게 이식해주는 것이다.
하지만 영화는 그러한 결말을 보여주지 않는다. 관객의 기대를 배반
하면서 감독은 새로운 메시지를 준다.

편지와 녹음기 그리고 희망

안마시술소에 있던 녹음기에는 소녀가 남긴 말이 들어 있었다. 그 소녀가 남긴 말에는 모든 것을 그녀가 눈치채고 있음이 담겨 있다. 안마시술소는 가짜였고, 돈도 진짜가 아니었음을 소녀는 진즉에 알고 있었다.

"돈이 없으면서 있는 척한 것에 대해 화나지 않아요. 가짜 돈이 아니라 그 돈에 담긴 마음에 너무 고맙습니다."

감사의 인사를 잊지 않은 그녀는 더 이상 폐를 끼치지 않을 것이며, 같이 지냈던 시간이 행복한 날들이라고 했다. 아저씨를 생각하며 살 것이며, 틀어주었던 음악을 들으면 좋겠다고 말한다. 쟈오의 주머니에서 꺼낸 편지 한 통. 그 녹음기 앞에서 쟈오의 친구는 쟈오가 우징에게 아버지가 쓴 것처럼 남긴 편지를 읽기 시작한다.

"돈을 벌면 너를 데리러 오겠다고 다시 약속을 하마. 어려운 때도 있는 법이고 고통이 따르기도 한다. 그러나 좌절이 있어도 용기를 잃지 말고 자신감을 갖고 살아라."

왜 그녀는 거짓인 줄 알면서 연극에 참여했을까? 연극에 열심히 동참한 이유는 자신이 그들의 마음에 동감하고 있었기 때문이다. 손목이 저리도록 열심히 순번을 정해서 '종이돈'을 들고 기쁜 마음으로 방문하는 그들을 위해서 자신이 이 세상을 향해 유일하게 할 수 있는 일이었다. 그 덕분에 편히 잠을 자는 이들이 생겨날 수 있었다. 항상 천덕꾸러기 취급을 받던 우징에게 그것은 행복한 일이었다.

눈이 안 보이는 세 사람

이 영화에는 눈이 안 보이는 세 사람이 나온다. 우징은 얼굴에 있는 눈이 안보이고, 쟈오는 동 리판에 흠뻑 빠져 눈이 보이지 않는다. 그녀의 마음을 사기 위해서 거짓말을 밥 먹듯이 한다. 자신의 생명을 위협하는 것인 줄도 모르면서. 동 리판은 오로지 돈 밖에 안보여 다른 가치들이 보이지 않는다. 사랑뿐만 아니라 자신의 의붓딸까지도 말이다.

이 영화에는 인간적 가치에 대해서 보지 못하고, 질주하는 자본주의 중국의 모습이 들어 있다. 쟈오는 과거와 현재의 중국 사이에서 갈등하는 인물이다. 그의 결말은 치명적이다. 그가 좋아하는 이혼녀는 현재 배금사상에 물든 채 질주하는 중국의 현재이다.

배금사상은 사람을 파멸로 몰아넣고 있다. 우징은 그러한 중국에게 과거의 모습, 가치를 되새기게 만드는 인물이자 미래를 모색하는 인물이다. 돈을 바라고 일을 하기보다는 인간적 가치를 위해서 일하는 것에 보람을 느끼는데서 짐작할 수 있다. 육체적인 눈은 보이지 않지만 마음의 눈은 밝다. 가짜 돈이어도 그녀에게는 그것이 준 기쁨이 우선이었다.

그러나 우징의 계모는 아무리 돈을 모아도 웃지 않는다. 그녀에게 행복은 없다. 이 영화는 사회주의 국가에서는 생각하지 못했을, 현재 자본주의 중국의 모순을 간접적으로 드러내주고 있다. 장이모우 감독은 그러한 현재의 중국에 대한 부드러운 경고를 하고 있는 셈이다.

22

노출불안

굿 윌 헌팅(Good Will Hunting, 1997)

쟈카리 쇼어는 생각의 함정에서 현대인들이 노출불안 심리에 시달린다고 말했다. 이는 자신이 능력이 없고 형편없는 수준을 들키지 않을까 좌불안석하는 심리상태다. 이를 감추기 위해 과잉행동을 하게 되고 일을 악화시켜 버린다. 연인관계도 마찬가지. 영화 〈굿월 헌팅〉의 숀 맥과이어가 이런 말을 들려줄 것이다. "너도 완벽하진 않아 기대를 망치게 되서 미안하지만. 네가 만났다던 그 여자 애도 완벽하진 않아. 중요한 건 과연 서로에게 얼마나 완벽한가 하는 거야."

"아내가 병상에서 죽어갈 때, 더 이상 환자 면회 시간 따위는 의미가 없어져. 넌 진정한 상실감이 어떤지 모르지. 그건 너보다 타인을 더 사랑할 때 느끼는 거니까."

언뜻 보기에는 그들의 집착이 너무 강하고 끈질기기 때문에 주위 사람들은 어떤 대상이나 일에 대해 집착하는 이들을 매우 강하고 억센 듯 평가하기가 쉽습니다. 자기의 집착 때문에 주위의 많은 것을 희생하면서도 눈 하나 까딱하지 않는 것처럼 비치기도 하기 때문입니다. 그러나 실제로 그들의 내면세계는 매우 약한 경우가 대부분입니다. 집착하는 상대가 없어지면 무력감에 빠져 황량한 세상에서 완전히 고립될지도 모른다는 공포가 너무나 크기 때문에 아무리 상대가 자신을 괴롭게 해도 절망적으로 붙잡으려는 것이지요.

— 이나미, 『딱 한번만 더 보고 싶다』, 고려원, 1997, 43쪽

외국어를 잘 하는 사람, 공부를 열심히 하는 사람, 워커홀릭 증상의 가장, 어머니의 역할에 집착하는 주부, 끊임없이 수다를 떨어대는 사람, 한없이 다른 사람에게 착한 사람, 창녀의 틀에서 벗어나지 못하는 사람, 그리고 자신의 재주를 끊임없이 내세우는 사람. 이들에게는 공통점이 없어 보인다. 하지만 이들은 공통적으로 외로움과 고통에 한없이 아파하는 사람들일 수 있다. 특히 항상 사람들의 인정을 받으며 탄탄대로를 달리는 사람을 향해 저 사람은 외롭지 않다거나 뛰어난 사람이라고만 생각한다. 주위 사람들은 그 사람의 재주만을 추켜세우고 부모나 제자들은 그것을 키워주려고 한다. 그들이 열심히 하거나 내세우는 것은 자신이 진정으로 하고 싶은 것이거나 나타내주고 싶은 것이 얼마든지 아닐 수 있다.

우리는 외로움과 고독을 위장하기 위해 많은 장치들을 사용한다. 그래서 사람들은 서로 오해하는 경우가 많다. 스피노자는 이렇게 말했다.

"바울이 베드로에 대해서 이야기하고 있는 것들은 베드로에 대해서라기보다

는 바울에 대해서 우리에게 많은 것을 알려준다."

어떤 이가 문학에 대해서 많은 이야기를 하면 듣는 사람은 문학에 대해서 많이 아는 것이 아니라 상대방이 어떤 사람이라는 것을 잘 알 수 있다. 열심히 일에 대해서 이야기하는 사람을 통해 우리는 그가 어떠한 일을 하는가를 아는 것이 아니라 그 사람이 어떠한 사람이라는 사실을 잘 알 수 있다. 그러나 흔히 우리는 이것을 혼동하여 그 사람이 열심히 일하는 겉모습이나 재주, 지식에만 집중해서 중요한 것을 놓치곤 한다. 심한 경우에는 소중한 사람, 사랑하는 사람을 잃고는 한다.

많이 아는 것은 많이 모르는 것

영화 〈굿 윌 헌팅(Good Will Hunting, 1997)〉은 이러한 점을 생각하게 한다. 흔히 〈굿 윌 헌팅〉을 교육학 영화라고도 하고 임상 심리학에서는 자폐증 환자의 임상을 잘 다룬 영화라고도 한다. 그러나 임상학적 관점에서 보았을 때 때로는 지나치게 그 관점이 병리적이지 않은가 싶기도 하다. 왜냐하면 월의 상태는 사람이라면 누구든 어느 정도 가지고 있기 때문이다. 때로는 심리학 이론 자체가 아니라 그 이면에 사람 마음이 무엇인가가 중요하기도 하다.

프로이트는 사람의 무의식적인 동기야말로 인간의 심리를 가장 잘 대변하는 것이라고 했고, 이 무의식적인 동기를 프로이트는 성본능(에로스)과 파괴본능(타나토스)이라고 했다. 아들러는 다른 사람보다 뛰어나려는 것이라고 했고, 융은 집단무의식이라고 보았다. 카렌 호르나이는 두려움, 무력감, 고독감에도 불구하고 인생을 살아가려는 갈망욕구라고 보았다. 이른바 신경증적 경향이라고 했다.

다른 사람에게서 인정을 받고자 하는 욕구가 신경증적으로 강하면 자기를 성격이 좋고 사랑받을 가치가 있는 사람으로 생각하고 그것

에 맞게 노력한다. 신경증적인 완벽주의자라면 스스로 그러한 점들에 대해 지나치게 얽매이게 된다. 프롬은 고독감이나 무력감에서 벗어나려는 병적인 증상이 새도 - 마조히즘과 같은 병리 성격을 만든다고 보았다.

〈굿 윌 헌팅〉의 주인공 윌 헌팅(맷 데이먼 분)은 고독하고 외롭다. 겉으로는 자신만만하고 다른 이들을 무시하지만 속으로는 자신이 무가치한 사람이라고 여긴다. 유일하게 위로받는 것은 많은 지식과 그것을 통해 사람들에게 인정받는 것이다. 그가 별 볼 일 없다는 친구들과 어울리는 것도 마찬가지 심리 때문이다.

친구들은 언제 어디서라도 그를 지지해주고 인정해주는 이들이다. 또한 월이 가진 지식은 그들에게 존경의 대상까지 되며, 그 지식으로 그들을 보호해준다. 보호의 의미는 단순히 남을 위한 것이 아니라 그가 무엇인가 다른 이들에게 소중한 일을 해줄 수 있는 존재가 됨을 의미한다.

특히 수학 문제를 푸는 것은 그것이 고독하되 혼자만의 고독에서 벗어나게 하기 때문이다. 세상의 근본인 수학은 그가 세상의 중심을 움직이는 듯한 착각을 준다. 더구나 MIT 대학의 교수와 대학원생도

풀지 못하는 문제들을 자유자재로 풀어버린다. 자신과 친구들을 무시하는 대학원생 앞에서 당당하게 자신의 견해를 밝히고 그를 망신을 준다. 판사 앞에서는 자신을 스스로 변호하며 재판에서 연거푸 이기기도 한다. 남들은 어려워서 절절 매는 책을 단숨에 읽어버리고, 한번 읽은 책들은 모두 기억한다. 정신과 상담을 받기 전에 담당 전문가의 논문과 책을 모두 섭렵해 오히려 전문가들을 가지고 놀기까지 한다.

하지만 정작 자신이 외롭고 고독하고 상처받은 존재라는 것을 숨긴다. 하지만 제럴드 램보는 그의 수학적 재능만을 키워주려고 한다. 일종의 아들러 이론에 따른 것일 수 있다. 사람은 다른 사람보다 뛰어나다는 데 존재 의미가 있다는 것처럼….

이에 반해 윌 헌팅의 심리 상태를 알아주고 다듬어주는 것이 숀 맥과이어(로빈 윌리엄스 분)다. 지식이나 재능의 발휘는 결국 외로움과 고독을 벗어나기 위한 수단인 것을 간파한 것이다.

그렇게 외로운 존재라는 것을 들키면 윌 헌팅은 사람들을 떠나보낸다. 여자 친구도 그렇게 떠나보낸다. 자신의 외로움을 들키고 싶지 않은 것이다. 외로움을 들켜보았자 재주를 인정하는 것보다 못하다. 어차피 사람들은 자신의 고독에 관심이 없으니까. 그래서 지식과 재주를 사람들에게 과시하며 세상에 냉소적인 태도를 보여주기만 한다. 그래야 그나마 자신을 주목하기 때문이다.

그가 그렇게 된 것은 고아로 자라 어느 누구도 그의 외로움과 고독에서 오는 고통을 나누거나 덜어주는 일이 없었기 때문이다. 더구나 양아버지에게서 학대를 받았다. 학대란 인간 이하의 쓸모없는 인간 취급을 받는 것을 말한다.

열등적 공격성과 우월의 욕구

세상에는 자신을 돌보아준 사람이 없었기 때문에 그는 더욱 강한 무엇인가를 원한다. 자신이 별것이 아니라는 걸 증명하고 사람들이 자신을 우러러 볼 무엇인가를. 그것이 그의 재능인 수학이었다. 그것을 통해 사람들에게 주목받는다. 거기에 방대한 지식과 정보를 흡수시켜 놓는다. 하지만 이때 그에게 필요한 것은 수학적 재능을 키워주는 것이나 지식을 칭찬하는 게 아니라, 그의 상처를 쓰다듬고 외로움에서 오는 고통을 나눌 사람이었다. 그를 진정으로 사랑하는 사람이 필요했다. 그러나 램보는 그렇지 못했다. 그는 월 헌팅의 수학적 재능만을 보았다.

숀 맥과이어는 그의 재능보다 그의 마음의 고통을 덜어주는데 주력한다. 외로움과 고독이 네 잘못이 아니라면서 상처받은 마음을 위로해준다. 램보가 수학재능을 통해 사회적으로 성공하려는데 비해 숀 맥과이어는 헌팅의 수학 재주가 아니라 마음에 상처와 그 때문에 빚어진 고독이나 외로움에서 하나가 되고자 한다.

그러한 마음을 읽었는지 어느덧 월 헌팅은 숀 맥과이어를 껴안고 흐느껴 운다. 이렇게 월이 흐느껴 우는 장면이 이해가 안 될 수 있다. 중요한 것은 숀 맥과이어가 정확히 월과 마음이 닿았다는 것이다. 그것은 숀 맥과이어의 경험에 따른 마음이 월과 일치했기 때문에 가능했다.

영화 〈의뢰인〉에서 소년 주인공은 우연히 동생과 숲에서 마피아의 변호사가 자살하는 현장에 있게 된다. 그로 인해 마피아와 검사에 쫓기는 신세가 된다. 그러던 중 그는 맘 좋은 변호사를 만나 1달러에 고용한다. 그 변호사가 레지나 레지 러브(수전 서랜든 분)이다. 하지만 소년 주인공은 어른들을 믿지 못한다. 어렸을 때 아버지가 알코올 중독자로 엄마와 동생, 자신을 자주 때려 어른에 대한 불신이 크기 때문이다. 그래서 변호사인 러브를 믿지 못한다. 현장에서 본 것 들을 것을 자신의 변호사에게도 이야기하지 못하고 거짓말을 한다. 게다가 러브가 알코올 중독자였다는 것을 알고는 더욱 믿지 못한다. 이것에 러브는 화를 내면서 소년을 자기 집으로 데리고 와서 강요하다시피 진실을 말하라고 한다. 하지만 그러한 강요 때문에 소년 주인공이 말을 하게 되는 것은 아니었다. 어른들은 왜 항상 자신에게 질문만 하냐고 하면서 자기가 어른에게 질문을 하도록 하겠다고 한다. 러브는 이에 동의하고 소년은 그녀에게 하나씩 질문을 하게 된다.

그러면서 러브의 과거가 나온다. 의과대학생을 뒷바라지 하면서 그를 의사로 만들어 부자가 되었지만 모델과 바람을 피우자 이것을 비관해 술을 마시게 되고 살아갈 걱정을 하던 중 이혼 당한다. 아이들은 남편이 데려갔다. 이 때문에 더욱 알코올 중독에 빠지게 된다. 그러다가 간신히 벗어나서 법과대학에 진학하고 아이들을 잊기 위해 일에만 빠져 산다는 이야기를 들려준다. 이야기를 들으면서 "아이들이 보고 싶죠?" 하고 묻는 소년 주인공은 그때부터 변호사를 믿고 이야기를 시작한다.

상처와 장애는 소통의 가교

〈굿 윌 헌팅〉의 주인공인 윌도 숀에게 순순히 마음을 열지 않는다. 결정적으로 마음이 열린 것은 숀 맥과이어가 술주정뱅이 아버지에게서

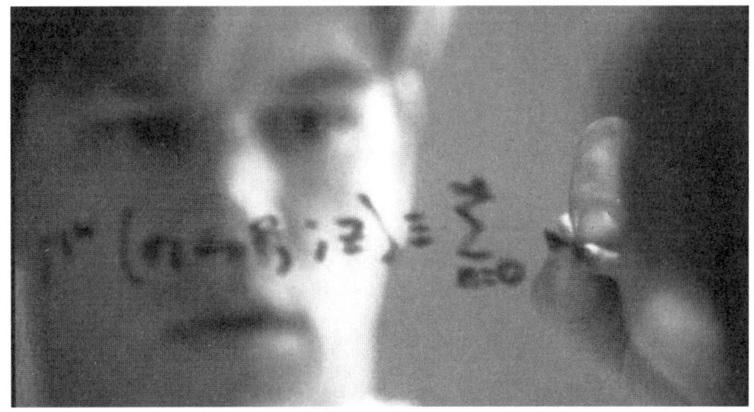

어렸을 때부터 구타를 당했다는 이야기를 들었을 때이다. 자신이 크게 상처받은 이야기를 하는데 어려움이 있지만 스스로 이야기했던 것이다. 그러한 솔직한 고백에 윌은 마음을 움직인다. 윌도 어린 시절 심하게 맞았기 때문이다. 둘은 모두 아버지에게서 버림받았다는데서 같았다. 이렇게 둘은 동일시가 이루어졌다.

영화 〈굿 윌 헌팅〉과 마찬가지로 의뢰인의 소년 주인공 역시 아버지에게서 버림받았다. 버림받은 사람은 버림받은 사람을 알아보고 그 사람에게서 같은 마음 고통을 느낀다. 따라서 이 때문에 상대방을 믿기 시작한다. 무엇보다 상대방은 자신의 고통을 알기 때문에 같이 있을 사람으로 생각할 수 있기 때문이다. 적어도 자신을 괜히 이용하기 위해서, 예를 들면 정보를 알아내거나 치료를 받고 이익을 얻기 위해서 접근을 하지 않는다는 안심을 주기 때문이다.

현대 사회에서 서로를 믿지 못하는 것은 이러한 마음 때문이다. 상대방이 나에게 친절하게 하는 것은 다른 데 목적이 있을 것이라는 생각, 무엇보다 더 깊은 마음에는 그렇게 다정다감하게 왔다가는 목적을 이루고는 언제든지 버림을 받을 수 있다는 생각에 불안해한다. 그래서 어느새 우리는 자신이 먼저 버림을 받기 전에 상대방을 먼저 버린다. 일부러 못된 짓을 하거나 냉소적으로 상대방에게 상처를 준다. 그러면서 진정으로 사람과 사람 사이에서 마음을 열지 못하고 혼자 상처에 아파 운다.

언제나 혼자인 밤에 깨어 눈물을 흘리곤 한다. 숀 맥과이어의 말대로 마음을 열지 않으면 어느 누구도 진정으로 사귈 수 없다. 중요한 건 서로서로가 지금 이 밤에도 그러고 있다는 것, 가까운 곳에 상처를 공감하고 이해할 수 있는 사람들이 얼마든지 있다는 점일 것이다. 문제는 누가 먼저 마음을 터놓고 이야기하는가이다. 숀 맥과이어나 레지나 레지 러브처럼.

결국 윌은 일자리를 다 거부하고 뛰어난 수학적 능력이 아니라 자신을 알아주는 여자 친구를 찾아 캘리포니아로 간다. 숀 맥과이어는 윌 헌팅을 사랑하는 여자 친구에게 진정으로 마음을 열게 하는 가교 역할을 한 것이다. 자신을 알아주고 지켜주는 사람, 우리에게 필요한 것은 그것이다. 최초에도 그렇고 최후에도 그렇다.

우리는 날 때부터 외롭고 고독한 존재이기 때문에 언제나 있어만 주어도 편안한 사람을 갈망한다. 하지만 상처받은 사람들은 사람들을 필요로 하지만 자신도 모르게 사람들을 거부하는 경향이 있다. 이유는 상처가 매우 크기 때문이다.

하지만 윌에게 많은 전문가들이 당했듯이 어설픈 심리학자나 임상심리사, 정신분석학자, 신경과 의사가 접근했다가는 큰 코 다치기 일쑤이다. 상처받은 짐승이 접근에 대해서 민감하듯이 상처받은 영혼은 사람들의 접근에 매우 민감하고 오히려 더 상처를 받는다. 오직 상처받은 영혼은 상처받은 영혼을 통해 치유된다.

외로운 1인자의 심리

우리는 끊임없이 고독을 대치하는 외부 수단을 취해서 그 고독을 묻어

두려 한다. 그 수단은 높은 지위일수도 있고 일의 업적일 수 있으며 돈
일 수도 있다. 집이 되기도 하고 학벌이 될 수도 있다. 그래야 사람들이
자신을 쳐다보고 다가온다고 생각하니까. 하지만 그것은 자신에 주목
하는 것이 아니라 자신이 취한 수단에 있다. 끊임없이 우리는 그러한
유혹에 노출되어 있다. 그리고 악순환의 자화상을 가진다. 이 악순환에
서 벗어나려면 월처럼 먼 길을 떠나야 하는 것일까. 그런 의미에서 월
은 행복한 사람이다. 찾아갈 사람을 찾았으니…. 하지만 월도 예상치
못한 가운데 사랑이 찾아왔다. 기다리고 부지런히 찾아보시라.

　　일 자체에 집착하는 건 일은 다른 사람과 관계를 맺지 않아도 되면
서 자신의 존재 의미를 스스로 느낄 수 있기 때문이다. 그럴수록 다른
사람과의 관계를 끊고 일 속으로만 파고 들어가 나중에는 친구, 가족
도 모두 버리고 일만하는 일벌레, 일중독자가 되어버린다. 이런 사람
은 나중에 돈을 많이 벌고 사회적으로 지위를 많이 가져도 여전히 외
로워한다. 항상 최고만을 달리던 자신이 명퇴라도 당하면 그때의 공
황은 이루 말할 수 없는 지경에 이르게 된다.

　　그런데 주인공은 월은 아주 운이 좋은 사람이다. 영재들은 대개 친

구가 거의 없다. 너무 높은 수준이기 때문에 친구들이 배겨나지 못한다는 게 정신의들의 통론이다. 생각해보면 옆에 잘난 사람, 뭐든지 알고 있는 사람이 있으면 한마디 말하기가 껄끄럽다. 대충 아는 체하거나 허풍도 떨 수 없으니까. 수준이 높으니까 일반 사람들의 대화에 흥미를 느끼지 못해 잘 어울리는 데에서 멀어진다. 하지만 〈굿 윌 헌팅〉에서 윌에게는 자신을 위해서라면 무슨 일이든지 하는 친구 세 명과 자신의 재주를 알아주는 MIT의 수학과 교수, 여기에 자신의 본심까지 알아주는 심리학과 교수 숀 맥과이어까지 있다. 이것만이 아니다. 자신을 사랑하는 의대 여자 친구까지 있다. 물론 기억할 것은 잊지 않았다. 〈굿 윌 헌팅〉은 영화니까.

23 착해서는 생존할 수 없었지?

레이(Ray, 2004)

위인으로 규정된 인물은 무결점의 인간으로 묘사되기 쉽다. 인간적인 욕망과 단점도 거세되고 때로는 신적인 존재처럼 부각된다. 여기에 그 위인이 장애를 가졌다면 더욱 선한 인물로 그려지곤 한다. 물론 장애를 지녔다고 딱히 성격적으로 환골탈태하는 것은 아니다. 위인이 그 가치를 발하는 것은 인간적인 욕망과 번민, 결점에도 불구하고 아무나 성취할 수 없는 것을 해냈기 때문이다. 장애는 인간적인 한계와 그 성취를 부각시키는 상징이다.

"난 내 힘으로 이겨낼 거예요. 손대지 마요."

레이 찰스(Ray Charles, 1930~2004년)는 미국 소울 음악의 대부로 일컬어 진다. 따라서 그의 일생을 다룬 영화 〈레이(Ray, 2004)〉는 소울 음악에 흠뻑 젖은 전기 영화이며, 씨네멘터리이다. 〈사관과 신사〉, 〈백야〉, 〈데블스 에드버킷〉 등으로 유명한 테일러 핵포드 감독이 연출을 맡았다. 레이 찰스의 일생을 영화로 만들기 위해 테일러 핵포드 감독은 15년 동안 준비했다. 레이 찰스의 모든 것을 파악하면서 정확하게 그의 캐릭터를 분석하고 오랫동안 교분을 쌓아가며 그가 직접 영화 제작에 참여할 수 있도록 했다. 2005년 골든 글로브 남우주연상과 영국의 BAFTA 남우주연상을 수상했고, 전미영화평론가 협회, 보스톤 영화평론가협회, 시애틀 영화평론가협회 남우주연상 등 해외 유수의 영화제에서 수상행진에 이어 2005년 2월 27일 제이미 폭스를 아카데미영화상 남우주연상에 올려놓았다. 또한 영화 〈레이〉는 3월 19일 NAACP(흑인영화비평가협회) 주최 제36회 이미지어워즈 시상식에서 최우수작품상과 함께 폭스를 또 남우주연상, 케리 워싱턴과 레지나 킹을 각각 여우 주연 및 조연상까지도 거머쥐게 했다. 정말 많은 상을 수집했다고 해도 지나친 말이 아니겠다. 어떤 점 때문에 이 영화는 그렇게 많은 상을 수집할 수 있었을까?

가난과 차별, 핸디캡을 딛고 전세계적인 대중 가수로 우뚝 선 레이의 파란만장한 일생을 다큐멘터리 형식으로 전개하는 영화 〈레이〉는 두 가지 성격을 가졌다. 장애인 차별과 인종차별이다. 나아가 레이 찰스에 대한 세 가지 편견이 둘러싸고 있었다. 흑인과 시각장애인, 그리고 마약 중독자라는 편견이다. 레이(제이미 폭스 분)는 7살 때 시각 장애를 얻은 뒤 독창적인 대중음악가가 되어 장애인과 인종차별의 허구성을 몸으로 보여주었는데, 그의 의지는 다음과 같은 말에서 드러난다.

"난 내 힘으로 이겨낼 거예요. 손대지 마요."

사실 레이의 삶이 가능했던 것은 어머니가 있었기 때문이었다. 어머니 아레사 로빈슨(샤론 워렌)은 이렇게 말한다.

"이제 네게 뭔가 하는 법을 한 번만 가르쳐주마. 네가 그걸 못하면 두 번째도 가르쳐 줄 거다. 하지만 세 번째에는 네가 스스로 해야 한다. 왜냐하면 그게 이 세상의 법칙이기 때문이지."

레이가 눈이 안 보이게 될 것임을 알려주면서 결국 그가 독립할 수 있도록 하는 어머니가 있었기 때문에 레이의 음악가로서 삶이 가능했다. 그녀는 또 이렇게 말한다.

"누구도 너를 장애자나 바보로 보게 해서는 안 된다."

스스로 그것을 용인하게 만들어서는 안 되는 것이다. 무력하고 자학

하는 장애인이 되는 것이 정말 자신을 장애인으로 만든다는 어머니 아레사의 말이었다.

라디오 방송에 출연해 가장 좋아하는 음악장르가 가스펠이라는 말을 한 때문에 만나게 된 목사의 딸 델라(케리 워싱턴 분). 그녀와 레이는 결혼하지만 자유분방한 성격 탓에 레이는 델라와 사랑의 맹약을 지키지 못한다. 밴드의 코러스인 마지(레지나 킹 분)와도 애인관계를 만들기 때문이다. 이 때문에 델라는 마음고생을 심하게 하지만 델라는 그의 여성 편력에도 불구하고 꿋꿋하게 가정을 지키고 레이 곁에 있는 존재가 된다.

생존과 손가락질

좀 더 자세하게 영화를 보자. 흑인 소년 레이는 7살 때 교회의 찬송가와 동네 카페의 피아노를 통해 처음 음악을 접한다. 그즈음 레이는 동생이 눈앞에서 익사당하는 충격적인 일을 겪게 된다. 못 볼 것을 본 것인가. 얼마 지나지 않아 시력이 급격히 나빠진 그는 녹내장에 걸려 앞을 볼 수가 없게 된다. 어머니 아레사는 마음의 장애인이 되지 말라고 말한다. 레이에게 혼자 스스로 독립해서 설 수 있는 것이 중요하다고 강조한다. 결코 남에게 의지하는 장애인이 되지 말고 스스로 서는 장애인이 되라는 말이었다.

그는 눈을 잃었지만 그는 타고난 청각이 있었다. 창문 밖 벌새의 날갯짓 소리까지 들을 수 있을 정도였다. 또 뛰어난 음악적 재능이 있었다. 장애인 학교에서 음악을 배우며 실력을 갈고 닦은 레이는 어머니가 돌아가신 이후 혈혈단신 도시로 가서 밴드 활동에 나서게 된다. 레이는 밴드와 함께 남부 지방을 순회하며 냇 킹 콜 등 당대 유명한 뮤지션들의 모창으로 큰 인기를 끈다. 그러나 그것이 자신의 노래는 아니었다. 자신만의 독창적인 노래를 언제나 갈구했던 그는 마침내 가스펠과 블루스를 접목시킨 새로운 노래를 부른다. 처음에는 주류 음악에서의 저항도 만만치 않았다. 신성한 종교 음악을 대중음악에 접목시켰기 때문이다. R&B를 가스펠을 결합시킨 것 때문에 독실한 신도들에게서 손가락질을 받았다. 그러나 그의 독자적 음악에 대한 열망은 계속되었다. 또한 백인 가수들의 전유물이던 컨트리를 리메이크한 앨범을 발매하자, 기존 팬의 기대를 저버릴 위험에 처했다. 하지만 이 앨범은 발매되자마자 100만장이 넘게 팔렸고, 그 앨범에 있던 '캔트 스톱 러빙 유'는 그의 대표곡이 됐다. 그 뒤 소울과 컨트리, R&B. 웨스턴, 재즈 등 다양한 음악 장르에서 인정을 받는다. 그가 평생 받은 그레미 트로피만 열두 개에 이르며 베스트 셀링 차트에는 76개의 싱글 앨범을 올려놓았다.

그런데 발매하는 음반마다 히트를 기록하며 성공하지만, 여섯 살 어린 나이에 목격한 동생의 죽음이 환영처럼 따라 다닌다. 또한 앞이 보이지 않는 데서 공포는 끊임없이 그를 고통스럽게 만든다. 그는 이렇게 절규한다.

"하느님? 난 장님이 되고 난 이후에도 아직까지 어둠이 무서워! 매일같이 빛을 달라고 했지만 나에겐 그 어떤 것도 돌아오지 않았고. 난 하느님한테 빚진 게 없어!"

이러한 어린 시절의 충격적인 외상을 안고 고통스러워하는 가운데 최고의 인기에도 불구하고 철저히 혼자라는 지독한 외로움은 그를 마약의 세계로 빠져들게 만든다. 아내 델라의 간곡한 부탁에도 불구하고 점점 마약의 늪에서 헤어 나올 수 없게 된다. 그는 최고 스타임에도 자리에서 검찰에 검거되는 파란의 주인공이 된다. 그러나 마약에 한 번 손을 댄 이상 도저히 그만 둘 수 없었고, 평생을 지키겠노라 약속했던 가정마저도 위태로워진다. 그러던 중 자신의 영향으로 마약에 빠져든 마지의 죽음 소식을 접하게 된다. 자신이 그렇게 사랑했던 마지가 죽게 되면서 자신의 생명에 대해서 생각하게 된다. 레이는 마약 중독 상태가 지금껏 자신을 지탱하게 했던 음악마저 송두리째 빼앗아 갈지 모른다는 위기의식을 느끼게 된다. 음악은 자신의 생명과도 같았기 때문에 그것에 대한 상실 공포는 레이의 대오각성을 불러온다. 다시 자신의 음악세계를 다잡기 시작한 레이는 본격적인 정신질환 클리닉으로 어린 시절의 심리적 외상을 치료하고 진정한 아티스트로 거듭나게 된다.

그의 장애를 더 고통스럽게 했던 것은 인종차별이었다. 그가 태어난 조지아 주는 알리바마 주와 더불어 인종차별이 가장 극심한 곳이었다. 그는 어느 날 자신이 태어난 곳이기도 한 조지아 주에 순회공연을 하러 온다. 금의환향이었다. 레이 찰스의 공연소식을 듣고 수많은 사람들이 몰려들었다. 리허설을 위해 공연장으로 들어가려는 그에게 어떤 사람이 소리쳤다.

"백인과 흑인 좌석이 분리되어 있습니다. 이런데도 공연을 하시겠습니까?"

끝내 모른 척하며 공연장으로 들어가려던 레이. 하지만 관계자에게 확인을 한다. 인종분리는 사실이었다. 머뭇거리던 그는 결국 발걸음을 되돌린다. 공연거부였다.

착하지 않은 장애인

1961년 조지아 주는 인종차별 정책에 반대해 공연을 거부한 레이 찰스에게 고향에서 다시는 노래를 못하도록 금지명령을 내렸다. 이후 레이 찰스의 음악세계는 한층 더 깊어지고 대중적인 파급력을 가지게 되었다. 1979년, 조지아 주는 레이 찰스의 공연금지를 공식 철회한다. 그리고 사과와 더불어 그의 히트곡 '조지아 온 마이 마인드'를 주의 공식 노래로 선포한다. 영화는 조지아 주 의회에서 박수를 받는 레이 찰스의 모습을 뒤로 하고 끝을 맺는다.

이 영화를 통해 장애가 가지는 몇 가지 알레고리를 다시금 짚을 수 있다. 그에게 실명은 장애가 아니었다. 정작 중요한 것은 정신적 충격으로 입은 정신적 외상이었다. 결국 그는 그것마저 이겨낸 것으로 영화는 묘사하고 있다. 영화는 중요한 것은 물리적인 외상이 아니라 정신적인 외상이 더 치명적이라는 점을 말하고 싶어한다.

어린 시절부터 눈이 안 보이는 레이는 지팡이나 안내견도 없이 거리를 누빈다. 이는 그의 독립적인 삶의 태도를 의미한다. 이러한 모습은 흔히 장애인을 등장시킨 영화에서 볼 수 있는 긍정적인 점이다. 하지만 그는 자신을 속이는 매니저의 안면에 바로 주먹을 날리고, 뭇 여성들을 유혹해 울리기도 한다. 이렇게 이 영화의 특징은 한 대중 음악사에 한 획을 그은 인물을 가감 없이 그리고 있다는 점이다. 그의 복잡

했던 여자 문제라든가, 영악한 사업수단, 평생 그를 괴롭혔던 약물 중독과 동생의 죽음을 방조했다는 자책감에 시달리는 모습 등은 전기 영화의 상투성과는 다른 부분이다.

특히 그가 장애인이라는 이유로 동정적인 시각으로 대하거나 선한 캐릭터로 그리지 않았다. 인간이 가지고 있는 다면적인 모습들을 그대로 드러내주고 있다. 흔히 장애인은 착하고 배려를 받아야 하는 순수하고 착한 캐릭터로 등장하는 기존 영화와는 다르다. 영화는 장애인으로 살아가는 현실에 대한 조망은 개인적인 차원에서 접근하고, 사회적으로는 장애를 흑인이 겪는 인종차별에 비중을 두고 있다.

다만, 이 영화는 석세스 스토리 영화에 머물렀다. 더구나 어린 시절부터 여러 가지 굴곡의 모습들이 보여야 함에도 불구하고, 처음부터 성공의 길을 달려가는 모습만 중점적으로 보여준다. 주인공의 고난과 갈등의 고저가 없으니 드라마 자체의 강약도 사라지고 말았다.

24 휴머니즘이냐, 시스템이냐

카드로 만든 집(House of Card, 1993)

장애에 대응하는 방식은 크게 두 가지이다. 전문적인 지식과 시스템을 통해 접근하는 것이고 다른 하나는 부모의 인간적인 접근이다. 전문가주의와 휴머니즘이 대비되는 가운데 장단점이 드러난다. 물론 현실이 전문가주의에 경도되어 있기 때문일까, 아니면 근본적인 가치 때문일까. 많은 영화들은 휴머니즘 쪽으로 기울었다. 장애라는 상징은 전문가주의와 제도, 시스템 만능주의에 경고를 보내는 데 자주 활용된다. 이는 카드로 만든 집 에서도 볼 수 있다.

"아가야, 나랑 함께 가자. 두려워하지 마라. 우리는 함께 할 수 있단다.
넌 거기에 갈 수 있어."

마이클 레삭 감독의 영화 〈카드로 만든 집(House Of Cards, 1993)〉은
1993년 휴스턴 영화제 여우주연상, 최우수작품상을 수상한 작품으로
사고로 아빠를 잃은 6살 소녀의 자폐증 증세를 치료하는 과정을 담았
다. 〈카드로 만든 집〉은 가족애를 그린 영화로 자폐증 증세를 보이는
아이들의 접근방법이나 그들과의 대화 방법 등에서 여러 가지 점들을
생각해 보게 한다. 보통 자폐아들의 천재적인 능력에 초점을 맞추는
흥미 위주의 영화와는 차별화된다. 비교적 자폐아를 사실적으로 다루
고 있고, 아역 배우 아샤 메니나의 깜찍한 모습이 인상적이다. 다만,
특정한 대목에서는 설득력이 미흡하다는 지적이 있기도 하다. 캐서린
터너가 딸의 치료를 위해 헌신하는 어머니 역으로, 토미 리 존스가 아
동 전문 정신과 의사로 나온다.

　〈말아톤(2004)〉, 〈Silent Fall (1994)〉, 〈머큐리(1998)〉, 〈은행털이 아빠
와 나(1986)〉, 〈레인맨(1988)〉등은 모두 자폐아동이 나오는 영화다.
〈카드로 만든 집〉은 자폐아동에 대해 잘 알 수 있는 영화로 관련학과
리포트 과제로 많이 선호되는 영화이기도 하다. 이 영화를 보면서 자
폐아동의 태도, 문제 그리고 그 아이들을 어떻게 생각하고 받아들어
야 하는지에 대해 생각해 볼 수 있기 때문이다.

문화적 충격 VS 중증 자폐증

자폐증의 발생비율은 여아보다 남아의 경우가 서너 배 높지만, 여아
의 경우에 더 심한 정신지체 증상을 보인다. 자폐아동은 말을 일체 하
지 않거나 눈 맞춤을 안 하며 사람을 무생물처럼 대하는 것이 특징이
다. 자폐아동은 위험한 곳인데도 계속 높은 곳에 오르려 하는데 이는

집착과 그것의 반복에 따른 현상이다. 사물의 조그마한 변화에도 못 참고 크게 반응을 한다. 샐리는 아빠가 달나라로 갔으며 아버지와 소통을 하려면 말을 하지 않고 명상을 하면 된다는 말을 듣고, 집에 온 후부터 말을 하지 않고 높은 곳에 올라가려고 한다. 또한 물건이 제자리에 있지 않으면 '아, 아, 아, 아' 같은 소리를 내는 전형적인 자폐증을 보인다.

영화는 중앙아메리카 멕시코에서 시작된다. 고고학자였던 매튜는 건축가 아내 루스(캐슬린 터너 분)와 함께 맥시코 고대 유물 발굴에 몰두하고 있었고, 불행하게도 그만 벼랑에 떨어지는 불의의 사고로 죽는다. 루스는 아이 둘을 데리고 다시 미국의 노스캐롤라이나의 집으로 돌아온다. 아버지가 사라진 상황을 이해하지 못하는 딸 샐리(아샤 메니나 분)는 그곳을 떠나기 전에 친하게 지내던 마야인 현자 쎄넬에게서 아버지는 죽은 것이 아니라 달나라로 간 것이며, 명상을 통해 아버지를 볼 수도, 얘기를 들을 수도 있다는 말을 듣는다. 샐리는 아버지에 대한 그리움에서 그 가르침을 일종의 신앙처럼 받아들여, 그 이후 일체 말도 안하고 주위엔 신경도 안 쓰며 익숙했던 물건의 위치만 바뀌어도 계속 비명을 지른다. 그래서 영화 중간 중간 샐리가 달을 보면서 혼잣말로 중얼거리는 모습이 자주 등장한다. 게다가 달 가까이 가려는 일념에서 높은 나무나 지붕 등에 자꾸 올라가서 주위 사람들을 놀라게 하지만, 이상하게도 떨어지는 불상사는 나지 않는다. 드디어 샐리가 신축 공사장의 기중기 꼭대기로 올라가는 사건까지 일으키자, 루스는 사회복지부로부터 아동방치죄라는 죄목으로 정신과 의사인 비어랜더(토미 리 존스 분)의 감호 하에 샐리를 치료하라는 판결을 받는다. 루스는 아이의 행동을 새로운 환경에 의한 문화적 충격으로 해석하려하지만, 정신과 의사는 샐리가 '자폐증'이라는 진단을 내리고, 샐리를 치료하는 과정에서 걱정하는 루스를 장애물처럼 생각한다. 그래서 루스는 딸 샐리의 치료법을 놓고 그와 팽팽한 의견대립을 보이기도 한다.

영화는 부모와 의사 사이의 의견 대립을 팽팽하게 유지시키면서 흥미를 잃지 않게 만들려고 한다. 샐리의 행동을 새로운 환경에 따른 일시적 문화적 충격으로 해석하려는 어머니와, 중증 자폐증 증상으로 보는 정신과의사 사이의 갈등구도는 과연 어느 쪽이 맞는 것인지 흥미를 불러 모은다. 그 대표적인 해석의 차이와 대립이 카드로 만든 집이다. 현실 도피에 빠진 샐리는 표현의 한 방법으로 아이 솜씨라고는 볼 수 없는 과학적인 집을 카드로 쌓아올린다. 왜 그렇게 카드로 집을 만든 것일까. 타원형의 구조물 안에서 새처럼 날려고 한 것이다. 루스는 너무 놀라워 감탄하며 그것을 통해 아이가 뭔가 메시지를 전하려는 것이라고 본다. 그래서 그녀는 딸과 자기의 두 세계를 이어주는 어떤 매개체를 통하면 딸을 만나 데려올 수 있을 것이라고 보고 컴퓨터 그래픽으로 카드로 만든 집을 연구한다.

결국, 딸이 만든 것과 똑같은 목조탑을 만든 뒤 그녀의 손을 잡고 그 꼭대기로 올라간다. 거기서 그 둘은 서로 하나의 공통된 환상의 세계를 체험하게 된다. 루스는 아빠가 외롭게 혼자 가 있을 달나라로 가려는 딸의 마음을 읽게 된다. 딸은 엄마의 눈을 통해 아버지가 추락 사망하던 장면을 직접 목격하고, 마침내 달에 가려던 환상에서 깨어나 현실로 돌아온다.

이렇게 되면 오히려 전문가보다는 어머니가 더 낫다는 의미가 되는데, 이 영화는 전문가에 의존하는 현실을 꼬집은 것일까? 물론 전문 의료인의 역할이 전혀 무용한 것은 아니다. 일방적으로 그렇게 묘사하지는 않는다. 그러나 궁극적으로 필요한 것이 무엇인지 논파하려 한다.

샐리는 아빠가 달에 있다고 여겨 달에 가려고 물건을 쌓아 올리는 것을 알아낸 정신과 의사 비어랜드의 치료는 어떤 방식으로 이루어질까? 일단 그는 거울로 샐리를 비추면서 샐리가 누군지 가리켜 보도록

시킨다. 그리고 거울 옆에는 컵 3개가 쌓여 있는데 샐리가 거울을 손
가락으로 가리킬 때만 나머지 컵을 그 위에 쌓아 올리도록 허락한다.
이는 의사가 의도한 바대로 샐리가 행동하면 보상(컵을 쌓도록 허락
하는 것)을 주면서 의사의 의도대로 샐리가 따르도록 적응시키려는
것이다.

그러나 이런 전문가의 치료는 별 효과를 보이지 못하고 만다. 샐리
는 어머니의 사랑과 노력이 결정적인 역할을 하게 되어 극적으로 회복
하게 된다. 즉, 부모의 관심과 사랑의 중요성을 강조하는 영화인 것이
다. 합리적인 방식으로 아이를 치료하려는 비어랜드가 표방하는 방식
이 현대 의학의 첨단이긴 하지만, 그런 치료 과정에서 얻는 것보다 자
칫 잃는 것이 많을 수도 있다는 암시는 시사적이다. 비어랜드 박사가
인간을 수동적이고 기계적으로 규정하는 행동주의(behaviorism) 심리
학에 기초했다면, 샐리의 엄마는 인간을 능동적이고 적극적인 사고를
하는 존재로 본 인본주의 심리학에 기반을 두고 있다.

물론 가장 중요한 치료책은 자폐아들의 체계화된 특수교육과 행
동수정 치료이다. 이는 광범위한 발달 장애와 행동상의 문제를 보이

기 때문이다. 또한 부모들은 대부분 당황하고 어떤 역할을 해야 할지 방향을 찾지 못하기 때문에 그러한 점도 전문가들의 조언이 필요하다. 우선 샐리와 같은 아이를 둔 부모의 정서적인 문제를 다루어 주어야 한다.

다음으로 자폐증이 있던 샐리가 회복되는 과정은 설득력이 있는지 따져볼 필요가 있다. 엄마의 헌신으로 딸이 다시 장애를 이기고 현실로 돌아오는 장면은 동화와 같은 내용으로 보이기도 하는데 자폐증이 쉽게 치료되는 건 아니라는 점을 생각해보게 만든다. 사실 영화 안에서 실제 자폐 아동의 사례가 있다. '죠이'라는 아동은 엄마가 하는 말을 계속 따라하고, 긴 기간 동안 그 장애를 함께 겪고 이겨내 온 엄마는 그 과정을 힘들어 한다. 이에 비어랜드 박사는 아이에게는 긴 시간이 필요하며 조금씩 나아지고 있는 것이라고 힘을 북돋워 준다. 이 모습이 자폐아동과 그 가족이 겪고 있는 사실적인 모습이다.

무엇보다도 샐리가 입을 닫게 되는 가장 큰 이유는 바로 쎄넬이라는 현자 때문이다. 현자이기 때문에 일반 사람들과는 다르게 사물을 바라보고 이해한다고는 하지만 그 사람의 한 마디 말 때문에 한 아동과 가족은 장애를 경험하게 된다. 물론, 샐리가 아빠의 죽음이라는 사건, 즉 받아들이기 힘든 실제적인 스트레스 요소와 그것을 사실로 받아들이기를 거부하는 심리적인 방어기제가 현자의 말을 100% 믿게 해 자폐상태를 만든 생각할 수도 있다.

자신만의 방

〈카드로 만든 집〉에서 가장 강하게 자리 잡은 장면은 샐리가 가족사진과 카드를 모아서 만든 5피트 높이의 정교한 집이다. 그럼 〈카드로 만든 집〉이라는 제목이 뜻하는 것은 뭘까? 일단 영화 내에서는 실존적 꿈을 상징하면서 통합의 장을 의미하는 것이다. 샐리는 오빠가 던진

야구공의 나선모양에서 힌트를 얻었다. 밤새 카드로 집을 만들고 그 안에 들어가는데 〈카드로 만든 집〉은 자폐를 이겨내는 계기이자 통로가 된다. 동시에 어머니의 딸에 대한 사랑을 의미한다. 〈카드로 만든 집〉은 진정한 가족의 집으로 자리매김하는 상징이다. 그 집은 누구나 자신만의 공간으로 꿈을 이루려는 마음이 담긴 집이다. 그것을 다행히 엄마가 알아보았기 때문에 서로 소통할 수 있었고, 환상이 아닌 현실에서 가족이 있는 집으로 돌아올 수 있었다. 이는 비단 장애아를 이해하는 차원만이 아니다. 전문가인 비어랜드 박사는 그것이 단순히 자폐증상을 가진 아동의 당연한 행동이라고만 생각하지만, 엄마인 루스는 그렇게 생각하지 않는다. 무엇인가 샐리가 의미부여한 의도를 끝까지 알아내려 한다. 일반적인 증상으로만 치부할 때 개인이 지닌 정체성이나 그들의 특수한 고민을 간과할 수 있다는 점을 말한다.

이는 의료적인 문제뿐만 아니라 우리 일상생활에서도 마찬가지다. 어쩌면 그것은 엄마처럼 그렇게 다른 대상을 이해해야 한다는 의무감을 반영하기보다는 자신을 이해받고 싶어 하는 현대인의 감수성이 거꾸로 녹아들어 있는지 모른다. 우리는 항상 자신만의 방을 만든다. 카드로 만든 집은 우리가 만들거나 만들려고 하는 우리만의 방을 말하는 것이다. 우리는 상처와 실존적 고민으로 가득한 소외의 현대인이니 말이다. 그러나 그 카드로 만든 집은 슬픈 집이다. 그곳에서 혼자 영원히 살 수 없다. 그것은 유대와 연대, 소통의 상징적 기능을 하는 것만으로도 충분하다.

어쨌든 현대인은 시스템 속에서 그 소외와 그에 따른 병증을 치료받는다. 카드로 만든 집에서는 그 치료에 위안이 필요하다. 그것은 따뜻한 배려와 이해의 손길, 지속적이고 따뜻한 손길이라는 인본주의적, 휴머니즘 가득한 메시지를 앞에 내세우고 있으며, 그것을 상징하는 것이 '카드로 만든 집'을 둘러싼 융화이다.

25 성장의 자양분

길버트 그레이프(What's Eating Gilbert Grape, 1993)

성장영화에는 고통과 난관이 통과의례가 기다린다. 성장영화에는 장애인 가족 구성원이 등장한다. 장애인은 성장통이 만들어내는 존재가 되기 쉽다. 주인공을 성장하게 만드는 장애물인 것이다. 정작 장애인 본인은 성장하지 않는다. 성장영화에서 가족 구성원 가운데 장애인이 어떤 역할을 하는지 볼 수 있는 영화가 〈길버트 그레이프〉다.

"너 자신을 위한 것은 뭐야?"
"…어니에게 새로운 두뇌가 생겼으면 좋겠어."
"단지 너만을 위한 것은?"
"난 그냥 좋은 사람이 되었으면 좋겠어."

영화 〈길버트 그레이프(What's Eating Gilbert Grape, 1993)〉는 〈개 같은 내 인생〉을 연출한 덴마크 감독 라세 할스트롬의 할리우드 첫 연출작이다. 1991년 출간한 피터 헤지스의 소설을 영화화했다. 원작을 영화화했다는 점에서 〈개 같은 내 인생〉과 같다. 또한 정신장애인이 나온다는 점도 같다. 〈개 같은 내인생〉도 결국 성장영화다. 일단 〈길버트 그레이프〉는 질시와 편견, 그리고 그로 인해 상처입은 사람들에 관한 영화이며, 일종의 자아를 찾는 성장기 영화 코드를 그대로 보여주는 영화라는 평가를 받는다. 이 영화에서 지금은 월드 스타가 된 조니 뎁과 레오나르도 디캐프리오의 순수한 청년시절의 모습을 확인할 수 있다. 조니 뎁의 아주 젊고 멋진 모습, 그리고 레오나르도 디캐프리오의 천진난만한 모습을 확인해 볼 수 있는 영화다. 이 작품은 장애인을 다룬 대표적인 영화로 꼽힌다. 하지만 장애인이 주인공은 아니다. 다만 장애인 역할을 잘 연기했기 때문에 이름을 얻은 작품이다. 흔히 장애인은 다른 형제 주인공의 성장을 도와주는 역할을 한다. 〈블랙 벌룬〉이 정신장애 형을 둔 동생 이야기였다면, 〈길버트 그레이프〉는 남동생이 지적 장애인으로 나오는 이야기다. 하지만 영화에서 장애인은 동생만이 아니었다.

주민 인구 1,091명의 아이오아 주 '엔도라'라는 작은 마을에 사는 길버트 그레이프(조니 뎁 분)는 식료품 가게의 점원으로 일한다. 가게 점원으로 일하면서 그레이프는 집안의 가장 역할을 해야 한다. 그에게는 아버지가 자살한 이후의 충격으로 몸무게가 500파운드나 나갈 만큼 거구가 되어버린 어머니(다레네 캐이츠 분)가 있다. 그녀는 스스

로 자신을 집에 유폐시켰다. 이 때문에 7년 동안 집을 나간 적이 없다. 사람들은 그녀를 진기한 동물 보듯이 하는데, 그녀의 거구를 보며 고래라고 부른다. 그런 그녀이지만 아들에 대한 사랑, 특히 막내아들 어니에 대한 사랑은 끔찍하다. 정신연령이 어린 아이 수준인 지적장애인 어니(레오나르도 디캐프리오 분)는 갈등 전개의 중심에 있다.

그런데 길버트에게 아버지가 자살한 뒤 상처 때문에 고래처럼 비만해진 엄마도 결국 장애를 가진 존재이며 돌보아야 할 대상이다. 길버트는 여기에 매사에 사고만 치는 정신장애인 동생을 돌보며 고단한 나날을 보낸다. 틈만 나면 높은 곳으로 올라가려 하는 동생 어니는 어머니의 엄청난 몸무게와 함께 집안의 고민거리이다. 그러나 형의 말은 절대적으로 따른다. 여동생 엘렌 또한 항상 불만에 쌓여 사는 길버트가의 또 하나의 골칫거리다. 길버트의 생활은 설명하기 어려울 만큼 보통의 일상이 아니었기 때문에 자기 생활에 크게 만족해하지 않는다. 그의 생활은 마치 음악 없이 춤을 추는 것과 같다. 매일 반복되는 지루한 생활이다.

비장애인들의 성장통과 장애

한편, 캠핑족 소녀 베키(줄리엣 루이스 분)는 자동차가 고장나는 바람에 엔도라에 머무르게 되는데, 이때 우연히 가스탱크에 올라가 있는

어니를 따뜻하게 대하는 길버트를 보게 된다. 그 후 그녀는 그의 순수한 마음에 호감을 갖게 된다. 길버트 또한 같은 또래의 여자인 베키에게 끌리게 되고 둘은 서로의 내면을 아껴주는 순수한 사랑을 하게 된다. 결국 베키와 길버트를 연결시켜주는 것은 바로 정신장애를 가지고 있는 어니가 된다. 베티의 삶은 단조로운 길버트의 삶과는 전혀 달랐다. 이 때문에 베티의 자유로운 삶을 동경하게 된다.

길버트와 베티가 가까워질수록 점차 어니에게 소홀해져 결국 어니를 욕탕에 홀로 내버려두게 된 사건이 벌어졌고, 그 일로 인해 결국 목욕을 싫어하는 어니가 길버트를 때리게 된다. 이 대목에서 영화는 최고조에 이른다.

젊은 연기자들의 연기가 인상적인 영화인데, 디카프리오의 거의 신기에 가까운 연기가 돋보인다. 디카프리오가 무명이었을 때 출연한 영화였기 때문에 진짜로 지적장애인인 줄 알았다는 평가가 많았다. 그의 연기는 현재도 많은 관객에게 기억되고 회자되고 있다. 이 영화로 전미비평가상을 받을 만큼 뛰어난 연기를 보였다. 이 영화로 그는 아카데미 남우조연상에 노미네이트되었고 전미비평가협회 남우조연상을 수상했다. 이밖에 LA 비평가상, 신세대 배우상, 시카고 영화 비평가상을 수상하였다. 장애인 연기를 잘해야 연기인으로 대성할 수 있다는 불문율을 보여주는 영화이기도 한 길버트 그레이프였다.

성장영화가 무엇인지 잘 보여주는 작품이기도 하다. 성장영화의 장르적 문법에 따라 충실하게 해석해보면 어김없이 둘은 시간의 흐름 속에 방황하고 갈등하며 성장의 고통을 여과한 후에 그를 극복하는 어른으로 자라난다. 그 과정에서 장애에 걸린 동생과 엄마가 중요한 역할을 한다. 또한 이 영화는 가족주의 휴머니즘을 강요하지 않으면서 가족에 대한 사랑으로 매듭지어지는 영화다. 지하실에서 목을 매 자살한 아버지, 그 충격으로 7년 동안 한 번도 집밖으로 나가지 않아 200kg의 뚱보가 된 어머니와 직장에서 잘린 30대 노처녀 누나, 집 나간

형, 사춘기에 접어든 짜증과 반항의 10대 여동생, 그리고 하나부터 열까지 뭐든지 챙겨주어야 하는 정신지체아 남동생. 이 속에서 혼자 그 가족들을 모두 부양해야 하는 어느 시골청년의 이야기이기 때문이다. 따라서 '가족이란 이름이 도대체 뭐기에?'라는 화두를 전해준다. 이같은 현실이 이 영화의 배경인 미국의 한 작은 마을에만 한정되어 있겠는가. 이 영화는 미국뿐만 아니라 현대의 모든 가정과 가족이 속해 있는 가족의 해체에 대해서 궁극의 질문을 하고 있다. 불륜을 저지르는 아내, 일만 하다가 한순간에 급사하는 남편의 이야기, 자살하는 사람, 미국 혹은 현대 사회의 가족 해체 현상을 간접적으로 드러내고 있다. 심지어 시골 동네조차 점차 개인화되고 물질문명은 더욱 풍요로워지지만, 사람들은 행복해하지 않는다. 영화에서 주로 음식을 먹는 장면이 나오고 푸드랜드라는 대형 음식 유통점의 등장과 길버트가 겪는 비참과 굴욕은 이를 단적으로 나타낸다.

성장영화 속 장애인

가족영화에서 성장영화라는 관점으로 이동하면 주제의식이 드러나는 장면은 집을 불태우는 부분이다. 그토록 바라던 어린 동생의 18세 생일을 맞던 날 어머니는 돌연 죽게 된다. 미국에서 18세는 어른으로 다 성장했다는 것을 의미한다. 어니는 18세 이전에 죽을 것이라는 의학적 선고를 받지만 어니는 18세 생일을 맞이했다. 이 때문인지 어머니는 비극적 죽음이나 사고가 아닌 창가 침대에서 평온한 휴식을 취하듯 죽음을 맞이한다. 17년 동안 아이가 있는 집에서 한 발짝도 나가지 않은 어머니였다.

길버트는 집을 불태운다. 그레이프를 비롯한 남은 가족들은 거구인 어머니의 시신이 옮겨지는 것이 사람들에게 구경거리가 될 것을 꺼려하여, 자신들이 살고 있던 집을 어머니와 같이 태움으로써 어머니의 장례를 치른다. 자신들이 살던 집을 태운 것은 새로운 출발을 지향한다. 남은 가족들은 뿔뿔이 흩어지고, 그레이프는 동생과 같이 어디론가 떠나는 것으로 영화는 막을 내린다. 18세의 생일로 인해 아무런 방향을 취할 수 없었던 스물한 살의 청년 그레이프는 의외의 방향으로 새로운 출발을 한다. 이 영화의 중심은 얼핏 가족의 굴레로부터 벗어나 자유를 구가하는 것을 그리고 있다. 하지만 그 자유와 더불어 가족과 사람의 소중함을 역설하고 있다.

장애인의 관점에서 보자면 칭찬만 할 수는 없는 것 같다. 디카프리오의 연기는 뛰어나지만, 장애인을 항상 갈등을 일으키는 원인제공자로 그리고 있는 점, 또한 길버트의 고통을 드러내기 위한 장치로 어니의 극단적이고 비이성적인 행동이 강조되고 있다는 점은 다시금 생각해 보아야 할 부분이 아닌가 싶다. 극 중에서 어니는 단지 형의 성장을 돕는 하나의 설정일 뿐이다. 정말 장애인의 실상을 어니가 제대로 전달해주고 있는지, 그것은 연기력과는 별개일 것이다. 아버지의 죽음은 왜 일어났는지 그것을 별로 중요하게 다루어지지 않은 것도 생각해 보아야 하겠다. 사실 아버지의 죽음 때문에 어머니는 자폐장애와 비만장애, 관계장애를 갖게 되었다. 더구나 아버지의 죽음으로 길버트가 어니를 더욱 책임져야 했다. 아버지의 죽음 때문에 17년 동안이나 집안에 들어앉아서 엄청난 비만이 된 어머니의 행동은 이해될 수 있다. 분명 아버지의 갑작스런 자살에 어머니는 정신적으로 중증장애인이 되었음이 분명하다. 〈굿 윌 헌팅〉에서 윌의 아버지나 〈똥파리〉의 상훈의 아버지를 볼 때도 아버지들은 많은 장애인을 만들어 내는 중심에 있는 셈이다.

26 아들이 아빠의 성장통을 돕다

홀랜드 오퍼스(Mr. Holland's Opus, 1995)

자녀는 부모의 꿈을 대신 이루어주는 존재로 다루어진다. 이러한 대리만족을 이루어줄 자신의 꿈을 이루어주지 못할 듯싶은 자녀는 관심밖에 놓이기도 한다. 심지어 기본적인 교육도 소홀히 하고 만다. 영화 <홀랜드 오퍼스>는 자신의 음악에 대한 열정으로 장애인 학생도 훌륭하게 교육하는 음악교사이지만, 정작 자신의 꿈을 이루어주지 못하는 아들에 대한 무관심이 드러난다. 이를 통해 장애를 지닌 아들은 아버지의 성장통을 돕는 촉매제 역할을 하게 된다.

"인생은 계획을 할 때 비로소 다가온다."
"우리가 선생님의 교향곡입니다."

영화 〈홀랜드 오퍼스(Mr. Hollands Opus)〉는 한 음악교사의 30여 년에 걸친 교육 인생을 그려낸 서사시 같은 영화다. 30여 년간 있었던 다양한 에피소드로 '교사의 일생'이라는 주제를 시대적 흐름과 함께 드러내고 있다. 영화 제목에서 '오퍼스'는 주로 교향곡 같은 음악작품을 가리킬 때 쓰이는데, 이 영화에서는 음악교사 홀랜드가 평생 일구어낸 교육적 성취를 말한다. 즉, 교육이야말로 교향곡과 같고 교사는 그러한 교향곡의 지휘자와 같은 것이다. 교사는 각자 개성 있는 학생들을 조화롭게 성장하도록 지휘하는 역할을 하는 것이며, 인위적으로 특정한 재능(악기)만 연주하도록 강요하는 존재는 아니라는 것을 상징하고 있다. 따라서 교사의 강제는 음악 화음은 깨뜨릴 수 있다.

〈홀랜드 오퍼스〉의 핵심적인 이야기 얼개 가운데 하나는 홀랜드의 아들이 장애인이라는 사실이다. 영화의 사실성을 위해 감독은 홀랜드의 아들인 콜 역에 실제 장애인을 출연시켰다. 스티븐 헤렉 감독은 작품의 리얼리티를 더하기 위해 여섯 살의 콜 역에 시애틀에서 발굴한 니콜라스 존 래너를, 열다섯 살의 콜 역에는 공개 오디션으로 발탁된 캘리포니아의 리버사이드 농아학교 학생 죠셉 앤더슨을 캐스팅했다. 스물여덟 살의 콜 역에는 국립농아연극단의 맴버인 앤소니 나테일이 캐스팅되었다. 듣지 못하는 아이의 부모로 출연한 리차드 드레이퓌스와 글렌 헤들리는 수화를 익숙하게 해야 했고 이 때문에 영화 제작에 전에 두 달간, 캘리포니아 주립대학교에서 농아교육을 전공하는 켈리 케이시에게 수화를 배웠다. 자, 이제 영화 이야기 속으로 들어가 보자.

1964년, 글렌 홀랜드(리차드 드레이퍼스 분)는 자신의 길은 위대한 곡을 쓰는 것이라 믿고 있었지만 생계 등 현실적인 상황 때문에 꼭 피하려고 했던 음악교사로 나선다. 그가 교사직을 피하려 했던 것은 작곡 활동에 전념할 수 없을 것이라 판단했기 때문이다. 그러나 생계 때문에 전적으로 작곡 활동에만 매진할 수 없었기 때문에 일정한 시간을 생계에 할애하기로 마음먹게 되었다. 그래서 음악교사로 낮에는 아이들을 가르치고 그 나머지 시간에는 작곡을 할 수 있을 것으로 생각했고, 그것마저 언제든 여유만 되면 그만두리라 생각하고 있었다. 그러나 시간적으로 여유가 어느 정도 있을 것으로 생각했던 학교생활은 반대로 흘러간다. 무관심과 무성의로 일관되는 수업은 그의 프로의식을 불편하게 했고, 쉴 틈 없는 수업 시간표에 골치 덩어리 오케스트라 반까지 맡아 머리가 아프다.

훌륭한 선생님, 낙제점 아버지

그러던 중에 아내 아이리스(글렌 헤들리 분)는 임신을 하게 되고, 홀랜드는 더욱 경제적 사정 때문에 학교를 그만둘 수 없게 되어 힘들게 느끼면서도 학교에 매어 있을 수밖에 없다.

홀랜드는 어느새 언제든 떠날 생각을 차츰 잊게 된다. 대신 차츰 학생들에게 관심을 갖게 된다. 학생들도 홀랜드에게 조금씩 호기심과 친밀감을 갖기 시작한다. 그 사이 그는 교육자로서 능력과 역할을 크게 발휘한다. 스스로 재능이 없다고 생각하는 클라리넷 연주자 게르트루드 랭(알리시아 위트 분)을 훌륭한 연주자로 교육시키는가 하면 학교 밴드부를 만들고 교육 내용도 비틀즈와 롤링 스톤스의 락앤롤(로큰롤)로 채워 파격적으로 변화시킨다.

어느덧 세월이 흘러 1995년 봄, 홀랜드의 교직 인생은 30년이 되었다. 학교는 긴축 재정을 위해 음악 프로그램을 모두 없애게 되고, 홀랜드는 교단을 떠나야 한다. 젊은 시절 언제든 그만두려 했던 교직이 나이 60에 결국 강제로 떠나야 하는 자리가 된 것이다. 음악이 없는 학교는 그간의 역정을 보면 상상할 수 없는 일이었다. 교무실에서 짐을 챙겨 나가던 홀랜드의 귀에 음악소리가 들리고, 가만히 들려오는 음악소리를 찾아 어느덧 강당에 들어선다. 그곳에서는 홀랜드를 위해 마련한 콘서트가 열리고 있었고 그 광경에 그는 눈물을 글썽이고 만다. 헛된 인생을 산 것에 자책하는 홀랜드 앞에 30년간 그가 만든 작품이 있었다. 바로 제자들이 있었다. 그들은 교향악단을 구성해 홀랜드의 초연 작품 '아메리카 교향곡'을 홀랜드의 지휘로 연주한다. 이 장면은 영와 중 가장 인상적인 부분으로 보는 이들의 마음을 뭉클하게 한다.

이러한 이야기 구조에서 장애인 아들은 어떤 의미를 지닐까? 홀랜드는 아들을 훌륭한 음악가로 키우려는 부푼 꿈을 갖게 되고, 자신의 못다 이룬 꿈을 위해 아들이 태어나기만을 기다린다. 그러나 참뜻대로 안 되는 것이 우리 인생이다.

어느 날 아들 콜이 청력의 90%를 상실한 청각장애인으로 판명된다. 홀랜드는 상상도 못한 일이었다. 청천벽력 같은 일이 바로 이와 같은 일일 것이다. 아들을 훌륭한 음악가로 만들 수 없다는 생각에 홀랜드의 실망감은 점차 집안일에 대해 무심하도록 만든다. 가족에 대해서 무관심해지면서 그만큼 학교 일에 매달리는 홀랜드는 갈수록 아들이 보기 싫어진다. 보기 싫으니 대면이 적어지고, 적어지니 사이가 낯설어져 다시 보기 싫어지는 악순환이 반복된다.

왜 저에겐 음악을 가르치지 않나요?

그렇게 세월은 흘러간다. 1980년 어느 날, 아들과 아버지 사이에 보통 때는 생각할 수도 없는 음악에 관한 작은 말다툼이 일어난다. 존 레논의 죽음을 설명하려다가 아들이 음악에 대해서 뭘 알겠냐며 설명을 포기하는 홀랜드에게 아들 콜(열다섯 살의 콜, 조셉 앤더슨 분)은 항의한다. 콜은 자신도 비틀즈와 존 레논을 알고 있다고 항변하고 아빠의 도움이 필요하다고 말한다. 홀랜드는 비틀즈의 음악을 아들 콜이 모를 것이라 여겨 무시했던 것이다. 콜은 언제 음악을 한 번이라도 가르친 적이 있느냐고 묻는다. 즉, 홀랜드는 아들이 장애인이라는 사실에 절망하고 어떤 식으로든 음악을 가르치려는 시도를 한 번도 하지 않았던 것이다. 아들이 자신 대신 훌륭한 음악가가 될 수 없다고 처음부터 체념했기 때문이다.

자신의 아들 사랑법이 잘못되었음을 인식한 홀랜드는 그것이 아들에 대한 것만이 아니라 자신이 장애인에 대해서 편견을 지니고 있다는 사실을 깨닫게 된다. 이에 대한 반성적 차원일까? 홀랜드는 아들의 특수학교 강당에서 농아들을 위한 불빛 음악회를 연다. 여기에서 홀랜드는 존 레논의 노래 'Beautiful Boy'를 노래해서 감동을 주는데, 이러한 공연을 통해 비로소 홀랜드는 단순히 음악교사가 아니라 장애인 아들을 둔 아빠라는 점을 확실하게 자신의 정체성으로 삼게 된다. 더이상 장애인 아들을 숨기려는 듯한 행동은 바람직하지 않다는 것을 아들을 통해 깨달은 것이다.

성장통은 아이만 겪는 것이 아닐 것이다. 사람이 일생동안 여러 번 성장통을 겪을수록 더 나은 삶을 살 가능성은 커진다. 또한 장애인 영화에서는 장애인이 성장통을 겪는 것으로 그려지지만 이 영화에서는 비장애인인 어른, 아버지의 성장통을 말하려 한다. 요컨대, 이 영화는 한 늦깎이 음악교사의 성장기라고도 볼 수 있는데, 이 과정에 아들이 중요한 역할을 하지 않나 싶다. 장애인 아들을 받아들이는 일, 자신이 장애인의 아버지라는 사실은 홀랜드에게 있어서 극심한 성장통이었다.

결국 그는 자신의 아들이 처한 현실을 받아들이게 되고, 아들에게 마음을 열어 한 단계 더 성장할 수 있었다. 이 과정에서 장애인 아들의 항의가 주효하게 작용했다. 만약 장애인 아들이 그냥 침묵으로 일관하거나 자신의 의사표현을 하지 않았다면, 자신의 처지를 알리지도 못했고, 아버지의 성숙과 성장을 돕지 못하게 되었을 것이다.

장애 아들 아카리가 있었기에 노벨문학상을 받은 걸작 『만연원년의 풋볼(万延元年のフットボール)』을 집필할 수 있었던 오에 겐자부로와 같은 맥락 안에서 홀랜드를 볼 수도 있겠지만, 반드시 훌륭한 결과물로 나와야만 의미가 있는 것은 아닐 것이다. 무엇보다 홀랜드가 깨어있는 마음을 유지하려는 태도를 나이가 들어가면서도 놓지 않고, 또한 결정적인 순간에 자신의 잘못을 깨닫는 열린 자세가 중요하다는 점을 일깨워 주기도 한다.

이 영화를 보면 몇 가지 되새기고 싶은 대화가 있다. 제이컵스 교장 선생님의 "교사는 나침반과 같다."와 마지막에 주지사로 나오는 플룻 연주자 '게르트루드 랭'에게 했던 말, "잘할 수 있는데 스스로 못 믿기 때문에 그래."이다. 아들과 농아들에게 들려주었던 존 레논의 노래 'Beautiful Boy'의 수화 모습과 노랫말도 기억해볼 만하다.

"인생은 계획을 할 때 비로소 다가온다."

그의 첫 제자였고 주지사가 된 게르트루드 랭의 진행으로 열린 교향곡 연주 시작 전에 한 말도 인상적이다.

"선생님은 부와 명예를 안겨줄 심포니를 작곡하시려 했습니다. 선생님은 부를 쌓지도 못했고 이곳에서만 유명합니다. 선생님은 부와 명성이라는 면에서 실패하신지도 모릅니다. 그러나 선생님은 부와 명예를 뛰어넘은 성공을 하셨습니다. 주위를 보세요. 우리는 이렇게 선생님 때문에 훌륭하게 성장했습니다. 우리가 선생님의 교향곡입니다."
"우리가 선생님 작품의 멜로디이자 음표이자 음악인 것입니다."

우리는 이 영화와 음악을 통해 인간다운 삶, 사람과 사람 사이의 소통을 강조한 영화로 볼 수 있지 않을까 싶다. 영화 〈홀랜드 오퍼스〉는 교사들이 삶에 끼친 영향, 교사의 교육적인 삶에 대한 이야기를 넘어 음악에 대한 사랑과 그 가능성에 대해 말하고 있다. 음악이 삶이고 그것이 인간이다. 영화는 위대한 결과물 자체가 중요한 것이 아니고 사람 사이에서 만들어낸 유대와 관계가 더 훌륭한 작품이라는 사실을 일깨우며, 그 사이에 음악이 있을 때 위대하다는 점을 마지막 연주에서 알게 해준다. 결국 음악도 사람 사이에서 그 가치와 의미를 갖게 되니 더욱 그렇다. 아들 콜의 장애를 대하는 홀랜드의 오류를 볼 때, 삶에 있어서 모든 것이 우리가 원하는 방향대로 이루어지지 않지만 애써 처음부터 좌절하거나 무기력하지 말고 나름 최선의 대안이나 지속적인 방안을 모색해보라는 메시지도 담겨 있다. 영화가 이야기하는 중요한 주제는 인간적인 커뮤니케이션이다. 교사와 학생들 사이의 커뮤니케이션뿐만 아니라 부모와 아이들 간의 커뮤니케이션 그리고 결국 홀랜드가 장애인 아들과 진정어린 마음으로 소통하는 과정에 음악이 있다.

27 마천루에 갇힌 휠체어

아파트(2006)

장애는 공동체 정신을 부각시키는 수단이 된다. 다른 이들보다 도덕적 윤리적으로 우월하다는 사실을 홍보할 수 있는 계기도 된다. 장애를 없애거나 그것을 극복하는 데 도움을 주는 행위가 도덕적 윤리적으로 남다른 것을 증명해주는 기제가 되기 때문이다. 겉으로 내세운 목적을 얻을 수 있을지, 사회구조의 복잡성은 그것을 은폐할 수도 있다. 그 은폐는 아파트라는 현대 문명을 통해 상징화될 수 있다.

"너도 날 두려워하고 있잖아. 이 집에서 나가면 너도 날 잊어버릴 거
잖아."

2008년 국토해양부의 발표에 따르면 국내의 도시화 비율은 90.5%였
다. 도시화 비율은 전체 인구 중 도시지역 거주자의 비율이다. 국민 열
명 중 아홉 명 이상이 도시지역에 살고 있다. 도시지역에 사는 이들의
대부분은 아파트에 산다. 한국인의 자산 가운데 부동산 비율이 76.8%
인데, 그 중심에 아파트가 있다.

아파트와 한국 사회

처음 아파트가 도입되었을 때에는 아파트의 닭장 같은 외양 때문에 거
부감이 있었던 것도 사실이지만, 단점을 상쇄하고 남는 여러 장점 때
문에 각광을 받고 있다. 단지 아파트는 주거공간에 그치지 않고 부와
투자의 대상이 된 지 오래다. 발레리 줄레조는 『아파트 공화국』을 통
해 한국에서 아파트가 개인적인 열렬한 소유의 열망과 사회적 광풍이
된 이유를 특혜 동맹 때문이라고 밝히기도 했다. 정부가 대규모 아파
트를 기획하고 그것을 재벌 건설사가 공급하는 과정에서 국민들에게
아파트를 신분과 부를 상징하는 수단으로 여기게 하면서 도시 상층부
가 앞다투어 선호하게 되고, 그것이 다시 중산층과 하층민의 선망의
대상으로 이어졌다는 것이다. 아파트는 상류층으로 진입하는 중간 길
목으로 인식되었다. 아파트를 장만한 남성은 결혼에서 유리한 고지를
점령했다. 어쨌든 아파트는 시장의 유동성이나 경기와 많은 연관성을
맺게 되는 중요한 신호다. 즉, 아파트 건설의 활성화는 경제의 순환 혹
은 경기의 흐름을 나타내는 지표이기도 하다.

또한 아파트는 도시화의 상징이기도 하다. 그러한 면을 드러내기
라도 하듯 대부분의 도시인들이 아파트에 거주하며, 신혼집으로 아파

트를 선호하는 추세다. 아파트 한 단지에만 해도 정말 많은 사람이 몰려 산다. 도시 재개발이나 고층 아파트의 등장은 이를 가속화하고 있다. 수많은 인구가 한 건물에 살지만, 각각은 자신만의 세계를 누리려 한다. 그들에게 그러한 세계를 누리게 해줄수록 혁명은 일어나지 않을 것이다.

아파트 단지에만 있어도 모든 문제를 해결할 수 있도록 만들었다고 자임하는 아파트는 각 호실이라는 일정한 공간 안에 생활에 필요한 것이 모두 최대한 응축되어 있음을 강조한다. 필요한 것은 다 있기 때문에 애써 옆 공간, 아래 공간에 의존할 필요가 없다는 것이다. 심지어 옆집까지도 필요 없다. 아파트 문화의 확산으로 사람들은 익명성의 숲에 숨어버렸다. 더 이상 문패가 필요 없기 때문이다. 이것이 아파트 문화가 정체성의 은폐문화라고 불리는 이유다. 다만 소음으로 피해를 주지 않고 피해를 받지 않으면 된다. 형식적인 반상회를 뺀다면 서로의 공간에 함몰되어 대면하지 않는다. 아파트 공간은 좁기도 하거니와 획일적인 공간이고, 궁극적으로는 외로움과 소외의 공간이기도 하다. '호모 아파티쿠스'라는 말이 있다. 사람들은 아파트에서 보고 듣고 움직인다. 그리고 아파트 단지를 벗어나지 않으며 아파트 단지는 그들의 공화국이다. 하지만 공화국은 언제나 단절과 배제의 소외성을 나타내기 마련이다.

『대한민국 아파트 발굴사』를 쓴 박진희는 우리나라 최초의 주거 형태를 갖춘 아파트인 종암아파트(1958) 연구를 통해 지난 아파트가 우리네 삶이 진하게 배어 있는 삶의 유적이라고 했다. 전상인은 『아파트에 미치다』에서 아파트의 긍정성을 보았다. 아파트는 식탁과 소파 문화를 만들어서 여성들이 상대적으로 다른 구성원들과 평등하게 지낼 수 있도록 만들었다고 한다. 자궁경부암이 줄어든 것은 샤워나 목욕문화가 아파트의 장점이기 때문이라는 지적도 있다. 이러한 연구들은 아파트를 한국인의 삶의 흔적이나 궤적으로 보면서 그 긍정성도 주목해야 한다고 본다. 그렇다면 장애인에게 과연 아파트는 어떠한 의미인가 생각하지 않을 수 없다.

영화 〈아파트〉에서 죽음을 소재로 삼은 것은 바로 이 아파트의 자기만족적 편리성이 내포하고 있는 단절성과 획일성을 드러내기 위해서다. 어느새 아파트는 사람이 살 만한 데가 못되는 공간이 되어 버린다. 특히 장애인에게 이러한 정도는 민감하다. 요컨대, 감독은 겉으로 훌륭해 보이는 행복 아파트를 도시인의 고독과 외로움을 소외와 공포, 죽음의 근원이라는 관점에서 풀고자 하며, 장애인이 등장시켜 강조점을 둔다.

영화 〈아파트〉에서 아파트의 선호성과 소외성이라는 이중성을 잘 나타내는 인물이 유연(장희진 분)이다. 그녀는 혼자 사는데 다리를 잘 쓰지 못한다. 아파트 주민들이 돌아가면서 돌보러 찾아오지만, 그것도 잠시일 뿐 대부분의 시간을 거실 흔들의자에 앉아 창문 밖만 바라보며 지낸다. 세상과의 소통은 그 베란다 밖의 풍경이 유일하다. 하늘이라도 보이면 그 소통은 일정 정도 성취할 수 있을지 모른다. 그러나

창문 밖에는 아파트의 앞 동만 보인다. 유연이 종일 볼 수 있는 것은 막막한 벽, 단절뿐이다.

남의 이웃집을 탐내지 않더라도 보지 말아야 하는 것이 아파트의 불문율이다. 비록 앞 동이 눈 앞에 보이더라도 빤히 쳐다보는 것은 침해다. 무엇보다 사생활을 침해하지도 말아야 하지만 침해받지 않는 것도 중요하다. 그래서 끊임없이 아파트에는 커튼이 쳐진다. 그 커튼 뒤로 무슨 일이 일어나는지 관심을 두지 않는 사이 죽음과 공포는 태어난다. 유연이 아파트 폐쇄 공간, 그 커튼 뒤에서 당하는 일들은 밖으로 드러나지 않는다. 행복 아파트에서 주민들의 공동체적 정신은 빛이 나지만, 그 빛 이면에 무슨 일들이 일어나고 있는지는 묻힌다. 오세진(고소영 분)이 사생활 침해 금지라는 금기를 어기지 않았더라면, 유연이 당한 고통은 세상에 영원히 드러나지 않았을지 모른다.

행복 아파트 공동체 정신의 실체

아파트의 자기만족적 공간의 분할로 빚어지는 단절성은 약자에 대한 이중성을 철저하게 은폐시킬 수 있다. 처음에 아파트 주민들은 유연의 부모님이 사고를 당하게 되자, 할머니, 또래의 남학생, 그리고 젊은 주부, 중년의 남성이 불쌍하다며 돌아가면서 도와준다. 그들은 장애인 소녀를 도와주는 착한 마음씨의 사람들이 모여 사는 아름다운 행복 아파트라며 인터넷을 중심으로 대대적으로 홍보한다. 이렇게 살기 좋은 이미지는 아파트 가격에 긍정적일 수밖에 없다.

그러나 점차 이 같은 이미지는 허구적인 것으로 드러나고 만다. 실은 그렇지 않았던 것이다. 할머니는 가족에게서 외면받고는 유연에게 자기 방식대로만 강요한다. 유연이 배가 불러 싫다는데도 음식을 계속해서 먹인다든지, 억지로 목욕을 시키고 피가 나도록 때를 민다. 할머니는 유연이 거부하면 자신을 무시한다고 윽박지른다. 또래의 남학생은 따뜻한 친구인 줄 알았지만 상습적인 성폭행범이었다. 또다른 젊은 여성은 남편의 제약회사 약을 유연에게 실험했다.

겉으로는 장애인을 도와주는 즐겁고 따뜻한 일들만이 있을 것 같은 행복 아파트였지만, 차갑고 어두운 불행의 공간이었다. 상호소통성이라는 특징의 인터넷조차 아파트의 커튼과 벽을 넘을 수는 없었다. 아파트 상하의 층 사이는 벽이 되고 그 뒤의 방안에서는 고통스러운 일들이 벌어졌던 것이다. 사람들은 많았지만 그녀에게는 풍요 속의 빈곤과 같이 소외의 연속이었다. 이는 아파트뿐만 아니라 도시의 풍경이기도 하다. 유연만이 아니라 오세진과 같이 수많은 사람들이 스쳐지나가지만 저마다 다들 외로워한다.

자기의 편안함에 취하면서 발생하는 비대면성에서 공포와 죽음은 일어나고 있었다. 심지어 주민들은 사람들이 죽어나가는 것을 보고 살해를 단순한 자살이라고 생각하게 된다. 그것도 그럴 것이 아파트는 단절과 고립의 이기적 공간임을 스스로가 인식하고 있기 때문이다. 더구나 그 죽음이 자신에게서 비롯된 것이라는 사실은 인식하지 못한다. 다만, 서로 자신만의 공간에 묻혀 죽음에 대한 공포에 떤다.

한국 영화나 드라마에서는 주로 원한이 서려 있는 이들이 혼령으로 등장하는 경우가 많다. 여성 귀신이 많이 등장하는 이유는 그들이 가장 사회적인 약자이기 때문이다. 〈아파트〉에서도 사회적 약자인 장애인 여성이 등장하고, 그녀가 죽어 원혼이 된다. 한국 영화의 공포는 이러한 약자의 한을 푸는 데 초점이 있다. 이는 다른 말로 하면 약자에 대한 애정과 연민, 휴머니즘을 그대로 반영하고 있는 것이다. 이 순간에도 아파트는 실생활의 편리함 이면에 아파트는 원혼을 만들어내는 공간이 아닌가 싶다. 원혼은 결핍이다. 이 결핍에는 애정과 배려, 인간미를 갈구하는 원혼이 포함된다.

고층 아파트의 시대, 그 결핍이 어디 이동장애인에게만 해당될까. 하루가 다르게 난쟁이 집들은 사라지고, 키다리 집들이 점점 늘어난

다. 하늘의 권위에 도전하는 바벨탑처럼 끝없이 하늘로 치솟고 있다. 하늘로 높이 올라갈수록 그 오르내림은 인간의 능동성이 아니라 수동성을 더욱 요구한다. 그것이 엘리베이터의 힘이건, 에스컬레이터의 힘이건 말이다. 자신의 근육을 사용해서 이동하는 이들에게 아파트는 이러한 수직 공간의 강요와 자유 박탈의 공간이다. 부자유의 공간은 육체적으로나 마음으로나 장애를 낳는다. 그러한 면에서 보면, 원래 이동이 자유롭지 못한 장애인이나 비장애인이나 같은 처지에 내몰리게 되는 셈이다. 그렇기 때문에 오히려 장애인과 비장애인이 함께 공감을 토로할 수 있는 장이 될 가능성도 있다. 고층 마천루의 시대가 가속화될수록 말이다.

28 미모의 여교수가 다리를 저는 이유

여교수의 은밀한 매력(2006)

똑같은 행동도 상황과 사람에 따라 다른 의미로 이해되고 받아들여진다. 장애에 관한 현라 다르게 해석되고 통용된다. 상황과 맥락에 따라 의미가 달라지는 것이다. 똑같은 장애의미 부여되고 해석될 수 있는 점을 여교수의 은밀한 매력 예서 볼 수 있다. 특히 미모의 여교수와 장애인이라는 기표가 또 다른 기의를 만들어내기 때문이다.

"내, 내내내가 왜…??!!"

한국 사회 이중성과 지식들의 위선, 우리 안의 허위의식을 겨냥한 영화 〈여교수의 은밀한 매력(2006)〉. 18금이라는 등급 때문에 일부 관객들은 에로틱한 장면을 기대했지만 그런 장면이 거의 없어 실망하기도 했다. 여교수, 은밀한이라는 단어와 여기에 가슴이 보일 듯이 허리를 숙이고 있는 문소리의 포스터 사진은 그 실체와는 관계없이 도발적으로 섹스어필하는 것으로 보인다.

〈여교수의 은밀한 매력〉은 실제 영화를 보고 난 뒤 제목과 포스터, 홍보 화면 덕에 "노이즈 마케팅에 속았다"는 감정적인 결론에 도달하게 만드는 영화다. 한편으로는 선정적인 제목과 에로틱 코미디라는 자극적인 홍보 문구에 혹한 자신을 자학하게 만든다.

영화는 에로틱보다는 과정을 생략한 사건의 결과들을 나열하기 때문에 그 어색함이 어느새 낯설음으로 다가오기도 한다. 영화는 장르 차원에서 볼 때는 블랙 코미디인데, 웃음의 코드도 보통과 달라 호흡이 엇박자 나는 것으로 보이기도 한다. 〈여교수의 은밀한 매력〉은 이야기의 개연성에서 벗어나 자유로운 상상력을 맥락에 관계없이 펼쳐보이려는데, 그러다 보니 좀 뻔뻔하고 불친절한 영화가 되었다.

은밀한 매력의 실체

심천대학교의 염색과 교수인 조은숙(문소리 분)은 환경단체 '푸른심천 21'에서 활발하게 활동한다. 그 단체의 멤버들은 조은숙의 마음을 얻으려고 혈안이 되어 있다. 그런데 어느 날 심천대학 만화과 강사로 온 인기 만화가 석규(지진희 분)는 푸른심천 21의 환경만화를 의뢰받는다. 환경 단체의 멤버들은 잘생기고 훤칠한 석규의 등장에 기겁을 하고, 조은숙 교수가 자신들보다 석규에게 더 관심을 보이는 것 같아

애를 태우게 된다. 이 환경 단체의 멤버인 유 선생은 마침내 석규가 양아치 출신이라는 사실을 알게 되고, 이를 증명해 만천하에 알리려 한다. 그런데 석규는 조은숙 교수에게 이런 말을 한다.

"그동안 잘 살았어? 못 알아봤잖아~."

즉, 석규는 조은숙 교수의 과거를 알고 있는 것이다. 그것이 바로 석규가 알고 있는 조 교수의 은밀함이다.

그렇다면 과연 이 영화에 우리가 기대하는 여교수의 은밀한 매력은 있기라도 한 것일까? 처음부터 영화는 '여교수의 은밀한 매력'에는 관심이 없다. 영화의 끝에서 정말 '여교수의 은밀한 매력'이란 건 결국 없다는 것이 확인되어 황당하기도 하다. 뭔가 대단한 비밀이 숨어 있을 줄로 알았던 조은숙의 과거도 그리 엄청난 것도 아니다. 그것은 매력이 아닐 수 있다. 1990년대 후반 빨간 마후라라는 동영상의 주인공들이 20여 년이 흐른 뒤 여교수(조은숙)와 강사(박석규)로 만나는 설정

이 전부이다.

실제론 '은밀한 매력'이란 게 없는 데도 마치 있는 양 야단법석을 떠는 모습 자체가 주제의식을 담고 있는지 모른다. 조은숙 스스로 자신을 매력 덩어리로 착각하며 뽐내는 데도 수많은 '남성'들은 그녀에게 뭔가 '은밀한' 매력이 있을 것으로 믿고 떠받들고 경쟁하기 때문이다. 바로 그런 부조리하고 어처구니없는 상황. 이것이 세상사의 허위의식이 만드는 희극적 비극이다. 무엇인가 거대한 것이 있다고 휘둘리면서 끝 간 데까지 간다. 유 선생처럼 죽음도 불사하며 말이다.

그럼 영화는 아이러니한 여교수의 은밀한 매력이라는 것을 통해 어떤 점을 말하고자 하는 것일까? 이하 감독은 〈여교수의 은밀한 매력〉에 대해 한 매체와 가진 인터뷰에서 "우리들의 이중성, 가식에 대한 실있는 농담!"이라고 했다. 지금까지 살펴본데에서 짐작할 수 있듯이 이중성과 가식에 대한 뼈 있는 우스개를 지향하고 있는 것은 맞아 보인다. 실제로 등장인물들 자체가 이중성 속에서 우습게 희화화 된다.

겉으로는 미모의 지성인인 교수 조은숙은 알고 보니 성적으로 문란하다. 모범생 같은 만화과 신임 교수 박필은 알고 보니 불량 청소년이었다. 순수청년, 올곧은 도덕 선생 같은 유 선생은 집착증의 스토커였다. 조은숙을 사랑하게 된, 조은숙이 사랑한 김 PD는 아내가 있었다. 그들이 가장 도덕적이고 윤리적인 사람이라고 생각하는 것, 그것이 그들의 매력인데 정작 위선일 때는 조롱의 대상이 된다.
은유적으로 보면 이는 인류역사와 맞물려 있지 않을까? 조은숙(매력적이라 여겨지는 여성)을 차지하기 위한 남자들의 쟁탈전은 과거나 현재나 끊임없이 이어진다. 그 과정에서 남자들은 죽어만 간다. 욕망을 위해 죽어간다. 사실 조은숙은 그냥 매력적인 여성이 아니라 여교수라는 상징권력을 가진 존재이다. 여교수의 은밀한 매력은 거꾸로 남성들의 욕망을 폭로하고 그 어이없는 성격을 조롱한다.

다만, 남자들의 덧없는 욕망의 폭로에 그치는 것은 아니다. 인간이 현실에서 보이는 이중성과 허위의식, 그 희극적 비극의 슬픔을 드러내는데 목적이 있기 때문이다. 이는 조은숙이 왜 다리를 절뚝이는가와 연결된다. 흔히 매력적이고 미끈한 몸매의 주인공은 걸음걸이가 당당한 이미지를 가지고 있다.

PD가 그녀에게 매혹되는 점 중에 하나는 외모, 장애와 교수라는 직함이다. 감독은 인터뷰에서 "약간의 장애가 있는 여자는 남자들이 보호해주고 싶어한다."고 말한 바 있다. 그 자체가 남성에 대한 조롱이겠지만, 단지 남자들에게 매력적으로 보이게 하는 장치에 머무는 것만은 분명 아니다.

우선, 과거 학생 시절인 1986년. 그녀는 다리를 절뚝이지 않았다. 학생과 교수의 사이에 무슨 일이 있었다는 것을 암시하는 것이다. 그간 불량 청소년 출신의 소녀에서 교수가 되기까지 고생과 고통을 대변하는 장치로써 불편한 다리를 설정했다는 해석도 가능하다. 한편으로 그녀의 걸음걸이는 어린 시절의 성적 방탕함에 대해 영화가 그녀에게 부여한 일종의 처벌처럼 느껴지기도 한다.

그러나 그녀의 다리는 사회적 처벌이라기보다는 오히려 사회적인 편견을 드러내주는 것일 수도 있다. 즉, 우리가 당연히 미인 교수의 모습에 절뚝이는 걸음걸이를 상상하지 않는다. 영화를 포함해 여전히 많은 대중문화 작품에서 팔등신 미인들은 다리가 불편하지 않다. 영화는 그런 걸음걸이 이미지를 깨고 있는 것이다. 얼마든지 몸매가 좋고 아름다운 교수라고 해도 다리가 불편할 수가 있다. 더구나 누구나 후천적으로 장애를 얻을 수 있다는 점을 생각하면 이미지 고착화의 문제점을 제기할 수 있는 것이다. 무엇보다 절뚝거리는 것은 단순히 신체적인 장애만을 의미하는 것이 아니라 많은 함의를 지닌 알레고리이다.

문소리는 한 매체와 가진 인터뷰에서 이렇게 말한 적이 있다.

"혼자 삐져서 차가 안 다니는 국도를 찔뚝찔뚝거리며 걷던 뒷모습이 기억에 남는다. 시나리오에서는 설명되지 않지만 그 여자의 내면은 황폐하기 이를 데 없는데 자기는 꿋꿋이 잘 산다고 느낀다. 위태위태하게 걸어가면서도 자기는 잘 산다고 믿는 그 모습이 안쓰럽고, 그리고 순진해 보이기도 했다.”

“그렇게 인생을 찔뚝찔뚝거리며, 초조해 하면서, 또 나름으로는 잘 살아간다고 위안 삼으면서 걷는 그 교수의 모습에 쉽게 웃음을 터뜨리지 못하는 것은 누구도 자기 안에 그만큼의 가식과 허위가 없다고 말하지 못하기 때문이다.”

부조화와 불안의 상징

그녀가 다리를 절뚝이는 것은 현실을 제대로 디디지 못하는 불완전한 관계성을 나타낸다. 겉으로는 아름답고 사회적 지위를 가진 존재이지만 제대로 발을 딛고 나아가지 못하는 것을 의미하는데, 그것을 드러내는 것이 성적인 측면일 것이다. 나아가 과거와 현재의 불협화음을 지닌 채 인생길을 걸어가는 모습을 의미하기도 한다. 겉으로는 교수라는 직함을 내세우고 있지만 실제로는 그것에 부합하지 못하고 끊임

없이 부조화하면서 삶을 살아가고 있는 모습이다. 미모와 지성을 앞세우며 도도하게 걸어가지만 자신을 진정으로 사랑하는 사람조차 옆에 두지 못하고, 전체적으로 기우뚱 기우뚱거린다. 많은 이들이 그녀를 원하지만 그들은 진정한 관계보다는 찰나적 관계를 더 원한다. 지금 이 순간 사랑을 나누는 유 선생조차도 언제나 떠날 수 있는 유부남이다. 많은 관계와 확고한 관계가 이어지는 것처럼 보이지만 그 관계들은 항상 불안정하다. 그 모습은 영화 속에서는 우스운 알레고리로 보이는데 실제적으로는 슬픈 모습이다. 영화는 이 점을 잘 드러내주고 있다.

이러한 면은 비단 여교수에만 해당하는 것은 아닐 것이다. 명예와 부, 사회적 지위를 지향하며 도도하게 걸어가지만, 언제나 현실을 딛고 있는 다리는 절뚝이는 것이 인간의 모습이기 때문이다. 인간의 이중성은 호모 구라덴스의 면모를 보인다. 가식과 이중성 속에서 줄타기 하고 있는 현대인의 우스운 모습을 하고 있지만 결코 우습지 않은 슬픈 장면이다.

29 무성욕의 존재

박쥐(2009)

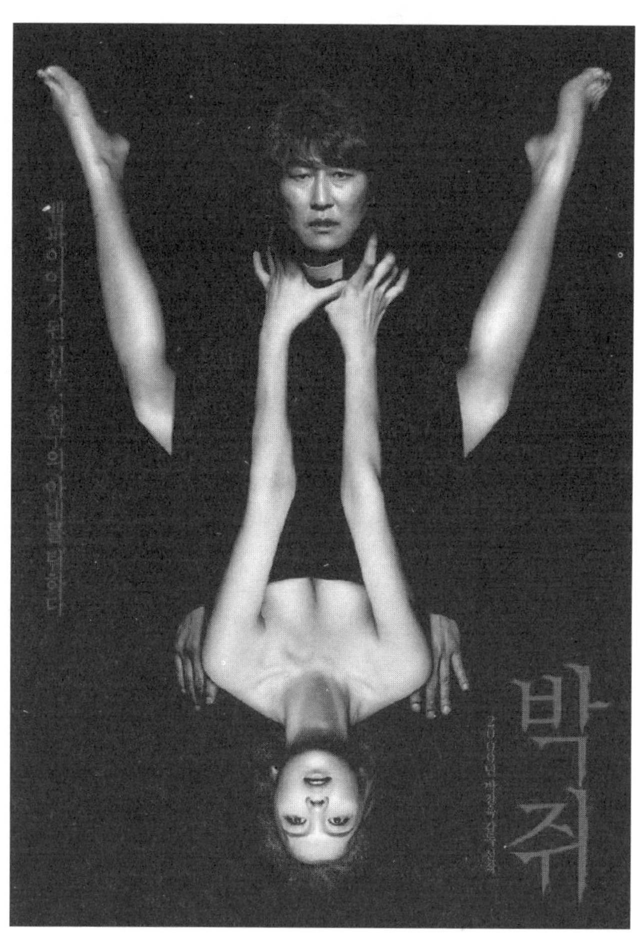

장애는 성불능과 등치되고, 불능은 성욕의 불능과 역시 '등'의 관계가 된다. 어느새 순수와 착함은 무성욕과 불가분의 관계처럼 각인되었다. 장애인은 어느새 성불능이며, 무성욕의 존재로 전형화된다. 이 때문에 만족을 못 시키는 존재로 갈등의 중심에 선다. 흔히 그들은 이 때문에 제거의 대상이 되고 그룹 제거한 이들은 다시 스스로 자신을 제거하는 내용이 영화 〈박쥐〉에 담겨 있다.

"사지가 절단된 환자와 같이 몸을 마음대로 움직일 수 없게 하시고, 두 뺨을 떼어내어 그 위로 눈물이 흐를 수 없도록 하시고, 어깨와 등뼈가 굽어져 어떤 짐도 질 수 없게 하소서."

서번트 신드롬(savant syndrome)을 다룬 『렉스』의 저자 캐슬린 루이스는 자신의 아들이 복합장애를 가진 아이라는 사실이 밝혀지자 이렇게 절규한다.

"신이여, 나에게 왜 이런 고통을 주시나이까."

자신이 장애에 걸린 것이 아닌데도 불구하고 그 어머니는 그렇게도 신을 원망했다. 정작 당사자가 그러한 장애의 큰 고통을 당한다면 더욱더 탄식과 원망의 절규를 쏟아낼 법도 하다.

영화 〈박쥐〉의 주인공도 이러한 절규를 할 법했다. 장애는 신실(神實)함과는 인과관계가 없으니…. 젊은 신부 상현(송강호 분)은 평소에 신실하게 자신의 임무를 다했고, 독실한 종교인으로 시각장애인이자 하반신장애인인 노신부(박인환 분)는 그에게 "너도 친구가 있냐?"고 물을 정도였다. 심지어 상현은 자신을 위해서가 아니라 남을 위해서 바이러스 임상 실험에 참여한다. 그 바이러스 임상실험에서 생존이 불가능하다는 사실을 알고서도 그는 자진해서 참여했다. 이미 예상했던 대로 그의 몸 안에는 바이러스가 급속하게 퍼졌다. 물집이 수없이 잡히더니 결국 피를 쏟으며 혼절해 버렸고, 응급실에 실려간 지 얼마 되지 않아 사망한다. 그를 진료한 의사들은 최종 사망 선고를 내린다. 하지만 곧 그는 주기도문을 외우면서 살아난다. 실험에 참가한 50여 명 가운데 유일하게 살아남은 사람이었다. 기적적으로 살아난 그는 국내에 돌아와 일약 기적을 희생정신으로 실현한 영험한 신부의 반열에 올라선다. 병자들은 그에게 자신들에게 그 영험함을 나누어 달라

고 매달린다.

　하지만 그는 그러한 존재가 아니라는 사실을 잘 알고 있었다. 무엇보다 이제 그는 다른 사람의 피를 먹어야 하는 흡혈귀에 불과했다. 그는 자신이 살기 위해서 평소에 자신이 돌보아주던 환자의 피를 먹어야 했다. 사람을 죽이지 않고 다른 사람의 피를 먹으며 살 수 있는 것은 그 길 밖에 없었다. 자신의 목숨을 다른 이들을 위해 내놓았던 그가 다른 사람들을 희생해야 살 수 있는 존재가 되어 돌아왔다. 그것이 신의 뜻이라면 신의 뜻이었다.

　결국 그는 자신의 식량을 위해서 그 환자를 정성스럽게 돌보는 셈이 되었다. 그가 환자를 먹이고 재우고 몸을 닦아주는 것은 신선한 피를 공급해주기 때문이다. 대신 목에 직접적인 상처를 내어 피를 빨아먹는 다른 흡혈귀나 뱀파이어 대신 그는 링거를 통해서 피를 쪽쪽 빨아먹을 뿐이다.

　핵심은 이런 것이 아닐까. 젊은 신부 상현은 남에게 봉사하기 위해 스스로 치명적인 바이러스 실험에 참가했다가 치명적인 장애를 안고 돌아왔다. 사는 게 사는 것이 아니며, 살아 있으면서 죽은 존재, 죽어 있으면서 살아 있는 존재이다. 지젝이 말하는 중간자적 존재, '똥'이다. 더구나 그는 신부이기 때문에 남의 피로 생명을 유지한다는 것 자체가 이미 성직자의 자격을 잃은 것이다. 아니 성직자는 흡혈귀와 맞서 싸워야 하는 존재가 아닌가. 그러니 더욱 그 모순성에 괴로울 수밖에 없다. 그가 잘못한 것은 없지 않은가. 물론 왜 하필 뱀파이어인지 영화는 설명하지 않는다. 그러한 면에서 보면 박쥐라는 제목이 주는 철학적 의미는 그렇게 깊지 않아 보인다. 다만, 이중적으로 살아가는 인간의 가면성을 제시하려는 의도는 넘친다.

　하지만 그러한 가면성은 스스로 선택한 것이라기보다는 외부에서 주어진 것일 뿐이다. 그의 잘못이라면 자살하지 않고 살아난 것인데, 어찌 신이 주신 생명을 스스로 파괴하겠는가. 결국 전체적으로 모순이다. 〈박쥐〉는 기독교가 가지고 있는 구원의 문제를 다루고 있으며, 그 가운데 장애는 종교적 모순과 불합리함을 설명하는 장치로 사용되고 있는 것이다. 이렇게 남의 피를 먹어야 살 수 있는 흡혈귀가 되면서

상현은 그동안 금기로 억압했던 욕망에 쉽게 마음을 열게 된다.

금욕과 불능

이 영화에서도 욕망의 상징은 성욕이다. 종교인의 파계, 세속화는 성욕에 달렸다. 이러한 설정을 통해서 대중 통속성을 강화했다. 우연히 병원에 어린 시절 친구 강우(신하균 분)가 입원하게 되면서, 상현은 친구의 집에 놀러가게 된다. 병을 고쳐달라는 어머니의 부탁이 주효했다. 마침 수요일마다 '오아시스'라는 마작 놀음이 있는 날이었다. 그곳에서 그는 태주(김옥빈 분)에게 연정을 느끼게 된다. 태주는 자신의 친구 강호의 안사람이었다.

그러나 마침내 넘지 말아야 할 선을 넘고 마는 상현과 태주였다. 두 사람 모두 금욕의 새장 안에 있었다. 태주는 강우가 성적으로 무능했기 때문에 밤마다 송곳으로 자신의 허벅지를 찌르며 지냈다. 상현은 신부의 신분이기 때문에 욕정이 솟아오를 때마다 피리로 자신의 허벅지를 때리며 견디었다. 두 사람의 허벅지에는 멍과 상처투성이다. 두 사람의 욕정이 분출하기 시작하면서 그 욕정은 누군가에게 칼이 되었다. 즉, 목숨을 빼앗는 치명적인 무기가 되었다. 무기의 희생자는 바로 태주의 공식적인 남편인 강우였다. 강우는 사실 정신장애를 가지고 있는 존재다. 그 증상을 명확하게 지적해 낼 수 없지만, 육체와 정신이 모두 심약한 이라는 것만은 분명하다.

물론 태주도 정상적인 행동거지를 보여주는 것은 아니다. 세 살 때부터 집안에서 갇혀 지내면서 두 모자를 위해서 노동을 해왔다. 학대 행위가 일상화되었기 때문에 마치 나사가 하나 풀려 있는 듯싶다. 또한 언제나 억압의 환경 속에서 생활해왔기 때문에 대인관계도 원만하지 못하다. 그렇지만 그녀는 욕망이 살아있었다. 욕망의 분출구를 부지런히 찾고 있었고, 분출한 곳을 드디어 찾아낸 대상이 상현이었다. 상현도 여전히 욕망은 살아있었지만 그것을 억압해왔을 뿐이다. 한번 무너진 금욕의 벽은 걷잡을 수가 없었다. 하지만 강우는 욕망이 없는 존재였다. 특히 성적인 욕망은 더욱 그러했다. 그 욕망의 결핍은 태주의 욕구 불만으로 이어졌다. 결핍은 혼자만의 영역으로 끝나지 않는 것이 인간관계, 특히 부부의 관계이다. 어떻게 보면 부부의 관계, 인간의 관계는 욕망의 상호성이 엄연하게 작동하는 관계인지 모른다.

태주와 상현은 결국 욕망이 없는 존재를 제거해서 자신들의 욕망을 충족시키려 한다. 하지만 욕망이 없는 존재는 장애인이었다. 장애인은 무성욕의, 무사랑의 존재로 그려지고는 하는데 이 작품에서도 마찬가지다. 욕망이 없는 존재는 욕망이 있는 존재에게서 제거당했다. 마치 욕망이 적은 장애인이 욕망이 큰 비장애인들에게 배제되듯이…. 하지만 중요한 것은 무욕망의 존재인 강우가 그렇게 선한 장애인으로만 그려지는 것은 아니라는 점이다. 그는 자신이 태주에게 무슨 행동을 했는지 모른 채 어느새 그녀를 학대하고 있었다. 이를 통해 장애인이라고 그의 행동 모두를 긍정적으로 받아줄 수만은 없는 점을 잘 드러내준다. 오히려 무욕의 존재는 긍정적이지 않을 수 있다. 욕망이 있는 존재들은 그 욕망을 위해서 자신을 절제하고 상대방을 배려하고 예의를 차리기 때문이다. 무욕망의 존재는 욕망이 있는 존재를 배려하지 못할 수 있다. 그들은 자신의 무욕망을 들면서 때로 무관심과 강요, 폭력 행위를 합리화한다. 특히 강우와 같은 무욕망의 존재는 다른 이들을 전혀 의식하고 배려하지도 않기 때문에 주위사람들을 피곤하게 만든다.

　무성욕의 존재로 그려진 장애인은 누군가의 아들일 것이다. 그 누군가의 아들, 즉 아들의 어머니 라 여사(김해숙 분)는 아들의 죽음에 혼절한다. 그리고 뇌혈관의 이상으로 사지를 못 쓰는 존재가 된다. 즉, 몸을 움직일 수 없는 장애인이 된 것이다. 그러한 장애는 오히려 비장애인일 때 알 수 없는 진실을 알게 해준다. 사지를 못 쓰고 말도 하지 못하는 존재로 인식되는 순간 태주와 상현은 그녀를 의식하지 않고 자신들이 하고 싶은 말이나 행동을 마음대로 하게 된다. 심지어 자신들이 그녀의 아들을 죽였다는 사실조차 말이다. 더구나 장애인이 된 무용한 존재라고 여긴 그들은 그녀를 죽이지 않는다. 결국 죽는 사람들은 장애가 없는 비장애인들이다. 장애 때문에 살아남을 수 있었고, 장애가 없기 때문에 죽었다.

항상 무성욕의 존재인가

태주와 상현은 자신의 친구이자 남편을 죽였다는 죄책감에서 벗어나지 못하고 만다. 항상 주변은 물로 가득하고, 두 사람의 관계에서 죽은 강우는 가슴 위에 돌을 얹고 나타난다. 그것은 현실과 환상을 넘나들지만, 두 사람의 의식 작용이 만들어 낸 환상이다. 그러한 장면은 뱀파

이어의 초능력이 빚어내는 현상과 함께 호접몽의 경지를 보여준다. 그
들은 결국 일순간의 욕망을 위해 영원히 마음의 장애자가 된 것이다.

이 영화에서 죽은 강우처럼 무욕의 존재만이 그려지는 것은 아니
다. 젊은 신부 상현에게 언제나 멘토 역할을 했던 노신부는 눈이 안보
이고, 휠체어를 타고 다닌다. 항상 희생과 봉사의 정신을 강조하는 신
부이고, 존경의 대상이 될 수밖에 없는 인품을 지닌다. 뱀파이어가 되
어 돌아온 젊은 신부에게 자신의 피를 먹이는 행동까지 보여준다. 하
지만 그 노신부는 결국 자신의 욕망에 충실한 존재로 다시금 재등장한
다. 뱀파이어가 되면, 눈이 보일 수 있고 자유롭게 걸어 다닐 수 있기
때문에 젊은 뱀파이어 신부에게 피를 나누어 달라고 한다. 상현이 거
절함에도 불구하고 노신부가 계속 피를 달라고 요구하자 더 이상 뱀파
이어의 확산을 막기 위해 상현은 노신부의 심장을 찌르고 그 피를 받

아먹는다. 결국 상현에게 정신적·물리적 양식뿐만 아니라 그 생명까지 주고 말았다. 한번 세상을 보고자 했던 욕망은 세상을 느낄 수 있는 기회까지 앗아가 버렸다.

　인생은 고해(苦海)를 넘어서 장해(障海)다. 말그대로 장애의 바다이다. 그것에 절대적인 법칙은 없다. 인과 관계에는 오로지 상황에서 판단하고 선택하는 인간의 행위만이 존재한다. 그 행위 때문에 다시 다른 행위들이 인과 법칙처럼 등장할 뿐이고 다른 이들이 반응한다. 생과 사의 갈림길이 그곳에 있을 뿐 박쥐같은 이중성은 부차적이다. 오로지 사람 안의 양심과 영혼만이 스스로 모든 죄과를 거둘 뿐이다.

30 폭력은 폭력을! 장애는 장애를?

똥파리(2009)

폭력은 폭력을 낳는다는 말이 있다. 장애는 장애를 낳는다. 폭력을 저지르는 이들이 장애를 갖고 있는 경우가 많다. 폭력과 장애의 관계는 어떠한 관계일까? 폭력과 장애는 인과관계도 있어 보인다. 폭력은 장애를 낳고 장애는 다시 폭력을 낳기 때문이다. 흔히 놓치기 쉬운 이 점을 확인해볼 수 있는 영화가 〈똥파리〉다.

"누굴 때리는 X새끼는 지가 안 맞을 줄 알거든. 근데 그 X새끼도 언젠가 X나게 맞는 날이 있어."

2009년 영화 〈똥파리〉를 감독한 양익준 감독은 별명을 하나 얻었는데, 그건 바로 상(賞)수집상이었다. 영화 〈똥파리〉 하나로 전 세계를 돌며, 각종 상을 수집하듯이 수상했기 때문이다. 프랑스 도빌아시안영화제, 스페인 바르셀로나아시안영화제, 네덜란드 로테르담국제영화제, 싱가포르국제영화제, 스페인 라스팔마스국제영화제 등 10여 개 영화상을 받았다. 이후에도 몇 개 추가되었다. 여기에는 작품내용에 관계없는 메커니즘이 작동하기도 했다. 평균회귀와 수상의 눈사람 효과로 볼 수도 있는데 우선 눈사람 효과를 살펴보자.

영화제 심사위원들은 이전 영화제의 수상기록 때문에 수상을 많이 한 작품을 간과할 수 없는 눈사람 효과를 만들어낸다. 눈이 한 번 뭉치기는 어렵지만, 어느 정도 뭉치면 자체 동력을 가지고 계속 몸집이 불어나는 것과 같다. 만약 앞선 영화제들이 권위성이 높다면 그 뒤에 있는 영화제는 심사에서 강하게 영향을 받을 수밖에 없다.

또한 그것은 심사위원들이 이전 심사위원들의 평균 지향성에 동조한 결과이다. 약간 어려운 말일 수 있는데, 이는 미인대회 심사에 역시 견유해 볼 수 있다. 외부적으로 보상이 주어지지 않아도 심사위원들은 될 만한 후보를 뽑는다. 만약 그렇지 않다면 전문가로서 능력을 의심받을 것이라고 생각하기 때문이다. 평균적으로 그들은 다른 이들이 뽑을 만한 사람을 뽑는다. 특히 대중이 인식했을 때 미인이라고 여길 수 있는 사람을 뽑기 마련이다. 미인대회만큼 이런 평균회귀 현상이 도드라지는 것도 없다.

그러나 전문가들이 영화 〈똥파리〉에게 상을 준 것은 단순히 남이 주었기 때문만은 아니다. 이 영화가 '폭력의 재생산'이라는 점을 잘 부각시켰기 때문일 수 있겠다. 또한 동양적인 정서로 볼 때 원인과 결과,

그리고 결국 인과에 따른 응보를 잘 보여주고 있다. 이러한 얼개를 갖게 될 때, 영화는 작품의 내적 완결성을 갖추게 된다.

상훈의 아버지는 가정폭력을 휘둘러, 자신의 딸을 칼로 찔러 죽게 만든다. 피를 흘리는 딸을 업고 뛰는 아들 상훈을 쫓아 나간 어머니는 차에 치여 죽는다. 그동안 상훈은 무엇을 했던가. 여동생이 어머니를 때리는 아버지를 말려달라고 눈물로 호소하지만, 상훈은 내버려 두라며 두려움에 움츠려 있었다. 직접 아빠를 말리던 누이동생은 아버지의 칼에 찔려 죽고 만다. 아버지는 그 죄로 15년간 복역하는데, 상훈은 그 아버지를 주기적으로 폭행한다. 어머니와 누이동생을 죽게 만든 아버지에게 응당 대가를 주어야 한다고 여기는 것이다. 상훈의 폭행은 응보(應報)의 폭력이다.

장애와 폭력의 상관성

상훈은 정신 외상에 시달리는 정신장애인이다. 그는 폭행을 합리화하고, 다른 이들의 감정에 공감하지 못하며, 일부러 그러한 감정 공유를 차단한다. 그리고 대화를 거부한다. 그것의 대표적인 도구가 바로 '욕

설'이다. 영화 〈똥파리〉는 가장 많은 욕설이 나온 영화로 기록될 만하다. 그는 또한 자학의 도구로 폭력을 행사한다. 상훈이 휘두르는 주먹은 바로 자신을 향한 주먹이 된다. 그렇게 아버지를 팰수록 자신은 패륜아가 되기 때문이다. 그가 청부 용역을 하면서 다른 이들에게 행사하는 주먹질도 결국 자신에 대한 폭행이다. 자신을 똥파리 같은 존재로 만들면서 자기파괴를 하는 것이기 때문이다. 여기에는 아버지의 폭력을 방관해서 결국 어머니와 누이가 죽었다는 자책감이 작용한다. 스스로 더 이상 잃을 것이 없는 존재로 만들어버림으로서 자학의 극단으로 치달아간다. 만약 아버지의 칼에 상훈이 죽을 수도 있었다면, 여동생이 똑같은 폭력적 존재로 성장했을까?

고수는 고수를 알아보고, 상처 있는 자는 상처 있는 자를 알아본다. 우연히 골목길에서 자신이 뱉은 침을 맞은 연희(김꽃비 분)의 대찬 행동을 보고 상훈은 같은 종족(?)임을 알아보았는지 모른다. 자신의 주먹질에 기절한 연희를 옆에서 지켜보다가 넥타이의 침을 닦아주고 그에 대한 보상(?)으로 과자에 캔맥주까지 사준다.

연희가 청부폭력배를 무서워하지 않는 것은 그녀의 집안에도 폭력적 존재가 도사리고 있기 때문이다. 연희의 아버지는 월남 참전용사인데, 그는 그의 온전한 정신과 훈장을 바꾸었다. 살육과 폭력의 전쟁터에서 그가 얻어온 것은 훈장만이 아니라 정신분열증도 있었다. 그 분열증은 과거와 현재, 미래까지 뒤섞어 놓았다. 죽음과 삶을 헤집어놓아 이미 죽은 어머니를 살아있는 존재로 여긴다. 다만, 온전히 살아있는 존재가 아니라 바람이 나서 남편과 아이들을 내팽개친 존재로 기억하려 한다. 그것은 자신으로 인해 빚어진 그녀의 죽음을 인정하지 않으려는 본능이다. 전쟁에서 마치 자신의 살인행위를 방어하려는 것을 연상시킨다. 연희의 오빠 영재는 아버지가 만들어 놓은 말의 폭력 속에서 육체적 폭력을 확장시킨 괴물로 성장한다.

즉, 말의 폭력을 먹고 자란 물리적 폭력의 존재다. 이로써 육체적 폭력은 육체적 폭력만을 길러내는 것이 아니라 정신적 폭력이 육체적·정신적 폭력을 아울러 길러낼 수 있음을 말해준다. 더구나 여성이 가정에서 아버지와 오빠에게서 받는 이중적인 폭력은 오히려 상훈과 같은 청부폭력배 앞에서 꼿꼿할 수 있는 힘이 되는지 모른다. 물론 상훈과 연희의 연결은 남성적 로망일 수도 있을 것이다. 언어폭력과 물리적 폭력을 무차별하게 사용하는 남자를 사랑하는 여자 말이다. 그것도 순수한 여고생 소녀가. 중요한 것은 대물림 혹은 증폭된 폭력 속에서 그 소녀가 어떤 행동을 하는가의 문제이다. 연희는 결국 자신을 지켜내고, 폭력적 존재의 감화까지도 이어내고 만다. 그러나 그러한 감화가 결국 상훈의 종말을 앞당겼는지 모른다.

영화에서 이 둘의 관계보다 더 중요한 것은 역시 인과응보라는 내적 완결성이다. 이를 위해 영화는 예전 일을 회상한다. 정신분열증에 시달리는 남편 대신 생계를 책임진 연희의 어머니는 길거리 포장마차를 운영하지만 철거반의 급습을 받는다. 이 과정에서 상훈의 폭력으로 결국 연희의 어머니는 죽음에 이르고, 상훈은 팔에 칼자국을 갖게 된다. 영재는 청부폭력조직에 들어가게 되고 그곳에서 연희의 연인인 상훈을 만나지만 그가 연희와 연결되어 있는 것은 끝까지 모른다. 결국 떼인 돈의 수금 과정에서 한 팀이 된 영재와 상훈, 그 과정에서 영재에게 행사한 폭력과 과거 철거폭력의 죄과는 영재의 폭력으로 이어져 상훈의 최후를 불러일으키게 된다.

이 영화의 근원은 가정폭력이다. 너무나 일상적인 주제라는 지적이 많았다. 이를 보편적인 주제라고 보면서, 〈워낭소리〉의 보편적 정서와 비교하기도 했다. 가정폭력의 중심에는 아버지가 있다. 결국 아버지의 폭력이 무수한 폭력을 낳고, 그것이 죽음으로 이어진다는 얼개가 상훈의 폭력성과 맞물려 있다. 그렇다면 아버지는 왜 그러한 행동들을 보이는가. 심지어 연희의 아버지는 부엌칼을 들고 딸을 죽이려 든다. 하지만 그 행위가 무엇인지 스스로 인식하지 못하는 아버지,

그는 장애인이다. 상훈의 아버지도 마찬가지다. 정신적인 공허감이나 무력감을 집안에서 폭력으로 행사하는 사회부적응을 가지고 있을 뿐만 아니라 대인소통 장애를 앓고 있는 존재인 것이다. 여기에 알코올은 그러한 증상을 촉진시킨다.

폭력을 생산하는 장애

중요한 것은 가정폭력이나 아버지의 인간적 결함 이전에 그들이 가지고 있는 장애다. 물론 그들의 외부 환경만을 탓하며 폭력을 정당화할 수는 없을 것이다. 여하간에 폭력이 폭력을 재생산하는 것이 아니라 장애가 장애를 만들어 낸다. 무엇보다 장애가 폭력을 만들어낸다. 물론 그것에 대해 폭력에 의존해서 장애로 빚어지는 갈등을 미봉하거나 도피하려는 개인의 판단과 선택을 징벌할 수 있는 사회적 합의가 요구된다. 그러한 점 때문에 상훈은 영화와 같은 최후를 인과 응보차원에서 얻게 되고, 연희의 오빠 영재도 그러한 길을 갈 것이라는 암시를 주면서 영화는 끝을 맺는지도 모른다. 이러한 과정을 통해 무엇을 우리는 인지할 수 있을까?

〈똥파리〉는 장애를 그냥 방치하는 것은 개인적인 차원에서 문제가 머물고 마는 것이 아니라는 점을 말해주는 셈이 된다. 우리는 이 점을 특별하게 고민하지 않아도 곧 알 수 있다. 그 전제는 폭력 뒤에 도사리고 있는 장애를 인식하는가이다. 이는 자신의 아버지를 폭행하고 있는 장면을 형인이 목격하고 있다는 사실을 인지한 상훈이 자신의 폭행이 또 다른 폭력자를 만들어 내고 있음을 느끼는 것과 같다.

똑같은 논리도 재생산된다. 아버지가 방치되었고, 역시 아들도 방치되었다. 방치는 방치를 낳는다. 하지만 상훈은 끝까지 자신이 장애를 가진 사람이라는 점을 인식하지 못했다. 인식의 없음은 또한 인식의 없음을 낳는다. 또한 전체적으로 영화는 폭력 이면에 도사린 장애를 인식하지 못한다. 그렇게 인식하지 못하는 것은 어쩌면 당연한 것인지도 모른다. 누구나 장애를 가지고 있지만, 그것을 장애로 여기지 않고 다른 개념으로 덮어버리면서 문제의 모순을 더 키워내는 일이 비일비재하기 때문이다.

하지만, 같은 폭력과 이면의 '장애' 의 생산 구조에서 그것에 영향

을 받지 않는 인물도 존재한다. 연희 같은 인물이 이에 해당한다. 물론 그것은 또 하나의 판타지일 수 있지만, 그것은 언제나 우리가 품어야 할 희망이다. 하지만 그녀에게 정신적 외상이 없을 수는 없으며, 그것을 간과해서도 안 될 것이다. 더구나 언제나 청부폭력배가 된 영재는 항상 연희의 주변을 맴돌 것이다. 그것은 어떻게 보면 생애 없는 순간은 없으며, 그것에 어떻게 꿋꿋이 대항해가는가가 중요하다. 무엇보다 가장 아쉬운 것은 폭력 죽음의 기원인 정신장애인인 아버지들을 모두 방치했다는 점이다. 가정폭력의 중심축인 상훈의 아버지는 감옥에 방치되었고, 정신분열증의 연희 아버지는 군복을 입은 채 반지하 방에 내버려졌다. 그것은 비단 국가가 방치한 것에서만 그 원인을 찾을 수는 없을지 모른다. 영화도 그것을 미처 생각하지 못했으니 말이다.

31 장애 가족 속 누이들의 이중 고통

검은 땅의 소녀와(2007)

장애인이 가족 안에 있는 경우, 장애인을 돌보는 책임은 대개 여성이 도맡아 한다. 성인 여성이 없을 경우에는 소녀들이 고스란히 담당한다. 검은 땅은 탄광지대를 상징하기도 한다. 한때 리얼리즘 예술은 빈번하게 광부들의 애환을 담아내었다. 하지만 그 애환 가운데 여성, 특히 소녀들의 애환을 담는 것은 드물었다. 더구나 장애인 가족이 있다면, 상황은 어떨까?

"아리랑 아리랑 아라리요 아리랑 막장으로 들어간다."

〈검은 땅의 소녀와〉는 탄광과 폐광이 아직 공존하는 강원도 작은 탄광 마을에서 일어나는 한 가족의 삶과 갈등을 소녀의 눈으로 조명했다. 영화 〈밀양〉에서 유괴범을 연기했던 조영진이 아버지 최해곤 역을 맡아 안정감 있는 연기를 보여 주는 한편, 정신지체의 오빠 동구 역을 맡은 박현우의 연기와 함께 어린 딸 영림 역을 맡은 유연미의 연기가 영화의 주제의식과 잘 맞아떨어진 영화다. 어두운 현실을 살아가는 이들의 소박한 희망, 그리고 언제 스러질지 모를 소외된 삶들을 조용하게 관조하는 시선으로 담은 〈검은 땅의 소녀와〉에서 중요한 것은 어린 누이의 시선이다.

이 작품은 많은 상을 받았다. 〈검은 땅의 소녀와〉는 이란 파지르국제영화제 아시아영화경쟁부문 감독상, 스페인 바르셀로나아시아영화제 대상, 이탈리아 베니스국제영화제 예술공헌상, 프랑스 도빌아시아영화제 대상, 스페인 라스팔마스영화제 촬영상을 받는 등 해외 영화제에서 연거푸 수상했다. 제18회 발드마른 국제청소년영화제에서도 대상과 국제예술영화상, 어린이 관객상을 수상했다. 이렇게 많은 상을 받은 것도 소녀의 처지를 조명하고 있기 때문이다. 더구나 청소년 국제영화제에서 수상을 한 것은 이 때문임을 더욱 확증하게 한다.

〈검은 땅의 소녀와〉는 진폐증에 걸린 탄광 노동자인 아버지와 열한 살의 지적장애 아들, 그리고 아홉 살 소녀가 이룬 '가족 이야기'다. 다만, 누이에게 이중 삼중의 어려움이 겹쳐있다. 어머니는 안 계시고, 아버지는 진폐증이라는 심각한 질병에 걸렸으며 실직당했다. 여기에 아이들은 어리고 한 명은 많이 돌보아줘야 하는 지적장애인이다. 이 가운데에서 전수일 감독은 누구보다도 더 많은 고통을 당해야 하는 것은 어린 소녀—여성이라는 점을 부각시키고 있는데, 이는 여성에게 많은 노동이 가해지는 가부장적 문화권에서 장애인 가족의 어린 소녀

가 겪게 되는 이중 삼중의 고통을 센세이션한 결말을 통해 그 주제의
식으로 전달하고 있다.

어떤 내용인지 구체적으로 살펴보자. 강원도 탄광촌, 녹록치 않은
현실 속에서도 아버지와 두 아이는 희망을 안고 행복하고 즐겁게 살아
간다. 하지만 그 삶은 아버지가 힘든 막장에서 이를 악물고 버티면서
채탄을 하기에 가능한 것이었다. 이 영화의 첫 장면은 탄광에서 광부
들이 일하는 모습을 핸드 헬드로 담았다. 그만큼 생생한 막장의 모습,
마치 막장에 들어가 같이 석탄을 캐고 있는 듯한 느낌을 주었다.

누가 봐도 쉽지 않은 삶의 조건이지만 아이들과 함께 어떻게든 생
계를 꾸려가고자 하는 아버지 해곤(조영진 분), 귀엽고 똑똑하게 오빠
의 자상한 보호자 역할까지 해내는 아홉 살 영림(우연미 분), 지능은
세 살이지만 해맑은 열한 살 동구(박현우 분). 이렇게 세 식구는 서로
를 의지하며 살아가지만, 현실은 이 세 사람에게 즐거운 날만을 허락
하지 않는다.

아버지 해곤은 탄광에서 사고를 당하고 보상금도 받지 못한 채 해고된다. 사택 철거 보상금으로 간신히 마련한 용달차로 장사를 시작하게 되면서 새로운 삶에 대한 꿈으로 벅차게 마음이 부풀어 오른다. 하지만 동구의 실수로 용달차가 고급 승용차를 들이받으면서 그 보상 때문에 용달차도 잃고 추가로 보상금까지 물어줘야 하는 최악의 상황을 맞게 된다. 다시 일어서기엔 너무 많은 절망을 경험한 해곤은 어린 아이들 앞에서조차 술로 하루하루를 보내며 점차 인생의 나락으로 떨어진다. 예전 같지 않은 집안 분위기에 불안을 느낀 동구는 나날이 통제하기 힘든 행동을 해서 더욱 영림을 힘들게 한다.

더 이상 혼자 아버지와 오빠를 감당하기 힘들어진 영림은 이 둘을 도와줄 나름의 방법을 모색하게 되고 마침내 하나씩 실행에 옮기기 시작한다. 그녀는 과연 어떠한 실행을 하게 되는가. 그것은 결말에 해당하는데 눈여겨볼 만한 함의를 지니고 있다. 영림이 검은 땅 위에서 내린 마지막 결단은 그것에 대해서 누구도 감히 어떤 제지를 할 수 없다는 점에서 더더욱 충격적인 심적 통증을 일으킨다. 아마 그 누구도 소녀의 결단을 손가락질할 수 없기 때문이다. 그건 그 상황에서 그 누구도 소녀와 무언가를 함께할 수 없음을 잘 알기 때문이다. 이는 어떤 말도 소녀의 버거운 삶의 무게를 덜어줄 수 있는 처지가 될 수 없음을, 빈 공간을 채워 줄 수 없음을 느끼게 한다. 아버지에게 쥐약을 먹인다는 설정은 충격적이다. 그러나 어린 소녀가 선택할 수 있는 방법으로 볼 때 그것은 패륜이라고만 할 수는 없을 것이다. 어른의 시선이 아니라 어린 소녀의 세계관으로 접근하고 있기 때문에 가능하다. 옳고 그름의 문제도 아니고, 권장하고 권장하지 않음의 문제가 아니라 상황 속에서 그런 선택이 이루어질 수 있는 개연성뿐이다.

장애인 동생의 의미

장애인 동구의 이미지는 어떻게 그려지는가. 동구는 문제를 일으키는 갈등의 중심에 있는 인물이다. 해곤은 철거 보조비로 보험조차 가입되지 않은 트럭 한 대를 임대해 장사를 시작하지만, 지적장애아 동구의 실수로 사고가 나 작은 희망마저 없어진다. 그 희망을 사라지게 하는 원인을 동구가 제공하는 것이다. 물론 장애 그 자체가 핵심은 아니지만, 장애가 가족의 갈등을 증폭시킨다는 점을 여전히 고수하고 있는 영화다. 하지만 장애인이 있는 가족이 자칫 장애인 영화를 대하는 평가적 식견은 장애인에게만 집중하고 그 장애인을 뒷바라지하는 인물에 대해서는 간과할 가능성이 많다. 특히 그 장애인을 보살피는 어린 누이동생의 어려움에 대해서는 부차적이게 되기 쉽다. 특히 한국 사회에서 오빠가 누이동생의 위에서 군림하다시피 하는 문화에서 어린 여동생들은 더욱 어려움을 겪기 십상이다.

또한 장애인에 대한 이야기보다는 왜 탄광촌의 이야기가 중심이 되고 있음을 생각해볼 필요가 있다. 애초에 영화를 접할 때 2000년대의 탄광촌을 어떻게 그리고 있을지 궁금하기도 하기 때문이다. 영화 속에는 에너지 소비 구조의 변화에 황량해진 태백 탄광촌의 모습이 그려지고 있는데, 결국 한 가족이 붕괴의 일로에 들어서는 것은 탄광산업의 명멸과 연결되어 있기 때문이다. 그들의 갱도가 검은색이라면, 결국 해곤을 통해서 알 수 있듯이 어느새 갱도 밖도 갱도만큼 어두웠다. 물론 전수일 감독은 폐광촌의 현실에 직접적으로 개입하지 않았다. 조용히 바라보는 '누군가'의 시선으로 그들의 일상과 갈등, 고민들을 담아냈다.

그 술집에 모인 광부들이 '아리랑'을 개사한 '광부 아리랑(광부들 사이에서 실제로 불리는 노래라고 한다)'을 부를 때, 술집 밖에서 이를 바라만 보는 광부는 이러한 감독의 의도를 대변한다. 또 동구의 특수 학교 버스에 올라탄 한 여인(강수연 분)은 어린 남매에게 따스한 눈길을 보낸다. 물론 영화는 그들이 누구인지 말하지 않지만, 그럼에도 그들과 함께하는 누군가가 있다고 말하고 싶었는지도 모른다. 하지만 그들의 존재감이 다소 모호한 것처럼 우리는 탄광의 현실을 모호하고 몽롱하게 알고는 있지만 그냥 바라볼 수밖에 없다는 점을 드러내주고 있다. 그러나 그것은 단순히 판타지의 몽롱함이 아니다. 현실적으로 좋은 아버지였던 해곤이 라면에 섞인 쥐약으로 생을 마감해야 하고, 그 쥐약 섞인 라면을 딸이 넣었다는 사실은 탄광 노동자의 삶을 다시금 되돌아보게 만든다. 어디 그것이 탄광 노동자의 삶뿐일까? 마찬가지로 영화 제목인 '검은 땅'은 비단 탄광촌만 가리키는 아닐 것이다. 그 어디든 우리가 발 딛고 선 곳이 검은 땅인 시대다. 이랜드 계산원 아주머니들이 서있던 계산대, 비정규직 철폐를 외치며 서 있는 사람이 발 디딘 높고 좁은 철탑, 애써 기른 농작물을 갈아엎어야만 하는 농민의 땅, 취업이 되지 않는 젊은이들의 한숨 가득한 캠퍼스 등등. 자신의 삶이 불안한 모든 이들이 서 있는 곳, 각자 선 모든 곳이 그렇다. 그러한 점은 우리 사회가 급격한 경제적 효율성을 추구할수록 더욱 심해질 가

능성이 크고, 그것은 가족의 해체와 함께 상식적인 수준의 도덕과 윤리 차원의 원칙도 용납하지 못하게 만들 것이다. 패륜임에도 불구하고 긍정적 합리화의 기제가 작동하는 정도는 점차 커지게 될 것이다.

이 영화에서 가장 인상 깊게 볼 수 있는 장면은 전신 거울을 바라보는 소녀의 모습으로 시작하여 세상을 응시하는 소녀의 모습으로 끝을 맺는 것이다. 소녀는 그렇게 세상 밖으로 나온다. 아니 던져진다. 무엇보다 실업, 알코올 의존증, 병자 등이 있는 집안에서 가장 힘든 것은 아이. 그 중에서 여자아이라는 이유만으로 온갖 풍상을 겪는 아동의 인권을 생각해보는 계기를 마련하는 것, 그것이 중심이라는 점은 부정할 수 없는 것 아닐까.

32

말 한마디에서 치명적 장애 탄생!

스승의 은혜(2006)

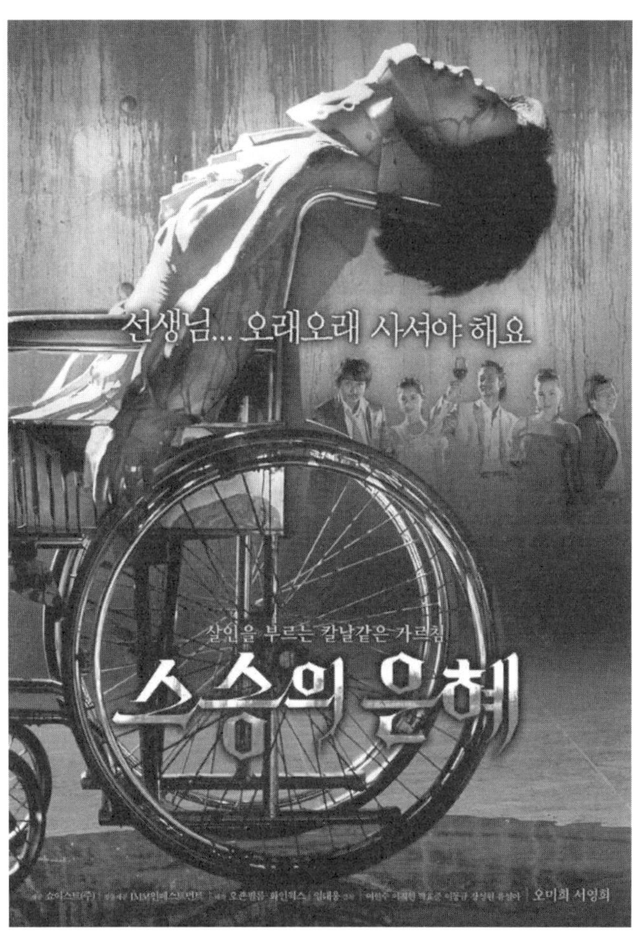

특수학교도 몰라도 일반 학교에서 마음에 상처를 얻거나 심지어 육체적인 불능도 얻게 된다. 그것은 모두 학생들을 위한다는 아름다운 명분에 따라 이루어진다. 이러한 지적은 충분이 공감되었다. 그렇다면 학생들은 정말 아무런 잘못을 하지 않는 것일까. 학교 당국이나 교사들에게만 책임을 물어야 하는 것만은 아닐 것이다. 그러한 상호성 속에서 불능과 상처는 탄생한다.

"너희들이 모두 잘 되라고 한 것이다…(?)"

영화 〈스승의 은혜〉는 한국 학교의 모순이 그대로 드러나 있는 영화라
는 평가 때문인지 〈여고괴담〉의 뒤를 이은 영화라는 언론기사도 있었다.

여기에서 학교 모순은 무엇을 말할까? 그것은 "다 너 잘되라고 그
런 거야."에서 비롯되는 것은 아닐까. 이런 아름다운 강제성 명제를 통
해 이루어지는 교육들은 긍정적인 점보다 부정적인 점이 많이 남는다.
이 영화를 보면 그러한 교육방식이 정신적·육체적인 장애인을 만들
어내는 것으로 평가할 수 있다.

요즘 저성장 사회와 불안한 고용시장에서 안정적인 직장을 선호
하는 이들 사이에서 교사는 최고 인기직종이다. 그러나 교사는 아무
나 하는 게 아니구나 하는 생각도 해보게 된다. 학생들을 배려하지 않
아도 교사의 지위는 흔들리지 않으므로 장애를 만들어 내는 장본인이
되고 있는지도 모르기 때문이다.

학교에서 어떤 식으로든 역설적인 억압(도움이 된다는 교육이 오
히려 해를 주는)을 당해봤고 이 피해의식을 공유하고 있는 관객들은
영화 속 등장인물의 대사나 행동을 통해 공감을 느낄 수 있다.

장애의 산실, 학교

이 영화의 핵심은 제자들이 과거 초등학교 선생님 댁에 모이는 설정
이다. 오랜만에 제자들이 병든 선생님을 찾아온다는 것은 오랜만에
모였다는 면에서 긍정적인 연출이 이루어질 것이다. 대개 이렇게 찾
아오는 제자들은 성공하거나 좋은 추억을 갖고 있는 사람들이기 마련
이다. 이 영화에서도 박 선생은 이러한 제자들의 절을 받으며 흐뭇해
한다.

그러나 그들이 선생님을 찾아온 이유는 정말 감사해서가 아니었

다. '원망' 때문이다. 제자들은 처음에 반가운 모습이지만, 차츰 어두운 그늘을 보이기 시작한다. 겉으로는 스승의 은혜를 말하지만 복수까지 생각하는 제자도 있다. 이로써 영화가 초등학교 교사의 무심한 행동이 학생들의 일생에 얼마나 큰 그림자를 드리우는지를 소재로 삼았음을 알게 된다.

어떤 인물들이 영화를 이끌어가는지 살펴보자. 선생님을 찾아온 대부분의 제자들은 정신적·육체적 장애를 갖고 있다. 물론 그것은 선생님 덕(?)이다.

박여옥 선생(오미희 분)은 이미 정년퇴임을 하고 전원주택에서 혼자 생활한다. 젊었을 때의 활기찬 모습을 찾아볼 수 없다. 건강이 좋지 않아서 대소변을 가리지 못하고 휠체어에 의존하며 1년 전에 찾아온 제자 미자의 수발을 받고 있다.

이세호(여현수 분)는 6학년 때 반장이었는데 가난하다는 이유로 선생님에게 무시당한 것이 상처로 남았다. 오은영(유설아 분)은 6학년 때 부반장이었는데 선물은 마음이 중요하다는 말을 실천해 깨알같은 글씨로 '선생님 사랑해요'를 적어서 선물했다. 그러나 박 선생은 "이게 뭐니!" 하고 내쳤고, 이에 마음에 상처를 갖게 되었다.

조순희(이지현 분)는 비만 때문에 선생이나 친구들에게 놀림을 받았다. 수치심이 너무 커서 죽기로 작정하고 다이어트에 매달렸다. 현재의 날씬한 몸매는 대부분 성형과 거식증으로 얻어졌고, 쌍꺼풀 수술이 부작용을 일으켜 선글라스를 끼고 다닌다.

허달봉(박효준 분)은 가장 심각한 장애를 얻게 된다. 운동회 달리기에서 넘어지는 달봉을 보고 박 선생이 "사지가 멀쩡한 게 왜 넘어져?"라며 따귀를 때렸고, 경기에서 졌다고 오리걸음을 시켰다. 이 때문에 인대가 늘어나고 다리를 못 쓰게 되어 장애인이 되고 말았다. 밤마다 고통으로 소주병을 들이키고, 그때의 충격으로 신고 있던 신발을 가지고 다니기 시작했다. 그는 야구 선수의 꿈을 포기하고 인생 낙오자가 되었다.

김명호(이동규 분)는 꽃미남 스타일인데 박 선생이 가장 귀여워하고 예뻐했던 학생이다. 그러나 명호는 성추행으로 느꼈다. 박 선생의 손길이 닿을 때마다 공포와 치욕을 느꼈다. 박 선생의 성적 관심으로 명호의 상처가 커지자 명호를 위해 어머니가 탄원서를 썼지만, 오히려 박 선생에게 정신병자로 몰려 집이 풍비박산이 나고 만다.

유정원(장성원 분)은 똥을 쌌다는 이유로 놀림을 당하고 선생님에게 교실에서 쫓겨난다. 그는 어머니마저 교통사고로 돌아가신 불운한 동급생이다. 1년 전부터 마을에 나타나 선생님과 미자 주변을 맴돈다.

영화의 시작은 외진 저택을 수색하는 형사의 모습부터다. 그리고 엄청난 현장에서 살아남은 두 사람을 병원으로 후송하고 생존자 가운데 한 명인 미자의 말을 들으면서 이야기를 전개한다. 다리를 쓰지 못해 움직이기 힘든 박 선생을 기쁘게 하기 위해 미자가 16년 전의 제자들을 한데 불러 모은다. 병든 선생님의 모습이 너무 안쓰럽다. 준비된 식사를 하는 가운데 흥겹던 분위기는 차츰 사라지고 세호가 결정적으

로 선생님에 대한 불만을 터트리자 분위기는 험악해진다. 다들 방 안으로 들어가고, 박 선생을 죽이려는 제자도 나온다.

한편, 밖에 있던 세호를 중심으로 점차 하나들 토끼 가면을 쓴 사람에게 당하기 시작하는데, 이 토끼 가면은 박 선생의 아들이 썼던 것이다. 그럼 박 선생의 아들이 제자들을 죽이는 것인가. 영화는 극전 반전을 통해 지금까지의 이야기를 모두 뒤집는 모습을 보여준다.

선생의 말이 제자들에게는 장애의 원인이 된다. 여기에서 선생은 권력자, 즉 힘이 있는 이를 말한다. 한국적 현실에서는 이렇게 선생이 학생들과 대등한 존재가 아니고 무엇인가 강압적인 존재로서 학생들의 인격을 존중하지 않는 존재다.

같은 술자리라도 혹은 같은 잔치라고 해도 누구에게는 지옥이고 누구에게는 천당이다. 같은 사건이나 경험도 사람에 따라 다르게 기억하고 간직되며 의미를 부여한다. 누군가에겐 추억으로 남은 것들이 잊고 싶을 만큼 처절한 악몽이 될 수도 있다. 평범한 하루가 누군가에게는 인생의 큰 전환점이 되기도 한다. 가해자는 자신이 가해자인 줄도 모르고 살아가지만, 피해자는 평생을 눈물로 지새울 만큼의 사건이 될지도.

선생에겐 제자들일 뿐인데, 제자들에게 선생님은 어린 시절 상처를 입혀 삶의 전체에 상처를 받게 한 가해자이다. 담임교사에게서 정신적·육체적으로 뼈저린 모욕을 당한 제자들이 어른이 되어 스승을 상대로 복수극을 벌인다. 하지만 박 선생은 뭐가 뭔지, 자신의 말과 행동을 기억조차 못하며 제자들이 자신을 너무나 좋아하고 사랑했다고 여길 뿐이다. 그래서 자신을 찾아온 이들에게 좋은 기억만을 가지고 있다. 하지만 순희가 말하듯이 그들은 박 선생에게 단지 하나의 학생이었을 뿐, 정작 그들에 대해서 아무것도 모르고 있다. 자신이 보고 싶은 것만 보고 듣고 싶은 것, 상상하고 싶은 것만 기억하고 있었기 때문이다. 그래서 정작 학생들에 대한 기억이 정확하게 진실인 것이 없다. 하지만 학생들은 선생의 모든 것, 심지어 매니큐어 색깔도 기억한다.

박 선생이 채 인식도 못한 사소한 말과 행동들로 제자들의 인생은 틀어질 대로 틀어지고 인생 실패자로 떨어지고 말았다는 항의에 박 선생은 이렇게 말할 뿐이다.

"너희들이 모두 잘 되라고 한 것이다."

제자들이 입은 마음의 상처를 볼 때 박 선생의 성격은 좀 괴팍하다. 학생들에게 그렇게 심한 말을 할 필요가 있겠다는 생각이 드는 것이다. 그런데 박 선생이 아이들에게 상처와 장애를 준 말과 행동에 다른 원인은 없었을까. 박 선생이 유독 모질게 학생들을 대한 이유는 무엇일까?

박 선생은 아이를 낳기 전에는 매우 선한 사람이었다. 그러나 오랫동안 기다리던 아이는 기형아였다. 그 아이는 숨기고 싶은 수치가 되었다. 자신을 자학하는 등 박 선생은 점차 성격이 변하기 시작했다. 항상 박 선생은 남들이 알까 두려워 아이를 지하실에 가두고 키웠다. 그런데 학교 아이들이 자신의 기형아 아들을 알고 있었고, 자신의 아이를 놀렸다. 이에 심한 말을 더 하고 만 것이다.

자신만이 피해자라는 생각

요컨대, 아이들이 자신의 기형아 아들의 존재를 알고 있었던 아이들에게는 심하게 했던 것이다. 정작 학생들은 이러한 사실을 모르고 있었다. 학생들은 선생님이 자신에게 잘못한 것만을 기억할 뿐 자신들이 잘못한 것을 기억하지는 못하고 있었다.

기형아가 태어난 것도 역시 나름의 이유를 가지고 있었다. 기형아를 낳은 이유는 한국 현대사와 맞물려 있었는데, 남편이 월남전에 참전했던 전력이 있었고, 고엽제 후유증을 앓고 있었다. 그 고엽제 때문에 아들이 기형이 된다. 기형아를 낳게 한 죄책감 때문에 남편은 자살하기에 이른다. 이는 박 선생에게도 큰 상처가 된다. 이러한 여러 상황은 고스란히 아이들에 대한 가학으로 이어졌다. 자신은 어쩌면 당연한 것이라 생각해 잊어버렸을 수도 있다.

학생들이 항상 피해를 당했던 것은 아니라 그들도 가해자였던 것이 무엇보다 중요하다. 학생들도 자신들과 모습이 다른 학생들을 놀리고 심지어 학대하는 모습을 보였다. 특히 정원과 순희를 놀리는 아이들의 모습은 여전히 한국 사회에서 학교의 모순이 비단 교사와 학교에게 한정되는 것은 아니라는 점을 보여준다. 개인의 행태도 문제가 있음을 간과할 수 없다. 다만 교사와 어린 학생의 잘못을 동등하게 비교할 수는 없었을 것이다. 교육자가 자신의 개인적인 일로 아이들에게 가학적 파괴적 행동을 하는 것을 옳은 일이라고 추켜세울 수는 없다.

중요한 것은 항상 자신만이 피해자라는 생각이 더 큰 폭력의 정당화를 불러온다는 점이다. 이는 상처와 장애를 낳는다. 한편, 이 영화를 통해 한국의 교육 현실을 뒤돌아봐야 할 것 같다. 제작진이 1,000명을 대상으로 실시한 설문에서 98%가 상처를 준 선생님이 있다고 대답했다. 가정환경 조사를 한다며 급우들 앞에서 집이 월세니, 아버지가 직업이 없니 하며 창피를 준 선생님, 쳐다본다고 코피가 터지도록 따귀를 때린 선생님, 얼마 전 5분 늦었다고 200대를 때린 교사 이야기도 있었다. 체벌뿐만 아니라 촌지, 성추행, 차별대우도 문제라는 점을 영화는 지적했다. 이제 더 끔찍하게 '스승을 모독(?)하는' 공포영화가 더 이상 나오지 않도록 해야 하지 않을까?

아무튼 〈스승의 은혜〉를 보면 교사는 아무나 하는 것이 아니라는 생각이 든다. 이 영화는 스승과 제자 간의 이야기만은 아닌 듯싶다. 영화는 무심코 던진 돌에 개구리는 맞아죽는다는 말에 부합하는 '스승과 제자' 사이의 쌍방 이야기를 통해 타인에 대한 배려의 소중함을 말하고 있다.

무심코 던진 혹은 옮긴 말이 다른 이들에게는 목숨을 위협하는 수치가 될 수 있다. 영화 〈올드보이〉에서 오대수는 말 한 마디 잘못 옮긴 이유 때문에 26.4m²(여덟 평) 사설 감방에서 15년 동안 갇혀 목숨을 잃을 뻔했는데, 결국 혀를 잃고 말았다. 물론 우진과 그의 누나가 죽은 것도 오대수의 말 한마디 때문이었다.

영화를 보고 나면 항상 아쉬운 점이 있기 마련이다. 〈스승의 은혜〉는 교육 현장의 부조리를 비판하는 교훈극이지만, 결말의 반전으로 인해 이 모든 사회적 메시지가 어불성설이 되고 만다. 반전 뒤에는 앞에 진지하게 제기되었던 한 어린 제자들의 이야기가 혼란스러워지고, 미자와 정원의 역할이 바뀌면서 모든 것이 정원의 이야기로 초점이 맞추어지기 때문이다. 더 이상의 스포일리즘은 없어야 하기 때문에 이쯤에서 줄인다.

33 한국의 어머니는 정신장애인?

마더(2009)

한국의 모성은 찬양의 대상이 되었다. 찬양의 대상이 될수록 그에 따른 부담과 책임감은 증가한다. 무엇보다 모성이 이름으로 본질이 가려지고 합리화된다. 모성성은 외부에서 주어진 것도 있지만 스스로 부과한 것도 있다. 스스로 자기의 욕망과 집착에서 벗어진 모성성의 이면은 장애의 근원이기도 하다.

"너… 엄마는 있니?"

두 젊은 임금 노동자를 통해 미국 대공황기의 사회상을 잘 다룬 존 스타인벡의 소설 『생쥐와 인간』에는 레니라는 정신 장애인과 그의 친구 조지가 인생의 화두를 던진다. 세상이 뜻대로 안 되는 것은 생쥐나 인간이나 마찬가지라는 것. 다만, 그 가운데에서 결단을 내리는 인간의 의지가 중요하다는 것을 말해주기도 한다. 물론 이렇게 단순하게 말할 수 없는 비극적 슬픔이 작품 안에 내포되어 있다. 그것은 레니의 죽음 때문에 빚어지는 일이다.

조지와 레니는 항상 농장을 갖는 꿈을 꾸면서 성실하게 노동을 한다. 그러나 정작 문제는 정신장애인 레니가 불미스러운 일을 만들어 내는 바람에 일터에서 쫓겨나는 불상사가 벌어진다. 물론 파국도 레니가 농장 주인의 며느리를 뜻하지 않게 해치면서 벌어진다. 그의 정신·지적장애 때문이다.

그래서 작품성 자체를 보았을 때 이 『생쥐와 인간』은 수작이라고 할 수 있지만, 장애인의 관점에서 보았을 때 문제의 소지가 있음도 간과할 수 없다. 즉, 장애인을 문제를 일으키는 존재로 여전히 규정하고 있기 때문이다.

봉준호 감독의 영화 〈마더〉도 마찬가지 맥락 안에 있다. 엄마(김혜자 분)의 아들 도준(원빈 분)은 정신 장애와 지적 장애를 모두 가지고 있는 캐릭터다. 물론 영화는 고의인지 우연인지 특정 장애인으로 분류할 수 없는 복합적인 요소들을 한데 섞어 놓고 있다. 따라서 장애라는 것을 하나의 메타포나 상징으로 독해하게 만든다.

그럴 때 도준은 문제를 일으키는 갈등의 핵심이 된다. 그런데 전체적인 맥락을 볼 때 도준은 언제나 문제를 일으키는 자식이라는 관점에서도 볼 수밖에 없다. 어머니에게 자식은 비록 나이 예순 살이 되어도 언제나 돌보아야 하고 잔소리를 해야 하는 존재이니 말이다. 이를 극

단화해 놓은 인물이 도준인 것이다. 성장하는 아이와는 다른 영원이 진전될 수 없는 캐릭터다.

살인혐의로 감옥에 갇히는 도준을 위해 엄마는 별짓을 다하고, 마침내 크나큰 범죄를 저지르게도 된다. 중요한 것은 그 범죄가 반드시 못난 자식 때문에 일어나는 것만은 아니라는 사실이다. 결국 모성 그 자체에 근본적인 죄의 씨앗이 내재되어 있다. 영화는 그 이유에서인지 엄마를 긍정적인 존재로만 그리지는 않는다. 이 지점에서 관객들의 기대를 배반하고, 영화적 반전을 시도한다. 물론 이 지점에 크게 동의하지 않는다면, 재미없는 영화가 된다. 억울한 아들의 누명을 벗기는 단순한 모성성 영화의 전형성에서 벗어나려는 흔적만 보게 된다.

모성성의 사회와 장애

장애의 관점에서 보았을 때, 결국 장애인들은 공권력에 따라 범죄의 이름으로 쉽게 격리되는 존재로 보인다. 공권력에 대한 비판은 푸코의 『감시와 처벌』이라는, 이제는 너무 일반화되어 식상한 책을 떠올리게도 만든다. 물론 〈괴물〉과 같이 공권력의 허점을 더 강조하기 위해 변두리 경찰을 등장시켰다. 중요한 것은 자신의 자식을 구하기 위해서 다른 장애인을 아들 대신 대체시켜야 하는 어머니다. 장애인 아들로 인해 벌어진 비극적 상황과 그 와중에서 아들과 같은 처지가 되지만, 아들과 달리 죄책감을 이중적으로 느끼는 그녀는 단지 절규할 뿐이다. 하지만 관객 말고는 아무도 그 심정을 이해하지 못한다.

이때 모성성의 신화는 보기 좋게 깨어진다. 깨어진 모성성 안에 있는 엄마라는 존재는 그렇게 자식 때문에 차마 하지 못할 짓을 하고도 살아남아야 하는 존재다. 결국에는 엄마의 죄는 다시 더 큰 죄를 낳지만, 그녀는 세상을 버리지 않으며, 오히려 달관의 경지로 간다. 허벅지에 침 한 대 놓고 불안을 떨치며 춤을 춘다. 자신도 파멸시킨 도준의 장애는 자신에게서 비롯한 것이기 때문이다.

어긋난 모성성을 이끌어내기 위해서 아들은 장애인이 되었고, 아

들 대신 그 자리를 메운 인물도 장애인 캐릭터여야 했다. 감독은 영화의 전개를 위해 도준을 기억상실에 정신착란을 일으키는 존재가 되도록 했다. 그러나 분명한 것은 현실에서는 존재하기 힘든 장애인을 만들어 버렸다는 사실이다.

장애를 끌어안는 모성

『생쥐와 인간』과 좀 더 비교해보자. 몇 번이나 영화로 제작된『생쥐와 인간』에서 갈등상황을 봉합하는 것은 비장애인이었고, 장애인은 배제되었다. 영화 〈마더〉도 갈등은 도준이 일으키고 수습은 비장애인(엄마와 도준의 친구)이 했다. 다만, 『생쥐와 인간』에서 레니는 제거되었지만, 〈마더〉에서는 그렇지 않았다.

다만, 〈마더〉에서 아들 도준은 엄마의 마지막 비밀을 알고 있지만 알지 못하는 존재가 되었고, 엄마는 그 아들을 제거할 수는 없었다. 정작 아들의 치명적인 비밀을 숨긴 엄마는 자기의 크나큰 비밀은 남겨 두어야 하고, 그 비밀의 의미를 영원히 알지 못해야 한다. 영원히 장애를 가진 존재가 되어야 한다. 그 비밀은 도준에게 다서 살 때 자신과 동반 자살을 시도하며 자신에게 먼저 농약을 먹인 어머니에 대한 기억이 불현듯 뛰쳐나올 것 같은 공포감을 주기에 충분하다. 결국 자식은 부모의 비밀을 지켜본 제거할 수 없는 대상들인가?

결국 영화 〈마더〉에는 엄마가 없다. 엄마를 강조할수록 결국 자기 모순과 자기 파괴에 도달할 뿐만 아니라 다른 이들도 파괴해야 한다. 장애를 가진 아들을 계속 옆에 두고 있는 한 말이다. 『생쥐와 인간』의 레니같이 〈마더〉의 도준도 그 갈등이 고의든 우연이든 항상 갈등을 일으키기 때문이다.

그러한 면에서는 영화 〈마더〉는 기존의 영화들과 별다를 게 없다. 인식적 전환을 꾀하면서 모성성의 자기 비극성이 다를 뿐이다. 『생쥐와 인간』같이 〈마더〉의 주인공들도 인생이 참 계획대로 안 된다. 엄마를 위기에 몰아넣는 사건도 결국 너무나 돌발적이었으니 말이다. 그것이 인생이고 엄마의 삶이기도 하다. 다만 그 엄마의 보호를 받는 자식―장애를 가진 존재(도준)만 천진난만하다.

34

낭만적 지우개

내 머릿속의 지우개(2004) & 얼굴 없는 미녀(2004)

많은 영화에는 '기억장애'가 등장한다. 기억장애는 흥미로운 소재로 스릴러의 정체성 찾기나 사랑하는 사람들과 단절을 하기도 하지만, 새로운 사람과 인연을 만들어주기도 한다. 문화 예술과 영상 콘텐츠에서 상징과 메타포로 사용되는 것은 극적인 로맨스를 강조하는 데 효과적이다. 그럼에도 지나친 낭만성 때문에 실제 증상이 왜곡된 채 전달되는 일은 적어야겠다.

"사랑해요. 미안해요. 건망증 때문에 당신을 만났고 바로 그 건망증 때문에 당신을 떠났어요."

손예진, 정우성 주연의 〈내 머릿속의 지우개〉에서 중요한 단어는 지우개다. 흔히 지우개는 필기의 흔적을 지우는 데 사용된다. 내 머릿속의 무엇인가를 지우는 것, 현실에서는 존재할 수 있을까 의심스럽지만 지우개는 기억이라는 글자와 이미지들을 하나씩 지우는 매개체임을 쉽게 짐작할 수 있다.

흔히 문화예술 작품에서는 단순한 사실, 자연과학적인 지식을 은유적으로 표현하는 경우가 많은데, 지우개도 그런 은유적인 수사로 볼 수 있겠다. 단순한 사실, 자연과학적 지식으로 말하면 여기에서 지우개는 병이다. 즉, 알츠하이머병(Alzheimer's disease)이다.

뇌는 하나의 공책이다. 그리고 공책에 적힌 내용들은 좋은 의미만 담고 있으므로 추억이다. 알츠하이머병에 걸린 김수진(손예진 분)은 최철수(정우성 분)에 대한 기억과 사랑을 하나씩 지워가야 한다. 여주인공 김수진이 스스로 지우기보다는 알츠하이머병이 그것들이 지운다.

기억장애와 지우개

지우개는 글자를 없애는 것만 아니라 혼동시킨다. 김수진은 한때 가슴 아프게 좋아했던 유부남과 현재 오직 하나뿐인 사랑 최철수를 혼동한다. 또한 그들에 대한 기억이 서로 뒤엉켜 버린다. 머릿속에 알츠하이머라는 지우개는 단순히 지우는 것이 아니라 혼란시켜서 망각하게 만든다.

또한 특정기간이나 특정인물에 대해서만 기억이 나지 않는 모습, 그러니까 지우개는 모두 지우고 혼란스럽게 만드는 것이 아니다. 이

는 알츠하이머 표 지우개인지 의심스럽게 한다. 즉 영화 속에서 그리는 증세가 알츠하이머병에 해당하는 것인지에 대한 문제기가 터져 나오기도 했다. 이러한 증상들은 알츠하이머병이라고 하기보다는 해리성 기억상실증(dissociative amnesia)일 뿐이라는 것이다.

해리성 기억상실증은 특정한 기간이나 특정인물 사건에 대해 기억이 나지 않은 특성을 보인다. 충격으로 빚어지는 부분 기억상실은 대개 드라마에서 자주 애용되어 왔다. 예컨대 드라마 〈마지막 춤은 나와 함께〉에도 등장했다. 전반적인 기억상실의 경우에는 나는 누구인지, 무엇을 하고 있는 것인지 아예 인식을 못한다. 그렇지만 밥을 먹고 자는 등 생활 일상에는 장애가 없다.

그러나 알츠하이머병은 단지 날짜나 이름을 잊어버리는 것을 넘어 정상적인 생활을 할 수 없게 한다. 파탄적인 인격 상실, 심각한 우울증, 격심한 돌출 행동 등 많은 중증들이 나타난다. 여기에서 정작 중요한 점은 인식 구조, 인지 시스템이 완전히 파괴된다는 사실이다. 따

라서 사물이나 대상을 아예 인식하지 못하는 증상이 일어난다. 뇌 구조가 망가졌기 때문이다.

그러나 영화 〈내 머릿속의 지우개〉에서 김수진은 너무나 아름답게 나온다. 사랑하는 사람의 기억을 하나씩 자신의 뜻과는 상관없이 지워가야 하는 슬픈 운명의 주인공일 뿐이기 때문이다. 표정도 곱고, 행동거지도 항상 정갈하다. 정작 알츠하이머병에 대한 진지한 묘사는 부족하고, 단지 아름다움만을 남겼다. 해리성 기억상실증(dissociative amnesia)에서 전체 기억상실의 증상만이 도드라진다. 이럴 때 영화는 관객들에게 그 병으로 인한 고통과 환자에 대한 오해를 낳을 수 있다.

낭만성의 비낭만성

이러한 작위적인 지엽적 묘사와 실제 장애에 대한 형상력의 결핍과 부족은 〈얼굴 없는 미녀〉에도 등장한다. m.net 연예 뉴스에서는 영화 속 캐릭터 중에 김혜수를 B형 성격으로 분류한 바 있다. 하지만 누드장면이 화제가 되었던 〈얼굴 없는 미녀〉에서 지수(김혜수 분)라는 인물형은 B형과는 관계없다. 경계성 성격 장애 환자였기 때문이다. 그러나 정작 지수 역의 김혜수는 경계성 성격장애 환자인지 의심스러웠다. 말이 경계성 성격장애 환자이지 그냥 조증과 울증이 괴팍스럽게 반복되는 이상 성격이기 때문이다.

경계성 성격장애는 기본적으로 다른 사람의 사랑과 인정을 받고 싶어 하는 사람일수록 일어날 가능성이 크다. 대개 이러한 원인은 버려짐에 대한 공포가 심각한 정신적 외상을 주었기 때문이다. 그렇기 때문에 다른 사람들이 어떻게 자신을 평가하고 인정하는가에 매우 민감하다. 이것은 다른 사람들에게 매우 밝고 경쾌하게 잘해주는 동기로 작용한다. 언제나 자신은 다른 사람의 주목을 받아야 되고 그렇지 않으면 견디지 못한다. 사람들이 자신보다 다른 이에게 관심을 보이면 시기와 질투를 뿜어낸다. 그러나 상대방은 경계성 성격장애를 가진 사람들을 만족시킬 수 없다. 다른 사람들이 언제나 그가 자신이 원하는 대로 해주어 만족시키는 것은 정말 어려운 일이다. 여기에서 만족이란 매우 주관적이고 변덕이 심하기 때문이다.

인정을 받지 못하니 돌출 행동과 인정을 받는 이들에 대한 이간질의 행동이 일어나고 심각한 시기, 질투가 있게 된다. 대개 화나는 일이 있어도 참는다. 그들은 연기를 잘하기도 한다. 그 연기는 자신을 숨기면서 상대방의 인정과 관심을 받기 위한 수단이다. 웬만하면 자신의 실제 성격을 드러내지 않으므로 좋은 사람으로 평가된다. 하지만 언제까지나 참을 수는 없다. 예상치 못하게 갑자기 우울해지고 변덕을 부린다. 때로는 화를 쌓아놓았다가 폭발시키므로 감당할 수 없는 지경에 이른다. 그 대상은 자신을 사랑하거나 가족의 일원이 된 사람이다. 가족과 애인은 그를 버릴 수 없으므로 고통스러워도 그를 감내하느라 피폐해진다.

하지만 〈얼굴 없는 미녀〉에는 이러한 정신 병리 증상에 대한 논리적 배경이 전혀 드러나지 않고 이상 행동만이 나열된다. 많은 드라마나 영화들이 이상심리나 정신 병리적인 행동을 다루지만, 이렇듯 본질적인 부분을 삭제하거나 마음대로 잘라내는 경우가 있다. 작품에 따라서는 흥미 있는 부분만을 따내어 본질적인 부분을 왜곡한다. 문화예술의 형상을 위해서 나름대로 창작적인 재구성을 한 것이지만, 보통 질병의증상과는 다른 데서 오는 혼란이 인다.

드라마나 영화를 만들 때 역사의 해석에는 사실 여부보다 상상력이 더 필요하다는 논리가 있다. 하지만 이상 심리나 병리를 다루는 영화나 드라마에도 상상력만이 중요할 뿐이라고 할 수 있을지 모르겠다. 전혀 틀린 말은 아니지만 전적으로 맞는 말도 아니다. 당장에 병으로 고통 받거나 그 와중에 있는 사람, 주변인들에 대한 오해와 왜곡을 줄 수 있기 때문이다. 더구나 그 병증으로 인해 장애를 갖고 있는 경우 편견으로 인해 생각지도 못한 결과를 낳을 수도 있다. 이상 심리를 그런 대로 정확한 병증에 기반하고 의미 있게 다룬 〈굿 윌 헌팅〉이나 〈뷰티풀 마인드〉, 〈레인 맨〉이 반복되어 언급되는 이유가 여기에 있겠다.

35 장애인 직장의 수채화 풍경

와니와 준하(2001)

장애인들이 바라는 것은 비장애인들과 다름없이 직업을 갖고 생활인이 되는 것이다. 직업만이 아니라 직장 공간 속에서 자신의 역할을 다하면서 인정받는 가운데 자긍심을 성취하려 한다. 그렇게 직장인, 생활인일 때 그가 겪는 일상은 대중영화에서도 설득력을 가질 것이다. 그렇다면, 그 직장 공간은 어떠해야 할까. 그것을 모색해볼 수 있는 단초를 제공하는 영화가 〈와니와 준하〉다.

"너무 잘해주지 마요. 꼭 그만큼 물러나더라구요."

2001년, '와라나고' 운동이 있었다. 네 편의 영화 재개봉 운동의 줄임말이다. 〈와니와 준하〉, 〈라이방〉, 〈나비〉, 〈고양이를 부탁해〉가 이에 속했다. 2001년에 개봉된 영화 〈와니와 준하〉는 젊은이들의 동거문제를 맑고 경쾌하게 그려내 호평을 받았다. 한편 〈와니와 준하〉는 이복남매 사이의 사랑이라는 '금기' 소재를 택해 논란거리를 주기도 했다.

이 영화는 소수자들이 대거 등장하는 영화로 시민단체의 주목을 받았다. 결혼을 염두에 두지 않은 동거 커플은 물론 동성애자도 등장하고, 나아가 언어장애자 등이 다른 사람들과 전혀 다르지 않게 일상의 삶 속에서 공존하는 모습을 그렸다.

애니메이션 회사 동화부에서 일하는 와니(김희선 분)는 시나리오 작가 지망생 준하(주진모 분)와 동거 중이다. 이때까지 준하를 사랑하는 마음이 흔들리지 않았다. 그런데 돌아오는 남자가 있게 되면서 마음이 산란해진다. 바로 첫사랑이자 이복남동생인 영민(조승우 분)이 유학에서 귀국한 것이다. 한편, 영민을 짝사랑했던 소양(최강희 분)이 와니와 준하의 동거 주택을 찾아오면서 더욱 와니는 혼란스러워진다. 스토리 자체는 특별함이 없지만, 앞뒤의 수채화같은 애니메이션이 내용과 주제의식을 새롭게 만든다.

이를 위해 로토스코핑(rotoscoping) 기법이 사용되었다. 촬영 영상을 각각의 프레임 위에 덧붙여 그리는 기법이다. 전반적으로 화면의 배경 및 인물이나 동물은 물론, 그 동작까지 실경·실물과 똑같은 사실성에 입각하여 그림으로 그리고 촬영한다. 실제 동작을 바탕으로 화면을 만들기 때문에 자연스럽고 사실적인 화면이 만들어진다. 해상도 조정, 컬러 양자화, 잡음 제거 등을 통해 화상을 깔끔하게 할 수 있다. 디지털기술과 아날로그 감수성을 결합시킬 수 있는 기법이기도 하다. 또한 애니그래픽스 무비의 요소가 있다.

이제 장애인 이야기를 좀 해보자. 와니는 정신장애를 가지고 있다. 처음부터 와니는 왠지 의욕이 없고, 처져있고 말이 없다. 주어진 일 외에는 어떤 관심도 없다. 자기를 사랑해주는 준하와 함께 항상 있지만, 그에게조차 마음을 열지 못한다. 즉, 만성 정서장애인 기분부전증(dysthymia)이다. 이 장애는 식욕 저하, 에너지 저하, 자포자기감, 과도하게 화를 내는 증상, 사회적 위축감, 집중력장애, 죄의식, 자살충동을 일으킨다. 무엇보다 그녀는 항상 우울하다. 와니의 이런 정서장애의 바탕에는 어떤 상처가 있는 것일까?

와니의 마음속엔 지울 수 없었던 아픈 기억이 숨어 있었다. 첫사랑이었던 이복동생과의 사랑과 이별이었다. 둘의 사랑은 어떤 노력으로도 넘을 수 없었고, 이러한 좌절은 그녀에게 무력감을 주었다. 이것은 또한 그녀를 만성 우울증 환자로 만들었다. 와니는 이를 어떻게 벗어날 수 있을까? 그녀는 진정한 자신의 첫사랑이 누구였는가를 기억 저편에서 끌어내면서 마침내 스스로 벗어난다.

"정말 좋아하는 일은 직업으로 하는 게 아냐. 나중엔 그 일이 싫어져."
"그럼 넌 결혼도 두 번째로 좋아하는 여자랑 하겠구나?"

이 대화 상대자가 바로 그 첫사랑이다. 정작 첫사랑은 이복동생이 아니라 준하였던 것이다.

수화를 사용하는 직장

이 영화에서는 여주인공 와니뿐만 아니라 청각장애인 등이 등장하는데 장애인이 중점적으로 보인다. 그러나 장애인이 등장한다고 해서 무조건 가치 평가가 높아질 수는 없다. 이 영화가 멜로영화임에도 주목하고 싶은 것은 장애인이 영화 속에서 비장애인과 같이 살아가는데 불편함이 없어 보인다는 점이다. 일단 와니가 다니는 직장 자체가 장애인에게는 이상적이다. 와니의 직장에는 청각 장애인이 한 명 있는데, 이 직원과 대화하는 직원들은 모두 수화를 사용한다. 장애인이 듣지 못하고 말을 하지 못하는데도 일하는 분위기는 자연스럽게 이어진다. 만약 소수자 한 사람을 위해서 이렇게 그를 배려하는 언어를 사용

하는 직장인이라면 장애인들이 몰려들 것이고 우수한 인재들을 채용할 수 있을 것이다. 이것이 사실은 별스러운 것은 아니리라.

〈와니와 준하〉는 대부분의 영화에서 수화를 하는 사람이 언제나 청각장애인과 그의 가족들만으로 한정되는 것과는 분명 다르다. 언어장애인과 소통하는 방법을 이상적으로 그리기보다는 현실적인 어려움만 그리는 것에서 벗어나 있다. 그렇다고 비장애인만 노력하는 것은 아니다. 와니도 자신이 잘하는 것을 통해서 비장애인과 소통하려고 노력한다. 와니는 그림을 잘 그린다. 그림을 통해서 남자친구와 화해한다. 와니와 준하가 즐거웠던 일들을 만화로 그리고 그것을 CD에 담아 은근히 전해주면서 화해한다. 비록 말로 직접 전달하지 않아도 부드럽게 다시 가까워질 수 있었던 것이다. 요컨대 와니는 비장애인과 글이나 말이 아닌 그림으로 소통한 것이다.

이 영화에서는 청각장애인뿐만 아니라 소수자도 등장한다. 그건 바로 성적 소수자다. 와니를 가끔 위로해주곤 하는 회사 동료인 남자 선배다. 동성애자인 그는 와니에게 자신의 연애 문제를 상담한다. 집 안에서 결혼문제와 가족구성원의 갈등문제는 성적 소수자의 고민을 알게 한다. 그런데 이런 지적이 있다. 그를 동성애자로 설정한 것이 극의 재미를 살리려 했던 것인지, 아니면 전체적으로 영화의 주제의식을 드러내기 위한 것인지 모호하다는 것. 애초부터 이 영화는 비주류인들을 넓게 포용하려는 뜻이 있었기 때문에 그 뜻 자체를 폄하할 수는 없을 것이다.

이 영화는 직장 속의 장애인, 비장애인의 삶을 투영해볼 수 있는 계기를 마련해준다. 장애가 서로에게 불편하지 않고 어울려 살 수 있으려면 자신의 수고와 배려가 무엇보다 중요하다는 점을 넌지시 알려준다.

36 강을 건너려면 돌덩어리를 안아야

파란자전거(2007)

"물살이 거센 강을 건너갈 때 무거운 돌은 들고 가면, 무거울지라도 물에 휩쓸려가지는 않아."

자신 때문에 아들이 한 손에 의족을 달고 있다면, 그 아버지는 평생 동안 그 아들이 겪을 고통을 생각하지 않을 수 없을 것이다. 교통사고만 당하지 않았더라면 팔을 자유자재로 쓸 수 있을 것이라는 후회는 아들을 볼 때마다 더욱 가슴을 후벼 팔 것이다. 더구나 아들이 자신을 자학하거나 삶을 꾸려나갈 힘을 잃고 있다면 스스로 괴로울 뿐만 아니라 아들의 앞날을 고민하지 않을 수 없겠다. 어머니의 사랑이 아들에게는 있지만 남성의 역할 모델은 아버지가 만들어줄 수밖에 없다. 아버지는 아들에게 남성 역할 모델을 만들어주는 것만이 아니라 아들에게 삶을 잘 꾸려갈 수 있도록 '용기'를 북돋워 주는 존재다. 하지만 정작 아들은 아버지의 말을 잘 이해하지 못할 수도 있을 것이다.

삶에는 시간이 필요하다. 일정한 시간 동안 겪고 깨달아가는 과정이 있어야 한다. 자신의 삶에 침잠해 있는 아들은 아버지가 자신 때문에 고뇌하고 번민하는 것을 깨닫지 못한다. 아버지가 떠나고 나서야 의미를 깨달아가는 것이 아들의 운명인지도 모르겠다. 다시 그 아들은 아버지가 되고, 그 아버지는 아들에게 자신의 깨달음을 전해주지만, 시간이 지나서야 그 아들은 삶 속에서 그 의미들을 알아갈 것이다.

영화 〈파란 자전거〉에서 동규는 아버지가 세상을 떠나고 난 뒤 몇 가지 깨달음을 얻게 된다. 어린 시절 동규는 아버지가 만들어준 자전거를 타지 않는다. 아버지의 뜻은 동규가 생각하고 있던 것과는 달랐다. 아버지는 동규가 다른 아이들처럼 자전거를 타고 어디든지 갈 수 있었으면 좋겠다고 여겼다. 하지만 동규는 자신이 다른 아이들과 다를 바 없이 자전거를 탈 수 있을지 두렵기만 했다. 그래서 자전거 주변에서만 머물렀다. 영화의 끝 장면에서 아버지가 돌아가시고 나서 그는 아버지가 하던 자전거 점포를 다시 열고, 자전거를 타기 시작한다.

왜 동규는 자전거를 타기 시작했던 것일까?

열한 살 때 아버지가 동규를 강가로 데려가 몸을 보여주며 했던 말씀이 생각났기 때문이다. 아버지는 강을 건너야 할 때는 무거운 돌을 들고 가야한다고 했다. 왜 그랬을까? 돌을 들고 강을 건너지 않으면 몸이 무겁지 않아서 편하니 좋을지 모른다. 하지만 곧 물살에 휩쓸려 강을 건너는 데 어려움이 있거나, 자칫 물살에 떠내려갈 수도 있기 때문이다. 우리를 막고 있는 강을 빨리 건너기 위해서 무거운 돌을 애써 뭣 하러 들겠느냐고 말할 수 있을 것이다. 그것은 자신의 스스로 선택하는 것이기도 하지만 그렇지 않은 것도 있다.

인생여정의 무게중심

여기에서 돌이 상징하는 것은 무엇일까? 돌은 바로 우리 인간이 짊어질 수밖에 없는 의무나 부담이다. 인생을 살면서 우리는 일정한 짐을 질 수밖에 없다. 그것은 의무일 수도 있고 뜻하지 않는 고통일 수도 있

다. 그 짐이 없다면 우리는 인생에 대해서 무게 중심을 잡을 수 없을 것이다. 뜻하건 뜻하지 않건 우리는 짐을 가지고 인생의 강을 건너야 한다. 그 짐을 가지고 있지 않다면 거꾸로 인생이라는 강을 건너지 못하고 말 것이다. 부담이 없는, 책임이 없는 자유분방한 삶이 인생의 황금기를 계속 유지할 듯싶지만 오히려 그렇지 않을 수 있다는 것이다. 다만 그 정도의 차이가 있겠다.

동규는 자신의 삶을 자학한다. 손이 불편하다는 이유로 여자 친구의 집에서 거부당한다. 즉, 결혼 상대자로 부적격이라는 낙인을 받은 것이다. 여기에 자신이 일하던 작은 동물원이 폐쇄된다. 아버지는 교통사고로 병원에 누워계신다. 그러한 고통을 겪으며 동규는 우울하고 자학에 빠진 나날을 무기력하게 보낸다. 더구나 자신을 사랑하는 여자 친구를 스스로 자포자기하며 떠나보낸다.

아버지가 떠나고 나서야 사람이 져야 할 고통과 짐이 항상 있다는 것을 깨닫는다. 그것이 어떤 것인지 각자에게 약간씩 다를 뿐이라는 것을 알게 된다. 오히려 그러한 고통과 짐을 통해서 인생에 대한 깨달음을 얻게 되는 것이고, 삶을 영위해갈 수 있는 지혜와 통찰을 얻을 수 있게 되는 것이다.

동규는 그제야 자신이 자전거를 타는 코끼리가 되어야겠다는 생각을 한다. 여기에서 자전거와 코끼리는 중요한 의미를 갖는다. 〈파란자전거〉의 영어제목은 〈The Elephant On The Bike〉이다. 말 그대로하면 자전거 위의 코끼리다. 자전거를 타는 코끼리다. 왜 감독은 이러한 제목을 지었을까? 여기에서 자전거는 다른 이들과 다를 바 없이 일상적인 생활을 할 수 있는 존재를 나타낸다. 이는 아버지가 동규에게 자전거를 만들어준 이유이다. 코끼리는 장애인을 상징한다. 어린 시절 아버지는 동규가 학교에서 겉돌자 동물원에 데려가 코끼리를 보여준다. 코끼리는 팔이 없지만, 코로 먹이도 먹고 물도 마시며, 물건을 짚기도 한다. 물론 동규에게는 코가 없지만 나머지 다른 팔이 있었다. 이때의 추억 때문에 동규는 청년이 되어서 작은 동물원의 코끼리 사육사가 되었다. 그러나 코끼리 사육사가 되었지만, 자신의 삶은 코끼리와 같을 수가 없다고 여긴다.

자전거 타는 코끼리

자전거 타는 코끼리는 바로 동규 자신이어야 했다. 영화는 그래서 새로운 사랑의 시작을 알린다. 무기력과 자학에 빠져있던 동규가 하경을 만나면서 새로운 사랑의 시작을 암시하는 것이 대표적이다.

일부에서는 이 영화가 장애인의 부정적인 모습을 너무 강하게 보여주었다는 비판을 했다. 더구나 한쪽 다리에 장애를 지닌 권용국 감독의 작품이기 때문에 더 좋은 작품이 나올 것이라고 예측한 것과는 다르다는 평가도 있었다. 사실 이 영화는 결론 부분에 희망적인 깨달음과 밝은 미래를 예고하는 몇 분 안 되는 장면을 넣었을 뿐이다.

왜 감독은 이렇게 주인공 동규의 좌절과 방황에 더 초점을 맞추고 있는 것일까? 이 영화는 감동과 연민이라는 통상적인 장애인 캐릭터에서 벗어나 대신 장애를 지닌 청년의 성장기를 중심에 두고 있다. 따라서 장애의 일상보다는 청년기의 방황에 초점을 맞추게 되었다. 청년기는 장애인이나 비장애인이나 고민이 많을 시기이다. 그것은 장애가 있고 없음과는 다른 문제일 것이다. 만약 영화와 달리 젊은 청년의 문제를 다루었다면 비슷한 구도가 되지 않았을까? 결국 한쪽 손이 없는 주인공이 비장애인 청년과 같은 유형의 고민을 하고 있을수록 차이와 불평등은 없는 것이 되지 않을까? 더구나 이 영화는 청년 동규의 개인적인 고민에만 빠지는 영화는 아니다. 장애인 남자친구를 둔 여성의 고민과 번민, 장애인 사위를 맞아야 하는 이들의 모습들도 마찬가지다. 또한 장애인 아들을 둔 아버지, 그리고 그러한 아버지를 바라보고 있는 어머니의 고뇌도 드러난다.

　　결국 장애는 혼자만의 테두리에서 존재하는 것이 아니고 모두에게 삶의 구체적인 양태로 직·간접적으로 드러난다. 장애는 반드시 심리적·육체적인 기능의 있고 없음이 아니라 우리가 고민하고 번민하는 대상 모두를 아우른다. 그것은 인생의 강을 건너야 하는 사람들에게 경중의 차이만 있을 뿐 누구에게나 있기 때문이다.그러한 짐은 이미 범위와 폭, 무게는 다르지만 어느 정도는 예정되어 있다. 언제나 장애를 가진 사람들을 편견에 차서 보는 시선은 여전하지만 그것을 대하는 본인의 행태가 중요하게 카운터 펀치가 될 것이다. 나아가 영화는 본인이 삶의 태도를 어떻게 가지는가에 따라 본인과 관련이 있는 다른 사람들에게 좋게 혹은 부정적으로 영향을 끼칠 수 있음을 암시한다. 대표적인 것이 가족이다. 또한 그러한 사람은 따로 정해져 있는 것이 아니라 누구나 해당되는 것이다. 동규도 처음부터 장애를 가진 소년은 아니었다. 무엇보다 돌덩어리는 장애만을 상징하지 않는다. 언제든 인생의 강을 건너야 하는 우리에게 돌덩어리는 매달리게 되어 있다. 그것은 거꾸로 우리에게 무게 중심을 잡아주며 거친 물살을 헤치는 힘이 되어준다. 고통의 짐이 없는 사람들은 인생의 의미를 잘 모르며, 격랑을 헤쳐 갈 삶의 경험도 갖지 못하기 때문이다. 그러한 깨달음을 준 것은 가족—아버지였다. 동규도 이제 아버지가 되어 자신의 깨달음을 아들 혹은 딸에게 전해줄 것이지만, 그 자녀가 장애인이든 비장애인이든 동규의 뜻을 이해하는 데는 경험적 시간이 필요할 것이다.

37 지적 순수라는 희극적 알레고리

맨발의 기봉이(2006)

정신장애는 바이러스인가 보다. 욕망과 악을 모두 소멸시키는 바이러스. 행복 바이러스이기기도 하다. 장애인 주인공은 해맑게 웃기만 한다. 웃는 얼굴을 보고 있으면 기분이 좋아진다. 장애는 스스로 사람을 행복하게 하고, 다른 이들도 행복하게 한다. 자칫 그것은 영화 안에서만 가능한 일일지도 모른다.

"내가 왜 널 사랑허는 줄 알어? 그거는 나두 물러. 그냥 미운 정 고운 정 비빈겨."

영화 〈맨발의 기봉이〉는 지적장애인 캐릭터를 통해 유머러스하게 장애인의 현실을 드러내려 했다. 어린 시절 열병을 앓아 여덟 살 지능에 머문 지적장애 1급 노총각 기봉 씨가 팔순 노모의 틀니 비용을 마련하기 위해 마라톤에 나가려 하는 내용으로 인간애를 담고자 한 영화다. 하지만 인간애 관점에서 훌륭한 영화이지만, 장애인의 관점에서 보면 꼭 그렇지만도 않은 영화다.

2003년 KBS 〈인간극장〉으로 소개된 엄기봉 씨의 실제 이야기를 바탕으로 한 영화 〈맨발의 기봉이〉. 이미 알려진 이야기이기 때문에 사람들의 관심을 모으기는 쉽다. 하지만 관객들의 기대감을 충족시키는 것은 그만큼 비례하여 어렵다. 더구나 휴먼 스토리라는 이야기의 특성상 자칫 잘못하면 식상하게 흘러가기 쉬운 것도 사실이다. 여기에 부담을 주는 점은 개봉 당시 한 가지 더 있었다. 바로 흥행 대작 〈말아톤(2005년)〉이다. 〈맨발의 기봉이〉는 앞서 개봉한 장애인 영화를 뛰어넘을 무엇인가를 가지고 있어야 했다.

영화 〈말아톤〉의 그는?

지적 장애인 주인공이 마라톤을 통해 자신의 한계를 극복하고 주변 사람들에게 희망을 주는 내용은 〈맨발의 기봉이〉에서도 반복된다. 다만 〈말아톤〉의 초원이는 42.195km를 뛰었지만, 기봉 씨는 그 반을 뛰었다. 하프 마라톤이기 때문이다. 〈말아톤〉의 초원이 역을 맡은 조승우의 표정은 절제되는 것이 보통이지만, 〈맨발의 기봉이〉에서 기봉 씨 역을 맡은 신현준은 희극 배우 같은 웃음을 전면에 드러내며 소박하고 순수한 삶의 가치를 전한다.

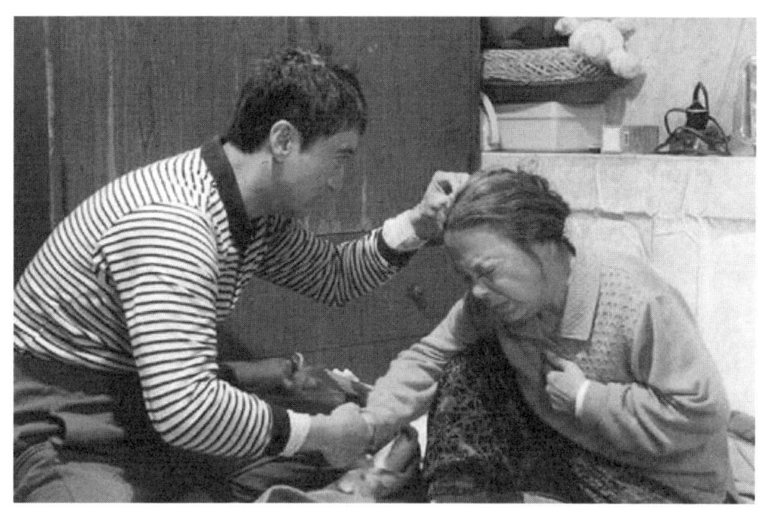

요컨대 같은 마라톤 이야기를 하지만, 〈말아톤〉은 마라톤을 둘러싼 자폐아동과 어머니의 이야기인데 비해, 〈맨발의 기봉이〉에서 마라톤은 기봉 씨의 성실한 삶을 나타내는 매개물이다. 장애인의 시각에서 볼 때 자폐 아동을 다룬 〈말아톤〉보다는 〈맨발의 기봉이〉가 훨씬 감정 표현을 하기에 유리하다. 영화는 이 점을 적극 활용하려는 듯 치아를 가득 드러낸 신현준의 얼굴 웃음을 클로즈업시키는 장면배치를 빈번하게 사용한다. 또한 〈말아톤〉이 차가운 현실에서 살아가야 하는 자폐아와 그를 둘러싼 주위 사람들의 행동과 사고를 드러내고 마라톤을 통해 세상을 향한 도전 정신을 그린 반면, 〈맨발의 기봉이〉는 어머니에 대한 극진한 가족애 그리고 효를 강조하여 〈말아톤〉에 비해 도덕적 교훈성이 더 강하다.

기봉 씨(신현준 분)는 순수의 화신인 듯 세상에 대한 욕심이 전혀 없다. 그리고 오로지 어머니와 항상 생활하고, 어머니만을 생각한다. 허리가 90°로 휘어 거동이 힘든 팔순 노모를 위해 매일 아침 불을 때고 따뜻한 세숫물을 가져오고, 군불을 땔 나무도 해오고, 빨래도 도맡아

한다. 어머니와 같이 지내는 일상은 모두 소중하다. 그래서 그런 일상 모두를 일회용 사진기로 찍기를 좋아한다.

어머니 김동순(김수미 분)은 일용이 어머니와는 다른 모습을 보여준다. 쪽진 머리는 비슷하지만, 기봉이를 항상 생각하면서도 균형 잡힌 캐릭터다. 김수미는 억척스러움을 벗어던지고 늙고 약한 팔순 노모로 변신했다. 일용엄니 이미지에서 벗어나 지나치게 따뜻하지도 엄하지도 않다.

백 이장(임하룡 분)은 마을과 자신을 위해서 기봉이에게 마라톤을 시키는 것처럼 보인다. 하지만 기봉이가 어머니 없이 살 수 있도록 독립심 고취 차원에서 마라톤 훈련을 시키는 인물이다. 기봉이의 든든한 버팀목이자 달리기 트레이너인 동네 이장 역을 맡은 임하룡이 극의 무게 중심이다. 기봉이의 삶을 가장 잘 돌봐주는 아버지 같은 인물로 〈웰컴 투 동막골〉에서 보여준 인민군 병사의 따뜻하고 투박한 모습을 이어 보여준다.

백 이장의 백수 아들 여창(탁재훈 분)은 탁재훈이 가지고 있는 코믹적인 요소를 최대한 절제하면서도 분위기 반전을 위해 한 번씩 드러내주는 캐릭터다. 집에서 할 일 없이 술이나 퍼마시며 다방 아가씨들과 어울리는 청년이다. 어렸을 때부터 기봉 씨에게 새총을 겨누던 개구쟁이. 아버지가 자신보다 기봉이를 항상 두둔하고 감싸는 것이 불만이다. 또한 지적장애인에 대한 일반인들의 시선을 잘 드러내주는 인물이기도 하다.

정원(김효진 분)은 사진관을 운영하는 마음씨 고운 젊은 여성으로 항상 기봉 씨의 사진을 뽑아주고 칭찬하며 마라톤을 하는 기봉 씨와 이장님을 응원한다. 여기에 다방 마담 연기를 하는 도지원의 출연은 깜짝스럽다.

기봉 역을 맡은 신현준은 2006년 4월 18일 열린 언론 시사회에 참석해 "스물두 살 데뷔 이후 가장 해보고 싶은 역할이 '장애우'였다."고

했다. 신현준은 8세 지능의 어른이 등장하는 〈아이엠 샘〉, 〈포레스트 검프〉, 〈레인맨〉과 차별화되는 연기를 의식해야 했다. 더구나 〈말아톤〉의 초원이 조승우와 다른 면모를 보여야했다.

〈말아톤〉의 조승우나 〈오아시스〉의 문소리가 장애 연기를 할 때와는 달리 이미 너무 유명한 배우이기 때문에 더욱 부담감을 느껴야 했다. 그에게 이미지 변신은 쉽지만은 않았다. 하지만 그는 비교적 기존의 이미지를 벗어나 성공적인 기봉 씨 캐릭터를 선보였다. 신현준은 기봉이라는 캐릭터를 통해 누런 이를 드러내며 웃기 잘하고 효심이 강한 인물을 선보였다.

눈에 띄는 옥의 티도 분명 있다. 엄기봉 씨의 고향은 충남 서산시인데 영화 속에서는 서산읍으로 나온다. 그리고 촬영지는 남해 다랭이 마을. 충남 서산의 버스가 등장하는 것이 아니라 경남의 버스가 등장하는 데서 알 수 있다. 특히 서산 사투리를 제대로 묘사하는 사람이 없다는 점을 지적할 수 있다. 백 이장 역을 맡은 임하룡이 많은 부분에서 근접하고 있다. 억양을 늘인다거나 느리게 말한다고 충청도 사투리가 되는 것은 아니다. 더구나 충청도에서도 서산 사투리는 매우 강한 사투리다. 서산 사투리는 쓰는 단어 자체가 다르며, 말이 센 편이다. 강한 표현도 많기 때문에 늘인 말이 많다고 서산 사투리라고 볼 수는 없다. 또한 같은 사투리라해도 대전이나 천안과는 다른 면이 많다. 더구나 출연자들의 대사에는 전라도 사투리가 섞여 있다. 대표적으로 '시방'이라는 단어는 서산에서 전혀 사용하지 않는다.

감동 휴먼스토리의 맹점

감동 휴먼 스토리라서 그런지 극 중에는 갈등이 전혀 없다. 그들의 일상은 행복 그 자체에 있다. 잠시 마라톤 출연 여부를 놓고 시련이 있을 뿐이다. 아무리 정신장애인이라 해도 감정은 다양하지만 항상 웃는

표정만이 있다. 영화는 극중 기봉 씨를 통해 정신장애인, 뇌성마비장
애인, 그리고 비장애인의 특성이 짬뽕되어 있다. 이러한 짬뽕은 순수
한 캐릭터를 위한 것이었다. 이를 통해 순수와 감동을 자아내려고 한
다. 그러나 이는 감동을 위해 자칫 장애인의 현실을 외면하는 모양새
를 보이기 알맞다.

영화나 드라마에서 장애인들을 바라볼 때 가장 주의해야할 점이
그들은 노동하는 존재로 보지 않는다는 점이다. 〈맨발의 기봉이〉는 기
존의 다른 장애인 영화와는 다른 점을 보인다. 딱히, 수입이 없는 이들
모자에게 유일한 수입은 기봉 씨의 허드렛일. 기봉 씨는 과수원, 구멍
가게 등에서 일을 해주고 받은 음식과 돈을 어머니에게 전한다.

하지만 이러한 노동 장면들은 실제로 등장하지 않고 말로만 나온
다. 노동하는 장면은 장애인의 생계 문제라는 측면에서 매우 중요하
다. 대개 장애인은 노동하는 존재가 아니라 무력한 존재, 연민과 동정
의 존재로 그려지는 대중문화콘텐츠의 현실을 생각할 때 노동하는 존

재, 인간적인 갈등과 고민이 있는 존재임을 드러내주는 것이 필요하다. 또한 단순히 현실을 그대로 그리는 것만 아니라 바람직한 지향점을 그려내는 것이 문화예술작품의 기능이라고 볼 때, 노동하는 장애인의 모습을 다양하게 보여줄 필요도 있다. 더구나 후천적인 이유로 장애를 가진 사람도 많다. 장애를 얻기 전에 분명 자기 직업이 있었을 것이지만, 대중문화 콘텐츠 속의 장애인 그들은 직업이 없다.

물론 이렇게 직업이 없는 존재로 설정되는 이유를 이해할 수 없는 것은 아니다. 장애인의 어려운 현실을 부각시켜 형상화하기 위한 방편 때문일 수 있다. 장애인은 여러 가지 층위와 스펙트럼을 가지고 있으며, 현실 자체도 중요하지만, 그들의 꿈과 희망 때로는 판타지를 그려내 보이는 것도 중요하다. 장애인 운동단체가 너무 리얼리즘에 강한 이유 때문일까. 장애인을 등장시키는 콘텐츠들은 리얼리티에 매우 집착하는 모습을 보인다. 여기에 〈맨발의 기봉이〉는 첫 장면부터 '효'와 '모성애'를 강조하며 휴먼 영화임을 표방한다. 교훈적인 가족애를 강조하는 가운데 그 의도가 전면에 직접적으로 노출되어 처음에는 몰입하기 힘들고 거부감이 드는 것도 사실이다. 이미 의도가 강하게 뿜어지기 때문이다. 이미 결론이 보이는 단조로운 구성은 식상함을 주기 알맞다. 또한 지나치게 감동을 억제하다보니 감동을 선사하려는 의도가 후반부에서야 나타나는 점도 뒤늦다.

38　앉아서 중심을 잡다

노팅 힐(Notting Hill, 1999)

장애를 가지고 있는 사람과 갖지 않은 사람은 함께 어울려 산다. 장애와 비장애의 경계가 모호한 경우도 많다. 중요한 것은 장애와 비장애와 관계없이 각자의 능력과 역할에 따라 서로 돕고 보완하면서 살아가는 일. 화려한 미모의 스타는 비장애인의 최고 상태를 보인다. 비장애의 최고 상태인 사람은 행복하기만 할까. 가장 낮지만 중요한 사람은 따로 있었다.

"유명세는 진실한 게 아니에요. 잊지 말아요, 나도 단지 여자일 뿐이라는 걸."

영화 〈노팅힐(Notting Hill, 1999)〉은 줄리아 로버츠와 휴 그랜트의 연기, 영화 속 서점이 많이 기억되는 영화이다. 이 영화에 장애인이 등장하는지 눈치채기도 쉽지 않다. 사실 〈노팅힐〉은 설정은 말도 안 되고, 전개는 뻔하고, 이야기는 진부하다는 비판을 많이 들은 영화이다. 평범한 남자와 세계적인 여배우가 우연한 만남을 계기로 사랑에 빠져 온갖 좌절과 시련을 극복하고 결국 해피엔딩에 다다르는, 정말 상식적으로 말도 안 되는 뻔하면서도 황당한 이야기다. 하지만 세상에 어디 진부하지 않은 이야기가 있더란 말인가. 아무리 사랑이 갑자기 찾아온다지만 두 사람이 사랑에 빠지게 되는 계기는 너무 갑작스럽지만 흡입력 있는데, 뻔한 이야기를 이렇게 재미있게 꾸미고 포장하는 것은 보통 능력으로 할 수 있는 게 분명 아니다. 어쨌든 개성 넘치는 캐릭터들과 유머 넘치는 대사, 무엇보다 편안하게 볼 수 있고, 무엇보다 장애인의 삶과 사회적 시선에 대한 이야기도 할 수 있다.

이 영화에서 두 남녀 주인공이 사랑을 맺어가는 공간적 배경인 노팅힐(Notting Hill)은 하이드파크의 북서 외각에 근접한 영국 웨스트런던의 일부다. 켄싱턴과 첼시의 왕립 구의 내부에 있다. 연례 노팅힐 카니발의 장소인 노팅힐은 1820년대부터 발달해온 예술 및 '얼터네이티브' 문화(alternative culture)와 관련된 곳이다. 큰 빅토리아 건축의 매력적인 연립 상가, 고급 쇼핑가와 식당으로 잘 알려졌다.

이제 영화의 스토리를 분석해 볼 차례다. 윌리엄 대커(휴 그랜트 분)는 노팅힐에서 조그마한 서점을 운영하며 평범하게 살고 있는 소심남이다. 어느 날, 그에게 충격적인 일이 생긴다. 세계적으로 유명한 여배우 안나 스콧(줄리아 로버츠 분)이 책방에서 책을 사간 것이다. 밖으로 나간 윌리엄은 이 엄청난 사건에 어쩔 줄 몰라하고, 길모퉁이를

돌던 안나와 부딪쳐 옷에 주스까지 쏟는다. 근처에 있는 자신의 집에
서 옷을 갈아입도록 한 윌리엄, 그는 뜻하지 않게 며칠 뒤 안나의 초대
를 받는다. 그녀의 숙소로 찾아간 윌리엄은 매니저에게 자신이 누구
인지 말하기가 곤란해진다. 우연한 상황 탓에 기자로 인터뷰 차 방문
한 양 행세하게 된다. 인터뷰 중이던 그녀는 기자로 오인 받은 윌리엄
이 엉뚱한 질문을 해대자, 웃음을 터트린다.

　윌리엄이 생각지도 않았던 일은 또 일어난다. 안나는 매니저의 눈
을 피해 윌리엄의 여동생 생일파티에 함께 가기로 약속한 것이다. 생
일파티에 온 안나를 본 친구들은 별스럽지 않게 생각한다. 하지만 그
녀가 진짜 스타인 것을 한참 뒤에야 깨닫고 함성을 지른다. 파티 후 산
책을 하던 안나와 윌리엄은 더욱 가까워지고 로맨틱한 분위기가 무르
익자 그녀는 그를 자신의 호텔로 데리고 올라간다. 하지만 그녀의 방
에는 뜻밖에도 미국에서 갑자기 찾아온 그녀의 남자친구가 있었다.
그녀가 어쩔 줄 몰라하자 윌리엄은 룸서비스 왔다고 얼버무린 후 위기
를 모면한다. 위로하려는 친구와 가족들의 노력에도 불구하고 그는
안나를 향한 그리움을 지울 수가 없다.

반년이 지난 후 그녀가 윌리엄 앞에 갑자기 나타난다. 그녀가 무명 시절 찍었던 장난스런 누드 사진들이 신문 1면에 공개되어 그녀의 인기는 물론 그녀 자신에게 커다란 상처를 준 사건이 발생한 다음날이었다. 윌리엄은 사건이 잠잠해질 때까지 그녀를 자신의 집에서 함께 지내도록 배려한다. 하지만 룸메이트 스파이크 때문에 이 소문이 노팅힐에 모두 퍼지고 만다. 그녀와 윌리엄 사이의 관계를 대서특필하러 몰려든 기자들을 보고 그녀는 배신감에 화를 내며 떠나버린다. 그녀가 다음 영화 촬영차 노팅힐에 들른 것을 알게 된 윌리엄은 그녀를 다시 찾아간다. 그녀와의 멋진 만남을 생각하며 기다리는데 우연히 그는 그녀가 그와의 사랑을 달갑지 않게 말하는 것을 듣고 만다. 적지 않은 충격을 받은 윌리엄은 그녀를 잊기로 결심한다.

윌리엄을 찾아온 안나는 그것이 오해였음을 말하고 자신의 사랑을 고백하지만, 윌리엄은 더 이상 그녀와의 차이를 극복할 자신이 없음을 말하며 그녀를 거절한다. 그러나 그녀가 영국을 떠나기 마지막 날 기자회견에 참석하고 있다는 소식을 들은 윌리엄은 자신의 사랑을 놓치지 않기 위해 회견장으로 달려가게 된다.

가장 불쌍한 사람

이 영화에서 남자 주인공인 데커가 한때 좋아했던 벨라는 장애인이다. 영화에서는 데커의 절친한 친구부부로 맥스와 벨라가 나온다. 벨라는 18개월 전에 계단에서 사고로 척추를 다쳐 장애인이 되었다. 영화 초반부 데커가 안나를 맥스와 벨라의 집으로 초대해서 식사를 하는 장면이 장애인에 관한 인상적인 메시지를 전달한다. 영화계의 대스타가 예고도 없이 찾아와 관객들의 미소를 절로 일으키는 해프닝들이 있은 후, 후식으로 나온 케이크 한 조각을 먹기 위해 식탁에 있는 사람들이 내기를 한다. 그들 중에 가장 불쌍해 보이는 사람이 남은 케이크를 먹기로 한다.

　대개의 영화가 그렇듯이 장애인인 벨라가 가장 불행한 인물로 드러날 듯싶기도 한데, 영화에서는 처음에 그러한 분위기로 흐르다가 반전을 꾀한다. 벨라는 자신의 상황이 얼마나 고통스러운지 이야기한다.

"넌 그래도 다리는 멀쩡하지 난 밤낮 처박혀 있잖아. 이런 구불구불한 집에서…. 그리고 우린 애도 가질 수 없어. 인생이란 그런 거야."

이쯤이면 벨라가 완승일 것 같다. 그런데 세계적인 스타인 안나가 이렇게 말한다.

"난 열아홉 살부터 언제나 다이어트를 했어요. 그러니까 10년 동안 늘 배고파왔다는 거죠. 그리고 나에겐 좋은 남자친구가 없어요. 전에 있었던 한 사람은 날 때렸어요. 마음이 아플 때 마다. 인기는 언젠가는 사라지고 유명한 누군가와 닮은 한 사람으로 기억되겠지요."

잠시 침묵이 흐른 뒤 벨라는 안나에게 "케이크를 먹으려고 별짓을 다 하는군…"이라고 말하면서 관객을 웃게 만든다. 이 장면에서 벨라의 입을 통해 장애의 현실을 보여주면서 다른 사람들도 벨라만큼이나 힘들게 살아간다는 것을 보여주는 이야기의 미묘함이 느껴진다. 그래서 벨라의 장애는 힘든 삶의 일부분이라는 느낌을 준다. 장애가 비참이나 연민이 아니라 누구나 겪는 삶의 힘든 요소 가운데 하나이며, 그것이 약간 심할 뿐이라는 점을 우회적으로 강조하고 있는 것이다. 이를 통해 장애인과 비장애인의 어떤 공통성을 집어내려 한다.

　미장센을 보아도 감독 로저 미첼은 장애인을 함께 살아가는 동등한 존재라는 점을 부각시키려 한 듯싶다. 그러기 위해서는 카메라 각도가 매우 중요한데 노팅힐에는 그런 노력이 보인다. 한 화면에 두 사

람이 나오는 투 샷에서 한 사람은 휠체어를 타고 다른 한 사람은 그냥
서 있는 장면이 나오면 휠체어를 타고 있는 사람이 왜소해 보이는 건
어쩜 당연한 것이다. 그러나 감독 로저 미첼은 벨라의 모습을 그렇게
보이지 않게 하려고 많은 노력을 보여준다. 그 중 하나의 예로 화면상
벨라를 보여줄 땐 가능한 벨라의 눈높이에서 화면을 잡는다. 다른 하
나는 벨라 혼자만 휠체어에 앉아 있지 않고, 누군가가 옆에 앉아 있다
는 것이다. 이런 모습은 벨라가 그들과 함께 살아간다는 느낌을 준다.

케이크 내기 장면에서 벨라의 대사 중에 "우린 애도 가질 수 없어."
는 이것이 행여 장애에 대한 편견을 가질 수 있기에 뒤에 집을 나오면
서 남자 주인공 데커가 이렇게 말한다.

"장애 때문에 애를 가질 수 없는지는 알 수 없어."

이는 장애인이 등장하는 우리나라의 다른 영화와 비교되는 부분이다.
영화 속에서 주인공들이 벨라를 어떻게 대하는지도 생각해볼 수 있다.

결정적 역할

이 영화에서 가장 기억에 남는 장면이 있는데, 영화의 마지막 부분에서 남자주인공 데커가 안나를 붙잡기 위해 호텔 기자회견장을 찾아가는 장면이다. 맥스가 차를 가지고 오고, 모두 차에 탄 후에 출발하려 한다. 그러나 벨라가 타지 않은 것을 확인하고 일행이 모두 멈춘다. 그리고 벨라를 옆자리에 태우고 뒤에 휠체어를 싣고 출발한다. 대개 이럴 경우 장애인들을 차에 태우지 않고 기다리라고 말하기 쉽다. 특히 급박한 상황에서는 더욱 그렇다. 하지만 영화는 그녀를 모두 데리고 갔다. 그녀의 역할이 분명이 있기 때문이다.

데커와 안나의 사랑을 맺어주는 데 장애인인 벨라가 결정적인 역할도 한다. 일행이 호텔에 도착해 데커를 안나의 기자회견장으로 들여보내야 하는데, 호텔에서는 사전에 예약이 되어있지 않으면 보낼 수 없다고 말한다. 그러자 뒤에서 뒤늦게 나타난 벨라가 말한다.

"우리는 호텔 평가단입니다. 우린 일행이고, 이 호텔의 장애인을 대하는 태도에 대해 기사를 쓰겠습니다."

벨라의 이 말 때문에 그들은 회견장에 들어갈 수 있었고, 데커와 안나는 사랑을 이룰 수 있었다. 영화 〈노팅힐〉에서 벨라의 모습은 그리 많이 나오지 않는다. 그리고 이 영화에서 주인공도 아니다. 영화에서 있는 듯 없는 듯한 배역이지만, 공기처럼 스며든 배역으로 비추어진다. 비록 후천적인 장애를 얻어 불편한 몸이지만, 그녀는 여전히 앉아서 세상의 중심을 잡고 있었다.

39 비트겐슈타인과 무등,
무등의 의미와 우정의 상호 보완성

마이티(The Mighty, 2000)

장애와 장애가 만나면 어떻게 될까. 이를 일률적으로 말할 수는 없을 것이다. 쉘 실버스타인은 그의 그림 동화에서 모가 나있어야 협력을 잘할 수 있다고 했다. 너무 잘나서 매끄럽기만 하면 서로 보완할 여지가 없기 때문이다. 서로 부족함과 결핍은 오히려 서로를 강하게 접착시키고 큰 일을 도모할 수 있는 여력을 갖게 한다.

"왜 못해! 할 수 있어, 너에게 상상력이 있다면 말이야."

영화 〈마이티(2000)〉는 피터 첼솜 감독의 작품으로 학습장애—자폐성 장애를 가진 소년과 신체의 성장이 멈춘 모르키오 증후군이 있는 소년의 우정을 담은 성장 영화다. 독특한 설정과 〈나홀로 집에〉의 맥컬리 컬킨의 동생인 키런 컬킨의 연기도 주목할 만하고, 연기파 지나 롤랜드, 컬트 연기파 해리 딘 스탠튼 등도 볼 수 있는 영화다. 샤론 스톤과 〈X 파일〉의 여주인공 스컬리 역의 질리언 앤더슨도 얼굴을 내민다. 특히 샤론 스톤이 〈퀵 앤드 데드〉 이후 두 번째로 출연, 제작한 영화다. 샤론 스톤은 케빈의 어머니 역으로 분했다. 큰 비중으로 등장하는 것은 아니지만, 죽어가는 아들을 바라만 보아야 하는 어머니의 심정을 연기에 잘 담아내었다. 무엇보다 섹시스타 이미지가 강한 샤론 스톤이 그것에서 벗어나 강인한 어머니상을 연기한 점이 눈에 띈다. 반면에 TV 시리즈물 〈X 파일〉에서 FBI 요원 스컬리 역의 질리안 앤더슨이 지적이고 강인한 이미지에서 벗어나 무절제한 알코올 의존자인 히피 로레타 역할을 맡았다.

원탁의 기사가 되다

이 영화의 특징이라고 한다면, 이야기의 구조가 약간 특이하다는 것이다. 어떻게 보면 특이할 것도 없지만, 연극에서 1막 1장이라고 나누듯이 이 영화는 총 6장으로 나누어서 이야기를 전개해 나간다. 제1장 공룡의 뇌, 제2장 세상 위로 높이 날아라, 제3장 땅에 떨어지다, 제4장 굴뚝 위에서 누군가가 내려왔다, 제5장 최단신 기사, 제6장 빈 책 등이다.

각 장의 제목은 각 장별로 전개라든지, 이야기의 구조가 어떻게 될 것인지를 짐작하게 한다. 또한 이 영화는 아서왕과 원탁의 기사의 이야기 구조를 약간 차용했다. 단순할 것 같은 스토리에 활력을 더한 것은 케빈이 맥스에게 들려주는 '아서왕과 원탁의 기사' 이야기다. 이들이 머릿속으로 그리며 동경하는 기사의 모습과 자신들이 핍박받는 현실이 판타지 소설처럼 교차되면서 둘은 점점 세상에 맞서 나가는 용맹스런 기사가 되어간다.

"그는 나의 머리가 되었고, 나는 그의 다리가 되어 주었다!"

줄거리를 살펴보자. 엄마를 잃고 외조부와 함께 사는 맥스(엘덴 래트리프 분)는 열세 살 나이에 어울리지 않는 거대한 몸집과 학습장애(정신장애) 탓에 친구들에게 놀림을 당하기만 한다. 게다가 글을 읽지 못해 2학년 진급에서 두 번이나 낙제했다. 아이들에게는 살인자의 아들, 고질라, 닭대가리라는 놀림을 받는다. 맥스에게 세상은 지옥이 따로 없다. 놀림과 조롱, 비웃음을 피할 수 있는 것은 잠자는 것뿐이라고 여긴다. 그러던 어느 날, 옆집에 케빈(Kevin Dillon, 키에란 컬킨 분)이라는 같은 나이의 남자아이가 이사 온다.

케빈은 선천성 이상으로 등이 굽었다. 제대로 걷지도 못한다. 척추장애인, 지체장애인이다. 그는 야간 비행기를 만드는 등 영특하지만, 성장이 멈추고 오히려 몸이 퇴행하는 희귀 질병인 모르키오 증후군에 걸렸다. 선천적으로 등이 굽어 보조기의 도움을 받지 않으면 걸을 수 없다. 케빈도 맥스처럼 아이들에게 따돌림과 놀림을 당한다. 어느 날 학교 행사기간에 담임은 케빈에게 맥스의 읽기 보충수업을 맡긴다. 맥스는 '난 읽을 수 없어.'라고 말한다. 맥스에게 케빈은 『아더왕과 원탁의 기사』라는 책 한 권을 던져주며 맥스가 읽을 준비가 될 때까지 기다려준다.

꼬마 아인슈타인이라는 별명을 가진 케빈과 '프랑켄슈타인과 노트르담의 꼽추'라는 닉네임을 얻은 맥스는 그들을 괴롭히는 또래들 때문에 더욱 가까워지게 된다. 그리고 이제 어느 누구보다 서로를 위해주는 친구가 된다. 마치 '아서왕과 원탁의 기사'가 된 것처럼 둘은 어딜 가나 한 몸이 된다. 어디를 가든 맥스는 항상 불편한 케빈을 자신의 어깨에 무등을 태우고 다닌다. 맥스는 케빈의 다리가, 케빈은 맥스의 머리가 되어준 것이다. 둘은 항상 불의를 보면 참지 못한다. 마치 아서왕의 원탁의 기사가 된 것처럼. 더 이상 괴롭힘을 당하지 않고 여러 가지 일도 겪게 되면서 둘은 더욱 더 친해지게 된다.

어느 날, 케빈은 맥스의 생애 가장 슬픈 크리스마스 선물을 선사하게 된다. 케빈은 장난으로 스파게티를 급하게 먹다가 기도가 막히고, 케빈의 엄마는 그녀의 아들이 살 날이 얼마 남지 않았다는 통보를 받는다. 그리고 이후 케빈은 전보다 많이 약해지지만 맥스에게 자신은 새로운 신체로 바꾸기 위해 준비를 하고 있는 것이라고 위로한다. 이때 감옥에 맥스의 어머니를 살해한 혐의로 수감되었던 아버지가 가석방되어 나오게 되면서 맥스는 위기에 빠지게 되고, 불편한 몸인데도 불구하고 케빈은 맥스를 구하러 나서게 된다.

명랑 쾌활한 케빈을 통해서 맥스는 점점 인식적으로 깨어나는 모습을 보이는데, 케빈이 전달하는 메시지가 가볍지만은 않다. 캐빈이 맥스에게 전하는 메시지도 상당히 수준급이다.

"낱말은 그림의 일부분이야. 문장은 하나의 그림이야. 눈을 감고 상상해 봐. 그리고 상상한 것을 연결해 봐."

이는 철학자 비트겐슈타인의 『논리철학논고』의 일부 내용을 담고 있다.

"언어는 사실의 모형(model)이거나 사실을 그린 그림이다. 사실이 그려지기 위해서 대상에는 이름이 붙여져야 한다."

그러므로 이름, 곧 낱말(개념)은 그림의 일부분인 셈이다. 문장은 주어

개념과 술어 개념의 연결(진술)이고, 그 연결의 연관성과 사실 적합성에 의해 그 문장의 참과 거짓, 의미와 무의미가 구분될 수 있다. 이렇게 알기 쉽게 설명해주는 케빈의 말을 들으면, 꼭 자고 일어난 사람처럼 머릿속에 생기가 도는 듯한 느낌이 든다.

무등의 의미

인상적인 장면 가운데 하나는 바로 맥스가 케빈을 무등 태우는 장면이 아닐까. 무등은 우정에 대한 핵심적인 메시지를 담고 있다. 케빈과 맥스는 불꽃놀이 축제에서 맥스가 케빈에게 무등을 태워주는 것을 시작으로 케빈은 맥스의 머리가 되어주고 맥스는 케빈의 다리가 되어준다. 불꽃이 하나씩 터질 때마다 "마그네슘!", "탄소!" 라고 소리친다. 그들은 도시를 활기차게 걸으며 중세 기사도 정신을 실천한다. 케빈은 아더왕의 전설을 통해 맥스에게 책을 읽는 방법뿐 아니라 모험심과 용기를 가르친다. 그리하여 둘은 'Freak the Mighty'라는 한 몸으로 태어나게 된다. 무등을 태운 맥스의 강력한 다리와, 신체는 불구이지만 호기심으로 충만한 케빈의 만남은 어른들보다 훨씬 큰 몸집과 두뇌를 만들어낸 것이다. 장애인 소년 두 명이 말하는 '기사는 행동으로 가치를 증명한다'는 말은 각각 신체적·정신적 상처를 안고 있는 사람들에게 세상을 올바르게 살아가야 한다는 신념을 준다.

이 영화는 우정을 다루고 있는데, 진정한 우정이 장애인에게 어떤 효과를 줄 지 생각하게 만들지 않을까 싶다. 장애인에게 미치는 우정의 효과라고나 할까? 흔히 우리는 삶에서 중요한 것들을 종종 잃어버리곤 한다. 사실 삶에서 중요한 것, 중요하지 않은 것을 애써 구분한다는 것 자체도 우스운 일일 수도 있겠다. 중요한 친구, 중요하지 않은 친구의 구분도 사실 마찬가지 맥락에 있는 것이 아닌가. 겉으로 보면 병약한 케빈은 지적·정신적으로 매우 월등한 능력을 가지고 있다. 맥스는 지적·정신적으로는 약해보이지만 물리적으로는 매우 건강하다. 이들을 통해 보자면, 우정은 상호 보완의 관계에 있음을 알 수 있다. 내가 부족한 부분을 다른 이가 채워주고 내가 넘치는 부분을 다른 이의 부족한 면에 채워주는 관계가 우정의 핵심일 것이다. 이 때문에 좋은 친구, 나쁜 친구의 구분이 의미가 없어진다.

"그는 나의 머리가 되어주고 난 그의 다리가 되어줬다"라고 말하는 맥스는 저능아도 아니고 단지 또래보다 몸집이 크고 자신감이 결여된 열세 살 난 소년이었을 뿐이다. 그에 비에 '아서왕과 원탁의 기사'라는 이야기를 신념으로 삼고 있는 케빈은 자신감도 넘치고 해박한 지식과 용기를 가진 단지 몸에 이상이 있는 열세 살 소년이었다. 둘은 서로 상호 보완하면 무섭거나 못할 게 없다고 생각했고 실제로 자신감 있는 삶을 가질 수 있었다. 부족한 사람들끼리 만나면 서로 충만해지지만, 넘치는 사람들끼리 만나면 오히려 싸움만 날 수 있다. 우정은 암나사와 수나사와 같다. 그것은 무등의 의미와도 통한다.

심리적으로 보았을 때 혼자 있으면 외롭고 고독하지만, 두 사람이 만나 쌓은 상호 보완적 우정은 자신감과 존재감, 자아존중감을 높여준다. 아버지가 어머니를 살해한 것에 충격을 받아 아버지에 대한 증오심이 마음 속 깊게 틀어박혀 말을 잃고 학습장애까지 겪었던 맥스는 케빈의 도움으로 이런 장애에서 빠져 나와 정상 생활을 하게 된다. 태풍이 지나간 뒤에 찾아오는 고요는 그야말로 고요하고 평화롭다. 사람의 삶도 그럴 것이다. 고생 뒤에 얻는 즐거움을 고생해 보지 않은 사람은 알 수 없을 것이다.

눈 깜박임,
그 사소하고 위대한 날개짓

잠수종과 나비
(The Diving Bell and The Butterfly, 2007)

장애는 생각지도 않게 찾아온다. 생각했다 한들 그것에 대처하기에는 불가항력적인 경우가 많다. 뒤늦게 후회하지만, 인간은 그러한 상황에서 무력하게만 있지 않고 무엇인가를 하려 하는 존재이다. 그 속에서 인간의 미미한 행동이 위대한 성취를 이루어낸다는 점을 부각시키는 것이 장애다.

"인생을 되돌아보면 온갖 실수투성이다. 경마결과를 알면서 돈은 엉뚱한 말에 건거지. 난 왜 진실을 보지도 듣지도 못했을까. 내 본심을 찾으라고 하늘이 날 엿 먹였나?"

"영화 〈잠수종과 나비(The Diving Bell and the Butterfly, 2007)〉는 실화다." 이 한 문장만으로도 눈물 흘릴 준비가 된 관객이 있을 것이다. 제60회 칸영화제(2007) 감독상, 제65회 골든글러브 최우수 감독상과 최우수 외국어영화상을 수상한 이 영화는 병상에서 쓴 자전적 동명 소설을 바탕으로 했다. 그 소설의 저자는 1997년 사망한 프랑스 패션지『엘르』의 편집장 장 도미니크 보비였다. 영화 〈잠수종과 나비〉는 깊은 심해 속 잠수종에 폐쇄된 듯 세계와 소통이 단절된 한 남자에 대한 영화라는 평가가 내려지기도 했다. 침묵 속에서 처절하게 전달하는 감각 예찬이자, 삶의 환희에 대한 기록이라는 것이다. 하지만 이 영화를 통해 우리가 보아야 하는 것은 비록 사지가 마비된 장애인이 되었다고 해도 그의 성격이 변하지 않을 것이라는 점이다. 심각한 장애를 겪고 있어도 유머와 위트를 생각하고 있을 수도 있다. 또한 작고 미미한 행동이 대양을 건너는 원대한 꿈을 이룰 수도 있겠다는 생각이 들도록 한다.

〈잠수종과 나비〉는 원작을 영화로 만든 감독의 연출력에 기인하는 점이 크다. 줄리앙 슈나벨 감독은 친구였던 천재 화가 바스키아를 다룬 영화 〈바스키아(1996)〉나 쿠바의 시인을 다룬 〈밤이 오기 전에〉 등을 통해 예술가 영화들을 만들어왔고, 〈잠수종과 나비〉를 통해 한쪽 눈으로만 세상을 바라보던 보비의 감각을 섬세하게 연출했다. 〈라이언 일병 구하기〉와 〈뮌헨〉 등 스필버그 영화의 촬영을 주로 담당했던 야누즈 카민스키 덕에 감각적인 영상이 돋보이기도 한다. 영상 촬영 기법과 연출력이 보비의 심리를 잘 잡아내면서 장애를 대하는 태도를 고찰하게 만든 영화다.

영화는 이렇게 시작한다. 한 남자가 병원에서 뿌옇게 한쪽 눈을 뜬다. 사람들이 웅성대는 소리가 들리지만, 그는 더 이상 움직일 수도 말을 할 수도 없다. 육신은 정신을 가두는 감옥이 되었다. 육신의 감옥에 갇힌 그는 프랑스 패션지『엘르』의 편집장이며 유명 저널리스트였던 장 도미니크 보비(마티유 아말릭 분)였다. 돈과 명예, 사랑 등 부러울 것 없이 행복하고 화려한 삶을 누리던 보비는 갑자기 감금증후군(locked-in-syndrome)으로 온 몸이 마비되어 왼쪽 눈을 제외한 모든 신체적 기능을 잃었다. 이름하여 '락트 – 인 – 신드롬(locked-in-syndrome)'이라는 상태가 지속된다. 그 상태는 이렇게 정의내릴 수 있다.

"죽지는 않았지만 몸은 머리끝부터 발끝까지 마비된 상태로, 의식은 정상적으로 유지되어 마치 환자가 내부에 감금당한 상태"

그는 세상에서 무정하게 내팽겨지고, 삶의 꿈에서 점점 멀어지는 자신을 발견하게 된다. 그러나 희망은 가늘게 있었다. 그 희망은 자신을

도와주던 언어치료사였다. 그녀가 유일하게 남겨진 한쪽 눈의 감각을 통해 사람들과 소통하는 방법을 알려주자, 그는 더디지만 더디게 마침내 자신의 삶과 세상의 아름다움에 대한 기록을 남기게 된다.

감옥이 된 몸

이 영화는 따뜻한 풍자와 재미를 불어넣은 독특한 분위기를 나타내기도 한다.

비록 그의 몸은 감옥이 되었지만 보비의 생각은 내레이션을 통해서 생생하게 전달된다. 그의 자유분방한 성향과 냉소적이면서 유머러스한 성격은 바뀌거나 달라지지 않고 여전히 내레이션을 통해 전달된다. 그의 언사들은 솔직하다. 어여쁜 재활치료사의 외모에 감탄하고, 의사들의 사무적인 태도를 비꼰다. 한창 재미있게 보고 있던 축구 중계를 간호사가 꺼버리자 '안 돼!'라고 외친다. 절로 웃음 짓게 만드는 내레이션이 많은데, 이는 무겁고 우울한 실화에 따뜻한 풍자와 재미를 준 셈이다. 왜 감독은 이러한 장치를 설정했을까. 그것은 외면적으로는 심각하고 진지한 상황이지만, 정작 그 본인은 그렇지 않을 수 있기 때문이다. 더구나 심각한 장애를 얻기 전에 있던 명랑한 성격은 여전히 존재할 것이라는 점을 말해주고 있다. 말하지 못하고, 육체가 움직이지 못한다고 해서 그의 정신까지 굳어져 있는 것은 아니며, 또한 욕망이 없는 존재는 아닐 것이다.

'잠수종'은 철교의 기초 공사 따위에서, 사람이 물 속에 들어가 일할 수 있게 한 큰 종 모양의 잠수복을 말한다. 보비가 뇌졸증으로 쓰러진 것은 1995년 12월 8일 금요일 오후였다. 20일 뒤 장 도미니크는 눈을 떴고 신체에서 움직이는 부위는 오직 왼쪽 눈꺼풀뿐이었다. 장 도미니크의 몸은 이미 무거운 잠수종에 갇힌 신세였다. 잠수복과 나비(국역본 제목)에서 그는 이렇게 말하고 있다.

"잠수복이 한결 덜 갑갑하게 느껴지기 시작하면, 나의 정신은 비로소 나비처럼 나들이 길에 나선다. 시간 속으로, 혹은 공간을 넘나들며 날아다닐 수도 있다. 불의 나라를 방문하기도 하고, 미다스 왕의 황금 궁전을 거닐 수도 있다."

장 도미니크 보비는 나비처럼 날아오르기를 원했다.

"열쇠로 가득 찬 이 세상에 내 잠수종을 열어줄 열쇠는 없는 것일까. 다른 곳에서 구해보아야겠다. 나는 그곳으로 간다."

그가 세상을 향해 날아오르는 나비가 되는 방법은 책을 쓰는 것이었다. 사용할 수 있는 것은 오직 왼쪽 눈꺼풀이었기에 고통스러울 만큼 지루했지만 방법은 간단했다. 출판사 직원이 알파벳을 외우기 시작하면 자신이 원하는 단어에서 왼쪽 눈을 깜빡이는 것이다. 침을 질질 흘리면서 눈으로 한 단어를 표현하는데 2분이나 걸렸지만, 거꾸로 그의 모습은 아름답다. 15개월 동안 20여만 번의 눈꺼풀을 깜빡거려 130페이지의 원고를 만들어 냈다. 그리고 수기 『잠수복과 나비』가 출간된 1997년 3월 바로 그 주에 그는 죽었다.

여기에서 그는 우리에게 사소한 것 같은 눈꺼풀의 소중함을 한번 생각해 보게 한다. 사소한 신체의 일부였던 눈꺼풀은 세상을 향한 유일한 창이 되고, 이 과정에서 절망은 삶에 대한 예찬과 감사가 되었다. 하찮을 것 같은 그 눈꺼풀이 없었다면 보비가 책을 내는 일은 가능하지 않았을 것이다.

미미한 눈꺼풀의 위대함

이 영화는 한쪽 눈으로 세상을 보는 느낌을 살리기 위해 특별한 기법을 썼다. 실험적인 촬영기법으로 관객에게 주인공의 몸과 마음을 '체험'하도록 한다. 영화에서 카메라는 곧 보비의 눈이다. 영화는 상당 부분이 보비의 시선에 맞춰 촬영됐다. 그가 왼쪽 눈으로 보는 세상이 그대로 영화의 장면이었다. 그가 눈을 깜빡이면 화면 전체가 명멸한다. 관객은 그가 느끼는 절망과 두려움을 있는 그대로 같이 느끼게 되었다.

철저히 그의 시선으로만 한정된 영상은 사실적이다. 그가 느끼는 혼란스러움과 답답함이 그대로 관객에게 이어진다. 특히 각막 손상을 막기 위해 의사가 그의 오른쪽 눈꺼풀을 꿰매버리는 장면은 보는 이의 눈이 그렇게 되는 것처럼 사실감 있다. 눈꺼풀이 서서히 꿰매지면서 완전히 닫혀버리는 장면은 라텍스의 덕분이었다. 제작진은 카메라 렌즈 위에 라텍스를 올려놓고 위아래를 잡아 꿰매면서 렌즈를 어둡게 했다. 철저하게 주인공의 시선에 따라 화면은 갑자기 전신마비 된 애인이나 친구를 대하는 사람들의 복잡 미묘한 표정과 행동, 이를 통해 드러나는 심정도 집중해서 볼 수 있게 한다.

장애라는 것은 이 영화에서 어떤 의미를 줄까? 영화 〈잠수종과 나비〉는 장애인 영화의 억지스러운 휴머니즘과 통속적인 최루의 요소들에서 비껴서 있다. 또한 감각적이고도 유머러스한 삶의 긍정을 보여준다. 물론 이 아름다움과 긍정적 태도 때문에 그에게 닥친 갑작스러운 삶의 비참함은 은폐되어 있다. 삶의 예찬 속에 비참과 절망의 강조는 그 유머와 위트 속에서 자연스럽게 드러나니 새삼 강조할 필요는 없을지 모른다. 그가 진정 가벼워진 것은 그의 눈 깜박임을 통한 각고의 노동 때문이었다. 중요한 것은 내적 충만함, 무엇인가 하겠다는 꿈과 희망이 더 중요하겠다. 나비는 작은 날개를 가지고 있다. 그 날개는 여리고 약하기만 하다. 그 약하고 여린 날갯짓을 하며 대양을 건넌다. 눈 깜빡임은 날갯짓과 같다. 하나하나는 여리고 가냘프고 사소해 보인다. 하지만 그것을 통해 보비는 대양을 건너고 육신의 감옥을 벗어나 자유로운 영혼이 되었다.

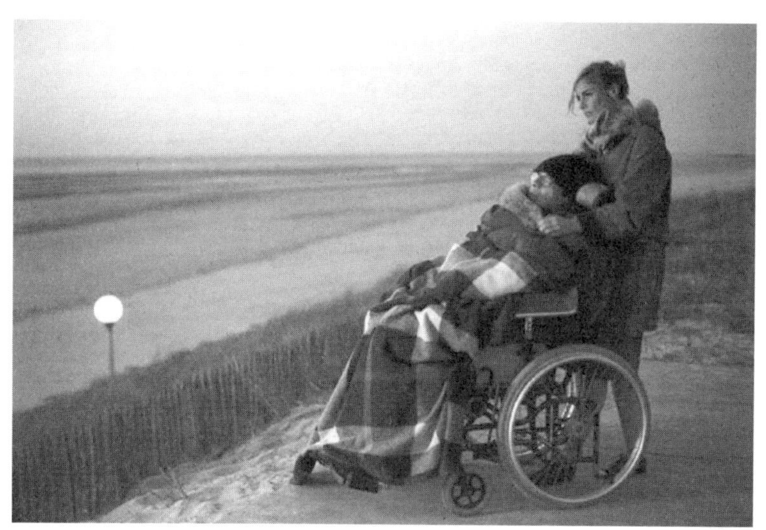

하지만 그러한 일련의 방식은 곧 비판의 대상이 되기도 한다. 기술적으로 완벽하고 예술적으로 기교 넘치는 〈잠수종과 나비〉는 종종 지나치게 계산적이라는 인상을 준다는 것. 장 도미니크의 삶을 느끼는 것처럼 여기게 되지만, 모든 것이 한 치의 오차도 없는 슈나벨의 기술적 계산에서 보이는 것은 아닌가 싶기 때문이다.

41 어느 가족이나 숨기고 싶은 비밀이 있소

블랙 벌룬(The Black Ballon, 2008)

영화 길버트 그레이프 는 형이 장애인 동생을 둔 이야기이다. 영화 〈블랙 벌룬〉은 주인공이 장애인 형을 둔 경우다. 장애인 형과 동생은 차이가 있겠다. 장애인 동생을 통제하는 것보다 장애인 형을 통제하는 것이 더 힘들겠다. 이러한 영화에서 장애는 형과 아우에게 성장의 과정이다. 그 성장통이 가장 강한 것이 어린 동생 위에 장애인 형이라는 점을 부각하는 영화가 〈블랙 벌룬〉인데 형이 동생의 인과 예를 크게 만들어주는 셈이다.

"우리는 죽을 때 까지 찰리를 행복하게 해줄 수 있다면 뭐든 다할 거다."

엘리사 다운 감독의 〈블랙 벌룬(The Black Balloon, 2008)〉을 보면 '미국영화인가?' 싶다가도 운전석이 오른쪽에 있는 장면을 보고 '아, 영국영화'로구나 했었다가, 나중에서야 오스트레일리아 영화였구나 하고 뒤늦게 알아채기 쉽다. 영국과 호주는 운전대가 오른쪽에 있다. 호주는 과거 영국의 식민지였기 때문에 그 유습이 남아 있는 것이다. 햇살이 좋은 풍광과 한적한 강변의 모습이 익숙하면서도 생경하기도 한 이유는 바로 호주 영화이기 때문이다. 이런 풍경이 이 영화에서 빼놓을 수 없는 부분이다. 그러한 풍광은 아무래도 신선함을 유지하기 위한 것일 텐데, 아무래도 이 영화가 10대 성장 드라마라는 특성에 부합한다. 무엇보다 이 영화를 통해 사건을 이끌어가게 되는 자폐아 찰리가 등장하는 것을 더 눈여겨 볼 수밖에 없다. 호주 영화 속에서는 장애인을 어떻게 그리고 있는지 관심을 가질만하다.

〈블랙 벌룬〉은 호주 퀸스랜드 주, 아열대 기후의 아름다운 풍광을 배경으로 펼쳐지는 10대의 성장 드라마이면서, 자폐아 찰리, 그의 동생 토마스, 그리고 군인인 아버지 그리고 임신 중인 어머니가 있는 가족의 이야기다. 미국과는 다른 호주만의 이모저모를 잘 조명했고, 다른 장애 아들과 차별되는 자폐아의 특징을 다룬 점이 이 영화의 특징이다.

호주는 장애인 복지 정책이 잘 되어 있는 것으로 알려져 있다. 이 때문에 이런 점에 초점을 맞추어 영화가 제작되었다고도 한다. 복지 정책이 잘 되어 있는 덕택에 장애인이 사회적으론 뒷받침받지만, 개인의 관점에선 여전히 큰 짐이 될 수밖에 없다는 주제를 전달하고 있다. 하지만 그것이 짐이 아니며, 제도보다 더 필요한 것은 장애를 대하는 지속적인 관심과 애정이라는 점을 일관되게 말한다. 제도의 성숙이 이루어질수록 그들은 가족의 중요성을 생각한다. 그 점은 우리나라의 실정과 사뭇 대조적이다. 즉, 우리는 사회적으로 뒷받침되지 못

하고 가정에 전적으로 의존하는 모습이다. 제도가 완비되지 못하면 가족의 역할이 커지고 상대적으로 국가의 복지정책에 대해 더 원하는 것이 많아질 수밖에 없다. 물론 영화 속에서 등장하듯이 호주의 장애인 차별이 여전하다는 점은 한국과 같다. 학교에서의 조롱, 이웃들의 항의와 민원 제기가 대표적이다.

동생의 고민

〈블랙 벌룬〉은 내용에 독특한 점이 있는 것은 아니다. 아버지가 군인이기 때문에 자주 전학을 다니는 16세의 토마스는 새로운 환경에 적응하는 것보다 다른 고민이 앞선다. 낯선 친구들에게 놀림을 당하는 일보다 형 때문에 항상 고민인 것이다. 형 찰리는 말은 못하지만, 남의 말은 거의 알아듣는다. 지능도 그리 낮지 않다. 하지만 자기밖에 모르는 자폐아적 기질이 있어 토마스는 곤혹스러워 한다. 찰리는 자폐적 기질 때문에 자기 의사가 관철되지 않으면 무작정 난동을 부리는 폭군이 되곤 한다. 부모님은 어떤 경우에도 찰리를 보호하려 한다. 토마스는 그것이 불만이다. 항상 부모님은 형을 위주로 행동하니 말이다. 토마스는 찰리를 형을 뒀다는 사실을 부끄러워한다. 남들이 형의 존재를 알까봐 두렵기만 하다. 그러던 어느 날 토마스는 열여섯 번째 생일을 맞는다. 토마스를 좋아하게 된 여학생 재키가 집에 초대된다. 온 가족과 예쁜 여학생 재키의 관심이 토마스에게 집중된다. 그런데 심술이 난 찰리는 재키가 보는 앞에서 바지에 손을 넣고 성적 행위를 한다. 토마스의 여자 친구인 재키가 기겁을 하는 것은 당연한 노릇이다. 이제까지 쌓였던 찰리에 대한 토마스의 증오심이 폭발하게 된다. 그러한 행동을 하는 형 찰리가 마치 자신에게 수모를 준 것으로 여긴 점도 작용했다.

토마스는 찰리의 게임기를 부수고, 찰리를 심하게 때린다. 그러면서 형제 사이의 관계뿐만 아니라 여자 친구 재키와 관계도 소홀해진다. 이런 사건으로 그에게는 두 개의 고민이 생겼다. 과연 여자 친구와 사이가 좋아질까? 토마스와 찰리는 화해를 할 수 있을까? 영화는 이러한 잔잔한 구도를 통해서 장애인과 비장애인의 소통과 화해를 그려나간다.

영화에서 자폐아 찰리는 항상 문제를 일으키는 존재인데, 찰리를 중심에 두고 영화가 그리고자 하는 것은 뭘까? 〈블랙 벌룬〉은 다큐멘터리 〈인간극장〉처럼 현실적인 영화이다. 자폐아를 둔 가정과 그 가족 구성원의 애환과 갈등 그리고 사랑이 섬세하고 매우 사실적이다. 동시에 10대 사춘기 때의 가족 그리고 학교, 친구들, 사회와 자기 자신에 대한 막연한 열등감, 불안, 호기심이 어우러진 갈등과 감정 폭발, 사랑하는 사람에 대한 자존감에 대한 상처 그리고 화해하는 과정이 자폐아인 형을 중심에 두고 있다는 점에서 청소년기 소년의 온전하고 따뜻한 '성장영화'다. 가족영화이면서 성장영화라는 특성 가운데 장애라는 화두가 있는 것이다.

함께 목욕하기

모든 가정에는 저마다의 속사정이나 사연이 있다고 한다. 그것은 부끄러운 일이든지 가족만이 공유하는 비밀 같은 것일 수 있다. 이 영화에서는 그것이 자폐아인 형일 수 있다. 하지만 이 가족은 그로 인한 갈등과 반목을 피해 오히려 형을 사이에 두고 끈끈한 연대만을 더 강화한다. 결국 '장애'는 가족마다 있는 사연이거나 고민거리라는 알레고리로 작용한다.

이 때문에 영화의 중심은 토마스와 찰리인데 주제의식을 드러내기 위해서는 자폐아 형을 둔 토마스의 일상이 중요한 대상이다. 군인인 아버지를 따라 이곳저곳으로 이사를 하며 전학을 자주하는 주인공은 불편한 형을 보살펴야 하는 가족과 자기 자신에 대한 희생에 불평불만도 많지만 그럭저럭 무덤덤하게 받아들이고 있다. 어쨌든 자신에 대해 깊이 생각하고 충분히 이기적일 수 있는 나이에 자신보다는 형, 가족을 더 먼저 생각하는 일종의 희생은 어린 나이에 감내하기엔 부자연스러운 스트레스이기도 하다.

그런 주인공에게 이번 이사한 곳에서 자신을 좋아하는 여학생이 생기게 된다. 그러나 모처럼 자신의 집을 방문한 여학생이 현관문을 열고 들어올 때 온 집안에서 풍기는 악취와 자신의 형이 일을 저지른 똥이 흥건하게 묻은 바지를 들고 있었을 때 소년의 마음은 어땠을까? 숨기거나 도망치려는 소년의 마음은 타인의 대한 배려일 수도 있겠지만, 동시에 고동껍데기 속에 숨는 자신과 자신의 가족만의 연대일 수도 있다. 남이 절대 끼어들 수 없다고 생각하는 그런 배타성 말이다.

하지만 소녀는 천진한 마음을 어떤 표현도 없이 어떤 설명도 없이 자연스럽게 소년과 소년의 가족에 스며든다. 이를 통해서 소년은 위안을 얻게 되고, 형과 함께 뮤지컬 공연을 우연히 그리고 감동적으로 치러내면서 마지막 장면에서 결국 형을 받아들인다. 진심으로 자신의

성장 속으로. 마지막 장면은 이를 암시한다.

"난 형의 동생이라는 것이 싫었어. 형이 정상으로 돌아오기를 항상 기도했어. 그러나 형은 그렇게 되지 않았어."

토마스는 이렇게 이야기하면서 욕조에서 형 찰리와 함께 목욕을 한다. 형을 목욕시키는 일은 항상 엄마가 하는 일이었다. 물론 토마스는 형을 목욕시키는 일을 싫어해 기피해왔다. 항상 엄마가 하는 일을 마침내 토마스가 대신하고 있는 장면은 이제 형을 가족 구성원으로 동등하게 인정하겠다는 의미다.

한편으로 아버지와 어머니의 자식 사랑이 지극한 영화이기에 이 영화는 전체적으로 '사랑'이 화두가 아닐까 싶다. 토마스는 "난 형하고 엮이기 싫어요, 형한테 화를 내세요."라고 말한다. 엄마는 "우리는 죽을 때까지 찰리를 행복하게 해줄 수 있다면 뭐든지 다 할 거다."라면서 화장실에서 울고 있는 토마스를 안아준다. 어머니는 이렇게 말한다.

"세상 참 불공평하지. 가엾은 토마스 불쌍한 우리 아들. 나의 예쁜 아들."

형 찰리를 이해하고 사랑하게 만든 재키의 토마스에 대한 사랑, 찰리를 사랑하고 형을 원망하는 토마스를 이해하고 사랑하는 어머니. 사람은 어떤 생각을 가지고 어떤 행동을 하는가에 따라 삶의 아름다움이 결정된다. 이 영화는 그런 사람들의 이야기다. 아무리 장애인 복지 정책이 잘 갖추어져 있다고 해도 결국 그 장애라는 화두를 풀어나가는 가장 기본적이면서도 원대한 단위체는 역시 가정이라는 관념으로 다시 되돌아오는 영화다. 그 속에서 장애를 두고 10대들은 성숙한다. 결국 장애는 다른 이들을 이해하고 포용하며 삶과 인생에 대해서 성장하게 만드는 화두가 된다.

42 작가는 왜 스스로 유폐시키는가

파인딩 포레스터(Finding Forrester, 2000)

우리는 이해할 수 없는 것은 그 가치를 무시하고는 한다. 그 가치를 알지 못하는 것임에도 다 이해하는 듯이 상대방이나 사물의 가치를 격하하는 것이다. 그러면서 속으로 두려워한다. 그리고 도피한다. 불능에 빠져버린다. 이해하지 못하는 것은 장애 속에 빠져서 다른 이들도 불능의 두려움에 떨게 한다. 〈파인딩 포레스터〉는 작가와 소설 작품을 소재로 이를 말한다.

"사람들이 가장 두려워하는 게 뭔지 아니? 그들이 이해할 수 없는 거야. 우리가 이해하지 못하면 그냥 우리의 가정에 의존하지."

세상을 등진 노인과 세상으로 막 나오려는 소년. 마침내 이 두 사람의 아름다운 조우가 시작되는 영화 〈파인딩 포레스터(Finding Forrester)〉는 자신들을 이해하는 단 한명의 친구를 만나는 소년과 노인의 이야기다. 어느 천재 작가 윌리엄 포레스터(숀 코넬리 분)와 흑인 고교생(로버트 브라운 분)의 잔잔히 여운의 우정이 담긴 휴먼 드라마다.

윌리엄 포레스터는 40년 전 퓰리처상을 수상했을 뿐만 아니라 고전의 반열에 오른 소설을 쓴 전설적인 인물이다. 위대한 명성에도 불구하고 그는 갑자기 사라졌기 때문에 그는 정말 전설적인 인물이 되었다. 그 뒤로 세상을 등지고 혼자서 살아가는 윌리엄 포레스터는 사실 자폐증을 앓게 되어 사람들과의 접촉을 끊게 된 것이다. 어느 날 흑인 고등학생 자말 월라스를 만나면서 자폐증에 걸린 삶이 바뀌기 시작한다. 가끔 일어나는 두 사람 사이의 만남에서 윌리엄은 자말에게 인생의 황혼기에 이를 때까지 자신이 깨닫지 못했던 삶의 다른 모습을 배우게 되기 때문이다.

자말 월라스는 어머니와 함께 사는 열여섯 살의 고등학교 소년으로 뛰어난 농구실력에 대단한 문장실력을 갖추고 있다. 하지만 사람들은 그의 농구실력을 눈여겨보면서도 문학에 대해서는 별로 인정을 해주지 않는다. 그는 다행히 윌리엄 포레스터의 눈에 띄어 그 재능을 인정받게 되는데, 포레스터와의 만남이 불행의 역경이 될 줄은 떨리는 그 초기 만남들에서는 미처 몰랐다.

로버트 크로포드 교수(F. 머레이 에이브라함 분)는 자말이 새로 전학 간 고등학교에서 문학을 담당하고 있다. 그는 이미 전설이 되어 사라진 윌리엄 포레스터를 매우 흠모한다. 하지만 정작 그는 소설을 쓰지 못한다. 이 때문에 그가 윌리엄 포레스터를 더욱 흠모하게 되었는지 모른다. 문학에 대해서 주입식 교육을 하기 때문에 학생들은 그 말에 순응하기 바쁘다. 그만큼 권위주의적인 교육방법을 고수하는 학교를 대표적으로 상징하는 인물이다. 그러한 답답한 문학교육에 자말은 마침내 그것은 아니라고 이의를 제기하고 만다.

이러한 인물들이 펼쳐놓는 이야기는 이렇다. 길거리 농구를 즐기는 고등학생 자말 월러스 그는 친구들과 농구장 근처 아파트에 사는 이상한 남자에게 관심을 갖는다. 그 인물은 자신들의 농구를 커튼 사이로 몰래 보고는 한다. 베일에 싸인 인물에 대한 호기심이 극에 달한 자말은 어느 날 밤 그의 아파트에 몰래 침입하는데, 갑자기 등장한 사나이 때문에 가방을 놓고 나오게 된다.

베일에 싸인 인물

다음 날, 자말은 가방을 찾기 위해 아파트를 찾아가지만 되돌아오는 것은 차가운 반응뿐이었다. 그러나 그 베일 속의 주인공은 전설 속의

작가 포레스터였다. 포레스터는 자말의 가방 속에서 자말의 수많은 글들을 발견했는데, 그 글이 범상치 않음을 알게 된다. 한 번 두 번 그들이 만나면서 자말을 문학세계로 이끌어간 포레스터는 지난 수년간 한 번도 문을 열지 않았던 자신만의 세계에 자말을 받아들이게 된다. 한편 자말은 맨해튼의 명문대 예비학교에 농구특기 장학생으로 스카우트되는데, 그때까지도 자말은 아파트의 괴팍한 노인이 위대한 작가 포레스터임을 전혀 알지 못한다. 교재로 사용하는 책을 보고서야 그 노인의 정체를 알게 된다. 학교 선생들도 추앙하는 작가를 자신이 알고 있다니, 자말은 흥분하지 않을 수 없다.

이때부터 더욱 분위기는 고조된다. 때 묻은 고전서적들과 정적만이 가득했던 포레스터의 은둔지는 자말과 함께 웃음과 논쟁, 학문에의 열정으로 채워진다. 포레스터는 이 어린 제자를 따라 지난 40여 년간 닫고 살아온 창밖의 세상에 조금씩 다가간다. 빈민가 소년과 천재작가의 인생이 관련된 철학적인 대화와 나이를 뛰어넘은 우정이 그려진다. 하지만 솔직한 질문 때문에 자말은 학교에서 미운털이 박힌다. 담당 교수는 자말이 문학적 재능이 있다는 사실을 인정하지 않고 끊임없이 의심을 한다. 호시탐탐 자말에게 본때를 보여주려는 듯싶다. 그러다가 교내 문학 창작대회에서 자말이 포레스터가 말한 내용을 사전에 동의 없이 사용하는 일이 생긴다. 담당교수는 그것이 포레스터가 예전에 쓴 것을 표절했다고 제기한다. 어떻게 된 일인가. 포레스터는 예전에 자신이 잡지에 발표한 글을 자말에게 불러주었던 것이다. 물론 출처는 이야기하지 않았고, 졸지에 표절한 것으로 되어버려 자말은 장학생 위치를 박탈당하게 된다. 해결방법은 하나. 표절이 아니라고 포레스터가 해명하는 수밖에 없다. 그러나 그는 단 한 번도 사람들과 40년 동안 접촉한 적이 없다. 과연 그들은 어떻게 될 것인가. 이러한 영화는 어떻게 보면 뻔하지 않나 싶다. 천재소년을 인정해주는 대가가 등장하고 그로 인해 성공한다는 구조를 생각한다면 말이다.

실제로 〈파인딩 포레스터〉의 주인공 자말은 다른 사람들의 무시를 당한다. 그러나 그의 재능을 알아본 사람이 등장해 그에게 관심을 보인다. 그를 꺾거나 방해하는 인물이 괴롭히는 가운데 주인공은 그만이 가진 능력을 여러 고난 속에서 꽃피우며 승리한다. 다만 여기에는 매우 유명한 작가의 일상을 엿볼 수 있다는 것, 인물사전에나 나오는 사람을 직접 볼 수 있다는 대중적인 호기심을 자극하는 방식을 사용했다.

유명 작가의 공포심

전 세계적으로 알려진 작가들도 있다. 하지만 유명한 작가일지라도 하나의 인격체를 가진 인간이기에 인간적인 모습이 상당히 궁금한 것은 사실이다. 평범한 소시민일 수도 있고, 괴팍하고 고약한 성격을 가진 사람일 수도 있고, 이기적인 사람일 수도 있다. 하여간 인간적인 모습이 궁금해질 때가 있다. 이 영화에서는 여기 세상과 등진, 한 위대한 작가가 있다는 점을 포커스에 잡고 있다.

정작 관심을 가져야 하는 것은 "왜 그는 세상에 나가지 않고 갇혔는가?"가 아닐까? 여기에서 중요한 것은 그가 스스로 자기 방에 갇혔다는 점이다. 윌리엄 포레스터는 왜 자기 방 안에 갇혔는가?

그는 너무 유명해졌다. 이미 젊은 시절에 퓰리처상을 받았다. 겉으로는 그가 다른 사람들이 자신의 작품을 평가하기에는 소양이 부족하다면서 비판을 하지만, 사실 그는 다른 사람들의 평가에 민감하게 의식하고 있었다. 너무나 일찍 유명해졌기 때문에 뒤의 작품에서 그러한 명성을 채우기가 두려워던 것인지도 모른다. 그래서 자기의 방안으로 도피하면서도 끊임없이 쓰고 그것을 쌓아둔다. 학자들이 나이가 들수록 공부한 내용, 사유한 축적물은 많지만, 저작을 잘 내지 않는 이유도 이러한 공포심 때문이라는 지적이 있다. 예일대학교 심리학과 교수인 로버트 스탠버그(Robert Sternberg, Psychology 101 1/2, 2003)는

노교수들이 논문을 잘 발표하지 않는 원인에 대해서 탐구했다. 그가
내린 결론은 동료학자들이 자신의 연구논문을 어떻게 볼지 몰라서 두
려워하는 심리가 있다는 것이었다. 그러한 심리가 계속 논문발표를
못하게 한 것이고, 외부인들이 보았을 때는 그들이 나이가 들어 열정
과 근력, 집중력이 떨어져서 놀고 있는 것으로 비쳐진다는 것이다. 또
한 다른 사람의 저작에 대한 논평을 많이 한 사람일수록 자신의 글을
발표하지 못한다. 자신들의 논평들이 자기 덫으로 되돌아와 얽어맬까
봐 두려워하는 것이다. 그 핵심 심리는 공포와 두려움이다.

포레스터는 단 한 권의 책을 쓴 이후에 더 이상 사람들에게 자신의
글을 보여주지 않는다. 이때 우리는 질문을 던질 수 있다. 작가들은 왜
글을 쓸까? 자신을 위해서? 아니면 세상 사람들을 위해서? 자말은 남
에게 보여주지도 않을 소설들은 왜 쓰는가 하고 질문을 한다. 글은 결
국 자기만족이 아니라 다른 이들에게 끊임없이 보여주고자 하기 하는
것, 즉 소통을 하기 위한 것이다.

편견은 결국 장애보다 더 무서운 결과를 낳게 한다. 차라리 시각적
으로 보이지 않는 사람들이 자말의 문학적 재능을 알아낼 수 있을지

모른다. 자말에 대한 영화 속 사람들의 인식에서 흑인에 대한 편견이 작용하고 있는 것을 볼 수 있다. 흑인하면 거리의 사람이거나 농구와 같은 스포츠만을 잘하는 것으로 여기는 경향이 있다. 이 영화도 마찬가지로 자말은 농구를 매우 잘한다. 그렇기 때문에 문학적 소질이 있다는 사실을 눈여겨 보지 않거나 학교 선생님들처럼 의심을 한다. 하지만 흑인 중에도 작가가 있을 수 있는데, 대개 작가하면 백인들을 떠올리고, 운동선수는 문학적 감수성 혹은 재능이 없다는 편견에 대한 성토가 영화에 은근히 배어 있다. 차라리 눈이 보이지 않는 사람들이 오히려 자말의 문학적 재능을 쉽게 알아낼 수 있었을 것이다. 눈에 보이지 않으면 흑인이라는 사실에 관계없이 누군가 읽어주거나 점자를 통해 문학 작품 자체만을 가지고 평가할 것이기 때문이다.

이 영화를 통해 나이와 경험에 관계없이 영혼이 풍부해질 수 있다는 메시지도 되새길 수도 있다. 편지에서 포레스터는 자말에게 이렇게 말한다.

친애하는 자말에게.
한때 난 꿈꾸는 걸 포기했었다. 실패가 두려워서, 심지어는 성공이 두려워서. 네가 꿈을 버리지 않는 아이인 걸 알았을 때, 나 또한 다시 꿈을 꿀 수 있게 되었지. 계절은 변한다. 인생의 겨울에 와서야 삶을 알게 되었구나. 네가 없었다면 영영 몰랐을 거다.

—윌리엄 포레스터

〈파인딩 포레스터〉는 뜨는 천재와 이미 뜬 천재를 주인공으로 했다는 소재의 허무맹랑함이 억지스럽지 않지만 갑작스런 포레스터의 허망한 죽음은 허탈감도 자아낸다. 그 가운데 자말의 재능이라는 것이 구체적으로 무엇인지 드러나지 않고 문학에 대한 구체적인 내용이 없어서 아쉬움이 더한다.

43 침묵이라는 소통의 장, 항상 아이가 장애아인가?

비욘드 사일런스(Jenseits Der Stille, 1996)

흔히 영화에서 어린이가 장애를 지닌 캐릭터로 등장한다. 이는 아동의 시각이 많이 배제되는 것만이 아니라 장애에 대한 편견도 강화할 소지가 있다. 넓게 보자면 비장애인 자녀와 장애인 부모는 세대 간의 문화적 의식적 차이와 함께 세대 간의 소통의 필요성을 부각시킨다. 즉, 부모라는 기성세대는 새로운 세대에게 불소통의 존재일 수 있다는 것이다.

“해가 뜰 때는 어떤 소리가 나지? 눈이 땅에 닿을 때는 어떤 소리를
내지?”
“나는 들을 수 없지만, 이해할 수 있도록 노력할게.”

‘의심의 여지가 없는 인상적인 영화’, ‘지금까지 개봉한 독일 영화 중
최고의 작품’ 등 이 영화가 독일에서 개봉했을 때 영화계와 매스컴, 평
론가들은 찬사를 아끼지 않았다. 헐리우드 영화의 독주와 코미디 영
화의 강세 등 드라마는 인기장르가 되지 못했던 독일 영화시장에서 감
동적인 멜로 드라마 〈비욘드 사일런스(Jenseits Der Stille, 1996)〉는 일대
쾌거로 받아들여졌다. 이는 상투적인 감상없이, 감성적이고 진솔한
영상 언어로 깊은 감동을 이끌어낸 카롤리네 링크 감독의 연출력 때문
이었다.이 영화에서는 청각장애의 상징적 활용이 눈에 확연하게 들어
온다.

〈비욘드 사일런스〉는 청각장애인 부모를 둔 소녀 라라의 이야기를
다룬 성장영화이며, 갈등과 화해를 묘사한 가족영화이자, 음악영화
다. 대개 장애인 영화에서 장애를 가진 존재는 아이이며, 부모는 비장
애인인 경우가 대부분이다. 하지만 〈비욘드 사일런스〉는 부모가 장애
인이다. 더구나 아이가 태어나면서 비로소 부모의 삶에 변화가 긍정
적인 쪽으로 일어난다. 대개 장애인 영화의 경우, 아이가 태어나면 부
모의 삶이 고통과 번민의 나락으로 떨어지는 것과는 다른 모습이다.

또한 이 영화는 장애인 이야기를 다루면서도 감동과 당위적 교훈
에 무게를 두지 않았다. 가슴 아픈 이야기가 저류에 가득하지만, 영화
는 시종 밝고 명랑하기까지 하다. 예컨대, 라라는 갓 태어난 동생 귀에
대고 클라리넷을 불어 청각장애가 아님을 확인하고 환호한다. 어머니
를 위해 TV 아래 앉아 영화를 수화로 통역해주기도 한다. 그렇듯 인상
적인 에피소드들이 혜성처럼 길게 꼬리를 끌며 여운을 남긴다. 독일
영화면서도 할리우드 1급 드라마처럼 정점을 향해 촘촘히 내러티브를

쌓아올린 솜씨가 훌륭하다. 듣지 못하는 아버지와 음악을 통해 소통한다는 역설적 마지막 장면도 충분히 깊이가 있다. 라라 부모로 출연한 두 배우는 실제 청각장애자라는 사실이 화제가 되었다.

감동의 수단화를 넘어

많은 영화들이 장애를 감동을 위한 수단으로 이용하는데 이 영화는 그런 느낌이 덜하다. 영화의 재미를 돋우기 위한 수단으로 장애인의 장애를 이용한 것과는 거리가 있어 보인다. 즉, 감동보다는 씁쓸함을 느끼게 한 영화에 반해 〈비욘드 사일런스〉는 꾸미지 않은 장애인의 모습과 그 가족들의 삶을 담백하게 그려내면서 수화를 배우고 있는 이들에게 많은 것을 생각할 수 있는 기회를 만들어 준다.

스토리를 구체적으로 들여다보자. 독일 남부지방의 작은 마을에서 소리를 들을 수 없는 부모 사이에 태어난 라라는 말을 배우기 시작하면서 바깥 세계와 부모 사이의 다리가 되었다. 가족 중 말하고, 들을 수 있는 유일한 사람이었던 여덟 살 라라였다. 수업 도중에도 은행에 대출협상을 하러 부모님과 가야 했고, 학교에서 그녀에게 내리는 훈육까지 전달해야 했다.

라라의 아빠 마틴은 소리를 들을 수 없었던 것 이외에 또 하나의 어려움이 있었다. 음악 애호가 아버지의 사랑을 한몸에 받았던 여동생 클라리사의 그늘에 가려 고립된 삶을 살았던 것이다. 불행한 어린 시절을 보낸 마틴은 그의 딸 라라와 소리 알아 맞추기 게임을 하곤 했다. "해가 뜰 때는 어떤 소리가 나지?", "눈이 땅에 닿을 때는 어떤 소리를 내지?" 그는 라라가 태어나면서 세상의 소리와 연결될 수 있었다. 그러나 그것은 라라에게는 세상 사람들과는 다른 고립된 환경이었다. 라라의 성장은 그들에게 세상과의 소통의 다리였지만, 그 다리는 가만히 있을 수 없는 존재였다. 한곳에 고정되어 있는 다리가 아니라 계

속 자라나 세상의 저편으로 날아가야 할 새였다. 여덟 살 라라의 크리스마스. 그날 라라는 유명한 클라리넷 연주자이자 아름다운 고모 클라리사로부터 클라리넷을 선물 받는다. 그날부터 라라에게는 음악이라는 새로운 소리의 세계가 열리고, 마틴은 라라가 자신과는 단절된 바깥세계로 연결되는 것을 두려워한다. 그리고 라라와 클라리사가 가까워지는 것을 보며 점점 외로움을 느낀다.

10년 후 고등학교 졸업을 앞둔 라라의 타고난 음악적 재능을 뒤늦게 발견한 클라리사는 그녀를 베를린의 음악학교에 입학시키려는 계획을 세운다. 그리고 음악에 대한 열정과 가족의 사랑 사이에서 고민하던 라라는 결국 베를린으로 향하고, 마틴은 라라가 아버지 대신 고모를 선택한 것으로 받아들인다. 그렇게 아버지와의 골은 메울 수 없을 만큼 깊어지게 된다. 음악학교 입학시험을 준비하며 고모 부부와 함께 한 베를린 생활. 그 곳에서 라라는 톰을 만나게 되고, 그를 사랑하면서도 자신의 어린 시절과 아버지를 돌이켜 생각하게 된다. 짧았던 사랑을 남기고 톰이 유학을 떠나려고 할 때, 어머니의 죽음으로 집으로 돌아오지만 아버지를 책임져야 한다는 부담이 그녀를 우울하게 한다. 결국 아버지와 그의 세계를 이해하지 못하고 음악학교 입학시험을 치르기 위해서 베를린으로 다시 돌아온다.

소리를 넘어서서

이 영화는 청각장애인 가족의 일상을 잘 그리고 있는데, 다른 가족과 다를 바 없다는 점을 강조하는 점이 인상적이다. 어쩌다 청각장애인 가족은 생각만 해도 참 암담하고, 서글픔, 그리고 평생을 괴롭게 살아갈 것 같은 생각이 들었다는 네티즌이 있었다. 그러나 이 영화 속에서의 이 가족은 우리와 같은 그저 이 세상을 살아가는 단란한 가정을 꾸린 평범한 가족 중의 하나일 뿐이었다. 오직 다른 것이 있다면, 서로 간의 의사소통을 입을 통해서가 아닌 손짓으로 한다는 그것 한 가지였다. 그 차이만 제외하면 신뢰와 사랑으로 똘똘 뭉친 가족의 평범한 생활은 일반 가족과 별반 다를 게 없었다.

감독이 관객에게 전달하고자 하는 의도는 너무 명확하고 쉽다. 핵심은 '포괄적인 의미의 가족관계'에 대한 사실적이면서도 섬세한 되새김이다. 가족 내에서 일어날 수 있는 문제의 본질을 두루뭉술하게 만드는 가족주의가 아니다. 그 주된 이유는 아무래도 보통의 할리우드식 상업영화처럼 스위트 홈으로 과대 포장된 가족이 아니라, 미묘한 갈등과 반목, 화해 등을 여과 없이 보여주는 솔직함 때문이 아닌가 싶다.

무엇보다 이 영화가 소리의 중요성, 그러니까 소리에 대한 깨달음을 전해주는 영화라고 볼 수 있다. 대개 해가 뜰 때는 어떤 소리가 나는지, 눈이 내릴 때는 어떤 소리인지 소리가 넘치는 세계 안에 살아가는 사람들은 궁금해 하지 않는다. 주의를 기울이기에 그들은 너무나 바쁘고 번민스럽다. 사람이 사랑할 때 나는 행복한 소리, 그 작은 소리의 소중함을 전해주는 영화 〈비욘드 사일런스〉는 세상을 가득 이루고 있는 소리들의 소중함을 느끼게 한다. 무엇보다 소리 속에 진실이 있는 것이 아니라 침묵 속에 진실이 있다는 말을 떠올려 볼 수 있는 영화가 아닐까 싶다.

몇 번을 보더라도 영화의 제목 그대로 침묵을 넘어 저편에서 넘어오는 잔잔함이 있다. 소리의 세계 한편에는 침묵의 세계가 있다. 침묵의 세계에는 침묵의 언어가 있다. 양쪽 세계의 소통이 불가능한 것은 아니라는 사실을 〈비욘드 사일런스〉를 통해 알 수 있다. 사람들은 말이나 소리 말고도 표정으로 서로의 마음과 마음을 소통시킨다. 그중에서도 손이 만들어내는 표정, 수화를 통해 〈비욘드 사일런스〉는 제목처럼 '침묵을 넘어서', 그리고 '소리를 넘어서' 청각장애인 부모와 세계를 연결시켜 주는 라라의 이야기다. 거기에 또 하나의 소리이자 영혼의 언어인 음악이 있음을 명확하게 알려준다. 무엇보다 라라가 아버지의 한을 풀고 꿈을 이루어 가는 데 음악이 있다. 〈홀랜드 오퍼스〉와 같이 아버지의 꿈을 좌절시키는 것이 아니라 꿈을 이루어주는 존재가 된다. 이는 비장애 부모가 장애 아이에게 헌신하고 그들의 삶을 더 낫게 하기 위해 고군분투하는 영화와는 다르다. 〈포레스트 검프〉와 같이 아이는 스스로 미래의 희망이며, 부모의 희망이다. 아이는 그 자체가 희망으로 더 나은 삶을 전해주며, 그것은 어쩌면 부모의 장애가 있었기 때문에 가능했다. 그리고 더 열심히 성실하게 살 원동력이 되어 준다. 부모는 장애 때문에 꿈을 펼치지 못했으니 자식인 자신이라도 마음껏 재능을 펼쳐야 한다는 부드럽지만 강력한 의무감이 작용하는 것을 〈비욘드 사일런스〉를 통해 볼 수가 있다.

44 개 헤엄이 어때서

온 어 클리어 데이(On a Clear Day, 2005)

니체는 '인간은 병든 동물'이라고 했다. 인간은 병든 동물이지만 그것에 맞게 삶을 영위한다. 사람은 모두 각자 신체가 다르다. 그에 맞게 특화시켜 움직이기도 한다. 잘하는 것, 못하는 것. 그들에게 맞는 방식으로 움직이기 마련이다. 하지만 자신에게만 맞는 방식만을 고집하면 오히려 다른 이들에게 불편함을 준다. 다른 이들을 배려하며 그의 개성을 살린 채 나아간다면 우리는 그에게 환호한다.

"내가 수영하는 게 어때서?"

〈온 어 클리어 데이(On a clear day)〉는 영국 영화로 도버 해협 횡단을 다룬 데비 가렐 감독 작품이다. 각본은 알렉스 로즈가 맡았다. 이 영화는 평생 일해 온 직장에서 해고를 당하나 뒤 좌표설정을 잃고 방황하던 인물이 수영을 통해 인생의 방향성을 찾고 가족과의 화해를 이루는 내용을 담고 있다. 이 영화는 진지한 내용을 유쾌하고 코믹한 상황과 대사의 맛깔스럽게 삽입하여 재미를 더해준다는 평가를 받기도 했다. 불안한 고용 상황에서 친구의 도움과 가족의 소중함을 느끼게 하는 유쾌한 휴먼 드라마를 지향하고 있다.

프랭크(피터 뮬란 분)는 55세까지 조선소에서 평생을 일했다. 지역 사회에서는 인품 때문에 늘 존경을 받아왔다. 그러나 갑자기 직업을 잃게 된다. 그로서는 일생에 처음 겪는 일. 그래서 더욱 방황을 한다. 직장을 찾으려고 구직 등록을 하러갔다가 너무나 낯선 자신의 모습에 스스로 놀라 돌아오고 만다. 그러나 그는 수영을 통해 인생의 의미를 다시 찾는다.

조안(블렌다 블레신 분)은 프랭크의 부인으로 평생을 집안에서 아이 키우기, 가사 일에 매진해왔다. 그러나 이제 자신의 일을 찾으려고 이층 버스 운전기사 시험에 응시한다. 물론 남편 몰래 비밀리에 시험을 준비해왔다. 그러나 만만치 않았다. 조안은 세 번 볼 수 있는 기회에서 두 번이나 떨어지고, 나머지 한 번을 남겨놓게 된다.

에디는 프랭크의 직장 동료로 프랭크가 수영을 하도록 아이디어를 낸다. 직장에서 프랭크와 같이 잘렸지만, 사정해서 화장실 청소를 한다. 그는 프랭크가 용기를 잃고 바다 건너는 것을 포기할 때 용기를 북돋워 해협을 건너게 한다. 챈은 중국인 이민자로 낯선 영국 땅에서 중국 요리를 만들어 판다. 영국 사람들은 그가 중국인이고 영어를 잘 하지 못하므로 무시한다. 그러나 누구보다도 감수성이 풍부하고 생각이 깊다. 그 역시 프랭크를 적극 돕는다. 영국 사회의 주변인과 중국인이라는 소수 인종의 만남은 의미가 있다. 민족이나 국가 출신이 아니라 공유하는 것이 무엇인가가 중요하기 때문이다. 대니는 프랭크의 직장 동료인데 같이 해고당한다. 그러나 나이는 젊다. 천방지축, 철없는 감초 역할을 하는데 나이를 뛰어넘은 친구의 캐릭터를 선보인다.

왜 그는 도버 해협을 횡단할까?

조선소에서 평생을 일해 온 주인공 프랭크는 조선 수주가 감축되자, 다른 친구들과 같이 해고를 당하고 '공황 장애'에 걸린다. 방황하는 그에게 에디는 언젠가 맑은 날에 바다에서 수영이나 하자고 제안을 한다. 무심하게 한 이 말에 프랭크는 수영 연습에 나선다. 거기서 그는 영국과 프랑스 사이에 있는 도버 해협을 건너겠다는 계획을 세우고 만다. 신선했지만 이는 아무나 할 수 없는 일이기 때문에 어려운 도전이었다. 친구들은 그의 이러한 뜻에 의아하게 생각하면서도 적극 돕는

다. 중간에 아들과의 불화를 겪고 좌절하기도 한다. 아버지는 왜 가족에게 그러한 사실을 숨기고 거짓말하는가 하고 따졌던 것. 그럼에도 결국 그는 해협을 건너는 대장정에 나서게 된다.

왜 프랭크는 해협을 건너려 한 것인가? 그는 일단 방향을 잃은 자신에게 좌표를 설정한다는 의미에서 수영 훈련을 결정했다. 여기에는 공황장애를 스스로 극복하려는 의지가 담겨 있었다. 그리고 또 하나의 이유가 있었다. 그에게는 아픈 추억이 있었다. 20여 년 전 아들인 스튜어트가 익사 사고로 죽은 것. 아버지인 프랭크는 재빨리 구하지 못해 아들이 죽은 것에 자책을 가지고 있다. 항상 그때의 이미지가 그의 머릿속을 채운다. 때문에 그는 '외상 후 스트레스'를 지니고 있었던 것이다. 해협 횡단의 성공은 바로 이러한 자책감, 혹은 죄의식을 씻기 위한 것이다. 수영을 통해 자신의 무능을 극복한다는 의미도 있었다.

이 영화에도 의미심장하게 장애인이 등장한다. 주인공이 수영 연습을 하고 있을 때 아론이 등장한다. 그는 다리가 불편한 장애인 소년이다. 개헤엄도 아니고 막 수영을 하기 시작하는데 그 모습을 본 프랭크는 긴장을 하게 된다. 수영을 제대로 못하니 빠져 죽을까봐 그런 것이다. 그래서 부리나케 소년을 구조하는 프랭크. 그러나 엉뚱한 일을 당하게 된다. 소년의 어머니는 "그 애는 원래 그렇게 수영한다."고 말하며 고마워하지 않고 오히려 질책을 하는 태도를 보인다. 머쓱해진 프랭크가 잡았던 아이의 손을 놓고 그대로 두자 소년은 수영장의 끝까지 보란 듯이 가는 것이 아닌가. 그 소년은 "내가 수영하는 게 어때!"라고 하면서 환호성을 지른다.

물에서만은 자신의 멋대로 하는 소년, 아론. 그는 물에서는 다른 이들과 같다. 그저 그 수영하는 모습이 약간 이상하게 보일뿐이다. 그것은 다리를 불편하게 걷는다고 비정상이 아니듯, 다만 낯설 뿐이다. 그 뒤로 프랭크는 누구의 시선에도 아랑곳하지 않고 자신의 방식으로 헤엄을 치는 그 아이를 조용히 바라보고는 한다. 해협을 건너려고 하는데 주위의 시선 때문에 결정적으로 머뭇거리고 있는 자신을 보면서 말이다. 이러한 점은 상당한 시사점을 주는 것일 수도 있겠다.

왜냐하면 아론 때문에 프랭크와 친구들이 결정적인 인생의 전환을 맞기 때문이다. 그러나 프랭크는 아들과 불화로 훈련이 안되고 의기소침해졌다. 친구들도 마찬가지이던 어느 날 수영장에서 아론을 보면서 결정적인 일이 일어난다. 마침 친구들이 와서 여러 가지 해협 건너기에 대해 말할 때 프랭크는 이렇게 말을 내뱉는다.

"보이지? 저 빨간 머리의 애를 보라고. 조금이라도 앞으로 나가기 위해 필사적이지. 누구의 도움도 청하지 않아. 그리고 끝에 도착하지. 나도 절대 포기하지 않아."

아이가 만들어내는 수영장의 광경과 프랭크의 말에 자극을 받은 친구들은 진짜로 계획을 실행에 옮긴다. 프랭크의 한 친구인 에디는 화장실을 청소원인데, 간부가 "다시 청소해."라는 말을 하자, 바로 이렇게 말한다.

"네가 청소해."

그리고는 직장을 박차고 나온다. 그리고 평소에 마음에 두고 있던 여성에게 당당하게 데이트 신청을 하고 입을 맞춘다. 젊은 대니도 앞에서 머뭇거리기만 했던 여성에게 당당하게 데이트를 신청한다. 그날 그들에게 세상은 자유가 주어진 멋진 날이 된다. 또한 중국인 챈은 감자를 갖다 주는 상인에게 감자를 가만히 놔달라고 당당하게 요구한다. 평소에는 말 한 번 못하고 있었다. 그동안 상인이 감자를 함부로 두고 가는 바람에 감자가 바닥에 굴러다녔다. 그러나 그 날 이후 챈은 한 번도 입을 뻥끗하지 못했던 자신을 과감하게 던져 버리고 만다.

자신만의 헤엄으로 얻는 것

영화의 종착지는 해협 횡단이다. 겉으로 보면 인생의 도전의식과 성취의식의 고취에 있는 것으로 보이지만 영화 끝에서는 해협 횡단을 통해 프랭크가 얻은 점은 가족관계다. '빨리 들어가서 구하지 못해 아들이 죽었다'는 기억 때문에 프랭크는 23년간 계속 자책감에 시달렸다. 이 때문에 나머지 다른 아들인 롭은 아버지와 말을 끊었다. 항상 아버지는 이러한 기억 때문에 괴로워했지만, 롭은 아버지가 이렇게 괴로워하고 있는지 몰랐다. 아버지에게 자신의 의사 표현도 하지 않았다. 나름대로 프랭크도 그런 아들이 섭섭했다. 이러한 상호관계 때문에 둘은 갈수록 멀어지고 만다. 이점은 항상 가족 관계에서 불편스럽게 작용한다. 프랭크는 손자를 안아보고 싶지만, 아들과의 관계 때문에 쉽지 않다. 다만, 아이들의 장난감을 몰래 문 앞에 두고 올 뿐이다.

이러던 가운데 아버지가 해협을 본격적으로 건너려 하자, 아들은 어머니 조안에게 "아버지 프랭크가 해협을 건너면 무엇을 얻는 게 뭐

냐?"면서 아버지가 거짓말을 했다고 말한다. 하지만 어머니 조안은 얻지 못하는 게 무엇인지 어떻게 아느냐고 한다. 어머니 조안은 아들 내외와 아이들을 데리고 프랑스로 배를 타고 건너가 프랭크가 도착할 지점에서 기다리기로 한다. 마지못해 나서는 아들 내외는 반신반의한다.

프랭크는 중간에 너무 힘들어서 혹은 아들을 구하지 못했다는 아픈 기억이 다시 불거지며 그만두려고도 한다. 위기였다. 하지만 끝내 해협을 건너서 프랑스 해안에 도착하는 프랭크. 프랭크를 본 아들은 기쁜 마음에 해안으로 달려와 아버지를 맞으려 한다. 그런데 감독관은 뭍에 완전히 도착해 자갈 하나를 집기 전에 사람의 손길이 닿으면 해협을 건넌 것으로 인정할 수 없다고 한다. 이에 배에 있던 친구들은 아들에게 손을 내밀지 말라고 한다. 아들은 이를 알아듣고 자신이 실수한 것을 깨닫고 몸을 뒤로 내뺀다. 하지만 주인공은 그러지 말라고 하면서 손을 내밀고 둘을 껴안는다. 이 장면을 보며 일부 친구들은 '오 마이 갓'을 외친다. 어렵게 해협을 건너려 한 이유는 돌에 있지 않았다. 주인공이 해협을 건너서 얻은 것은 아들과의 화해였다.

더구나 감독관은 손을 잡은 걸 모른 척한다. 그래서 건넌 것으로 인정되고, 친구들은 환호성을 지른다. 영화는 두 손자를 보여주면서 끝을 맺는데, 이는 새로운 희망을 의미했다. 더구나 조안은 버스 시운전에서 합격한다. 평생을 여성에 대한 실연으로 배를 타고 바다를 건너지 못한 친구도 함께 건너와 기쁨은 두 배가 된다.

45 끊임없는 사랑이 장애를 만들다

스위티(Sweetie, 1989)

흔히 지속적인 사랑은 긍정적인 개념이다. 사랑의 지속이 인간의 삶에서 긍정적인 의미만 갖거나 바람직한 결과만을 낳지는 않는다. 사랑만이 아니다. 지속이 아니라 더 큰 지속을 위해 놓아줄 때는 놓아주어야 한다. 또한 아무리 상대를 위한 것이라고 해도 비워주어야 할 때는 비워주어야 정말 위하는 것이 된다. 그렇지 않으면 자기를 위한 것이다.

"나뭇가지에 궁전이 지어진 나무의 뿌리가 밤마다 나를 자꾸만 공포에 떨게 한다. 왜일까?"

톨스토이는 『안나 카레니나(Anna Karenina)』에서 행복한 가족은 모두 비슷하고, 행복하지 않은 가족은 모두 자신의 길을 간다고 했다 (Happy families are all alike; every unhappy family is unhappy in its own way). 자신만의 가치관이나 신념만을 중요하게 생각하는 가족구성원 들만 있을 경우 그 가족이 과연 행복할지 묻지 않을 수 없다. 더구나 부모가 자신만의 가치관이나 세계관으로 일방적인 행태를 보인다면 자녀들을 비롯한 다른 가족구성원들에게 미칠 영향력은 클 것이고, 이는 전체의 불행으로 이어질 수 있다.

영화 〈스위티(Sweetie)〉는 초현실주의적인 영상과 상징기법을 통해 정신분열증을 그리고 있는데, 여성의 행복과 가족의 의미에 대해서 특유의 성찰을 드러내고 있는 작품이다. 제인 캠피온 감독은 소외된 여성의 삶의 방향성을 찾는데 일관된 행보를 보여 왔는데, 영화 〈스위티〉에서도 어김없이 이 같은 점을 볼 수 있다. 이 영화를 보아야 하는 이유 가운데 하나는 이 영화가 가족관계 속에서 정신장애 현상이 어떻게 후천적으로 일어날 수 있는지 살펴볼 수 있기 때문이다. 그것은 여성주의 시각에서 정신장애 문제를 가늠할 수 있는 계기가 되기도 한다. 그 후천적인 요인은 바로 강압적인 가정환경일 것이다.

스위티의 역설

이 영화 제목이 '스위티'인 의미는 두 가지다. 등장인물의 이름이기도 하지만 한편으로 스위티가 가진 역설적인 의미가 있다. '스위티'는 사랑스러운 사람을 말한다. 이 영화는 스위티가 정말 사랑스러운 사람인지 생각하게 한다. 또한 누구에게 사랑스러운 사람인가가 중요하다. 사랑하는 사람은 사랑하지 않은 사람이 있기 때문에 의미가 있다. 거꾸로 자신을 사랑해주기만을 바라는 이는 그 사랑하는 이에게 종속 되는 것일 수도 있다. 물론 정말 사랑스러운 존재가 아니라 어느새 누구도 환영하지 않는 이가 되어버린다. 영화에서 케이의 시선이 중심인 점을 생각해보면, 스위티를 통해 케이는 자신의 정체성과 삶의 방향을 찾게 된다.

그렇다면 케이는 어떤 과정을 거쳐 자신의 삶을 찾게 될까? 우선 케이는 우리가 통상적으로 생각하는 평범한 여성은 아니다. 케이(카렌 콜스톤 분)는 점쟁이를 만나 자신의 운명적 연인은 퀘스천 마크가 있는 남자라는 이야기를 듣는다. 이런 어처구니없는 말을 케이는 믿는다. 그럼 그 물음표는 이마에 새겨있기라도 하다는 말인가. 케이가 발견한 남성은 돼지꼬리 같이 앞머리가 내려와 있었다. 케이는 그 남성이 자신의 운명이라고 생각했다. 앞머리가 돼지꼬리처럼 내려온 사람을 운명적인 남성으로 맞아들이다니. 더구나 그 돼지꼬리 머리카락을 가진 루이스(톰 라이콘스 분)는 케이 직장 동료와 약혼한 상태였다. 그녀가 이렇게 초월적인 말을 믿은 이유는 그녀의 성격 자체가 수동적이고 다른 사람과 소통하기를 즐겨하지 않는 성격이며, 보통 침묵의 일상을 보내는 외골수이기 때문일 것이다. 자신의 앞날에 대해서 다른 누군가와 대화를 통해 방안을 찾지 않다보니 혼자만의 세계에 빠진 케이는 다른 동료들에게 배척을 받기에 이른다.

그녀가 도피할 수 있는 곳은 초현실적인 어떤 믿음이다. 그녀는 그 믿음에 따라 루이스를 선택했고 동거에 들어간다. 하지만 동거 이후에 구체적으로 남자친구와 어떤 생활을 해야 되는지에 대해서는 고민도 없고 생각도 없다. 다만 루이스가 자신의 운명적인 남자라는 사실을 믿고 있을 뿐이다. 케이는 왜 이런 상태가 된 것일까. 이 점을 함축해서 보여주는 것이 '나무'다.

동거 1주년을 기념해서 케이의 애인 루이스는 정원에 나무를 심는다. 하지만 케이는 나무를 뽑아 집안에 감춘다. 영화는 케이가 나무를 싫어하는 모습을 일관되게 보여준다. 왜 그녀는 나무를 보는 대로 뽑을까? 나무 자체라기보다는 나무가 땅을 균열시키며 자라고 뿌리를 내리는 모습이 반복되는 악몽 등이 그녀의 머릿속을 괴롭히기 때문이다. 왜 그녀의 꿈에는 이렇게 혐오적으로 나무가 등장하는 것일까? 단서는 스위티를 통해서 알 수 있다.

갑작스럽게 돌아온 언니 스위티는 사사건건 문제를 일으키는데, 케이는 그녀가 머무는 침대 밑에 정원에서 뽑아온 나무를 처박아놓는다. 케이의 머릿속을 어지럽히고 고통스럽게 만드는 나무의 공포와 환영은 스위티와 연결되어 있는데 이는 스위티에 뒤이어 케이의 집에 온 아버지 고든을 통해 더욱 확실하게 알 수 있다.

우선 이를 풀어보기 위해서 케이와 스위티의 성격을 설명해야 할 듯싶다. 케이는 언제나 조용하고, 침묵한다. 항상 수동적이고 혼자 있으려고 한다. 표정이 없으며 말을 잘하지 않는 가운데 불안과 공포에 침잠되어 있다. 반면, 시끄러운 스위티는 유아적이고 자기중심적이다. 항상 주위 사람들의 주목을 받아야 하고, 큰소리로 자기의 의사표현을 하기 때문에 요란하고 부산스럽다. 일탈적인 행동을 하면서도 그것을 인정받기를 원한다. 말을 많이 하고 언제나 표정의 변화는 시시각각 다르다.

사랑에 대한 갈구 그리고 장애

왜 이런 현상이 일어났을까? 아버지가 지나치게 스위티를 사랑하면서 스위티는 유아적이 되었다. 스위티는 연기자가 되려고 했는데 연기자는 다른 사람들의 시선을 의식하는 존재이다. 다른 사람들 앞에서 일정한 연기를 하고 그것에 대한 반응에 따라서 울고 웃는 존재이다. 아빠 고든은 스위티를 항상 편애했고, 스위티는 다른 사람들의 주목을 항상 받기 위해 노력하는 존재로 머물렀다. 그래서 언제나 큰소리를 지르고 시끄럽게 굴며 일탈행동을 일으킨다. 상대적으로 아버지의 관심을 덜 받은 케이는 불감증과 신경증에 걸렸으며, 남성을 멀리한다. 어떻게 보면 케이는 아빠와 애착과 분리의 단계를 거치지 못하면서 대인관계 장애를 갖게 되었고, 언제나 얼굴은 무표정에 냉담하기만 했다. 그녀에게 남성은 자신을 불안하게 만드는 존재일 뿐이다. 여기에서 나무의 뿌리나 싹은 정신분석학적으로 남근을 상징하는 것일 수 있다. 남근은 자신에게 이로운 것이 아니라 파괴하는 존재가 된다. 이 때문에 루이스와 잠자리를 거부하는 데서 불감증에 걸린 것을 알 수 있다. 결론에 이르러 루이스가 남자친구와 성적관계를 비로소 갖게 되었다는 암시는 바로 스위티의 죽음으로 아빠의 애정을 받는 스위티의 삶이 가진 허구성을 인식했기 때문이다. 아빠 등의 사랑을 받기위해 애쓴 삶의 결과는 빨리 찾아온 죽음이었다. 그렇기 때문에 아빠라는 남성성의 주목을 받지 못했다고 해서 불안해하거나 신경증을 가질 필요가 없다. 나무의 뿌리는 자신의 안정된 정체성을 침입하는 존재가 아니다. 결과적으로 케이가 나무에 대한 공포증을 가지고 있

는 연원에는 부모의 행동, 특히 아빠의 편애가 있었다. 그것이 다른 남성과의 현실적인 결합을 방해했다.

스위티의 죽음을 보충 설명해보자. 스위티는 모처럼 가족들이 모인 자리에서 자신의 욕구가 채워지지 않자, 벌거벗은 몸에 진흙을 칠하고 통나무집으로 올라가 소리를 지른다. 가족들이 달려올 것이며, 제발 내려오라고 사정사정할 것이다. 그것이 스위티가 원하는 것이다. 이는 성인이 할 짓이 아니라 어린 아이가 할 짓이다. 그래서인지 이에 호응하는 것은 어린 아이뿐이다. 떼쓰는 아이처럼 방방 뛰며 주목을 받고자 한 그녀는 결국 통나무 바닥이 무너지면서 삶을 마친다. 그리고 영화는 그녀의 장례식과 함께 케이와 루이스의 성관계를 암시하는 장면을 보이며 끝난다.

영화 〈스위티〉의 가족 구성원 중에는 전체적으로 호감을 가질만한 인물은 등장하지 않는다. 이유는 무엇일까? 가족 전체가 뚜렷한 개성을 가지고 있기 때문이다. 자신만의 각자 길을 가는 가족구성원들로 보인다. 어쩌면 현실 속에서 가족구성원의 모습은 이런 것이 아닐까 싶기도 하다. 다정한 아빠, 헌신적인 엄마의 모습, 자매애가 돈독한 모습은 환상일지도 모르겠다. 하지만 환상이라고 할 수 없을지도 모른다. 다정하고 헌신적인 부모와 형제·자매 간에 돈독한 경우도 있으니 말이다.

영화 〈스위티〉는 부모의 역할을 강조하고 있지만, 그 부모와 일정한 거리두기를 하는 것이 자녀 스스로 혹은 가족 구성원의 행복을 추구할 수 있는 길이라고 암시한다. 특히 여성의 행복은 아빠와 어떤 관계를 만들어 가는가가 중요하다.

제인 캠피온 감독은 콕 집어서 해결책을 제시하지 않는다. 등장인물 간의 갈등이 터지고 드러나도록 가만히 둔다. 그리고 그것을 통해서 스스로 느끼게 만든다. 물론 스위티의 죽음이라는 극단적인 상황을 설정했지만, 스위티의 죽음을 통해 비로소 케이에게 자신의 삶과 행복이 어떠해야 하는지 짧지만 깊은 깨달음을 준다. 자신 스스로 생각하고 행동하며 그것에 만족하는 것이 중요한 것이다. 스위티는 어떻게 보면 자신의 욕망에 충실한 능동적인 인물로 볼 수도 있다. 스위티가 적극적이고 활달했지만, 그것은 아버지(타인)의 주목과 사랑 안에서만 가능한 것이었다. 케이는 초월적인 믿음에서 벗어나 자신의 판단에 따라 스스로 움직이기 시작한다. 스위티의 불행은 결국 타인에 종속된 유아적 상태에 있었으며, 그것은 비단 그녀의 잘못만이 아니라 그것을 사랑이라는 이름으로 방치한 가족구성원들에게 있다. 엄마는 아빠를 방치했으며, 아빠는 자신의 사랑을 갈구하는 스위티에게 집착하게 되고, 케이는 그러한 불균형한 관계에서 불안과 공포감을 심화시켰다. 가족구성원 사이에서만 그런 것이 아니라 사랑(스위티)이라는 이름은 그렇게 아름답게만 존재할 수 없고, 그것은 언제나 관계속성에서 존재하며, 다른 누군가에게 왜곡된 영향력을 미칠 수 있는 것이다.

46 우린 유쾌하면 안 되나

베니와 준(Benny & Joon, 1993)

장애가 등장하는 영화는 언제나 진지하고 우울하고 침침되어 있다. 음악도 가라앉아 있다. 진지한 메시지를 담고 있어야 우수한 영화로 추천된다. 거꾸로 장애가 등장하는 영화는 밝고 명랑한 분위기를 유지하면 안 되는 것일까. 주인공이 그렇지 않더라도 촉매제 역할을 할 수 있는 캐릭터는 등장시킬 수 있는 것이 아닐까. 영화 〈베니와 준〉은 이점을 생각하게 한다.

"유명해지는 게 중요한 게 아니야, 오빠는 그가 원하는 걸 몰라."

영화 〈베니와 준(Benny & Joon, 1993)〉은 소외된 사람들이 서로에게서 가치를 확인하며 사랑에 빠지게 되는 과정을 그렸다. 심리적 묘사 대목이 많은 영화라는 점 때문에 배우들의 연기를 주목할 만하다. 그만큼 연기력이 필요한 영화다. 다만, 정신장애를 갖고 있는 여성을 다루고 있지만 정작 여성장애인의 삶의 보여주지 못했다는 비판을 받았다. 장애인을 등장시키면서 장애인의 삶을 소외시키는 것은 장애인의 시각에서 보았을 때 긍정적일 수 없다.

영화 〈베니와 준〉에서 준은 광기와 예술적 재능 사이를 오가지만 정신장애 때문에 고생한다. 그러나 영화는 정작 그 정신질환으로 그녀가 어떤 심리상태에 있는지 주목하지 않았다. 정신장애는 갈등유발 요인에 머물렀고, 그렇기 때문에 갈등을 해소하려는 측면에서 중요하게 다루어졌다. 하지만 이 영화는 유쾌한 웃음 코드를 적절하게 버무려 넣어 기존 장애인의 한계를 넘어선 모습을 보이기도 한다. 장애영화는 항상 진지하고 우울하며 음악 자체도 낮고도 어두운 성격을 갖는 것과는 대조적인 것이다.

기존 영화와는 다른 분위기를 시도한 〈베니와 준〉에 조니 뎁이라는 걸출한 배우가 있다. 〈길버트 그레이프(What's Eating Gilbert Grape, 1993)〉에서 자폐동생을 둔 길버트 그레이프 역을 맡은 조니 뎁은 진지하고도 과묵한 캐릭터를 선보였다. 하지만 〈베니와 준〉에서는 샘이라는 인물을 통해 코믹 캐릭터의 전형을 보여주었다. 이 때문에 찰리 채플린을 닮았다는 평가를 들었다. 무성영화의 코믹 캐릭터와 같이 별말은 없지만, 마음껏 돌아다니며 등장인물과 관객들을 웃기기 때문이다. 상큼한 조니 뎁의 매력과 함께 상상력이 풍부한 판토마임의 재능이 없었다면 불가능한 캐릭터였다. 그러한 캐릭터가 장애인 영화에 등장하고 있는 것이다. 조니 뎁의 매력은 가벼운 것 같지만, 언제나 진지한 여운을 남겨준다. 마찬가지로 이 영화도 그러한 특징을 보여주기 알맞다.

그가 장애인 여자 친구에게 즐거움을 주려고 마술과 묘기를 부리면서 엉뚱한 모습을 보이는 장면은 오히려 매력적으로 다가온다. 샘은 헤비메탈을 틀어놓고 마치 마녀처럼 청소하고 다리미로 식빵을 굽는 기발한 쇼를 하며 일상적이면서도 비일상적인 행동을 통해 준과 서로의 간격을 메워주고 마음과 마음을 이어준다. 또한 사회에서는 구제불능인 이상한 사람으로 취급받는 샘이 자칫 우울하고 불행해 할 수 있는 베니와 준이라는 남매에게 삶의 기쁨을 채워주는 소중한 존재가 된다.

유쾌한 캐릭터의 의미

마침내 유쾌한 남자 샘, 그가 마침내 남매 일상의 무미건조한 일상을 바꿔 놓는다. 병실에 있는 준에게 인사하기 위해 유리창 닦는 의자에 앉아 붕붕 날아다니는 장면은 가장 인상적이다. 왜 감독은 영화에 샘과 같은 인물을 등장시켰고, 그의 등장이 장애인 영화에서 어떤 의미가 있는 지 정리해보자.

베니(에이단 퀸 분)와 준(메리 스튜어트 마스터슨 분)은 어릴 때 교통사고로 부모님을 잃고 서로를 의지하며 살고 있다. 준은 약간의 정신 질환을 가지고 있다. 자동차 정비일을 하는 베니는 준에게 가정부를 두어 보살피게 하지만, 항상 사이가 좋지 않아져 가정부가 손을 들다시피 나가버린다. 정신질환이 있는 여동생 준을 따뜻하게 보살피는 오빠 베니는 준을 언제까지나 지켜주려 하지만 나름 고민은 크다. 준은 정신과 상담을 받는데 담당 의사는 준의 상태가 별로 좋지 않다고 말한다. 정신과 상담을 받는 준은 이렇게 말한다.

"건포도가 맛은 좋지만 살과 즙을 빼앗겨 웃음거리가 된 포도 같다."

어떻게 보면 준은 그만큼 감성이 풍부하다고 볼 수도 있겠지만 일상을 부정적으로 보는 일탈적인 정신 상태를 보여주기도 한다. 이 때문에 그 감수성으로 화가의 꿈을 가지고 있는 것이다. 한편 감수성이 풍부한 준은 일상생활에서 사소한 일도 매우 민감하게 받아들이는 경향이 있다. 준은 베니가 자신을 항상 보호하려는 것에 예민하게 반응한다. 자신을 독립적인 주체로 인정하지 않는 듯한 오빠 베니의 태도에 불만이 생기는 것이다. 베니는 동생이 자신의 보호에서 벗어나는 것을 반대하면서도 당당하게 자신의 삶을 이야기하지는 않는다. 정신장애를 가진 동생의 준 때문에 자신은 사랑도 제대로 하지 못하는 존재라고 스스로 자책하지만, 그렇다고 담당 의사 말대로 요양원으로 보내고 싶지는 않았다. 즉, 그렇게 매정한 오빠가 되고 싶은 것은 아니다. 하지만 준을 위하는 베니의 행동이 오히려 갈등을 일으키고 관계를 악화시켜 버린다.

어느 날, 평범하기만 한 베니와 준의 일상 속에 샘(조니 뎁 분)이라는 독특한 청년이 비집고 들어선다. 그들의 만남은 정말 우연이었다.

베니는 가정부가 구해지지 않던 중 카드 모임에 잠시 준을 맡겨 두게 된다. 이때 준은 베니의 친구 마이크와 카드 놀이를 하게 된다. 마이크는 게임에 판돈을 거는 것이 아니라 다른 것을 걸었다. 그런데 이 게임은 이긴 사람이 아니라 지는 사람이 판돈을 가져가는 것이었다. 즉, 준이 지면 자신의 골치덩어리 사촌을 데려가라고 했던 것이다. 그 사촌이 샘이었다. 그들은 샘이 독특하고 개성 있는 행동을 하는 것이 오히려 골치였던 것이다.

준이 게임에 져서 샘을 데리고 가게 되었고, 베니는 말도 안 되는 소리라고 화를 낸다. 졸지에 생전 보도 듣지도 못한 샘과 같이 살아야 하기 때문이다. 더구나 그들이 골칫덩어리라고 여기는 친구가 아닌가. 그러나 셋이 식당에 저녁을 먹으러 가면서 그의 골칫덩어리 행동들이 오히려 두 남매에게 웃음을 준다는 사실을 알게 된다. 식당의 음식을 가지고 사람들을 재밌게 만들어주는 그의 무언극 혹은 퍼포먼스는 웃음을 잃었던 베니와 준의 화색을 돌게 만들었다. 이때부터 샘은 갖가지 신기한 재능으로 준과 베니를 웃음 짓게 한다.

이렇게 샘과 베니와 준의 이상한 동거는 시작되었다. 샘은 엄연히 이 집의 가정부가 된다. 그런데 개성있고 재미있는 샘에게 준은 점점 빠져들다 못해 사랑을 느낀다. 더구나 정신병 때문에 집 밖으로 멀리 가지 못하는 준에게 샘은 오빠를 제외하고 세상과 가장 가깝게 이어지는 사람이다. 그렇다 보니 둘은 저절로 가까워지고 샘은 준의 병을 알게 된다. 준은 샘에게 바깥세상을 보고 싶다고 말하고, 샘은 그녀를 집에서 먼 곳으로 데려다 준다. 연인 사이로 진전한 둘을 보면서 베니는 샘에게 무척 화를 내며 그를 싫어하게 된다. 준은 샘이 없으면 살 수 없다고 말한다. 그러나 베니가 둘의 관계를 반대하자 준은 극도로 분노를 느끼게 되고, 오빠를 거부하게 된다.

준은 샘과 함께 몰래 집을 떠난다. 이른바 사랑의 야반도주였다. 하지만 행복한 결말을 낳은 여행이 아니었다. 버스의 요동이 주는 불안과 많은 사람들과의 접촉이 주는 밀접적 대면성이 준에게 발작을 일으킨 것이다. 샘은 이 상황을 어찌할 줄 몰라 한다. 결국 준은 병원에 입원하게 되고 아무도 면회요청을 받아주지 않는다. 준은 입원 후 사랑하는 샘도, 오빠인 샘도 만나기 싫어한다.

이 영화에서 중요한 것은 결국 샘이 베니와 준의 갈등관계를 푸는 중요한 역할을 한다는 것이다. 그런데 그 갈등의 해소는 단순히 화해를 하는 것이 아니라 언제나 든든한 준의 버팀목이라고 할 수 있는 베니의 행동이 가진 허점을 지적하는 것에서 출발한다.

샘은 준에게 행복이란 것을 한 번도 보여주지 않은 채 준이 아프지 않기를 바라고 자기 관점에서 최선을 다하고 자기 주관대로 사는 베니의 삶에 대한 따끔한 충고를 한다. 사실 준은 그저 오빠가 만들어준 울타리 안에서 뛰어 노는 양이었다. 그 병을 이기려는 노력을 하지 않은 채 그냥 이게 편한 것이니까 여기서 풀 뜯고 그림이나 그리면서 살라고 했던 삶이었던 것. 병원에서 준이 너 때문에 병원에 들어왔다고 꺼지라고 말하는 베니에게 샘은 담담히 네가 두려워하는 것을 알고 있다고 말한다. 베니는 자신을 얽어매는 것이 동생 준이라는 것을 알고 있지만, 섣불리 준을 독립시켜줄 수도 없는 딜레마에 빠졌고, 준을 독립시키는 경우 자신도 갈 곳을 잃을까 그것이 두려운 것이었다. 이런 상황에 준이 오빠와 찍은 어릴 때의 사진을 태우며 오빠로부터의 독립을 결심하고 샘을 따라나서는 것은 베니에게 세상 그 어떤 것보다도 무서운 것일지도 모른다.

오빠인 베니는 준의 면회 거절과 샘의 말에 충격을 받는다. 그리고 무엇인가를 깨닫는다. 결국, 베니는 자신이 준에게서 벗어나고 준을 주체적인 성인으로 인정하려면 준의 선택과 삶을 존중해야 됨을 알게 된다. 베니는 준을 병원에서 데리고 나가기로 결정하고 샘에게 도와달라고 손을 내민다. 샘은 언제나 그랬듯이 웃으면서 그 손을 잡아준다. 베니는 샘을 병원에 데려가고, 준에게 루시가 관리하는 아파트에

방을 얻어준다. 이를 통해 베니는 준에게 독립적인 삶을 살게 해준다.

마임의 치료효과

샘이라는 극중 인물이 어떻게 갈라진 베니와 준의 사이를 다시 연결시켜줄까? 면회 거절을 한 상태에서 그녀를 만나려고 하면 병원 직원들이 가로막을 텐데 말이다. 결국 샘의 퍼포먼스 '재능'이 그것을 가능하게 한다.

병원의 특별병동 출입문은 관리자 간호원이 버튼을 눌러야 열린다. 일단 관리자 간호원의 시선을 피해 병동 문에 샘의 모자를 끼워 넣어 열린 문이 닫히지 않도록 한다. 그 사이로 둘은 병동으로 들어간다. 그런데 복도 저편에서 관리원들이 떼로 나온다. 그러나 샘은 정신질환이 있는 환자인 척 한다. 그들에게 엄마라고 부르며 연기한다. 관리원들은 샘에게 주목하고 베니는 그들을 따돌리고 준이 있는 병실 복도에 진입한다. 하지만 준이 그를 만나주려하지 않는다.

그 사이 담당 의사가 회진을 온다. 어쩔 수 없이 삼자대면을 한 와

중에 담당 의사는 특수 수용시설에 갈 것을 준에게 말하고, 준은 그것을 용인하며 오빠의 곁을 떠나려 한다. 샘을 떠나보낸 오빠에 대한 미움이 있기 때문이다. 그녀가 입원해있는 동안 샘과 베니가 화해한 줄 모른다. 하지만 이때 밖에서 샘은 유리창 닦는 의자에 앉아서 준에게 손짓을 한다. 시계추처럼 왔다 갔다 하기 때문에 의사가 창문을 볼 때는 보이지 않고 준에게만 보인다. 결국 그들은 요양원으로 갈 뻔했던 준을 다시 집으로 데려오고 화해한다. 베니가 준의 독립적인 생활과 사랑을 허용한 덕분에 베니도 자신의 사랑과 독립적인 생활을 찾게 된다.

요컨대, 이 영화는 누이동생을 돌보는 오빠의 사랑에 대한 정체성을 묻는 것과 정신장애인 준을 사랑하는 남자 샘 사이에서 일어나는 갈등과 화해를 다룬다. 내용은 코믹하지만 제법 진지하다. 사랑 이야기가 중심이지만, 그 안에 정신병이란 민감한 소재를 다루고 있기 때문이다. 무엇보다 장애인 영화는 우울하거나 슬프고 감동적인 점만 부각되어야 한다는 편견에 대한 성찰을 다시금 하게 하는 영화다. 더구나 퍼포먼스와 마임의 요소를 통해서 일종의 드라마 치료와 연극 치료의 효과도 낸다. 무엇보다 샘과 같은 개성 있는 인물이 골칫덩어리로 내몰리는 현실은 장애인이 소외의 현실로 내몰리는 것과 일맥상통한데, 샘과 같이 언제나 자신의 가치관을 지키며 자신뿐만 아니라 다른 이들의 행복도 이루어주는 캐릭터에 대해 다시 한 번 고찰해 보는 것도 흥미로울 것이다.

47 독립 댄싱

<u>인사이드 아임 댄싱(Inside I'm Dancing, 2004)</u>

흔히 얌전한 사람들은 착한 사람이고 칭찬이 쏟아진다. 얌전하지 않은 사람은 착하지 않는다고 부정적인 말을 듣게 된다. 장애를 갖고 있는 사람들은 착해야 한다는 편견이 있다. 이것만이 아니라 얌전하지 않은 장애인은 책임감이 없거나 심지어 독립적인 생활을 하지 못하는 것으로 여겨지기도 한다. 심리학에서 말하는 부정적인 연상 효과, 즉 악마 효과와의 에인 것이다.

“위원회는 로리가 반항기질이 있다고 해서 책임감이 없다고 판단했습니다.”

근래에 장애인들에게 뜨거운 관심사였던 독립생활이란 말 그대로 남에게 의지하거나 도움을 받지 않고, 자기 스스로 유지하는 생활을 말한다. 다미엔 오도넬 감독의 〈인사이드 아임 댄싱(Inside I'm Dancing, 2004)〉은 장애인의 독립생활을 다루지만, 감동적인 성공 스토리를 기대하는 관객들의 기대를 살짝 넘어 버린다. '넘어 버린다'는 것은 이 영화에서 주인공들의 자립생활이 어느 정도 성공하기는 하지만 그것이 전적으로 유지되지 못하고 만다. 영화는 유지되지 못하는 자립생활을 통해 장애인들의 자립생활을 바라보는 비장애인과 감독, 관리기관 담당자들의 편견과 고정관념을 질타한다. 그럼 그들이 가지고 있는 편견과 고정관념은 무엇일까? 그것을 드러내는 것은 조용한 일상에 느닷없이 출현한 한 명의 등장인물에서 비롯한다.

수용시설(Carrigmore Residential Home)에서 마이클(스티븐 로버트슨 분)은 언어장애가 있기 때문에 알파벳을 통해 의사소통을 하지만 원활하지 않다. 그러던 어느 날 같은 또래의 근육장애인인 로리(제임스 맥어보이 분)가 수용시설에 들어온다. 로리는 심상하지 않은 모습을 보여준다. 수용시설의 원장이 가족처럼 지내자고 하자 로리는 이렇게 말했기 때문이다. “저도 현관 열쇠를 가질 수 있나요?” 가족이라면 대개 집 현관문을 열 수 있는 키를 갖고 있기 마련이다. 하지만 수용기관의 장애인들에게 열쇠는 없다. 가족 같은 관계라는 말과는 상반되는 현실이다. 또 한 번은 로리가 한밤에 음악을 크게 틀어놓는 일도 있었다. 득달같이 달려 온 관리자들에게 그는 자신은 음악을 틀어놓을 권리가 있다고 말하지만, 음악 플레이어는 압수당하고 만다. 이에 그치지 않고 로리는 틈나는 대로 자신의 권리를 적극적으로 주장하기 시작한다.

마이클은 처음에 로리의 그러한 행동을 마음에 들어 하지 않는다. 하지만 곧 마이클은 로리를 절친한 친구로 받아들인다. 전혀 생각도 못한 일을 로리가 하기 때문이다. 그리고 로리는 마이클이 말하는 내용을 정확하게 알아들었다. 물론 다른 사람들은 마이클의 말을 제대로 알아듣지 못했다. 자신의 말을 다 알아듣는 로리를 보고 깜짝 놀란 마이클은 어떻게 그게 가능하냐고 묻는다. 로리는 자신이 활동하던 밴드 안에 마이클과 같은 언어장애를 가진 멤버가 있었기 때문에 익숙하다고 말했다. 로리는 밴드 활동을 하던 가운데 목 위와 손가락 두 개만 움직일 수 있는 근육퇴행성 질환 – 뒤시엔느병을 앓게 되어 수용기관에 오게 된 것이었다.

장애인의 비장애인에 대한 편견

마이클은 로리에게 도리어 편견을 가지고 있었다. 마이클이 로리가

자신의 말을 알아들을 리 없다는 생각을 미리 했던 것은 편견과 고정관념의 한 가지 예이다. 그럼 마이클은 왜 로리를 생각하지 못한 것일까? 로리를 제멋대로 구는 녀석쯤으로 인식했기 때문이다. 마이클에게 로리는 수용기관의 규칙을 어기려고 하면서 자신의 생활만을 편하게 하려는 이기주의자로 보였다. 그러나 편견을 깬 뒤부터 마이클은 로리를 이기주의자가 아닌 자신의 권리를 적극적으로 찾는 사람으로 인식하게 되고, 심지어 자신이 로리의 영향을 받게 된다.

그 영향의 증거가 바로 자립생활 신청이었다. 로리는 심사위원회에 세 번이나 자립생활을 신청하지만 번번이 거부당한다. 이를 지켜본 마이클은 자신이 자립생활을 신청한다. 마이클은 로리를 심사장에 통역사로 데려간다. 심사위원들은 예전에도 언어장애가 있는 장애인을 심사하고 대화를 했기 때문에 문제가 없다며 로리를 내보낸다. 하지만 곧 심사위원들은 로리를 다시 데리고 온다. 마이클이 무슨 이야기를 하는지 이해하지 못했기 때문이다. 위원회는 마이클의 자립생활을 승인하고 지원금을 주기로 결정한다. 로리도 마이클을 따라 자립생활을 하게 된다. 마이클이 일상 통역사로 로리를 임명하기 때문이다. 이로써 로리도 꿈에 그리던 자립생활을 할 수 있게 되고, 둘은 뛸 듯이 기뻐하게 된다. 자신들의 선택과 행동대로 움직일 수 있게 되었기 때문이다. 그들은 클럽에 갈 권리, 술 먹을 권리, 마음 놓고 음악을 들을 권리를 누리려고 한다.

마이클은 자립생활에 부족한 돈은 로리의 충고에 따라 아버지를 찾아가 보충하려 한다. 마이클은 아버지에게 살집을 마련하는 데 도움을 줄 것을 요구한다. 관객은 마이클이 그의 아버지를 대면하는 장면에서 약간의 충격을 받게 된다. 그의 아버지는 신부였기 때문이다. 신부인 마이클의 아버지는 아들이 뇌병변장애를 앓게 되자, 장애인 시설에 보내버리고 관계를 단절했던 것이다. 그러나 아버지는 그래도 찾아온 아들을 아주 내치지는 않았다. 아버지에게서 받은 돈으로 마

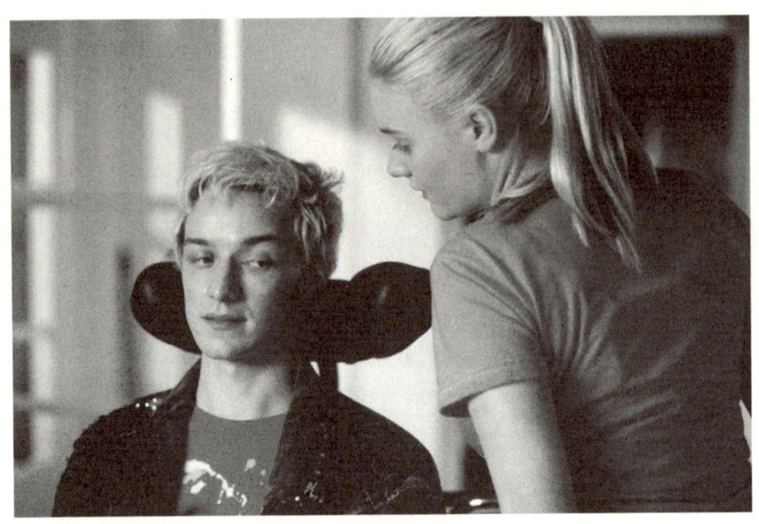

이클은 둘이 살 아파트를 마련한 다음, 자신이 마음에 드는 활동보조인을 직접 고용한다. 물론 수용시설에서는 상상도 할 수 없었던 일이었다. 수용시설에서 활동보조인 혹은 활동 도우미는 스스로 선택하는 것이 아니라 배치되는 것이었다.

영화에서는 마이클이 술집에서 같이 자리를 함께했을 때 마음에 들어 했던 여성을 활동보조인으로 채용한다. 그녀의 이름은 시오반(로몰라 가레이 분). 시오반은 마이클의 마음에 꼭 드는 이상형이다.

그러는 가운데 마이클의 시오반에 대한 사랑이 깊어간다. 로리는 활동보조인 여성을 사랑하지 말 것을 부탁한다. 하지만 마이클은 계속 그녀를 사랑하게 되고 어느 날 파티에 같이 참석하게 된다. 그곳에서 그 여성의 애인처럼 행동하려 하지만 받아들여지지 않고, 그녀는 남자친구에게 가버린다. 크게 상심한 마이클. 시오반은 아주 떠나고 활동보조인은 바뀐다. 마이클은 자신이 사랑할 수 없는 존재라고 매우 낙담하게 된다. 그날 마이클은 빗속을 걸어가게 되고 로리도 같이 비를 맞는다. 그 뒤에 로리는 매우 아프게 된다. 병원에 실려 간 로리는 폐렴으로 밝혀지는데, 뒤시엔느(Duchenne muscular dystrophy) 병증 때문에 온몸 중요 부분으로 전이가 된다. 자신의 자립생활을 가능하게 해주었던 로리는 너무도 허망하게 마이클의 곁을 떠나게 된다. 언제나 반항적이고 저항적이면서 자신의 삶을 꿈꾸고 누리려고 했던 그는 정작 자신의 자립생활을 이루지 못하고, 친구의 통역사로 활동하다가 세상을 떠난 것이었다.

반항기질과 책임감의 관계

마이클은 심사위원단을 찾아가 위원회가 편견과 고정관념에 빠져 있다는 사실을 항의한다. 그러자 심사위원단은 도대체 그 이유가 무엇이냐고 말한다. 마이클은 같이 대동한 시오반을 통해 다음과 같이 말한다.

"로리가 반항기질이 있다고 해서 책임감이 없다고 생각하는 편견이 있었으며, 인생 자체가 독립의 실현인 사람의 자립을 막았습니다. 그렇기 때문에 편견을 가지고 있다고 생각합니다."

심사위원단이 로리가 책임감이 없다며 그의 자립생활을 불허한 것은 결국 진정으로 그가 책임감이 없었기 때문이 아니었고, 그가 책임감이 없을 것으로 여긴 사람들의 인식의 문제였다. 자신의 권리를 주장하고 자유를 찾으려는 사람들을 백안시하고, 오히려 규칙을 준수하고 고분고분 따르는 사람들만을 책임감이 있는 사람이 있는 것으로 생각하는 것이다. 정작 로리가 떠나간 시점에서 마이클은 자립생활을 심각하게 재검토해야 하는 시점에 이르게 된다. 로리는 마이클의 통역사로 혹은 친구로 최선을 다하는 과정에서 비를 맞고 폐렴에 걸려 죽기까지 했다. 결국 마이클에게 책임감이 없었던 것은 아니었다. 심사위원들에게 했던 마이클의 말은 자신에게 한 말이기도 했다. 처음에 자신도 로리에 대한 편견이 있었기 때문이다. 로리가 자선기금으로 술집에도 가고, 여자들과 어울리기도 하는 것을 좋지 않게 생각하는 것으로 미루어 보아 그 자체로 그가 불량한 사람이라고 규정하는 것은 타당하지 않았다. 그는 열심히 자신의 삶을 즐겁고 행복하게 살려고 했다. 장애인이라고 항상 수용시설에만 있어야 하는 것은 아니다. 더구나 혈기왕성한 20대 초반의 남성이라는 평범한 기준을 가지고 볼 필요가 있다. 그러한 면에서 클럽과 술집에서 로리가 춤에 열광한 것은 외적 자유를 통한 내적 자유의 성취를 이루려는 것이었다. 그러므로 도덕적·윤리적인 기준으로만 볼 수는 없다.

결과적으로 〈인사이드 아임 댄싱〉은 결코 내 안에서 춤을 춘다는 소극적인 의미만 지닌 것은 아니었다. 조용한 내적 자유의 추구는 진정한 내적 자유의 성취가 아니라 외적 자유의 추구를 통할 때 내적 자유를 추구할 수 있다. 그러한 면에서 장애인들의 자립생활은 매우 중요한 화두일 수밖에 없다. 그 과정에서 제도와 권력이 어떻게 편견과 고정관념을 통해 장애인에게 장애를 일으킬 수 있을지 〈인사이드 아임 댄싱〉은 보여주고 있는 것이다.

48 자신만의 언어, 피아노의 연주는 타인에게 달콤했나

피아노(Piano, 1993)

나만의 피아노 연주를 하는 것은 자기애의 관점에서는 긍정적이다. 억압된 여성의 현실을 고려했을 때, 더욱 그렇다. 하지만 여성의 현실을 가부장제에 모두 돌릴 수 없듯이 외부현실을 들어 자신에게로 침잠하는 행동을 모두 긍정적으로만 볼 수는 없다. 그것은 자신을 장애의 상태에 빠뜨리고 다른 이들과의 소통도 방해할 수 있다.

"소리가 가슴속으로 스며드는 것 같아 기분이 좋지 않아."

이 영화는 대개 여성주의 관점으로 해석한다. 몇 가지 이유가 있다. 이 영화의 연출을 맡은 제인 캠피온(Jane Campion) 감독은 대표적인 여성주의 감독이다. 또한 이 영화에는 여성의 시각이 담겨 있기 때문에 페미니즘 도식으로 설명하기에 용이하다. 하지만 반드시 여성주의 시각으로만 분석할 필요는 없을 것이다. 오히려 도식적인 여성주의 시각이 이 영화에 대한 다양한 해석을 방해했는지도 모른다. 결국 인간과 인간의 소통의 문제이며, 그것이 남성과 여성 간의 사랑차이로 도드라졌을 뿐이다.

모든 영화들이 제목을 통해 주제의식을 드러내는 것은 아니지만, 이 영화는 '피아노'라는 제목에 많은 것을 함축하고 있기 때문에 분석할 필요가 있겠다. 왜 이 영화가 피아노로 시작해서 피아노로 끝나는지 탐색하는 것이 여성주의와 더불어 장애인의 시각에서 좀 더 넓게 해석할 수 있게 할 것이다. 에이다(홀리 헌터 분)에게 피아노는 분신과도 같은 사물이다. 아이다는 여섯 살 때부터 어떤 이유에서인지 자신의 세계로 침잠하게 되고, 다른 이들이 사용하는 구어 — 입말을 잃어버렸다. 그리고 피아노를 연주하고 피아노의 선율이 이루는 세계의 유일무이한 시민으로 산다. 피아노를 없애는 것은 그의 세계를 빼앗는 것과 같다. 그녀와 같이 소통하고 공유하려는 이들은 피아노와 피아노가 이루는 선율의 세계에 같이 참여해야 한다.

영화의 시작은 에이다의 아버지가 내린 결정에서 비롯하는데, 그것은 에이다의 삶이 매우 급격하게 전화된다. 열다섯 살에 가정교사의 아이를 낳아 기른 에이다를 아버지는 골치 아픈 듯이 뉴질랜드로 시집보낸다. 분명 거친 파도로 둘러싸인 섬, 그리고 그 안의 거주지를 둘러싸고 있는 진흙 밭과 늪지대는 당대 19세기 여성 차별과 억압의 사회를 나타내는지 모른다. 나중에 결론 내리겠지만 과연 그러한 사

회로 가게 된 것이 과연 외부 요인 – 아버지의 결정과 가부장적인 문화 때문만이었을까?

거친 바다 바람과 파도를 헤치고 섬의 해안가에 도착한 에이다는 덩그러니 딸 플로라(안나 파킨 분)와 밤을 지샌다. 늦게 도착한 스튜어트(샘 닐 분)는 에이다를 보고 실망하는 빛을 보인다. 왜 실망했을까? 그는 에이다가 체구가 작은 것 같다고 연신 혼잣말을 되뇌인다. 처음부터 둘은 맞지 않았는지 모른다.

세 사람의 욕망

스튜어트는 땅에 관심이 많다. 끊임없이 자신의 땅을 넓혀가는 데 총력을 다 한다. 이는 자신만의 세계를 지키려는 에이다와 반대된다. 스튜어트는 말을 못해도 상관이 없으니 거친 개척 생활에서 버텨낼 수 있는 강한 여성을 바라고 있었다. 그는 처음부터 피아노라는 악기에 대해서 관심이 없었다. 에이다가 애지중지하는 피아노를 늪지대 때문에 가지고 가지 못한다고 말하는 스튜어트는 비판받아야 할 남성으로 보인다. 여성의 시각에서 보면 그는 에이다의 아버지와 같이 가부장적인 남성이 될 터이다. 더구나 스튜어트는 피아노를 가지고 와야 한다고 요구하는 에이다에게 당신도 가족이기 때문에 희생을 해야 한다고 주장하며 베인스(하비 키텔 분)의 땅을 사는 대가로 피아노를 주어 버린다. 스튜어트는 아내가 좋아하는 것, 아니 그녀의 주장과 선호가 무엇인지는 관심이 없고, 일방적으로 결정해 버리고 따르기를 바란다. 이로써 그는 전형적인 가부장적인 남성이라고 할 수 있다. 그들의 결혼은 바로 이 피아노와 땅의 거래에서 깨어졌다.

베인스는 글은 모르지만, 그렇기 때문인지 사람의 마음을 읽는 재주를 지녔다. 에이다가 해변가의 피아노 곁으로 데려다 달라고 부탁하자 그는 에이다가 피아노를 아주 소중하게 생각하고 있음을 눈치챈다. 혼자 살고 있던 베인스는 이를 통해 엉큼한 생각을 하게 된다. 피아노와 땅을 거래하자고 친구인 스튜어트에게 제안을 하고, 에이다가 피아노 가정교사가 되어야 하는 조건을 달았다. 땅에 욕심이 많은 스튜어트는 그 제안을 받아들인다. 어쨌든 피아노는 베인스의 가까운 곳에 있고 에이다는 베인스를 통해서만 피아노를 칠 수가 있었다. 그런데 베인스는 에이다에게 생각지도 못할 제안을 한다. 검은 건반을 하나씩 칠 때마다 옷을 벗어야 한다는 것이다. 베인스의 의도는 욕정을 채우려는 것이었다. 사실 이 부분에서 관객들은 의문점이 들 수 있다. 에이다가 그것을 거부해야 하는 것 아닌가 하는 점 때문이다. 에이다는 이미 결혼하고 남편이 있었다. 베인스의 의도가 무엇인지 알 수 있음에도 불구하고 그것을 거부하지 않았다.

여기에서 우리는 에이다가 얼마나 피아노에 대한 애착이 강한지 알 수 있다. 그것을 남성 베인스는 자신의 욕망을 채우기 위해 이용했다. 하지만 거꾸로 욕망은 에이다에게도 있었다. 그것은 자신의 세계인 피아노를 계속 가지려는 것이다. 그것은 욕정이 아니라 사물욕이라는 양태만 다를 뿐이지 욕망이라는 범주에서는 같았다. 하지만 베인스는 단순한 욕정이 아니라 정말 에이다를 사랑하게 된다. 마침내 그는 80에이커의 땅과 바꾼 피아노를 그녀에게 주어버린다. 그는 정말 사랑하는 사람이 소중하게 생각하는 피아노를 돌려준 것이다. 이 점에서 스튜어트와 베인스의 다른 점이 드러난다. 베인스는 스튜어트가 왜소하다고 비난한 그녀의 몸을 간절하게 원한다. 하지만 일방적으로 그녀를 범하지는 않는다. 조금씩, 조금씩 부드럽게 아주 소중하게 접촉을 하면서 사랑스럽게 어루만지지만 남근을 통해 강제로 자신의 욕망을 채우지는 않는다. 최대한 자신을 절제하면서 에이다의 몸을 존중해준다. 그리고는 마침내 피아노를 통해 욕정을 채우려는 자신을 비판하고 피아노와 함께 에이다를 풀어준다. 그러나 남편 스튜어트는 땅을 끊임없이 소유하려 하면서 아내 에이다의 세계관을 배제시켰다. 그리고 겉돌 뿐이었다. 정작 그녀의 몸에는 손도 대지 못했다. 그것은 정신적·육체적 불능과 다름이 없었다. 그랬다. 남편 스튜어트는 가부장제 남성이라기보다는 사랑을 어떻게 하는지 모르는 존재였다. 당장에 경제적으로 도움이 되는지 그 여부가 제일 중요했다. 따라서 경제적으로 도움이 되지 않는 피아노 따위는 안중에도 없었다. 스튜어트의 욕망은 결국에 땅에 있었다. 베인스는 땅 같은 것은 상관이 없었다. 그럼 무엇이 중요했을까? 어느 날 자신을 찾아온 에이다에게 그는 이렇게 말한다.

"나는 외롭고 서글픈 처지라오. 그런 나에게 마음이 없다면 당장에 돌아가시오."

그에게 정말 필요했던 것은 항상 옆을 지켜줄 수 있는 사랑하는 사람이었다. 베인스는 피아노보다 에이다를 보았으며, 에이다가 소중하게 여기는 것을 존중하는 것이 사랑을 이루어가는 것임을 알고 있었다. 하지만 스튜어트는 가족의 당위만을 강조하고 우리 앞으로 잘해보자는 언질만 줄 뿐이었다. 에이다가 접근해오면 오히려 낯설게 생각했

다. 이는 스튜어트가 이성 간의 불능일 뿐만 아니라 사람과 사람 사이
의 관계에 대해서 구체성이 떨어지는 존재임을 말해주는지도 모른다.

불능의 존재들

막상 베인스와 에이다가 불륜의 지경에 이르지만, 정작 둘에게 경고나
질책 한 마디 크게 하지 못한다. 그냥 잘해보자는 수동적인 모습을 보
일뿐 원인 분석을 하지 않는다. 상대방의 행동의 변화만을 간접적으
로 촉구했으며 정작 자신은 문제 해결능력이 없었다. 손가락 절단 사
건이 단적인 예다. 에이다가 자신의 사랑에 충실하려고 베인스에게
사랑의 징표를 보내게 되고 이것이 스튜어트가 발각되자, 그는 에이다
의 손가락을 잘라버린다. 손가락을 잘라서 베인스에게 보내 더 이상
만나면 하나씩 다 잘라버릴 것이라고 말한다. 폭력은 문제해결력이
없는 이들의 무기력한 해법이다. 이는 사태를 더욱 악화시키기 마련
이다. 그 고통 속에서도 에이다는 자신을 자유롭게 풀어달라고 말한
다. 앞으로 무슨 짓을 할지 모른다는 강하지 않지만 단호한 말을 통해
우회적으로 협박한다. 그것은 손가락이 잘린 이가 더 이상 잃을 것이

없다는 강한 카리스마를 보여준다.

결국 스튜어트는 그녀를 베인스와 함께 떠나도록 한다. 에이다는 여전히 피아노를 가지고 가려 한다. 다시 처음에 왔던 해변가에서 피아노는 배에 실린다. 그러나 피아노는 배를 위태롭게 만든다. 한참 잘 나가던 배는 피아노 때문에 휘청거리게 되고 선원들은 피아노를 버리자고 한다. 그러나 아내를 존중하는 베인스는 그대로 가자고 말한다. 그런데 뜻밖에 에이다가 피아노를 버리라고 한다. 여기에서 중요한 장면이 나온다. 바다에 버려진 피아노에 달린 줄에 에이다의 발이 걸려든 것이다. 피아노의 무게 때문에 에이다는 급속하게 바다 속으로 빠져들어 간다. 정신없이 빠져들어 가던 에이다는 정신을 차리고 신발을 벗어 물 위로 올라온다. 이는 매우 상징적인 장면이다. 그녀를 위기에 몰아넣은 것은 바로 피아노였다. 그녀는 이제껏 피아노에 갇혀 있었다. 그리고 마지막까지 자신의 욕망을 지키려고 했다. 그 욕망에 자신의 운명이 걷잡을 수 없이 위기에 빠져들게 되었다. 불륜을 저지른 것은 스튜어트가 아니라 에이다였다. 그것을 성적 해방이라는 관점으로 무조건 타당화할 수는 없다. 근원적인 원인을 스튜어트가 제공했다고 정당화할 수도 없다. 에이다도 다른 남성들처럼 자신의 세계를 지키기 위해 다른 이들을 불편하게 했다. 또한 자신의 세계에서 나와서 다른 사람들의 세계와 소통하려 하지 않았다.

에이다는 수화와 쓰기를 통해 다른 이들과 의사소통을 한다. 그리고 피아노로 언제나 되돌아갔다. 타인은 자신의 세계에 들어올 때만 인정했다. 그것이 가능했던 충실한 이는 자신의 딸 플로라였다. 하지만 자아를 가지고 있는 플로라가 언제나 엄마의 세계에만 갇혀 있을 수는 없었다. 그러나 에이다는 오히려 자신의 욕망 때문에 플로라를 활용했다. 플로라는 에이다가 자신의 새 연인 베인스에 마음의 징표를 전달하는 것이 엄마의 일방적 욕망이라는 것을 인지했다. 이러한 해석은 여성주의 해석과는 거리가 있는 것일 수밖에 없다. 여성주의 시각에서 에이다의 피아노와 불륜은 자신의 자유와 세계관, 그에 따른 사랑을 찾는 주체적인 행동을 주는 것이기 때문이다. 하지만 소통불능이라는 측면에서 그녀는 결국 혼자만의 산정묘지에 있었을 뿐이다. 그것을 외부에 원인을 전가하는 것이 전적으로 타당하지는 않을 것이다. 외부요인을 모두 다 같은 형태로 받아들이는 것이 아니라 각자 다르기 때문이다.

이 영화를 통해 우리는 무엇보다 에이다의 언어인 수화와 침묵, 쓰기를 인정해주는 것이 필요하다. 그것은 장애인 관점에서 필요한 일일 것이다. 그들의 수화와 침묵, 쓰기를 통한 커뮤니케이션을 배울 필요가 있을지 모른다. 하지만 그것을 하지 않는다고 공격할 명분은 없다. 서로 각자의 영역이 있을 뿐이다. 하지만 자신의 영역을 인정해달라고 하기보다는 서로의 영역에 함께 다가가려는 노력과 소통의지가 중요할 것이다. 물론 베인스 같은 말이 통하는 혹은 소통하려고 하는 남성들이 많았다면 그녀 스스로 유폐되는 일은 없었을지도 모른다. 베인스가 그녀의 피부를 조금씩 지속적으로 애달프게 만지고 접촉한 것은 오랜 기간을 두고라도 하나가 되고 싶은 소통의 의지일 것이다.

욕망은 서로 다른 양태를 하고 있고, 각자는 자신의 욕망이 정당하다고 주장한다. 그 가운데 어떤 주체자가 어떤 관점을 가지고 세계를 바라보는가에 동의하느냐 동의하지 않느냐에 따라 욕망의 아름다운 명분의 명운이 달라질 것이다. 그런 점이 이 영화를 페미니즘 시각으로만 보지 말아야 하는 점이기도 하다.

49 달리 욕망하는 존재

<u>하우스 오브 디(House of D, 2004)</u>

물리적 정신적 장애에 걸린 이들은 보통 사람들이 욕망에서 멀어지는 '욕망장애' 현상에 빠지고 만다. 그들은 물질적 풍요와 세속적 욕망을 갈구하는 통상적인 모습에서 한참이나 멀어져 있는 모습이다. 장애를 가진 이들은 그대로 정체되는 모습이 대중영화에서는 빈번하게 목격된다. 하지만 그들의 인간에 대한 관심과 욕망은 그대로다. 이는 무엇을 의미하는가.

"당신의 천사가 누가 될지는 아무도 모른다."

장애인 성인과 비장애인 미성년자는 단짝이 되어 영화에 종종 등장한다. 이런 영화 가운데 상업대중영화에서는 비장애인 미성년자가 중심에 있는 경우가 많다. 장애인이 보조자, 보완자에 그치는 것이다. 〈하우스 오브 디(House Of D, 2004)〉도 이러한 유형의 영화인데, 비장애인 미성년자인 소년이 중심이겠지만, 장애인과 비장애인의 공통적 매개고리를 담고 있다. 매개고리는 그들이 욕망하는 것이라는 점에서 같다는 것이다. 따라서 〈하우스 오브 디〉는 장애인과 비장애인의 욕망의 문제로 풀어 볼 필요가 있는 영화다. 우선 어떤 이야기를 담고 있는지 살펴보자.

육체적으로는 마흔한 살이지만 정신연령은 열한 살인 파파스(로빈 윌리엄스 분)와 열세 살의 토미(안톤 옐친 분)는 단짝 친구다. 야구도 같이 하고 극장에도 같이 간다. 만약 극장에 아이를 들여보낼 수 없다고 말하면 파파스가 아빠 역할을 한다. 보호자를 대동하고 들어갈 수 있는 영화에 한해서다. 이 둘에게 가장 중요한 일은 고기배달 아르바이트다. 그들은 고기배달 아르바이트를 통해 다양한 사람들을 만나고, 그 사람들을 통해서 그들만이 기억할 수 있는 인생의 경험을 한다. 특히 정신착란으로 사람을 잘 알아보지 못하는 여성 노인을 만난 것은 토미의 인생 전환점에서 가장 중요한 역할을 한다. 고기배달을 하는 할머니가 탁자 위에 놓은 돈이 미국에서 프랑스로 가는 데 여비가 되기 때문이다.

그들은 고기배달을 한 대가로 받은 돈을 차곡차곡 모아 구치소 담장 밑에 숨긴다. 그곳을 선택한 이유는 아무도 접근하지 않는 곳이기 때문이다. 언제나 그들은 한 가지 갖고 싶은 물건이 있다. 바로 자전거다. 자전거 판매점 앞에 앉아서 하염없이 자전거를 바라본다. 하지만 함께 바라보던 그 자전거가 인생에 있어서 큰 전환점의 핵심이 될 줄은 그 둘 중 가운데 누구도 몰랐다. 그 기폭제는 어떻게 보면 구치소 안에 갇힌 여성 레이디에게서 비롯되었다. 역시 인생은 우연에 따라 필연적인 듯싶은 인과관계를 만들어 내는 것일까?

사물에 대한 욕망, 인간에 대한 집착

그날도 토미는 구치소 담장 밑에 돈을 숨긴다. 그런데 구치소에 갇힌 여성이 깨진 거울로 창밑을 보면서 토미에게 말을 건다. "왜 그곳에 돈을 숨기니?" 그러면서 둘은 자연스럽게 친해지게 되는데, 토미는 그 레이디(에리카 바두 분)에게 고민을 털어놓는다. 바로 자신이 짝사랑하는 멜리사(젤다 윌리엄스 분)와 파티에 가야하는데 어떻게 할 줄 몰랐기 때문. 레이디는 여자들은 춤을 추는 것을 좋아하고, 잘 추는 것보다는 열심히 하는 모습이 중요하며, 약간은 어리숙해야 한다고 충고한다. 이 충고 덕분인지 파티의 무도는 잘 끝났고, 둘은 급속하게 친해진다.

그런데 이를 지켜보고 있는 또 하나의 시선이 있었다. 그것은 바로 파파스였다. 멜리사가 나타나기 전까지 파파스와 토미는 매우 친숙한 관계였다. 그러나 이제 파파스보다 멜리사에 더 관심을 보이는 토미에게 서글픔을 느끼는 파파스. 파파스는 멜리사의 집에서 가져온 큰 레몬으로 자전거 상점의 유리창을 깨고 자전거를 훔친다. 그리고는 구치소 밖에 숨겨놓은 돈을 꺼내어 모두 바다에 던져 버리고 소원을 빈다. 물론 토미가 자신에게 돌아오기를 바라는 것이겠다. 한편 파파스가 자전거를 훔쳤다는 사실은 곧 파다하게 퍼진다. 직장을 잃는 등 모든 상황이 파파스에게 불리하게 작용하는 것을 보고, 토미는 자신이 훔쳤다고 교장에게 말한다. 하지만 교장은 그 말을 믿지 않으면서도 정학 처분을 내린다. 그 사실을 안 파파스가 교장에게 자신이 훔쳤다고 말한다. 그러면서 파파스는 토미를 위해서 훔쳤다고 한다. 그러자 토미는 자신을 위해서 훔친 것이 맞다고 한다. 이를 종합한 교장은 장

애인을 시켜서 자전거를 훔치게 한 것은 자신이 훔친 것보다 나쁘다고 하며 퇴학을 시켜버린다. 이 퇴학으로 토미는 장학금을 받지 못하고 학교에서 쫓겨나게 된다. 그러자 토미의 어머니는 절망에 빠진다. 암으로 남편을 잃고 신경증을 앓으면서도 토미가 장학금을 받아 대학에 가는 것을 유일하게 삶의 희망으로 바라보고 있었는데, 퇴학까지 당하자 우울증이 더욱 심해지면서 약물을 과다복용하게 된다. 어머니는 뇌사상태에 빠지고 보호자라면서 6촌 부부가 집을 점령하게 된 상황에서 토미가 선택할 수 있는 것은 많지 않다. 토미는 레이디를 원망하면서 그녀를 다시 찾아간다. 레이디는 너는 자유라고 하면서 어디든지 가라고 말한다. 그녀의 말에 토미는 결국 프랑스로 가기로 결심하고, 프랑스로 가는 비행기 표를 구하는 데 파파스가 결정적인 역할을 한다. 열세 살의 아이가 표를 구하는 것을 직원이 의심하자, 파파스가 아버지 역할을 하면서 사준 것. 그렇게 토미는 프랑스로 간다.

시간이 흐른 후 토미는 뉴욕으로 다시 온다. 가슴 아프게 도망치듯 떠난 그곳으로 다시 돌아가 기억을 정리하고 새로운 삶의 희망을 얻기 위해서. 그러나 다 변했을까? 파파스는 어떨까?

장애인을 지칭하는 말은 많이 바뀌었다. 정신장애자, 정신지체인, 장애우라는 것으로. 그러나 어디 파파스가 바뀌었을까? 그는 바뀌지 않았다. 그러나 파파스는 많이 변하고 성장한 토미를 한눈에 알아본다.

파파스와 토미의 결합은 어쩌면 키덜트 현상을 의미하는지 모른다. 아이와 어른의 경계가 사라지는 경지에 키덜트 현상이 있다. 키덜트 현상은 욕망의 대상과 맞물려 있다. 어른과 아이를 연결해주는 매개고리의 접점에 자전거가 있었다. 파파스와 토미는 같이 자전거를 욕망했다. 하지만 자전거는 둘이 욕망하기만 했을 뿐 그냥 쇼윈도 저편에 있었다.

그들이 자전거를 같이 욕망했을 때 그 둘의 관계는 탄탄했다. 적어도 파파스의 입장에서는 더욱 그러했다. 하지만 파파스가 욕망한 것은 자전거만으로도 충분했다. 파파스가 진정으로 욕망한 것은 자신과 제일 친하고 격의 없이 대해주는 토미였지만, 토미가 자전거를 욕망할 때는 애써 파파스가 토미를 욕망하지 않아도 되었다. 토미가 원하는 자전거만 같이 바라보고 있으면 토미를 옆에 둘 수 있었다.

하지만 토미가 욕망한 것은 자전거만이 아니었다. 토미는 이성친구인 멜리사를 욕망했다. 욕망의 대상은 이동했다. 그 이동에 좋은 충고를 하려한 것이 레이디였다. 레이디는 여성이었고, 욕망의 대상인 멜리사를 얻는 데 결정적인 도움을 주었다. 어쩌면 레이디는 신경증을 앓고 있어서 엄마의 역할을 하지 못하는 토미의 진짜 엄마 대신 엄마의 역할을 했는지 모른다. 토미의 엄마(티오 레오니 분)는 남편을 잃은 슬픔에 토미가 잘되어야 한다는 강박증을 가지고 토미를 몰아치

는 경향이 있었다. 오직 장학금을 받는 것에 관심이 있었고, 공부와는 거리가 먼 파티에 가는 것을 허용하지 않았다.

결국 욕망을 금기시한 엄마는 욕망을 금기한 자신의 말을 어긴 아들 때문에 상심을 하게 되고 결국 우울증이 더욱 심해져 약물을 과다 복용하게 된다. 결국 상대방이 욕망한 것을 욕망해주지 않으면 파파스나 토미의 엄마처럼 토미에게서 멀어질 수밖에 없다.

하지만 결국 토미에게 그러한 불행한 일이 생긴 것은 결국 자신에게도 욕망이 있었기 때문이고, 그 욕망을 추구했기 때문이다. 책임은 누구에게도 돌릴 수 없으므로 다시 고향으로 돌아와 레이디에게 멋진 거울을 주고 어머니의 무덤을 방문하여 파파스와 화해의 손길을 내밀게 된다. 물론 파파스는 언제나 토미라는 사람을 원하고 있었기 때문에 언제든 그를 받아들일 준비가 되어 있었다. 그러나 이 영화도 파파스가 행복한 삶을 살았는지에 대해서는 관심이 없다. 그는 오로지 비장애인 토미를 위해 존재하는 이로 보일 뿐이다.

50 세대와 인종,
장애를 넘은 우정 – 열정

라디오(Radio, 2003)

누군가 자신을 도와주는 사람이 있으면 도와주는 이유를 묻게 된다. 장애를 갖고 있는 사람을 도와줄 때도 그 이유를 물어볼 것이다. 하지만 우리는 아무런 이유 없이 도와주는 경우도 많다. 장애인을 도울 때는 여러 가지 이유를 댈 수 있을 것이다. 그 이유는 때로는 거창해지기도 한다. 하지만 굳이 이유를 구성해야 하는 것일까.

"당연히 옳은 것이라고 해도 사람들이 그대로 그렇게 하는 것은 아니다. 그런데 당신은 왜 그렇게 하는 것인가?"

'백인과 흑인은 친구가 될 수 있다.'

영화의 소재로 이 내용을 다룬다면 진부할 수 있다. 이 말은 이제 쉽게 나올 수 있는 평범한 말이 되었기 때문에 그것을 애써 상업영화로 만들 이유가 없다는 것이다. 불과 얼마 전까지만 해도 미국에서는 같은 반에 백인과 흑인이 있을 수 없었다. 같이 있어도 친구라는 관계를 맺지 못했다. 그렇다면 직업과 나이를 뛰어넘어서 친구가 되는 것은 어떨까? 여기에 장애인 흑인 소년과 백인 코치의 우정은 가능한 것일까? 그리고 그들의 우정을 통해 영화는 무엇을 말할 수 있을까?

마이클 톨린 감독의 영화 〈라디오〉는 실화를 바탕으로 유명 고교 미식축구 감독과 장애인 흑인 청년 사이의 인종과 나이를 뛰어넘는 따뜻한 우정을 그렸다. 게리 스미스(Gary Smith)가 '스포츠 일러스트레이트' 지에 기재한 취재 기사를 바탕으로 형상화해서 실제감을 주는 영화다. 단순히 영화적 상상력으로만 구성된 것은 아니기 때문에 그들의 실제 우정을 통해서 미덕을 실천할 수 있는 여력을 갖게도 한다.

사우스 캐롤라이나 주의 시골 마을에 흑인 소년 제임스 로버트 케네디(쿠바 구딩 주니어 분)는 다른 사람들에게서 따돌림을 당한다. 그의 유일한 친구는 라디오다. 그는 항상 카트에 라디오를 달고 라디오에서 흘러나오는 컨트리뮤직에 맞추어 흥얼거리고 리듬에 맞추어 어깨춤을 들썩인다. 라디오를 들으면서도 그가 시간을 보내는 것 중에 하나는 바로 풋볼 연습을 보는 것이다. 그러던 어느 날 고교 미식축구 코치인 해럴드 존스(애드 해리스 분)가 항상 라디오를 끼고 다니면서 풋볼 연습을 지켜보는 흑인 소년을 인식하게 된다. 존스는 흑인 청년에게 친구로 다가간다. 그러면서 제임스에게 라디오라는 별명을 붙여

준다. 처음에 제임스는 존스를 의심스럽게 본다. 혹시 자신을 놀리거
나 이용하려는 것이 아닌가 싶기 때문이다. 하지만 계속 친절하게 자
신에게 호의를 보이는 것을 보고 안심을 하게 된다.

존스는 제임스에게 풋볼팀 훈련을 도와달라고 부탁을 한다. 이는
제임스가 다른 학생들과 같이 어울릴 수 있도록 하기 위한 것이었다.
하지만 학생들을 포함해서 주위의 사람들은 존스가 장애인 소년을 배
려해주는 것에 그렇게 찬성하지 않는다. 그럼에도 불구하고 존스는
제임스를 팀의 볼보이로 일하게 하고, 마스코트로 삼는다. 하지만 시
합이 열리던 가운데 존스는 제임스가 너무 심하게 같이 흥분하고 운동
장을 돌아다니며 괴성을 지르는 통에 팀 벌칙을 받는다. 그 벌칙 때문
에 경기에서 질 뻔하기도 한다.

더구나 학생들은 지속적으로 제임스를 곤경에 빠트려 놀림을 지
속한다. 학생 가운데 못된 친구들은 그를 여성 탈의실에 들어가게 하
고 심각한 위기에 빠뜨린다. 여학생의 탈의실에 들어간 지적장애인
청년이라는 딱지 자체가 그를 학교에 더 이상 다니지 못하게 하는 명

분이 될 참이었다. 지적장애인이기 때문에 분별이 없어서 그러한 불
순한 짓을 항상 저지를 것이라는 편견이 분명 작용했다.

당장에 교장은 제임스를 학교에서 내보내는 것에 대해서는 반대지
만 학부모와 재단이사회의 반대 때문에 제임스를 일반 학생들과 함께
생활하는 것에 대해서 반대하는 입장이었다. 그는 다시 아무하고도
어울리지 못하는 혼자만의 공간으로 다시 쫓겨날 상황에 처하게 된다.

하지만 결국 제임스는 모든 난관을 헤치고 축구팀 감독 지위에까
지 오르게 된다. 일종의 성공 스토리라고 볼 수도 있다. 존스와 친해
지기 전에 라디오는 흑인이면서 지적장애인이기 때문에 이중의 차별
을 받았다.

이중차별과 동정

영화 〈라디오〉는 이중차별을 받은 흑인장애인과 백인 남성 코치 간의
우정 이야기다. 그런데 왜 해럴드 감독은 다른 사람들과 달리 라디오
를 그렇게 특별하게 대했던 것일까? 단지 장애인이기 때문이었을까.
그럼 단순히 비장애인이 장애인에게 시혜와 동정을 한 것에 불과한 것
일까. 라디오의 어머니가 해럴드 감독에게 묻는 장면이 나오기도 한다.

"왜 도와주는가? 혹시 그를 동정해서 그런 것 아닌가? 동정하다가고 쓸모가
없어지면 버리는 것 아닌가?"

이에 해럴드 감독은 이렇게 말한다.

"잘 모르겠다. 다만 그것이 옳은 것이라 생각했기 때문이다."

그러자 그의 어머니는 이렇게 말한다.

"당연히 옳은 것이라 해도 사람들이 모두 그렇게 하는 것은 아니다. 맞다. 당연히 옳은 것이라고 해도 그것을 실제 행동으로 옮기는 것이 어렵다."

동정이나 연민이 아니었다면 왜 그는 라디오를 그렇게 다른 사람들과 어울리게 하고 풋볼에 관여하게 한 것일까? 정황을 보면 존스는 라디오에게서 순수한 열정을 보았다. 라디오는 다른 이해관계나 목적이 없이 순수하게 풋볼 그 자체를 몰입하고 즐겼다. 그러했기 때문에 부당한 판단에 그렇게 흥분하고 소리를 질렀는지 모른다.

우리 실제 삶에서도 그렇지만, 순수한 스포츠 팀이나 경기는 없다. 이기고 지는 것에는 우승에 따른 명예와 부가 연관되어 있다. 비록 학생이라고 해도 수상과 진학이 목표인 경우가 많다. 심지어 프로리그 진출을 많은 명성과 돈을 거머쥐기 위한 수단쯤으로 생각한다. 장애인 라디오는 그러한 욕망이나 의도, 목적과는 관계없이 풋볼 그 자체를 즐겼다. 이를 존스가 이를 중요하게 생각했을 것이다. 그리고 그러한 순수한 열정은 풋볼에 대한 관심으로 이어지고 마침내 라디오를 감독의 자리에 올려놓았을 것이다.

그렇다면 라디오가 보는 이들에게 전해주는 메시지는 무엇일까? 영화 속의 '라디오(제임스)'는 반응이 느린 육체 대신, 다른 사람과는 달리 순수한 영혼을 지녔다. 카트를 타고 바람의 숨결을 느끼기도 하고, 달리는 기차에 손을 흔들기도 한다. 가령, 자신을 놀려대는 사람이라도 미움의 감정을 갖지 않으며, 자신이 받은 선물을 이웃과 나눌 줄 안다. 해럴드 감독은 이렇게 말한 바 있다.

"우리가 라디오를 가르친 것이 아니라 라디오가 우리를 가르쳤다. 우리가 다른 사람에게 하기를 기대한 것을 라디오는 우리에게 했다."

이는 매번 똑똑하게 경쟁에서 이겨야 한다고 여기는 현대인들에게 일

침을 가하는 것은 아닐까? 이를 알 수 있는 것이 '라디오'인지 모른다. 영화는 지적장애인들에게 라디오가 큰 효과를 보이는 것으로 묘사하고 있다. 자신이 좋아하는 분야를 라디오를 통해 집중적으로 들음으로써 배경지식이나 단어습득에서 큰 효과를 발휘하는 것으로 묘사하고 있기 때문이다.

라디오의 성공법칙!
"자신이 순수하게 좋아하는 것을 열심히 하라. 그러면 성공할 것이다."

마지막으로 한 가지만 지적하자. 이 영화를 보는 전문가들은 평가는 좋지 않았다. 특히 인위적으로 강요하는 조작된 감동이라는 평가가 내려졌다. 심지어 "머리에 총을 겨누고 억지로 감동을 강요하는 영화다."라는 비평도 있었다.

　　물론 배우들의 연기 때문에 평범한 줄거리가 빛을 발한 영화이기도 하다. 감독 해럴드 존스 역에는 오스카상에 네 차례 후보에 올랐던 에드 해리스가, 영화 〈제리 맥과이어〉로 오스카 남우조연상을 받은 쿠바 구딩이 장애인 '라디오' 역을 잘 연기해낸 덕분인지 미국 개봉 첫 주에 3,074개 개봉관에서 1,330만 불의 수입을 올려 당시 흥행 랭킹 3위에 올랐다.

끝나지 않는 현실

무엇보다 궁금한 것, 제기해보아야 할 것은 왜 이 영화를 평론가들이 혹평의 대상으로 삼았을까 하는 점이다. 이 영화는 실화였는데 말이다. 실제가 허구적인 것보다 감동이 덜했기 때문이 아니었을까? 현실보다 허구가 감동적이고, 현실은 허구보다 덜 감동적인 상황이 이 영화를 통해서도 드러났다.

또한 이 영화는 단순히 과거형이거나 회고담이 아니었다. 영화 개봉 이후까지 백인 해럴드 존스 감독과 흑인 라디오라 불리는 케네디 감독의 우정은 계속되었다. 영화의 맨 끝에 실제 주인공들의 현재 모습이 나오는 장면은 더욱 더 현실감이 나게 한다. 라디오는 이제 50대에 들어선 모습이었다. 그는 한나고등학교에서 없어서는 안 될 인물이 되어 있었다. 그는 라디오를 끼고 항상 경기장 주변을 맴돌며 놀림을 받던 소년이었다. 영화의 마지막 부분에서 이런 자막이 나온다.

"라디오는 이제 공식적으로 한나 고등학교의 일부분이며, 영원히 우리 삶의 일부분이다. 만일 당신이 어느 가을날 금요일에 앤더슨에 갈 일이 생긴다면 서두르시길. 필드에서 자켓 팀을 이끄는… 라디오라 불리는 사람을 보게 될 것이다."

만약 라디오나 존스 감독이 다른 의도가 있었다면 그들의 우정은 없었을 것이며, 라디오는 감독으로도 공동체적 유대도 가능하지 않았을지

모른다. 장애 그 자체는 아무런 이해 관계없는 이득을 넘어서는 우정
을 가능하게 하며, 그것은 긍정적인 결과를 만들어내는 에너지를 갖고
있는지 모른다.

모른다. 장애 그 자체는 아무런 이해 관계없는 이득을 넘어서는 우정
을 가능하게 하며, 그것은 긍정적인 결과를 만들어내는 에너지를 갖고
있는지 모른다.

51 누구나 숨기고 싶은 못난 점

페넬로피(Penelope, 2008)

자신이 자신을 사랑하지 않으면 세상에 자신을 사랑해주는 사람은 없을 것이다. 자아심리학에서 강조하는 대목이다. 여기에서 자신은 결함과 결핍이 있는 인간 그 자체이다. 완벽한 인간은 없으므로 누구나 장애의 정도는 가지고 있다. 인간은 처음부터 그러한 한계 때문에 저주를 갖고 태어나는지도 모른다. 그 저주에서 벗어나는 것은 스스로 사랑하는 것, 그리고 남이 저주도 해방시키는 것이다.

"저주에서 벗어나려면, 너 자신을 사랑해."

영화는 〈페넬로피〉는 돼지코 때문에 스스로 문을 닫고 생활하던 여주
인공 '페넬로피'가 자기 폐쇄적인 틀에서 세상 밖으로 나와 사랑을 얻
고, 행복한 삶을 이루는 과정을 보여준다. 영화 〈슬리피 할로우〉, 〈몬
스터〉 등에 출연했던 크리스티나 리치가 페넬로피 역을 맡았다. 그리
고 〈인사이드 아임 댄싱〉, 〈어톤먼트〉의 제임스 맥어보이가 맥스 역을
맡았다. 제임스 맥어보이는 〈나니아 연대기 : 사자, 마녀, 그리고 옷장
(The Chronicles of Narnia : The Lion, the Witch and the Wardrobe, 2005)〉
에서 반은 인간, 반은 동물인 툼누스로 열연하기도 했다.

돼지코의 상징

이 영화에서 중요한 것은 돼지코이다. 돼지코는 누구나 갖고 있는 결
점일 것이다. 이를 강조하기 위해서 페넬로피는 대저택의 공주님으로
등장한다. 모든 것을 다 가졌지만 이 돼지코 때문에 자신감은 물론 사
회적 소통마저도 스스로 단념하게 된다. 페넬로피에게 돼지코는 핵심
적인 열등 요소로 자신의 존재 자체를 상쇄하고도 남는 부정적인 특정
부위다. 아주 작은 부분인 것 같지만 그 작은 부분 때문에 모든 것이
다 불행하고 자신이 가진 것을 전부 버리도록 하는 그런 가치를 상징
하는 것이기도 하다. 또한 그 가치의 대상이 외모의 한 부분인지라 외
모지상주의의 허구성과 맞닿아 있기도 하다.

페넬로피의 주변 환경은 모두 나무랄 것이 없다. 색감이 고풍스러
운 영국풍 대저택과 런던의 거리 모습을 담고 있다. 그들의 의상은 단
조롭지 않고 다양하기 때문에 미학적으로 맛깔스럽다. 마치 팀 버튼
의 〈가위손〉처럼 시대 배경을 쉽게 파악할 수 없는 동화 속 같다. 요컨
대 영화는 돼지코를 가진 여주인공이 자신을 받아들이고, 사랑과 행복

을 찾는 내용을 동화적 판타지로 그렸다.

영화의 시작은 동화적 판타지에 맞게 명문 윌헌 가에 내려오는 저주에서 시작한다. 저주의 내용은 딸이 '돼지코'를 가지고 태어나게 된다는 것. 만약 그 돼지코를 벗어나려면, 귀족 혈통을 지닌 남성의 사랑을 받아야 된다는 것이다. 그러나 돼지코를 가진 딸은 태어나지 않는다. 그러자 윌헌 가의 사람들은 그 같은 저주를 무시하게 된다. 하지만 현대에 이르러 돼지코를 가진 딸이 태어난다. 바로 페넬로피(크리스티나 리치 분)다. 윌헌 부부는 페넬로피가 죽었다고 알리고 집에서만 키운다. 부모는 장애를 지닌 딸을 숨기려한다. 흔히 명문가의 딸들은 아름다울 것 같지만, 사실 그렇지 않을 수 있다. 부와 명예의 집안과 외모는 반드시 비례한다고 보기 어렵다. 더구나 장애를 지닌 자녀의 출생도 마찬가지일 것이다. 자신들이 대단한 사회적 지위와 자존감을 가진 이들일수록 장애를 가진 자녀의 출생을 숨길 것이다. 페넬로피의 부모도 마찬가지였다.

그녀의 부모는 해결법을 저주에서 찾는다. 귀족 혈통의 남자에게서 사랑을 받으면, 돼지코에서 벗어날 수 있다는 해법 말이다. 일단 귀족 가의 남성들에게 베필을 구한다는 공고를 낸다. 그러자 윌헌이라는 이름만 듣고 수많은 귀족 가의 남자들이 달려든다. 하지만 그녀의 얼굴을 보는 순간 모두 달아나고 만다.

그런데 일부 남성은 그대로 달아난 것이 아니라 윌헌 가의 딸이 돼지코라는 소문을 내기 시작한다. 그것을 윌헌 부부는 예상하지 못했을까? 어쨌든 소문과 제보를 접하고 기자인 레몬(피터 딘클리지 분)은 기자 정신을 발휘해 그 진실을 밝혀 유명해지려 한다. 그래서 생각한 것이 가난한 귀족 맥스(제임스 맥어보이 분)를 고용해 윌헌 가로 들여보내는 것이다. 영화는 이렇게 폭로하려는 쪽과 그것을 감추려는 쪽의 긴장감 있는 대결을 통해 웃음을 주기도 한다.

맥스는 가난 때문에 돈이 필요해서 레몬의 말을 따랐지만, 정작 맥

스는 페넬로피와 사랑에 빠진다. 그러나 페넬로피가 청혼을 하자 당황하며 거절한다. 사실 레몬의 의도는 맥스와 페넬로피를 결혼시켜 그 장면을 세상에 널리 알리면서 자신의 신문을 많이 판매하는 것이다. 이를 알고 있는 맥스는 만약 자신이 페넬로피와 결혼을 하게 되면 그녀를 세상의 웃음거리로 만드는 것이라며 떠난다. 하지만 페넬로피는 자신의 외모 때문에 맥스가 떠났다고 상심한다. 페넬로피는 아픈 마음에 집에서 탈출해 머플러로 코를 가리며 낯선 도시를 횡단한다. 어느 순간, 그녀의 코를 가렸던 머플러가 벗겨진다. 처음 그녀를 본 사람들은 공포와 호기심을 지니게 되는데, 오히려 사람들은 그녀를 좋아하게 된다. 덕분에 그녀는 자신의 모습 그대로를 인정하고 사랑하게 된다. 또한 자신을 괴롭히는 사람들은 물론 역경을 극복해 나간다. 결국 그녀를 괴롭혔던 것 중에 하나는 자기 스스로 자신을 싫어할 것이라는 공포감이었는데, 그것 역시 극복했다.

비록 돼지코를 가진 페넬로피이지만, 그녀를 사랑하는 사람들이 많이 등장한다. 애초의 예상과는 달리 시민들은 그녀를 매우 좋아한다. 돼지코 페넬로피는 짧은 시간에 유명인사가 되고, 후일 그의 얼굴이 핼러윈 가면으로 제작될 정도로 대중의 사랑을 받는다. 그것이 너무 넘쳐서 일부에서는 인형이나 애완동물 취급하는 것이라고 비판하기도 한다. 그녀의 얼굴은 괴물이라기보다는 개성이 독특한 캐릭터였으며, 사람들은 그것을 좋아했다. 만약 그녀가 예쁜 얼굴이라면 그렇게 시민들이 선호하지는 않았을 것이다. 맥스는 외모가 아니라 페넬로피의 전인격을 좋아했으며, 그렇게 누군가를 좋아하는 사람은 반드시 있기 마련이다.

외모주의 패러디

이런 면에서 영화는 외모 지상주의를 비트는 영화이기도 하다. 김아중 주연의 〈미녀는 괴로워〉가 보인 외모 지상주의에 대한 은근한 풍자와 같다. 사실 비만도 장애의 일종으로 보아야 하지 않을까 싶다. 하지만 그렇다고 그것이 흉은 아닌 것이다.

　우리는 흔히 자신의 외모가 마음에 들지 않고, 불완전하다고 생각한다. 하지만 세상을 등 질만큼인 경우는 드물다. 그런데도 자학하고, 우울한 상태에 빠져 지내게 된다. 처음에 이 영화를 볼 때는 아무렴 페넬로피보다야 더 하겠느냐는 위안을 갖게 된다. 돼지코는 극단적인 상징이기 때문이다. 이는 미의 기준에 대한 새로운 시각으로 호평받았던 애니메이션 〈슈렉〉을 연상시키기도 한다. 슈렉의 피오나 공주와 페넬로피를 비교하면 어떤가?

　피오나 공주가 그랬던 것처럼 페넬로피는 다른 얼굴을 쓰게 되었지만 결국 자신의 일부로 인정하게 된다. 그러나 다른 점은 있다. 피오나 공주는 못 생긴 얼굴로 슈렉과 행복하게 살지만 페넬로피는 미모와 잘생긴 반려자를 모두 얻는다. 그러한 면에서 이 영화는 결국 외모 지상주의에 포획된 것은 아닐까 싶다. 동화 같은 판타지에서 벗어나지 못하는 셈이다.

그런데 한 가지 드는 의문은 언뜻 사람의 코가 아니라 돼지코라면 수술을 받으면 되지 않나 하는 점이다. 물론 페넬로피의 부모도 그렇게 생각했다. 하지만 검진 의사는 "수술을 할 수 없다."고 한다. 당연히 부모들은 그 이유에 대해서 궁금하게 생각할 것이다. 의사는 놀라고 의아스럽게 생각하는 부모에게 이렇게 말한다.

"콧속으로 경동맥이 지나가고 있어요. 수술하면… 죽습니다."

어쨌든 페넬로피의 돼지코는 누구나 가지고 있을 약점을 상징한다. 그 약점은 뜯어고치고 싶은 한 부분이다. 영화처럼 저주가 순식간에 풀리면 얼마나 좋을까. 하지만 현실은 그렇지 못하다. 이 영화에 대해 바라는 점이 있다면 차라리 〈슈렉〉에서처럼 그 약점을 껴안았다면 더 좋았을 것이다. 현대적으로 재해석되지 못한 채 동화의 전형 속에 갇힌 점이 아쉽다.

저주를 풀 수 있는 것은 오직 자기 자신이라는 점은 현대 동화에서 많이 사용되지만 많은 작품들이 이러한 내용을 많이 사용하는 바람에 최근 진부해진 클리셰가 되었다. 그래서 감독은 동화임을 강조하는지 모른다. 동화는 전형적인 내용들이 많고 그것 때문에 교훈적인 특징을 유지하면서 새로움에 대한 비판을 피해갈 수 있으니 말이다. 영화의 마지막 부분에서 마법이 풀린 페넬로피가 아이들과 함께 이야기를 나눈다. 페넬로피는 자신의 이야기를 들려주고 있다. 이를 듣고 있던 아이들은 들은 이야기에 대해 평가 내린다. 이 영화는 그저 동화일 뿐이라고 말하는 감독의 귀여운 변명 같다.

"이건 딸에게 집착하는 엄마 이야기야."
"아니야, 이건 진정한 사랑 이야기야."

52　이제 일주일은 8일이다

제8요일(The Eighth Day, Le Huitième Jour, 1996)

모든 것이 다 똑같다면 진실을 드러내기 쉽지 않고 그것을 알아채기도 힘들 것이다. 자신이 왜 고통받고 있는지 인식하지도 못한 채 그것에 대응하기는 더욱 어려운 지경에 있으면서도 방법을 구하지 못해 방황할 것이다. 비로소 차이가 있는 존재가 그 원인을 지적해주게 된다. 그러나 그 존재는 곧 제거당하고 만다. 다른 이들과 차이가 나기 때문이다.

"유사한 것들은 쉽게 알아채지 못합니다. 단지 차이가 있는 부분들이 사람들을 놀라게 만들죠."

영화보다는 동화 같은, 영화 〈제8요일〉은 영상, 주제곡, 유머, 열연 등이 어우러져 보는 이에게 긴 여운을 남긴다. 동화는 현실과 환상 – 꿈을 오고간다. 조지 역의 주인공은 실제로도 다운증후군을 앓고 있으며, 이 때문인지 그의 연기는 아주 자연스러웠다. 다운증후군의 장애인이 비장애인의 삶을 더 풍요롭게 하는 장면은 현실이 아닐 수도 있다. 이 영화는 그 누구 혼자만의 영화는 아니다. 대개 두 명의 남자가 콤비로 이야기를 이끌어가는 영화를 '버디(buddy) 영화'라고 한다. 〈레인맨〉, 〈노킹 온 헤븐스 도어〉, 〈48시간〉, 〈리썰 웨폰〉시리즈가 버디 영화에 해당한다. 이 영화 역시 흔히 말하는 버디 영화 스타일로 두 남자 주인공은 칸영화제에서 남우주연상을 공동 수상했다.

　이 영화는 바로 한 사람이 아니라 바로 두 사람이라는 인물의 설정과 등장이 중요하다. 이 작품은 장애인과 비장애인의 우정을 다루고 있는데, 무엇보다 비장애인이 장애인에게 어떠한 존재인지가 핵심이다. 비장애인은 장애인에게 도움을 주고, 올바른 삶을 살도록 힘을 준다. 장애인이 더 이상 동정과 배려의 대상만은 아니라는 점을 적극 드러내고 있는 셈이다. 하지만 장애인의 삶이 결국에는 자살로 이어지는 과정은 비장애인이 장애인에게 아무런 도움이 되지 못하는 현실을 말하고 있는지 모른다.

제8요일의 의미

〈제8요일〉이라는 제목도 장애인이 비장애인에게 바람직한 삶의 모델을 제시한 것에서 그 의미를 찾을 수 있다. 사실 달력에 제8요일은 없다. 7요일뿐이다. 여기서 우리는 〈제8요일〉이 어떤 점을 상징하는 제

목임을 짐작할 수 있다. 상징을 분석했을 때, 제목에서 영화의 주제를 알 수 있다. 다른 사람들이 알지 못하는 또 다른 세계가 두 사람에게 있고, 그 때문에 영화 제목은 〈제8요일〉이다. 그렇다면 그들만의 세계는 무엇일까? 보통의 사람들은 대개 일주일, 7일을 단위로 삶을 영위한다. 7요일이 지나면 다시 1요일로 돌아오면서 순환한다. 하지만 그들은 제8요일을 산다고 한다. 7일을 사는 사람들은 정해진, 규격화된 삶을 영위하는 이들이다. 제7일을 사는 이들의 삶은 자신의 자유의지와 선택권이 제한된 삶이다. 그러나 그 자신만의 삶을 살아가는 제8요일의 사람들은 고착화된 삶을 살아가는 제7요일의 사람들에게 삶을 돌아보게 한다.

아리(다니엘 오테이유 분)는 제7일의 삶을 살았지만, 조지(파스켈 뒤켄 분) 때문에 제8일을 살게 된다. 보통 7일을 사는 사람들은 규격화되고 비주체적이고 수동적인 삶을 영위한다. 더구나 모두 외롭다. 자신의 삶에서 소외되었으니 당연한 일 아닐까? 그렇기 때문에 제7일을 사는 사람들은 그것을 벗어나 영화 〈국가대표〉의 스키점프 선수들처럼, 모두 비상을 꿈꾸고 살아가고 싶어한다. 물론 그렇게 하기엔 실패의 부담을 안을 수 있는 모험이 필요하다. 그래서 쉽지 않다. 장애인 조지는 그것을 말로만이 아니라 행동으로 보여준다.

조지를 통해 영화는 일단 '다름'을 어떻게 포용할 것인지 생각해 보게 만든다. 감독은 이 영화를 만든 이유를 이렇게 말했다.

"나는 두 세계의 충돌을 영화에 담고 싶었다. 세상이 '정상'이라고 생각하는 것과 '비정상'이라 생각하는 것의 부딪침을. 그렇게 해서 우리가 갖지 못한 것을 비정상인들이 가지고 있다는 사실을 보여주고 싶었다. 그건 정상이 아니라고 부르는 세계가 우리로서는 도저히 가질 수 없는 것들에서도 아름다움을 발견하는 것, 세계를 지금까지와는 아주 다른 방식으로도 이해하는 것, 이것이 우리들의 사랑하는 능력을 높여주는 방법이다. 또한 평범한 것 속에 존재하는 미려함, 다시 말해 세상과 인생을 이해하고 우주를 인식하는 또 하나의 방법과 그 다양성 속에 존재하는 사랑의 힘을 담고 싶었다."

감독은 비정상으로 지칭되는 대상들 속에는 나름 그 자체의 훌륭한 가치가 있다는 점을 담으려 했다. 또한 다양성과 다름을 인정하고 수용하는 것이 중요하다는 것을 드러내려 했다. 무엇보다 그러한 다양성 속에서 어떤 가치를 알아보는 것이 더 중요하겠다. 그것은 결국 사랑하는 능력에 달렸다. 아리와 조지는 서로 다르다. 그렇기 때문에 처음에 아리가 조지를 보고 낯설어 하고 거리감을 갖는 것은 당연할지도 모르겠다. 그러나 그 낯설고 다른 점이 아리를 해치거나 위협하지 않고, 오히려 아리의 삶을 바람직한 방향으로 이끌어간다.

이는 영화 속에서 그려지는 장애인과 비장애인과의 관계에만 해당하는 것은 아닐 것이다. 우리는 일상에서 수많은 사람들과 만나게 되고 서로 낯설고 이채로움에 거리를 두거나 때로는 백안시하기 마련이다. 영화는 그 속에서 서로를 어떻게 대하고 받아들이며 수용할 것인가에 대한 질문을 던진다.

영화의 함의를 더 살펴보기 위해서 대략적인 영화의 줄거리를 짚어야 하겠다. 아리는 세일즈 기법 강사로, 사회적으로는 성공했다. 아리는 냉철하고 계산적인 삶의 태도를 통해 이러한 성공을 이룰 수 있었다. 그의 태도는 직장 일에만 해당하는 것이 아니라 일상생활을 지배하고 있다. 아리는 이러한 태도를 싫어하는 부인 줄리(미우 미우 분)와 마침내 별거에 들어갔다. 곧 아리는 아내 줄리와 어린 딸들이 자신과 함께 하는 삶을 되찾길 열망하지만 쉽지만은 않다.

어느 날 아리는 비오는 밤길에 운전하던 자신의 자동차로 길을 가로지르는 강아지를 치게 된다. 그런데 그 개의 주인은 바로 다운증후군 환자 조지(파스칼 뒤켄 분)였다. 이때 조지는 막 요양원에서 탈출하던 참이었다. 그는 어머니를 찾아 요양원에서 탈출했던 찰나였다. 이미 수년 전에 어머니는 돌아가셨는데도 조지는 그것을 인정하지 않고 어머니를 찾아다니고 있었다.

아리는 처음에 조지를 낯설게 생각하지만, 자신의 일상에서 부딪히는 사람과 다른 순수한 영혼을 가진 점을 알게 되면서 점점 그에게 관심을 갖게 된다. 한편, 아리는 조지와 함께 집으로 돌아가 딸들에게 선물을 주려고 한다. 하지만 만나는 거부하는 부인 줄리로 인해 거절당한다. 딸들의 얼굴조차 보지도 못한다. 사회에서 성공한 아리는 결국 참담한 기분이 되어 되돌아오고 만다. 그런 그를 오히려 다운증후군의 조지가 위로한다. 사회에서 격리를 당한 조지가 사회에서 가장 선호된 아리를 보듬고 있는 것이다.

한편, 요양원으로 돌아온 조지는 다시 탈출한다. 조지는 아리의 세일즈 강의 장소에 요양원 친구들을 데리고 나타난다. 아리는 불쑥 찾아온 그들을 보며 화를 내기는커녕, 오히려 웃으며 강의는 팽개쳐둔 채 그들과 같이 떠난다. 성공과 자신의 일만을 생각하던 냉철하고 합리적이었던 아리가 예전에는 미처 보이지 않던 모습이었다.

그들은 버스를 탈취하여 해변으로 향했다. 왜일까? 그날이 마침 아리 딸의 생일이었기 때문에 아리의 아내와 딸들이 기거하는 해변 집에 가는 것이었다. 그러나 그들은 딸이 있는 집안에 들어갈 수가 없었다. 문전박대 당하기 때문이었다. 그래서 조지와 그의 친구들 그리고 아리는 집 앞에서 밤새 폭죽과 불꽃놀이를 한다. 그것은 딸의 생일을 축하하는 행사였다.

해변 밤하늘의 불꽃들은 아내 줄리의 마음을 녹인다. 마침내 아리는 다시 가정으로 돌아가게 된다. 조지는 친구 아리의 행복한 모습을 본다. 이제 그는 친구를 떠나보내고 빌딩의 옥상에 올라간다. 그는 초콜릿을 먹으면 급성 발작을 일으키는 증세를 가지고 있는데, 조지는 의사가 금지시킨 초콜릿을 먹는다.

초콜릿의 달콤함은 누구에게나 필요한 것이다. 그러나 조지는 그것을 먹으면 안 되는 몸 상태다. 그것을 먹으면 죽는다. 조지에게 초콜릿은 달콤하지만 치명적인 독을 지닌 선악과다. 그는 스스로 선악과를 먹고 발작 상태에 이르게 된다. 조지는 곧 어머니의 환상을 보게 된다. 그리고 어머니에게 가기 위해 옥상에서 몸을 날린다. 하지만 영화에서 조지는 땅으로 떨어지는 것이 아니다. 오히려 조지는 행복한 표정을 지으며 하늘 높이 떠오른다. 이는 사회적 금기를 어기면서 자

신의 행복을 추구하는 조지의 선택을 은유하고 있는 장면이다.

이타주의의 이기심, 이타주의의 이타심

이 영화에서 결국 조지가 아리에게 행복을 찾아주는 역할을 한다고 해서 조지를 이타적인 존재로만 아름답게 그리는 것은 아니다. 이 영화를 보면서 조지의 이기적인 행동 그러니까 남을 생각하지 않고 아리 차타기, 소리 지르기, 집을 온통 난장판으로 만들기, 구두를 살 때의 장면, 클럽에서 여자에게 접근하고 트럭운전사에게 괴상한 행동을 취하는 장면은 지켜보는 이를 짜증나게 하기도 한다. 반면 아리를 보면서 '참 착하네~!'라고 생각할 수 있을 것이다.

하지만 아리는 미남이고 온화하고 성격도 좋아 보이지만 순응적이고 가식적이며 위선의 삶을 산다. 그의 표정은 정말 자신의 내면에서 우러나오는 것이 아니었다. 더구나 그는 성공은 했지만, 일에 중독되어 있었다. 그의 성공은 어쩌면 자신을 버리고 가식적인 웃음을 지으며 워커홀릭으로 산 결과였다. 무엇보다 가식적인 웃음과 태도는 결국 조지를 만나지 못했다면, 아무것도 얻은 것이 없는 삶이 되었을 것이다. 가족을 잃고, 극단적인 상황에 내몰리고, 평생을 바친 자신의 일도 잃을 처지에 있었기 때문이다.

그는 조지를 만나면서 진심으로 웃을 수 있었다. 조지 때문에 차가운 삶의 태도와 워커홀릭에서 해방되어 가족과 화해할 수 있었던 것이다. 다만 조지의 행동은 너무 순수해서 표현 방식이 직접적일 뿐이었다. 오히려 조지를 대한 다른 이들의 행동이 더 이기적이었다. 조지의 외모는 그렇게 호감이 갈 만한 점이 적었지만, 오히려 그 겉모습과는 달리 내면은 누구에게나 호감을 줄 수 있었다. 그렇다면, 조지와 아리는 어떻게 장애인과 비장애인의 벽을 넘어서 하나가 될 수 있었을까 싶은데, 아무래도 동병상련이 아닐까?

고통한다, 고로 존재한다

이를 위해 데카르트의 명제는 다르게 바꾸어야 할 것이다. '고통한다, 고로 존재한다.' 비장애인과 장애자인 아리와 조지를 묶어주는 끈은 '고통'이다. 제7일의 사람—아리이든지, 제8일의 사람—조지이든지 고통을 넘어 사랑과 쉼터가 필요하다. 사람은 존재의 가치와 의미에 대한 갈망이 있기 때문이다.

조지는 어머니와 사별했고, 여자친구와도 원하지 않는 이별을 했다. 그는 아픔과 슬픔, 장애인을 둘러싼 현실의 장벽, 외로움, 고통을 느꼈다. 가족에게서 배척받은 아리의 슬픔과 고통은 조지와 연결된다.

영화는 아리와 조지와의 만남과 교감을 통해서 정상과 비정상을 구분하지 않고 둘을 통합하려 한다. 다르지만 같은 삶에 대한 고민은 그들을 이어주는 통로다. 결국 '고통'이 비장애의 세계와 장애의 세계를 이어주는 다리가 된다. 하지만 결국 그렇게 친구로 의지했던 두 사람은 결국 헤어지게 되는데, 그것은 현실에서 장애인과 비장애의 삶이 같지 않다는 것을 상징하는 것을 아닐까? 사실 아리는 돌아갈 곳이 있다. 그러나 조지는 그렇지 않았다. 그를 그대로를 사랑해 줄 사람이 현실에는 없는 것이다. 조지에게 유일한 안식처인 어머니는 현실에 없다. 그렇기 때문에 환상 속의 존재가 된 어머니를 찾는 것은 세상을 이탈하여 그가 돌아가 쉴 안식의 공간을 찾는 것과 같다. 막상 돌아갈 곳이 없는 조지에게 장애의 세계에서 쉴 터가 존재하지 않는 것이 현실이다. 영화에서 어머니의 환상은 현실의 장벽을 상징하기도 하며, 정상 세계에도 여전히 존재하는 쉼과 안식에 대한 갈망의 표현이다. 그 둘이 돌아갈 안식처의 차이는 그것이 현실에서 가능하느냐, 그렇지 않느냐의 차이이다.

영화에서 아리가 조지와 달랐던 것은 조지 역할을 맡았던 파스칼 뒤켄의 차후 작품 활동에서 드러나는 것이 아닐까 싶다. 장애인 파스칼 뒤켄에게는 다음 작품이 쉽게 주어지지 않았기 때문이다. 그가 출연한 영화는 〈토토의 천국(Toto Le Heros, Toto The Hero, 1991)〉과 〈제8요일(Le Huitieme Jour, The Eighth Day, 1996)〉뿐이다.

53 뻔하고 유쾌하지만 은근히 당당한

사랑하고 싶은 그녀(The Other Sister, 1999)

"조금 행복해지려면 조금은 잊고, 약간은 용감해져야 해."

영화 〈사랑하고 싶은 그녀〉는 언어장애와 지적장애를 지닌 스물네 살의 여주인공이 꿈과 사랑을 아름답게 이뤄나가는 로맨틱 코미디물이다. 소중하게 자신들만의 삶을 꾸려가는 칼라 역의 줄리엣 루이스는 영화 〈길버트 그레이프〉에도 출연했다. 그 영화에서는 바로 길버트 조니 뎁을 사랑하는 다정다감한 캠핑족 소녀 베키였다.

이 영화는 장애인 여주인공을 통해 장애인과 비장애인의 사랑과 삶의 성취를 밝고 맑게 그리고 있다. 영화 〈패치 아담스〉처럼 아주 유쾌하지는 않지만, 흔히 무거운 분위기의 장애인영화와는 차별화된다. 또한 통속적인 내용을 통해서 장애인의 사랑을 대중적으로 형상화고 하고 있는 것도 이 영화의 특징이다.

우선 대체적인 영화의 내용을 살펴보자. 칼라(줄리엣 루이스 분)는 약간의 언어장애가 있지만 해맑다. 부모는 어린 칼라를 특수학교에 보낸다. 그녀가 다시 집에 왔을 때는 어른이 된 뒤였다. 장애의 관점에서 칼라가 집으로 돌아온 뒤 그 적응 과정을 영화에서 어떻게 그리는지도 중요하다.

일단 이 영화는 칼라의 귀환 후 생활을 통해 일방적인 통합 교육에 대한 문제점을 간접적으로 제기하는 내용을 담고 있다. 그녀의 어머니처럼 장애인을 외부와 단절된 폐쇄적인 공간에 가두려는 이들이 있다. 이들은 장애인이 밖에 나가면 놀림을 당하고 위험에 빠질 것을 방지한다는 이유를 내세운다. 하지만 오히려 급작스러운 환경변화로 역효과를 불러일으킨다. 갑자기 폐쇄공간에 갇히기 때문이다.

칼라는 어린 시절 놀림을 당한 기억 때문에 자신을 향해 웃는 것을 용인하지 못하는 점이 있다. 따라서 어머니의 위와 같은 태도가 잘못된 것은 아니다. 하지만 어차피 겪어야 할 부분이라면 칼라가 잘 감수할 수 있도록 주변에서 도와주는 것이 중요하다. 칼라에게 필요한 것

은 무엇이었을까? 그녀는 그녀의 가능성을 믿고 사회생활에 대한 자연스러운 적응과 긍정적인 자아감을 가질 수 있는 개방적인 교육 태도가 필요했다.

어머니와 두 언니들은 여전히 그녀를 아이로 생각하고 보호하려 하지만 그녀는 생각이 달랐다. 칼라는 가족에게서 벗어나 홀로 서려는 의지를 불태운다. 하지만 가족들은 그녀의 행동에 우려의 시선을 보낸다. 이해심이 있는 아버지 래들리(톰 스켈릿 분)와 달리 칼라의 어머니(다이앤 키튼 분)는 항상 넘치는 보호를 해왔는데 칼라가 독립을 이루고 자신의 능력을 펼치려는 것에 대해 쉽게 동의하지 않는다. 그러자 동의를 받지 못한 칼라는 가출 소동을 벌인다. 그 뒤에야 어머니 엘리자베스는 칼라를 공립직업학교에 입학시킨다. 그 학교에서 칼라는 운명적인 남자(지오바니 리비시 분)를 만난다. 대니도 칼라처럼 가벼운 언어장애다. 부모 이혼 뒤로 샌프란시스코에서 혼자 생활하던 대니는 칼라에게 사랑을 느끼기 시작한다.

귀엽고 당당한

핼러윈 파티 날, 대니는 아버지에게서 생활비 보조를 받을 수 없다는

것을 칼라에게 털어놓는다. 이대로라면 플로리다의 어머니에게로 떠나야 하는 상황에 빠져있는 대니다. 대니를 잡고 싶은 칼라는 대니에게 자신의 아파트에서 동거를 하자고 제안한다.

두 사람은 추수감사절에 동침을 하게 된다. 칼라에게는 첫 경험이었다. 그런데 이 동침이 전혀 엉뚱하게 사랑의 위기를 낳는다. 크리스마스 이브 날, 캐롤라인과 그녀의 약혼자인 제프는 여러 사람들 앞에서 결혼을 공표한다. 사랑을 고백하는 제프의 모습에 감동한 대니는 자신의 사랑에 관해서 털어놓기 시작한다. 하지만 대니의 행동은 오히려 무르익은 분위기를 썰렁하게 만든다. 지나치게 마신 술 때문에 경황없이 칼라와 자신의 첫 경험을 사람들에게 털어놓고 만 것이다.

대니는 축하를 바랐지만 파티장은 웃음바다가 되었다. 더구나 칼라는 모멸감과 배신감을 느끼게 되었다. 첫 경험은 둘만의 비밀이라고 다짐했기 때문이다. 칼라는 울부짖으며 뛰쳐나갔고, 대니에게 절교를 선언한다. 이 과정에서 대니가 칼라의 절교에 동의를 하지 않으면 되는데, 대니는 홧김에 동의하고 만다. 그것은 장애인으로서 그들의 공통점 때문에 가능한 일이었다. 칼라와 대니는 비슷한 점이 있는

데, 다른 사람들이 자신에게 보이는 일정한 반응을 싫어한다는 점이
다. 칼라가 남들이 자기를 보며 웃는 것을 싫어하는 것과 같이 대니는
자신에게 바보라던가 멍청하다는 말을 하는 것을 싫어한다. 그런데
칼라는 대니에게 바보, 멍청이라고 말하며 절교를 선언한다. 자신이
제일 싫어하는 말을 들은 대니도 화가 나서 서로 헤어지자는 말에 동
의하고 한다.

로맨스 코미디 영화의 흐름상 이대로 헤어지면 안 된다. 어떻게 두
사람이 다시 만날까 궁금해지는데 신파적인 요소가 있다. 둘은 다시
서로를 그리워한다. 대륙 횡단 기차를 타고 어머니 집에 가는 대니는
칼라를 잊을 수가 없다. 대니는 영화 〈졸업〉의 장면을 떠올리는데, 그
것은 더스틴 호프만이 결혼식이 열린 교회로 달려가는 장면이다. 대
니는 다시 캐롤라이나의 결혼식에 참석하고 있는 칼라에게로 돌아간
다. 서둘러 기차를 타고 급하게 왔지만 시간이 없었다. 결혼 언약이 오
고 갈 무렵 2층 난간에서 대니가 뛰어내린다. 당연히 축하객들이 놀랄
수밖에 없다. 많은 사람들이 지켜보는 가운데 대니는 칼라에게 사랑
을 고백하고 청혼한다. 이에 박수 소리가 교회에 가득해진다.

그러나 여전히 칼라의 어머니는 그럴듯한 것을 좋아했다. 어머니
엘리자베스는 대니를 좋게 생각하지 않으면서 다른 좋은 남자를 만나
라고 한다. 하지만 칼라는 다시는 대니를 잃지 않을 것이며, 집안에서
축하해주지 않더라도 대니를 보내지 않겠다는 다짐을 한다.

홀로서기와 직업학교

영화 〈사랑하고 싶은 그녀〉는 여성장애인이 홀로서기를 모색하는 영
화라고 볼 수 있는데, 이런 관점에서 어머니와 갈등에서 자립을 하는
지를 눈여겨볼 필요가 있다. 직업학교에 들어가기 전 칼라는 어머니
교육에 못 견뎌 집을 탈출한다. 칼라가 원하지도 않는 교육 프로그램

을 배우도록 했기 때문이다. 칼라가 배우고 싶어하는 것은 직업교육이었고 스스로 돈을 벌어 당당하게 경제적인 독립을 이루려 했다. 칼라는 장애인이라며 자신을 보호의 대상으로만 보는 것을 반대했다.

또한 영화 〈사랑하고 싶은 그녀〉는 장애인 사이의 사랑 이야기를 다루는 작품인데, 작품의 흐름을 보면 남성에게 일방적으로 끌려다니지 않는다. 두 사람이 처음 만나게 된 것은 직업학교 등록장에서다. 대니가 잠깐 졸고 있는 사이 다른 이들이 새치기를 한다. 칼라가 새치기하는 사람들에게 다음 차례는 대니라고 말하면서 서로 알게 된다. 오갈 데 없는 대니에게 자신의 집에서 같이 지내자고 한 사람 역시 칼라였다. 그리고 시험에 통과한 칼라가 낙방한 대니에게 하는 충고는 "쉬운 것부터 하면 잘 할 수 있어. 다음에 어려운 것을 해도 쉬운 부분은 알기 때문에 어렵지 않아."라는 내용이었다. 칼라는 그만큼 수동적인 사랑의 모습이 아니라 적극적인 모습을 보인다.

봉준호 감독의 〈마더〉는 고전적인 모성성 영화와는 다른 것이기도 하다. 사실 페미니즘 관점에서 그렇게 유별난 작품도 아니다. 상식적으로 모성은 자녀들에게 희생하는 존재이다. 그러한 점을 완전히 부정하기는 힘들다. 영화 어둠속의 댄서 는 장애 어머니를 등장시켜서 어머니의 희생을 더욱 배가시키는 촉매제로 활용하고 있다. 그런데 정말 어머니는 자식을 위해서 희생을 한 것일까.

"만리장성은 벽을 봤으니 됐고, 나이아가라는 물을 봤으니 본 거나 다름없고, 과거는 보았고, 미래는 알고 있으니 더 볼 것이 뭐 있겠느냐."

영화 〈어둠 속의 댄서〉에 대한 객관적인 평가를 보면 흥미로운 점이 많다. 우선 많은 상을 휩쓸었다. 이는 뭔가 다른 작품들과 차별화된 점이 많은 것을 암시한다. 칸느영화제에서 황금종려상 여우주연상, 유럽영화제 최우수작품상 여우주연상, 골든 글러브 여주주연상 수상 등이 대표적이다. 감독도 유명하다. 이 영화를 연출한 라스 폰 트리 감독은 〈유로파〉, 〈킹덤〉, 〈브레이킹 더 웨이브〉, 〈백치들〉 등의 작품으로 잘 알려져 있다. 영화의 형식을 보았을 때 뮤지컬 요소를 적극적으로 반영했다. 특히 브로드웨이의 화려한 볼거리와 들을 거리를 전면에 내세웠다. 뮤지컬 영화라면 여주인공의 노래 솜씨가 중요한데 이 역할을 아이슬란드 출신 가수이자 배우인 비요크가 맡아서 화제가 되었다. 그녀는 한국을 방문하기도 했었고, 홍콩 공연에서는 티베트 독립을 주장하기도 해서 논란을 불러일으켰다.

영화에 뮤지컬을 도입했기 때문일까? 평가는 엇갈리기도 했다. 한쪽에서는 조악하고 통속적이라고 평가했고, 다른 한편에서는 강렬하면서도 보기 드문 영화, 신이 내린 영화라고 평가했다. 여러 평가 가운데에서 공통적인 점은 주인공 비요크의 연기에 대한 것이었다. 여주인공의 다채로운 감정과 그에 따른 표정을 잘 살려냈다는 것이다. 절망과 슬픔, 환희, 희망 등 시시때때로 변하는 여주인공 캐릭터를 잘 소화해낸 것이다. 앞서 받은 상을 떠올려보면, 왜 이 영화가 다른 상이 아니라 여우주연상을 많이 받았는지 그 이유를 알 수 있다. 다만 그 내용은 다시금 한번 생각해보아야 할 장애인 캐릭터의 모습을 담고 있다.

영화의 개략적인 내용은 앞 못 보는 여인 셀마(비요크 분)가 처음에 도둑으로 몰리고 마침내 살인범이 되어 사형에 이르게 된다는 것이다. 그 과정에서 셀마는 어머니로서 희생과 헌신을 다한다는 내용이

다. 희생과 헌신은 가족에 대한 것이다. 가족 가운데에서 셀마가 그렇게 비극적인 삶을 살아가게 되는 것은 아들 때문이다.

때는 1964년, 미국 워싱턴 주의 작은 마을의 공장에서 일하는 셀마는 눈이 점점 보이지 않는다. 그런데 자신만 눈이 나빠지는 것이 아니다. 그 어머니의 그 아들이라는 말은 이런 때도 해당되는 것인가. 자신의 아들도 점점 시력을 잃어가고 있었다. 셀마는 자신의 시력이 없어지는 것에 안타까워할 겨를이 없어진다. 다행히 아들은 수술을 받으면 시력을 회복할 수 있다. 그래서 그녀는 눈 수술비를 위해서 밤낮으로 일한다. 그의 희망은 아들의 시력회복이다. 하지만 실제 희망은 본래 다른 데 있었다. 그녀는 뮤지컬 배우를 꿈꾸었다. 그러나 이제 뮤지컬 배우로 나설 수 없고, 생계를 위해 온종일 공장에 있어야 한다. 그래서 그녀는 비록 몸은 공장에 있지만, 상상 속에서 자신이 뮤지컬 배우가 되는 꿈을 꾼다. 그것은 고된 노동의 나날에서 그녀를 지켜주는 유일한 안식처이자 위안거리이다.

하지만 이미 그녀는 눈이 상당히 나빠져 제대로 볼 수가 없다. 안경을 써도 보일까 말까다. 점차 그녀는 안경이 필요 없는 지경에 이른다. 하지만 셀마는 수술비가 마련되기까지는 보이지도 않는 안경을 끼고 있어야 한다. 장님이라는 사실이 알려지면 아들의 수술은 물거품이 되고 만다. 그래서 셀마는 오늘도 어둠 속에서 기계를 돌린다.

눈이 안 보이는 데도 열심히 그녀의 일하는 모습이 인상적이다. 작은 얼굴을 크게 덮고 있는 두꺼운 안경은 높은 도수의 렌즈로 되어 있다. 그 두꺼운 안경을 끼고 밤낮 공장에서 일하는데, 허름한 옷에 헝클어진 머리칼은 그녀의 고단한 일상을 추측하게 한다. 이미 그녀의 눈은 보이지 않지만 여전히 어둠 속에서 일하고 있다. 하지만 그녀는 입가에 늘 웃음을 띤다. 그녀의 머릿속에 사랑하는 아들과 음악과 춤이 있기 때문이다.

그러나 점점 눈 때문에 더 이상 일하기가 버겁게 되고 회사에서는 그녀를 해고한다. 엎친 데 덮친 격이랄까. 옆집에서 사는 빌(데이비드 모스 분)은 아내의 낭비벽에 견디다 못해 자금난을 겪게 되고 심지어 셀마가 모아 놓은 돈을 훔치기에 이른다. 어떻게 모은 돈인데…. 그 돈은 자신을 위한 돈이 아니라 자신의 아들이 시력을 회복할 수 있도록 수술하는 데 쓸 비용이었다. 셀마는 자신의 돈을 찾기 위해서 고군분투한다. 결국 그녀는 빌에게 총구를 겨눈다. 그녀는 빌을 죽이게 되고 사형대에 오르게 된다.

스스로 변명하지 않는 이유

사실 이 영화에서 이해가 안 되는 장면이 있다. 적극적으로 자신을 위한 변호를 하지 않는 장면 때문이다. 이는 어머니의 희생과 헌신을 강요하는 영화라는 평가를 받는 이유가 된다. 또한 좀 더 자신의 욕망을 위해 살았으면 좋았다는 생각도 든다. 일방적인 희생이 너무 식상하며, 과거의 흔한 레퍼토리이기 때문에 공감과 설득력을 얻기 힘들다.

그런 면에서 이 영화는 신파적이고 통속적이라는 말을 들을 법하다.

특히 그녀가 다르게 선택했다면 모두 행복했을지 모른다. 그녀는 다른 사람과 결혼을 할 수도 있었고, 그 결혼을 통해 경제적인 도움을 받아 자신의 눈을 수술할 수도 있었다. 그렇게 힘겨운 노동을 통해 아들의 수술비만 벌 필요는 없었다는 것이다. 만약 다른 이의 도움을 받는 결혼 생활을 꾸렸다면, 아들과 자신의 눈은 회복할 수 있었으며, 옆집의 빌에게 돈을 도둑맞을 일도 없었을 것이다. 물론 빌에게 돈을 달라고 찾아가거나 그에게 총구를 들이대는 일도 없었을 것이다. 그런 면에서 보면 그녀 자신이 스스로 변명하지 않은 이유를 알 수도 있겠다. 모든 것이 다 자신의 선택에서 비롯된 일이기 때문이라는 생각을 하면 말이다.

그녀가 애써 변명을 하지 않고, 살인자로 사형대에서 사라져간 것은 스스로 책임지려는 행위로 볼 수도 있다. 이 모든 것이 자신의 선택에서 비롯되었으니 법정에서 자신이 아들을 위해 헌신했고, 아들을 위해서 각고의 노력 끝에 모은 돈을 빌에게 도둑맞았다는 말을 하지 않

았는지 모른다. 셀마는 아들을 위해 헌신했으나 이렇게 희생한 자신을 봐달라고 하지 않았다. 즉, 자신의 희생을 다른 목적을 위한 수단으로 삼지 않는다. 그 자체로 둔다. 자신을 위해 아들을 위해 했던 행동들을 이용하지 않았다. 그런 면에서 영화는 셀마를 끝까지 헌신한 사람으로 그리기도 하지만, 자신의 가치관에 따라 삶을 선택한 주체적인 인물로 그려내는 셈이 된다.

스스로를 위한 삶인가

다만, 다른 가족구성원, 아니 타인을 위해서 사는 것보다 개인 자신의 삶을 우선시하는 것이 중요한 가치관이라면 셀마의 선택은 받아들여지기 힘들다. 그런 삶은 자신만이 아니라 다른 그 누구에게도 불행을 안겨줄 수 있기 때문이다. 사실 셀마의 아들은 엄마가 없는 고아가 되어 버렸고, 더구나 수술을 받지 못하니 눈이 나빠져서 시각장애인이 될 처지에 이르게 되었다. 그러한 면에서 보면, 셀마는 지독한 개인주의자 혹은 이기주의자인지 모른다. 자신이 좋아하고 선호하는 대로 선택하고 행동했기 때문이다. 그것을 상징하는 것이 단적으로 혼자 뮤지컬의 세계에 빠지는 것인지도 모른다. 그녀는 다른 이들과 적극적으로 소통하기 보다는 나르시시스트의 경향을 보였다. 공장이라는 고단한 공간을 통해서 셀마의 행동이 희생적으로 합리화되었을 뿐, 그녀의 선택이 정말 옳았다고 보기는 힘들 수도 있다. 무조건 고통스럽고 고난스러운 환경에 스스로 던졌다고 해서 옳은 것은 아닐 것이다. 중요한 것은 살아있는 자들―아들과 자신의 좀 더 나은 삶의 진전이기 때문이다.

봉준호 감독의 〈마더〉처럼 아들을 위한 행동들은 결국 자기 집착일 수 있다. 한편으로 현실 도피는 현실에서 무기력한 심리가 강화되었기 때문에 나타나는 것일 수도 있다. 그녀가 뮤지컬의 공상으로 도피한 것도 무기력한 심리 때문이었다. 그녀가 이 때문에 죽음으로 걸어갈 수 있었던 것은 현실에서 너무 무기력했기 때문이 아닐까. 무엇보다 이제 때를 놓쳐서 아들의 수술 타이밍을 놓쳤으니 그녀가 아들에게 해줄 수 있는 것은 없으며, 어머니로서 자격도 없고 크나큰 죄를 저질렀다고 생각했을지 모른다. 자격이 없으니 다른 이가 어머니 역할을 해야 하고 자신은 자신의 죗값을 치르고, 사형대로 올라가 이제 사라질 생각을 했을 수도 있다. 물론 이러한 분석과 정리는 결과를 보고 사후 평가한 것에 불과할 수 있다. 빌이라는 존재가 없었다면 어떻게 되었을지 알 수 없으니 말이다.

55   4차원 상징코드의 탄생지

<u>화성아이, 지구아빠(Martin Child, 2007)</u>

영화 〈화성아이, 지구아빠〉에서 다음과 같이 말한 것은 비단 장애 아동을 넘어서서 비장애 아동에게도 적용되는 보편적인 진리일 것이다. "아이는 지구별에 온지 얼마 되지 않은 무한한 가능성을 지닌 생명체로서 태어난 지 얼마 안 되는 외계인 같은 존재다. 지구를 탐사할 임무를 갖고 와서 인간이 어떤 것인지 배워가는 존재이다."

"어린 시절의 상처 때문에 약간의 차이를 가졌다고 교정의 대상이 될 이유는 없다."

〈화성아이, 지구아빠(Martian Child, 2007)〉는 미국의 4대 SF문학상인 '휴고상'과 '네뷸러상'을 받은 『화성아이(The Martian Child)』를 바탕으로 했다. SF문학상을 받은 작품이고 제목도 화성아이인 점을 미루어 볼 때 화성에서 온 외계인을 다룬 소설로 보인다. 4차원 화성아이의 지구 입양기라고 해야 할 것이다. 흔히 4차원이라는 단어의 상징성을 다시 한 번 생각하게 만드는 영화다. 4차원은 비정상을 의미하기도 하지만, 개성에 따른 다양성을 의미하기도 한다. 그것을 용인하지 않는 사회적 편견에서 4차원이라는 단어가 사람에게 붙는다. 4차원 소녀가 대표적이며, 이 영화에서도 4차원 아이는 같은 맥락에서 사용되었다.

아내를 잃고 슬픔과 외로움에 괴로워하던 SF소설가 데이비드 고든(존 쿠삭 분)은 6살 사내아이를 입양한다. 가족들은 혼자 사는 고든이 사내아이를 입양하는 것에 반대한다. 하지만 그가 입양을 밀어붙이는 것은 아내와 약속했기 때문이었다. 그런데 그 아이는 보통내기가 아니다. 겉으로 보면 6살 데니스(바비 콜맨 분)는 외계에서 온 사람 같다. 약한 지구 중력을 보강하기 위해 건전지로 만든 무쇠벨트를 허리에 차고 다니며 '화성소원'을 빌면 눈을 감고도 초콜릿 색깔을 맛만 보고 알아맞힌다. 영화 초반, 관객들은 화성아이의 얼굴을 볼 수가 없다. 그 이유는 화성에서는 볼 수 없었던 상대적으로 강한 지구의 강한 햇빛을 싫어해 온 종일 상자를 쓰고 다니기 때문이다.

새로운 아버지 고든이 첫 번째로 할 일은 데니스를 그 상자에서 나오게 하는 것이다. 이를 위해서는 데니스의 마음을 여는 것이 더 중요했다. 선글라스와 우산, 선크림으로 데니스의 마음을 살짝 열지만, 데니스는 철봉에 거꾸로 매달려 지낸다. 지구 중력 때문에 피가 머리까지 가지 않기 때문이란다. 럭키참만 먹고, 밤에는 즉석사진을 찍으

며 돌아다니며, 햄버거에 콜라를 붓는가 하면 자신만의 언어를 구사한다며 이상한 말을 중얼거린다. 연이은 데니스의 '기행'에 초보아빠 고든은 당황스럽다.

왜 화성아이인가?

과연 이 아이는 진짜 화성에서 지구로 온 것일까? 사실 데니스가 진짜 화성인이라면 이 영화는 SF영화가 되었을 것이다. 하지만 이 영화는 따뜻한 휴먼가족영화이기 때문에 진짜 화성인이라는 설정을 했다면 관객이 정말 황당하다 못해 당황스러웠을 것이다.

그럼 데니스는 왜 자신을 화성인이라고 여기는 것일까? 여기에서 우리는 이 영화가 장애를 상징으로 삼고 있음을 알 수 있다. 데니스는 어린 시절 부모에게서 버림을 받았다. 그 뒤부터 데니스에게 여러 장애가 나타났다. 영화 〈화성에서 온 아이〉는 데니스에게 어떤 어려움—장애가 있는지 입양결정회의를 통해 자세히 알려준다. 데니스는 소통장애, 물건을 훔치는 경향(도벽), 애착형성 장애를 가지고 있다.

또한 옳고 그름에 대한 판단력이 부족하다. 그런데 데니스가 부모에게서 버림을 받는 것만이 여러 장애를 만들어낸 것은 아니었다. 입양이 많은 사회일수록 입양의 성공도 있겠지만, 실패의 사례도 많다. 입양을 보편화하여 새롭게 가족 구성원이 된다는 것은 쉽지 않은 점이 있다. 혈연적인 가족도 여러 문제가 있는데, 후천적인 가족에게 어려움이 없을 수 없다.

데니스는 여러 차례의 입양에서 버림과 소외를 경험했기 때문에 자신은 차라리 화성아이이기 때문에 사람들이 거리를 두는 것으로 간주해 버린다. 결국 상처를 받지 않기 위해 데니스는 지구인이 아니라고 하는 것이다. 그리고 엉뚱한 짓을 통해 처음부터 자신을 사랑하지 않도록 만들어 버린다. 자신이 애써 다른 사람들을 사랑하거나 사랑받을 만한 짓을 하지 않음으로써 자신을 지켜내려는 것이다.

이렇게 영화 속에서 장애인이 자신을 스스로 외계인이라고 생각하는 작품이 몇몇 있다. 〈케이 팩스〉, 〈슈퍼맨이었던 사나이〉 등의 영화에서 등장인물들은 자신을 외계인이라고 했다. 〈케이 팩스〉에서는 주인공은 자신을 K-PAX 행성에서 왔다고 말한다. 이 때문에 정신병원에서 치료를 받는다. 영화 〈슈퍼맨이었던 사나이〉에서 주인공도 자신이 다른 행성에서 온 외계인 '슈퍼맨'이라고 믿는다. 그는 자신이 슈퍼맨이라고 생각하기 때문에 지구인들을 돕는다. 하지만 인간이기 때문에 별로 도움이 되지 못한다. 세 영화의 공통점은 가족과 관련된 정신적 충격으로 모두 외계인이 되었다는 점이다.

그렇다면 이렇게 자신을 외계인이라고 생각하는 이들을 다시 지구인으로 끌어내리기 위해서는 어떻게 해야 할까. 〈화성아이, 지구아빠〉의 내용은 화성아이를 지구의 아이로 만드는 과정, 즉 새로운 가족의 구성원으로 만드는 과정을 그리는 것이다. 서로 다른 행성에서 태어난 두 인간이 서로를 존중하며 소통하는 내용을 결말에 두고 있다. 이상한 말과 행동을 해도 언제나 이해하고 배려하는 것이 우선이다.

세 개만 해도 스타가 되는 세상

고든은 판단과 행동에 장애가 있는 아이가 누가 봐도 이상한 행동을 일삼는데 언제나 "너답게 행동하라."고 한다. 그리고 고든은 이렇게 말한다.

"자신의 어린 시절로 남들과 조금 달라서 반드시 교정의 대상이 될 필요는 없다."

끊임없이 지속적으로 아이를 독려하는 고든의 태도는 사뭇 감동적이다. 또한 아이와 어른이 동등하게 소통·교류하는 것이 중요하다는 점을 일깨운다. 자신을 모두 굽히지 않은 채 세상에 적응하는 과정도 중요하게 다뤄진다.

지구아빠 고든은 화성아이 데니스에게 열 개 중 일곱 개를 못 쳐도 스타가 되는 야구를 예로 든다. 즉, 화성아이에게 지구에서 살게 하

기 위해 지구인이 하는 열 개 중 열 개를 다 하라고 강요하지 않는다. 열 개 중 세 개 이상만 해도 스타가 되는 세상을 꿈꾸게 한다. 다른 구성원들의 별난 점이 비록 뛰어나거나 미흡해도 그것이 그대로 가치가 있음을 부드럽게 말한다.

다만, 이 영화는 고든의 변함없는 희생에 마음의 문을 활짝 여는 데니스의 극적인 반전으로 감동을 주려 했지만, 인위적이고 상투적이라는 흠은 있다. 즉, 갈등의 고조와 이에 따른 극적인 화해 구도는 관객의 예상치를 너무나 벗어나지 못하고 만다.

어쨌든 이 영화에서 기억해야 할 것은 4차원의 의미다. 그것은 개성과 사회적 다양성을 의미하기도 하지만, 자신을 지키기 위한 방어기제이다. 방어기제로써 4차원 코드는 스스로 만들어 낸 것이 아니고 그가 처한 상황에서 만들어진다. 이 영화에서는 주로 가족관계에서 버림과 소외를 그 원인으로 삼고 있다. 가족만이 아니라 사회구조나 인간관계에서 이러한 4차원 코드는 개성과 다양성을 용인하지 않는 행태 속에서 형성될 것이다. 결국 개성과 다양성을 용인하지 않는 것이 끊임없이 장애를 일으켜낸다는 사실을 되새기게 된다.

스테이션 에이젼트(The Station Agent, 2003)

니체는 말이 많은 사람은 자신을 보호하기 위해 말을 많이 하는 것이라고 했다. 친구 간에 말이 많다면 그것은 진정한 친구 사이가 아니며 자신을 감추려고 말이 많은 것이다. 친하지 않기에 말을 많이 해 어색함을 숨기려 한다. 신뢰하는 사이라면 말이 없어도 교감이 충분하다. 자주 만나 서로 잘 안다면 수다스럽게 말할 것도 없다. 침묵과 여운을 공유하는 이들이 진정한 친구다.

"우리 서로 말하려고 노력하지 말아요… 그게 좋아요."

키가 매우 작은 사람을 흔히 난쟁이라고 한다. 난쟁이라고 하면 '백설 공주와 일곱 난쟁이', '재주넘는 광대' 등이 연상된다. J. R. R. 톨킨의 소설에 바탕을 둔 영화 〈반지의 제왕〉에서 호빗족(Hobbit)은 다른 등장인물들보다 키가 매우 작다. 하지만 더 뛰어난 지혜와 판단력을 지녔고, 자신에게 주어진 과업을 완수해 낸다. 거인은 다윗에게 쓰러진 골리앗처럼 응징의 대상이 되고는 한다. 난쟁이는 인간에게 도움을 주는 존재로 빈번하게 등장한다. 소설 『난쟁이가 쏘아올린 작은 공』과 같이 난쟁이의 그 '작음'을 연상해 고통받는 약하고 가난한 사람을 상징하기도 한다. 이런 사람은 동화 속이나 서커스 장에만 존재하지는 않는다. 실제 현실에서 매우 키가 작은이들을 보면, 아이들은 흔히 왜소증이라는 장애로 보지 않고 기이하고 신기한 대상으로 보는 경향이 있다. 그들을 다른 사람들과 다를 바 없는 인격적인 존재가 아니라 우스꽝스러운 존재로 보기도 하며 조롱과 놀림의 대상으로 만들기도 한다. 이러한 세상의 편견 때문에 그들은 고통받으며 서로 가까워질 수 없는 존재가 된다. 인생의 성찰을 통해 서로 삶을 공유하고 보듬으며 서로 힘이 되어 줄 수는 없을까?

그 가능성을 〈스테이션 에이전트(The Station Agent, 2003)〉에서 볼 수 있을지 모른다. 왜소증으로 1m 내외의 핀과 그렇지 않은 이들이 서로 간의 편견을 버리고 함께 일상의 성찰을 공유하게 되는 과정을 그린 영화이기 때문이다. 〈스테이션 에이전트〉는 2003년 선댄스 영화제에서 관객상, 각본상, 연기상을 받은 작품이기도 하다. 이 영화는 장애인과 비장애인뿐만 아니라 보통 친구 관계가 어떠한 것인지 보여준다. 하지만 거창하게 이야기하지 않고 작고 소소한 일상에서 단순한 하지만 의미 깊은 화두를 던진다.

왜소증을 지닌 핀(핀바 맥브라이드, 피터 딘클리지 분)은 다리를 저는 헨리와 함께 뉴욕에서 기차 모형을 파는 가게를 운영한다. 사람들은 그가 지나갈 때면 이렇게 놀린다. "백설 공주는 어디 있냐?" 심지어 난쟁이라고 조롱한다. 아이들마저 기이한 듯이 쳐다보고 조롱한다. 그렇지만 그는 오히려 그런 사람들에게 무관심하다. 화를 내지도 피하지도 않는다. 표정도 없다. 그의 시선은 사람들에게 향해 있는 것이 아니라 정면의 허공이나 땅을 향해 있다. 그는 사람들의 그러한 시선이 싫지만 그것에 신경 쓰지 않는 것이 오히려 자신의 자유를 찾는 것이라고 생각한다.

시선을 넘어선 자유

어느 날 친구 헨리가 가게에서 갑자기 쓰러진다. 헨리는 핀에게 유산으로 뉴저지에 있는 1에이커에 이르는 땅을 남긴다. 이 땅은 철길 옆에 있는데 역장이 사용하는 관사도 포함되어 있다. 가게도 건물이 매각되는 바람에 정리되고, 핀은 할 수 없이 생전 가보지도 않은 뉴저지

의 땅으로 간다. 뉴저지에서도 사람들은 무슨 진기한 동물을 보는 듯
이 사진을 찍고 난쟁이라고 놀려대는가 하면 깜짝 놀래킨다. 이러한
것 때문에 핀은 사람들을 피하고 사람들이 많은 술집 같은 데는 가지
도 않는다. 하지만 세상에는 그러한 사람들만 있는 법은 아니다. 이때
등장한 사람들이 조와 올리비아다.

공교롭게도 조(바비 캐너베일 분)는 핀이 머물게 되는 집 앞에서
이동식 핫도그 집을 운영하고 있다. 조는 명랑하고 즐겁게 사는 게 인
생철학이기도 하다. 무료하던 조는 핀과 친하려고 노력한다. 이러한
핀의 행동을 보고 핀은 조가 자신을 호기심의 대상으로 여기는 것이라
생각한다. 그러나 조는 술을 마시자고 하는 등 자신의 방식으로 핀과
친하게 지내려 한다.

한편 아들 샘이 죽은 후 남편과 떨어져 혼자 생활하고 있는 올리
비아(패트리샤 클락슨 분). 그는 운전을 하던 중 실수로 길을 가던 핀
을 칠 뻔한다. 다행히 핀은 넘어지기만 했지만 매우 당황한다. 그것도
오던 길, 가던 길 두 번이나 그랬으니 더욱 그렇다. 이 일 때문에 올리
비아는 핀과 친해지는 계기를 마련한다. 올리비아는 도로에서 있던
일을 사과하러 술을 들고 핀의 집을 찾아가고 술에 취해 그만 소파에
서 잠이 들고 만다. 핀은 소파가 없으니 목욕탕 욕조에서 잔다. 다음
날 아침, 핀의 집에서 올리비아가 나오는 것을 보고, 조는 올리비아가
핀과 친해졌음을 알게 된다. 조의 이후 행동을 통해 영화가 강조하는
것은 친해지려면 자신의 취향이 아니라 상대방의 취향에 동참해야 한
다는 것을 보여준다.

핀은 개천다리가 보이는 벤치에 앉아 기차가 지나가기를 기다리
며 책을 읽는다. 조는 그 자리에 같이 앉아서 기차가 지나가는 것을 바
라본다. 이를 통해 조는 핀과 친해지기 시작한다. 그래서 결국 같이
핀의 일상을 공유하면서 어색하던 올리비아와 조도 친해지기 시작한
다. 그러나 사소한 오해와 실수로 조금씩 거리가 멀어진다. 올리비아

는 문전박대하고 조는 핀에 대한 불쾌함의 표시로 핫도그 집을 옮긴
다. 그렇게 되자 핀은 다시 상처를 입게 된다. 간신히 마음을 열었었
는데 그 사람들마저 역시 떠난 것이다. 속상해진 핀은 그렇게 가기 싫
어하는 술집에 들어가 술에 만취해 자기를 진기한 동물 보는 듯이 하
는 사람들에게 당당하게 말한다.

"내가 여기 왔다, 실컷 보라고!"

그렇게 술에 취해 철길에 쓰러져 자던 핀은 꿈에서 죽음을 암시받고
올리비아의 집으로 향한다. 도착해보니 놀라운 일이 벌어져 있었다.
전 남편과의 불화로 상심한 올리비아가 약을 먹고 쓰러져 있었던 것.
핀은 급히 그녀를 병원으로 옮긴다. 그러면서 조를 부르고, 이 일로 셋
은 다시 친하게 지낸다.

　　조는 멕시코 출신의 청년인데 아버지의 병 때문에 뉴욕에서 뉴저
지로 와 생활하고 있었고, 올리비아는 아들이 죽고 홀로 지내고 있는
중년 여성이다. 이들은 핀을 진기하거나 이상한 존재로 여기기보다는
한 사람의 인격체로 대우하려고 한다.

　　이 영화의 장점은 이렇게 세상의 편견만을 드러내고자 하지 않는
다는 점이다. 또 일부러 감동을 위해 사람들을 악인으로만 만들지는
않는다. 클레오는 오히려 핀을 우러러보며 자신의 학교 1일 교사에 초
대한다. 그리고 도서관 사서 에밀리는 처음에 책을 대출하러 온 그를
보고 놀라지만 나중에는 그를 믿고 의지한다.

　　거꾸로 핀도 다른 사람들에 대한 편견을 가지고 있었다. 세상 사
람들은 다 자신을 이상하게만 본다는 생각이 그것. 핀은 이렇게 말한
적이 있다.

"사람들은 나에게 많은 호기심을 가지고 진기한 듯이 보지만 실상 나는 너무나

평범하고 지루한 사람이다."

하지만 조와 올리비아 그리고 클레어, 에밀리는 다른 사람들과 달리
그에 대해서 그렇게 생각하지 않는다. 처음에 조와 올리비아는 핀의
좀 색다른 행동들에 대해서 이해를 못하기도 한다. 그러나 점차 그들
은 서로를 이해하고 친구관계가 되어간다. 결국 서로 익숙해지는 과
정이 중요하다는 점을 다시금 일깨운다.

기찻길의 침묵과 소통

이 영화에서 눈에 띄는 것은 핀을 중심으로 자연스럽게 어우러지는 침
묵과 여유다. 사람들은 다른 이들과 함께 끊임없이 무슨 이야기를 나
누어야 한다고 생각한다. 그래서 술집에서도 끊임없이 웃고 떠들기에
바쁘다.

하지만 핀은 친구와 가지는 만남이라도 자신들이 원하는 독서와 조용한 사색을 통해 공유감을 느낄 수 있어야 한다고 여긴다. 예를 들어 조는 밥을 먹으면서 끊임없이 대화를 하려 하지만 핀은 밥을 먹으면서 책을 읽으려고 한다. 핀의 말과 행동을 통해 그냥 가만히 침묵을 공유하는 것이 친구관계라는 점이 강조된다. 즉, 올리비아와 핀이 가만히 노을이 지는 물결을 함께 바라보며 공유하는 것이 그 예이다.

영화의 제목인 〈스테이션 에이전트(Station Agent)〉는 역장 쯤으로 번역할 수 있다. 역장이 상징하는 의미를 말하기 전에 철도의 의미를 먼저 풀어보는 것이 좋을 듯싶다. 핀은 철길 따라 조용히 걷기를 즐긴다. 그러나 올리비아와 조는 끊임없이 무엇인가를 타고 움직인다. 자동차를 타고 다닐 때 철길 위의 사색을 경험할 수는 없다. 그러나 핀은 기차 통행권을 통해 사색을 한다. 기찻길을 걸으면서 찬찬히 기차에서 흘린 승차권을 줍는 것이다.

올리비아, 조는 같이 걸으면서 바깥에서만 보던 철길에서 철길 밖 풍경을 본다. 그리고 비로소 철길에서 바라보는 풍광이 아름답다는 사실을 알게 된다. 철길은 인생을 의미한다. 핀은 처음에 혼자 걷지만 차츰 올리비아나 조와 같은 친구를 만들어간다. 길을 누군가와 함께 가는 것. 그 자체가 하나의 행복이다.

한편, 핀은 기차는 미국의 발전을 이끌어낸 중추라는 점을 클레오가 초청한 1일 초등학교 외부 강의 시간에 말한다. 물론 그 시간에도 아이들은 그의 키에 대해서 더 관심이 있을 뿐 그가 무슨 생각을 하고 있고 무엇을 말할 지에 대해서는 관심이 없다.

그 밖에도 핀은 기차를 따라가면서 촬영하고 촬영한 영상을 함께 감상하는 모임의 회원이다. 영상을 찍고 자신이 직접 기차에 관한 이야기를 내레이션으로 곁들인다. 또한 그들은 기차에 관해서는 박사, 혹은 교수이다. 그래서 핀의 친구 헨리는 핀을 교수라고 불렀다.

왜 핀은 기차에 매료된 것일까? 기차는 역동적인 존재를 상징한다. 어딘가 항상 목적지를 향해서 묵묵하게 전진하는 존재다. 이는 어쩌면 핀의 작음에 대한 역설적인 갈구가 아닐까 싶다. 하지만 이보다 핀에게 기차는 삶을 관조하고 성찰하게 하는 세계를 압축하고 있다.

기차는 그 자체가 멋있지만 아무 때나 지나가는 것이 아니다. 얼마간의 시간을 기다려야 하는 대상이다. 기다림과 그 사이를 사색할 수 있는 시간을 가진다. 그래서 핀은 항상 시계를 가지고 다닌다. 이는 역장의 의미와 통하는 면이 있다.

역장은 항상 시간을 보고 그 시간에 따라 역을 지나가는 기차를 맞이한다. 그 기차는 사람들을 미래로 희망으로 실어 나르는 존재이고, 역장은 그 기차를 맞이해 역에 기다리는 사람들을 실어 보내는 역할을 한다.

결국 올리비아, 조, 클레오, 에밀리는 역장 핀이 태운 사람들이다. 핀의 존재는 상처받고 외로운 사람이면 누구나 쉬어 갈 수 있는 존재, 혹은 그러한 공간으로 안내하는 사람일 수 있다. 그런 의미에서 핀은 더 이상 난쟁이나 왜소증 장애인이 아니라 인생의 철길 위에 서 있는 역장이다.

57 〈노트르담 드 파리〉가 왜 〈노트르담의 꼽추〉일까?

노트르담의 꼽추
(The Hunchback Of Notre Dame, 1996)

경계인은 고독하고도 슬프지만, 얽매임에서 자유로워 수많은 사상과 예술의 시원으로 다시 태어난다. 콰지모도는 경계인이며, 하나의 아이콘이다. 사람도 아니고 괴물도 아닌, 그러나 그는 엄연하게 장애인이었다. 사랑할 수 없는 대상. 그 비극성은 수많은 대중문화콘텐츠의 원형이 되어 왔다. 그가 가진 코드를 해독하는 것은 장애의 기본적 상징과 메타포를 분석하는 것이겠다.

"누가 인간이고, 누가 괴물인가?"

세계적인 화제를 낳았던 뮤지컬 〈노트르담 드 파리〉는 빅토르 위고의 소설 『노트르담 드 파리(1831)』를 화려한 뮤지컬로 무대 위에 선보인 작품이다. 1998년 9월 프랑스 파리의 '팔레 데 콩그레(Palais des Congres)' 극장에서 초연된 〈노트르담 드 파리〉는 300만 프랑스인이 관람했고 이탈리아, 영국, 미국 등 11개국 2,500회 이상의 공연으로 전세계 1,000만 명 이상이 관람했다. 일반적으로 〈노트르담 드 파리〉는 낭만적이고 비극적이면서도 아름다운 사랑 이야기 속에 마녀 재판을 통한 폐쇄적이며 배타적·사회적 편견의 고발, 중세 교회 권력의 이중성과 위선, 기득권 세력과 소외 계층, 가진 자와 못 가진 자, 미와 추, 선과 악, 빛과 어둠 등 삶의 근본적인 대립점들이 망라되어 있는 작품이다. 이 작품에도 다름 아닌 장애인이 등장한다.

이쯤에서 우리가 한 번쯤 살펴보아야 하는 것은 왜 〈노트르담 드 파리〉를 〈노트르담의 꼽추〉라고 번역하는가이다. 이는 콰지모도를 장애인의 관점에서 제대로 주목하지 않았던 것과 밀접하게 연결되어 있는 것으로 보이기 때문에 더욱 그러하다. 문학적·예술적인 차원의 접근은 중요하다. 다만, 콰지모도라는 인물을 좀 더 장애인의 관점에서 살펴볼 필요는 있다.

콰지모도가 의미하는 것

이야기를 풀어보기 위해 대강의 줄거리를 정리할 필요가 있을 것이다.

노트르담 사원의 종치기 콰지모도는 종탑 아래의 파리 시민들과 어울리기를 열망하지만, 그렇게 하지 못한다. 콰지모도의 주인이자, 노트르담의 주교인 프롤로가 종탑에서 벗어나지 말라는 엄명을 내렸기 때문이다. 프롤로는 콰지모도의 원수이자 은인이다. 콰지모도를

키워준 사람이자 콰지모도의 어머니를 죽인 사람이면서 오갈 데 없는 그를 키워 주었기 때문이다.

그는 왜 콰지모도의 어머니를 살해했을까? 종교적 신앙 때문인지 집시를 경멸하는 프롤로는 도시의 집시들을 없애야 한다는 생각으로 콰지모도의 어머니를 죽였다. 그리고 일말의 가책으로 콰지모도를 데려다 키우지만 세상에서 격리시키고 종만 치게 했다. 그러나 콰지모도는 이같은 사실을 모르고 그를 섬기기만 한다.

주교의 명령이 있어도 나가고 싶지만, 콰지모도는 자신의 외모를 사람들이 싫어할까봐 광장으로 나가는 것을 꺼린다. 그러던 가운데 콰지모도는 가장 행렬이 가장 성대하게 열리는 날인 만우절에 드디어 종탑에서 벗어나 광장으로 나온다. 남들에게 들키지 않고 구경하려

했던 그는 얼떨결에 '만우제의 왕'으로 뽑힌다. '만우제의 왕'은 가장 추하고 바보 같은 인물을 뽑는 것이다.

사람들은 그가 가면을 쓰고 가장 행렬에 참가한 것으로 생각했다. 그래서 너무나 완벽하게 추하다고 여겼다. 하지만 원래 그는 그런 모습이었다. 이 자리에 에스메랄다가 등장해 아름다운 춤을 춘다. 이때 우연히 이를 지켜보던 성당의 주교 프롤로는 에스메랄다를 사랑하게 된다. 그래서 주교는 콰지모도를 시켜 에스메랄다를 납치하도록 한다. 이때 근위대 대장 페뷔스가 지나다가 이 광경을 목격하고 그녀를 구한다. 이 일로 페뷔스와 에스메랄다, 둘은 사랑에 빠지고 만다. 그러나 그것이 불행의 싹일 줄 에스메랄다는 짐작도 못했다.

한편 에스메랄다를 주교의 명령에 따라 납치하려 하다가 붙잡힌 콰지모도는 매를 맞고 수레바퀴에 매달리는 형벌을 받는다. 몹시도 목말라 물을 달라는 콰지모도의 간청에 아무도 눈길을 주지 않는다. 심지어 에스메랄다를 납치하라고 시킨 주교 프롤로마저 외면한다. 이때 물을 주는 여인이 있었으니 그녀가 에스메랄다였다. 콰지모도는 이를 계기로 그녀를 사랑하게 된다.

한편 근위대장 페뷔스와 에스메랄다가 사랑에 빠지자 주교 프롤로는 질투심을 느낀다. 그래서 페뷔스와 에스메랄다가 만나는 날 쫓아가 칼로 페뷔스를 찌른다. 그리고 에스메랄다가 찌른 것으로 만들어 버린다. 이때 페뷔스는 에스메랄다가 집시 여인이라는 것을 알게 되고, 자신의 지위와 신분을 생각해 에스메랄다를 외면한다. 에스메랄다는 감옥에 갇혀 마녀 재판을 받게 되고 교수형 판결을 받는다. 형이 집행되려던 찰나 콰지모도가 그녀를 구출해 낸다. 그래서 노트르담 성당 안의 종탑 안에 에스메랄다를 은신시킨다.

성당은 아무나 들어올 수 없는 성역이기 때문에 그녀를 숨기기에는 안성맞춤이었다. 그러나 이 공간에는 주교 프롤로가 있었다. 그는 콰지모도가 없을 때 에스메랄다가 있는 방 안에 몰래 들어간다. 그리고 에스메랄다에게 자신의 사랑을 받아달라고 한다. 그녀가 받아주지 않자 프롤로는 감옥에 에스메랄다를 넘기고 마침내 그녀는 광장에서 교수형에 처해지고 불에 탄다.

그녀는 근위대장 페뷔스와 사랑하는 사이였다는 말은 절대하지 않고 죽음을 맞이한다. 사랑하는 페뷔스의 명예를 지켜 주고자 한 것이다. 한편 없어진 에스메랄다를 찾던 콰지모도는 에스메랄다가 죽는 광경을 목격하게 된다. 종탑 안에서 그녀를 빼낼 수 있는 사람은 프롤로밖에 없음을 깨닫는다. 콰지모도는 프롤로가 그녀를 치안당국에 넘긴 것임을 알아챈다. 그래서 그는 프롤로를 성당에서 떨어뜨려 죽음을 맞게 한다. 몇 년 뒤 집시 여인을 껴안은 채 누워있는 사람의 해골이 발견된다. 에스메랄다를 안고 있는 콰지모도의 유해였다.

이 같은 내용을 바탕으로 우선 장애인의 관점에서 몇 가지를 이야기할 수 있다.

첫째, 이 작품은 장애인에 대한 사회적 편견과 이중적 폭력을 드러낸다. 이중적 폭력은 물리적·정신적 폭력을 말한다. 노트르담 성당의 종지기 콰지모도는 척추장애인일 뿐만 아니라 주교 프롤로가 종만 치게 해 종소리로 인해 귀가 안들리게 되었다. 그래서 사람들의 말을 알아듣지 못하며 말도 거의 하지 못한다. 이는 또 하나의 후천적인 장애로, 흔히 장애는 후천적으로 얻는다는 사실을 단적으로 상징하고 있다.

더구나 사람들은 그를 더욱 더 장애의 처지로 몰아넣는다. 그의 처지에서 소통하려고 하는 이가 없기 때문이다. 예를 들어 그가 에스메랄다를 납치하려 한 이유에 대해 재판관이 묻는데 그가 귀가 안 들리거나 몸이 불편한 것에 관심이 없다. 그래서 그는 자신의 말만 해버리고는 무거운 판결을 내려 버린다. 프롤로는 그를 노예처럼 부리지만 그의 이야기를 들으려고 하지 않으며 이용만 한다. 그에게 유일하게 따뜻한 관심을 주는 것은 외면받는 사회의 주변인, 집시 여인 에스메랄다뿐이다. 결국 콰지모도를 통해 사회적 편견과 폭력을 적나라하

게 비판하고 있다.

　둘째, 겉과 속의 역설적 대비를 들 수 있다. 콰지모도와 주교는 극단적으로 대비되는 인물이다. 주교는 다섯 번이나 성당의 주교를 연임할 만큼 신망받는 존재. 그러나 정념과 질투에 차 살인과 모함을 자행한다. 심지어 자신이 사랑한다는 에스메랄다도 자신을 선택하지 않았다고 괴롭히고 죽이려 한다. 하지만 콰지모도는 그녀가 자신을 사랑하지 않지만 자신이 사랑한 에스메랄다를 끝까지 지키려 한다. 그리고 죽어서도 함께 한다. 반면 그녀를 사랑한다는 멋지고 신분 높은 근위대장 페뷔스는 에스메랄다를 사랑한다면서 그녀가 집시 여인이라는 사실을 알고는 냉정하게 돌아선다. 프롤로와 페뷔스에 비해 콰지모도는 흉측한 외모와는 달리 영혼의 순수함과 성스러움을 지닌 인물인 것이다.

셋째, 가상과 현실의 이중성을 나타낸다. 콰지모도의 상징과 관련하여 인상적인 것은 그가 '만우제의 왕'으로 뽑히자 사람들은 열광했지만 진짜 그의 모습이 추하고 혐오스럽게 보이자 분노했다는 점이다. 이는 그에게 심하게 가해진 사회적 폭력이었다. 이는 문학작품이나 영화, 텔레비전에서 나오는 장애인들을 보고 눈물을 흘리거나 감동하는 것과는 달리, 그러한 인물이 실제로 자신의 옆에 있으면 질겁하는 것을 상징적으로 나타내주는 것과 같다.

창작의 자유와 장애인 용어

넷째, 왜 꼽추라고 번역하는가? 애니메이션 〈노트르담의 꼽추(The Hunchback Of Notre Dame, 1996)〉와 같이 다른 번역본에서는 '꼽추'를 넣어 번역해 흔히 〈노트르담의 꼽추〉, 〈노트르담의 꼽추〉라고 한다. 빅토르 위고의 본래 작품 이름은 『노트르담 드 파리(Notre Dame de Paris)』이다. 대문자 '노트르담(Notre Dame)'은 '성모마리아'를 나타내며, '노트르담 드 파리'는 '파리의 성모마리아 대성당'을 말한다. 〈노트르담의 꼽추〉는 '파리 성모마리아 성당의 꼽추'가 되는 것이다. 작품 이름에 꼽추를 넣어 번역하는 것은 참으로 특이하다. 이는 비극적 상황을 좀 더 드러내기 위한 것으로 보인다. 그 비극적 인물은 노트르담의 콰지모도라고 할 수도 있을 것이다. 콰지모도는 반신불수 혹은 반만 인간이라는 뜻을 지녔다. 그러나 그는 반만 인간의 모습을 지녔지만 그 속은 누구보다도 인간적이며 그 이상이었다.

결국 〈노트르담의 꼽추〉라고 하는 것은 성스러움과 추함을 대비시키면서 진정한 가치에 대한 의미를 강조하기 위한 것이다. 하지만 그에 비해 장애인의 관점에서 미흡한 점도 있다. 콰지모도는 단지 외모가 문제가 아니라 청각장애에 언어장애를 가진 인물이다. 꼽추는 단지 그 추한 얼굴과 함께 비극적 상황을 극대화하기 위한 장치이다.

꼽추 혹은 곱사등에 대해서 짚고 넘어갈 필요가 있다. 콰지모도는 곱사등이, 꼽추다. 꼽추, 곱사등이는 척추장애, 혹은 척추측만증 때문에 나타난다. 콰지모도를 비롯해 이런 유형의 사람을 꼽추라고 하지, 척추측만증을 장애인이라고는 보지 않는 경향이 있다. 되도록이면 척추장애인, 척추측만증장애인으로 부르는 것이 바람직하지 않을까 싶다.

한편 제목도 다시 볼 필요가 있다. 제목에서 '꼽추'가 아니라 '귀머거리', '벙어리'이면 어떨까? 〈노트르담의 귀머거리〉, 〈노트르담의 벙어리〉라고 하면 어떤가? 나름 괜찮을 듯싶지만 귀머거리와 벙어리는 장애인들이 거부감을 갖는 용어다. 꼽추도 표준말이지만 거부감이 드는 것은 마찬가지다. 〈노트르담의 척추장애인〉이라고 하면 딱딱하다고 여길지 모른다. 그렇다면 〈노트르담 드 파리〉라고 원작 제목대로 번역하는 것이 바람직할 것이다.

마지막으로 사랑의 관점에서도 다시금 살펴볼 부분이 있다. 빅토르 위고의 『노트르담 드 파리』는 장애인의 지고지순한 사랑을 다룬 작품의 고전적인 원형이 되었다. 그런데 획일적인 작품의 양산으로 나타난 것은 아닌지 고민해볼 필요도 있다. 아름다운 미인, 그리고 추한 외모의 콰지모도. 이 둘은 절대 이루어질 수 없는 사랑의 주인공들이었다. 이룰 수 없는 사랑과 그의 굽은 등은 상통하는 비극적 사랑의 상징이었다.

이후의 많은 작품들이 희생적인 비극적인 사랑의 주인공으로 척추장애인, 척추측만증장애인을 등장시켰던 것이다. 지고지순한 비극적 사랑이라는 이름으로 감동을 유도하기 위해서다.

사랑은 멋진 공주와 왕자만 하는 것은 아니므로 애니메이션 〈슈렉〉과 같이 발상의 전환을 하는 것도 좋을 듯싶다. 즉, 기존의 〈노트르담의 파리〉 내용을 뒤집는 내용의 작품이 나올 때도 되었다는 말이다.

58 영화 〈조제, 호랑이 그리고 물고기들〉의 현실적 결말?

조제, 호랑이 그리고 물고기들
(ジョゼと虎と魚たち : Josee, 2003)

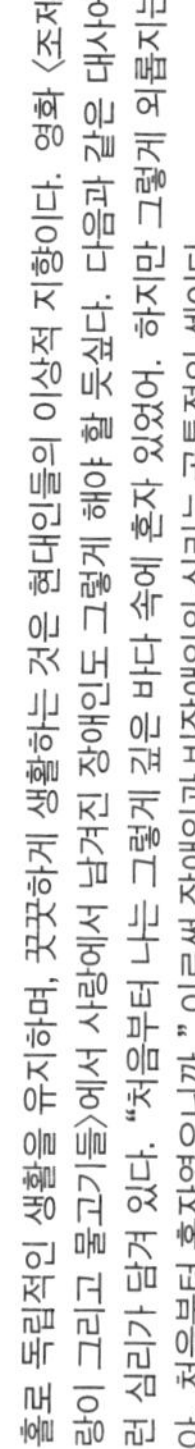

홀로 독립적인 생활을 유지하며, 꿋꿋하게 생활하는 것은 현대인들의 이상적 지향이다. 영화 〈조제, 호랑이 그리고 물고기들〉에서 사랑에서 남겨진 장애인도 그렇게 해야 할 듯싶다. 다음과 같은 대사에 이런 심리가 담겨 있다. "처음부터 나는 그렇게 깊은 바다 속에 혼자 있었어. 하지만 그렇게 외롭지는 않아. 처음부터 혼자였으니까." 이로써 장애인과 비장애인의 심리는 공통적인 셈이다.

"세상에서 제일 무서운 걸 보고 싶었어. 좋아하는 남자가 생겼을 때, 안길 수 있으니까. 그런 사람이 나타자니 않는다면, 평생 진짜 호랑이를 볼 수 없다고 생각했어."

이누도 잇신 감독의 〈조제, 호랑이 그리고 물고기들(ジョゼと虎と魚たち, 2003)〉은 2004년 10월 29일, 국내에 소개될 때는 참 보기 힘든 영화였다. 이 영화를 상영하는 극장은 전국에 다섯 개 개봉관에 불과했다. 하지만 독립영화임에도 불구하고 3개월 이상의 롱런 상영을 했다. 개봉 1주년을 맞이하여 2005년 10월 29일 시네큐브에서 재개봉했고, 2005년 장애인 인권영화제 개막작으로 선정됐다. 이 영화가 상을 받았던 이유 중에 하나는 결말 때문이었다. 요점은 이것이었다. 하반신을 못 쓰는 장애인 여성과 비장애인 남성이 사랑에 빠지면 어떻게 될까? 이러한 내용을 담은 이 영화는 현실적 결말이라는 평가가 많았다. 어떤 결말이기에 그런 것일까? 이를 위해 〈조제, 호랑이 그리고 물고기들〉이 어떤 내용을 담고 있는지 살펴보자.

마작 게임방에서 아르바이트를 하는 대학생 츠네오(츠마부키 사토시 분)는 한 할머니가 끌다 놓친 낡은 유모차와 마주친다. 그 할머니는 소문의 주인공이었다. 무슨 소문일까? 그것은 할머니가 끄는 유모차 안에는 이상한 것이 들어 있을 것이라는 소문이었다. 과연 그 유모차 안에는 무엇이 들어있을까? 그 안에는 이상한 괴물이나 동물이 있는 것이 아니었다. 이 유모차 안에는 소녀 조제(이케와키 지즈루 분)가 타고 있었다. 할머니가 조제를 유모차에 태우고 선천적으로 다리가 불편한 손녀를 산책시켜 주고 있었던 것이다.

이 인연으로 조제의 집에서 밥을 먹게 된 츠네오는 기막힌 밥맛을 잊지 못해 그 집을 다시 찾게 된다. 자연스럽게 서로 친구가 된 두 사람은 갈수록 알게 모르게 서로에게 관심이 깊어진다. 츠네오는 조제의 독특한 매력에 점점 빠져든다. 하지만 조제는 비장애인 츠네오를

부담스러워 하고, 이 때문에 두 사람은 잠시 떨어진다. 할머니가 갑작스럽게 돌아가셨다는 소식을 들은 츠네오는 다시 조제를 찾는다.

　이를 계기로 거짓말 같은 사랑이 두 사람 사이에 이루어져 간다. 츠네오는 조제의 다리가 되어 그와 함께 반복적 일상에서 탈출한다. 그러나 어둡고 칙칙한 해저에서 올라온 조세를 대하는 츠네오는 점점 힘들어한다. 조제는 츠네오에게 현실이 될 수 없는 것일까? 항상 이루어달라고 빌어야 할 꿈이나 영원히 실현될 수 없는 판타지에 불과했던 것인가? 등에 업힌 조제의 무게가 느껴지면서 츠네오는 점점 지쳐가고 모종의 선택을 한다. 이러한 선택이 사실적 결말을 맺었다는 평가가 나오도록 한 모양이다.

예정된 슬픈 결말

이별의 순간, 조제는 츠네오를 담담히 떠나보내고 츠네오는 일상적 출근이라도 하는 듯 자연스레 집을 나선다. 집 밖에서 기다리고 있던 옛 여자 친구와 함께 말을 하며 걸어가던 츠네오는 갑자기 주저앉으며 길가에서 통곡한다. 그 순간 츠네오의 독백이 이어진다.

"담백한 이별이었다. 여러 가지 이유를 댈 수 있지만, 사실은 단 하나뿐이었다. 내가 도망쳤다."

그리고 카메라는 쌩쌩 달리는 차도 건너편에서 멀찍이 바라만 보고 있다. 이러한 결말에 애써 이의를 달지 않거나 관객이 받아들이는 것은 이미 어느 정도 그 결말이 예정되어 있었다고 생각하고 있었기 때문일 것이다. 비장애인이 장애인을 버리는 것이 현실적이라는 말이다. 그런 차원에서 조제와 츠네오가 서로를 떠나보낼 때에 영화나 텔레비전에서 보이는 구체적이고 드라마틱한 이별의 이유는 존재하지 않는다. 예정되어 있었던, 누구나 짐작하고 있었던 것이기 때문이다.

이 영화가 꾸준한 사랑을 받은 것은 '절제돼 있으면서도 슬픈 멜로 영화'라는 입소문이 가장 크게 작용했다. 배우들의 눈물이 홍수를 이

루는 다른 멜로영화나 지루한 점이 가장 큰 단점인 다른 일본 영화와
는 달리 〈조제, 호랑이 그리고 물고기들〉은 '쿨(Cool)'하면서도 슬픈 사
랑 이야기를 선보이기 때문이다.

　이누도 잇신 감독은 "슬픔은 절제됐을 때 더 아프다."라고 했다.
사실 영화는 매우 슬픈 결말을 예고하고 있고, 그것을 실제로 보여준
다. 하지만 영화 속에서 감정을 전달하는 방식은 '눈물 없는 슬픔'이
다. 눈물을 흘려버리면 그건 관객의 상상력을 차단하고 슬픔을 중간
에 끊어버린다. 요컨대, 이 영화는 슬픔을 직접적으로 드러내지 않음
으로써 관객 스스로 느끼게 만든다.

희망은 관념을 넘어선다

또한 조제가 자신의 생활을 능동적으로 꾸려가는 모습을 물고기 굽는
모습을 통해 희망이라는 이름으로 상징화하고 있다. 그러나 조제는
비정상인과 사랑에서 실패하고 그대로 상처를 받았지만 심해의 물고
기로 가라앉지 않았다. 조제는 세상 밖으로, 어둠 속으로 숨는 대신 세
상과 마주선다.

　즉, 더 이상 업어줄 사람이 없는 조제는 혼자 장을 보러 나가고, 열
심히 요리를 한다. 전동 휠체어에 몸을 싣고 장을 본다. 집에 돌아온
조제는 그녀가 그토록 사랑했던 물고기를 굽는다. 불판 위에서 몇 번
의 전복을 당한 물고기는 접시에 담겨진다. 또 다시 꿋꿋하게 바닥으
로 돌아간 조제는 접시를 집어든다. 츠네오와의 사랑이 조제에게 세
상과 마주할 수 있는 용기를 준 셈이다. 그런데 한편으로 츠네오와 조
제가 헤어진 것이 현실적인 결말일까 하는 생각이 들기도 한다. 언제
나 영화에서 현실적이라고 생각하는 것은 실제 현실에서는 현실이 아
닌 것일 수도 있기 때문이다.

　개인적으로 아는 분이 결혼을 했다. 그녀는 어린 시절 소아마비에 걸려 다리를 전다. 거꾸로 영화 속 조제의 모습이 그녀를 볼 때마다 드러나곤 했다. 조제가 외부와 단절한 채 자기만의 세계에서 외부에 폭력으로 대항하듯. 그녀는 그 다리 때문에 육체적으로 심리적으로 어린 시절부터 고생을 많이 했다. 그 심정이야 남모를 일이다. 절대로…. 하지만 남편이 되는 이는 그녀보다 다섯 살 어린 사람이면서 비장애인이다. 그렇다고 얼굴에 이상이 있는 사람도 아니다. 매우 미남이고 하객들은 신랑을 칭찬하기 바빴다. 신체적으로나 정신적으로 츠네오에 버금간다. 어쩌면 처음에 조제와 같이 그녀는 그의 사랑을 받아들이지 않았는지 모른다. 상처와 결말을 무서워했기 때문이다. 하지만 둘은 수많은 하객의 박수와 축복 속에 봄을 맞아 결혼을 했다. 그리고 아이를 낳았다.

　우리 현실에서는 비장애인과 장애인은 얼마든지 사랑을 이룰 수 있다. 오히려 그런 사람은 의외로 많다. 현실적인 결말이라는 평가는 오히려 현실을 우리의 인식 속에 가두고 〈조제, 호랑이 물고기들〉로 현실의 가능성을 내버리는 것은 아닐지 생각해보게 만든다.

59 넌 어느별로 돌아가니

성원(星願, 2001)

장애는 멜로물에서 애절한 연인의 사랑을 극적으로 강화시켜주는 역할을 한다. 때론 현실에서 사랑을 이루지 못한다. 그렇다면 그대로 끝나야 하는 것일까. 장애인과 비장애인의 사랑은 〈조제, 호랑이 그리고 물고기들〉과 같이 현실적인 이유를 들어서 항상 좌절로만 끝나야 하는 것일까. 대중문화 혹은 영화는 대중들의 꿈을 담고 있다. 장애를 넘고자 하는 꿈은 영상으로 반영된다. 그것이 황당하다 해도 그 속에 담긴 꿈과 소망을 읽어내야 하겠다.

“내가 어찌할 수 없이 당신은 사라져 가시네요.”

사실 이 영화를 여기에서 살펴볼 필요가 있는지 의문일 수 있다. 우선 이 영화는 대중통속극이다. 대중통속극 속에 장애인 캐릭터가 등장하는 것은 타당하지 않는가. 더구나 장애인 영화의 범주에서 볼 때 장애인 문제나 장애인의 삶이 중심에 있어야 하는데 불행하게도 이 영화는 그러한 범주에 들어가지 못한다. 그렇다고 해서 의미가 전혀 없는 것은 아니다. 장애인도 대중통속극, 멜로의 주인공이 되고 싶어하며 때로는 대리만족을 통해 감정의 순환을 기하고자 한다. 물론 그 욕구를 다 채워줄 수 있는가는 따져보아야 할 문제이다.

별에 소원을? 왜 제목이 성원인가? 우선 한·중·일 모두 별에게 소원을 비는 풍습이 있고, 별똥별이 떨어지면 누군가가 죽었다는 의미도 있다. 성원(Fly to me Polaris)의 ‘북극성에게 날 보내줘’라는 원제목에는 북극성을 중심으로 세상을 보는 중국인의 사상이 담겨있다고 본다. 중요한 것은 그들이 별똥별을 보고 소원을 빌었다는 사실이다. 그것은 함께 삶을 영위하는 염원이었다.

홍콩멜로 영화가 국내에서 흥행을 거두기는 힘들었던 시절, 〈성원(星願, 2001)〉은 〈첨밀밀〉에 이어 가장 나은 관객 동원력을 보인 작품이었다. 이 영화의 여주인공 장백지는 스타덤에 올랐다. 괜찮은 영화라고 알려진 탓일까, 2002년 일본에서는 〈별에 소원을(星に願いを-)〉이라는 제목으로 리메이크 되었다.

멜로의 주인공

대략적인 내용은 사랑하는 여인을 두고 떠나야 하는 남자와 사랑하는 애인을 떠나보내야 하는 여성의 애절한 러브스토리다. 언어능력과 시력을 상실한 남자와 그를 돌봐주던 간호사 사이에서 사랑이 싹트면서

본격적인 이야기는 시작된다. 그렇게 사랑으로 충만하고 인생에서 가장 행복했던 한순간에 난데없이 남자는 교통사고를 당한다. 그는 불행하게도 그 교통사고로 죽게 된다. 사랑하는 사람과 이별하게 된 것이다. 하지만 그는 사랑하는 여인 앞에 영혼으로 다시 나타나게 된다. 어떻게 보면 황당하고, 유치하지만 결코 유치하지 않은 결말을 맺기 때문에 한 번쯤 살펴볼 필요는 있겠다.

구체적으로 보면, 양파(임현제 분)는 만질 수 있고 들을 수는 있지만 앞을 볼 수 없고, 말을 하지 못한다. 그는 어린 시절 부모를 잃었고 형제조차 없기 때문에 언제나 외롭다. 하지만 그는 언제나 삶과 세상, 그리고 다른 사람들을 따뜻하게 바라보고 희망을 꿈꾸며 살아간다.

희망적인 삶을 꾸려갈 수 있도록 만드는 근원인적인 힘은 그에게 어떤 것과도 바꿀 수 없을 듯싶은 초란(장백지 분)이 있기 때문이다. 초란은 자신이 입원해 있는 병원의 간호사이지만, 언제나 돌봐주는 도우미이자 자신의 고민을 들어주는 하나뿐인 친구 같은 존재다. 단순히 친구의 감정을 넘어서서 양파는 초란에게 뜨거운 사랑의 감정을 품게 된다. 하지만 아직 자신의 마음속에 있는 애절한 사랑은 그녀에게 고백을 하지 못했다. 초란은 사회 초년생이라 덤벙거리지만 항상 환자들을 돌보는 일을 사랑한다. 그녀는 양파의 머리를 한 달에 한 번 깎아 주는 날을 매우 좋아하고, 항상 곁에서 자신을 응원해주는 양파를 오빠 같이 의지한다.

간호사 초란은 매일 밤 들려오는 색소폰 소리를 좋아한다. 하지만 그 연주를 누가 하는지 모른다. 사실은 그 색소폰 소리의 주인공은 양파인데 말이다. 그러던 어느 날, 양파는 야간 근무를 가는 초란을 병원까지 데려다주고 되돌아오다가 교통사고를 당한다.

깨어난 양파. 하지만 그는 이미 세상 사람이 아니었다. 그는 이제 영영 사랑하는 사람을 보지 못하는 불귀의 객이 된 것이다. 양파는 죽은 영혼들이 모이는 곳에 도착하게 된다. 그런데 그곳에서 약간은 황당한 설정이 등장한다. 특별할인행사 혹은 특별사은행사라고 해야 할까? 백만 번째 입장객이 된 양파에게 천사는 소원 한 가지를 들어준다는 말을 한다.

천사의 말에 양파는 초란에게 마지막 인사를 전하고 싶다고 말한다. 천사는 소원을 들어주고 양파는 그 말을 하러 이승으로 내려간다. 그러나 천사는 양파에게 경고를 한다. 다시 내려간 이승에서 양파는 전혀 다른 사람으로 보일 거라는 것. 유성 쇼가 시작되는 시간이 돌아와야 할 것. 다시 내려온 이승, 초란과 병원 사람들은 양파의 장례를 치르고 있다. 양파는 오열하는 초란의 모습을 바라보며 안타까워한다.

한편 초란은 양파의 갑작스러운 죽음 뒤 자신이 양파를 사랑하고 있었다는 사실을 뒤늦게 깨닫는다. 그리고 병원 곳곳에서 그의 자취를 느끼게 된다. 결국 초란은 양파에게 사랑한다는 말조차도 못하고 떠나보낸 것을 매우 가슴 아파한다.

양파는 초란에게 돌아온 자신의 존재를 밝히려 한다. 하지만 그럴 때마다 몸에 이상이 생겨 번번이 못하고 만다. 우여곡절 끝에 양파는 자신의 보험금을 관리하는 보험회사 직원 탁지만의 이름을 빌어 그녀 앞에 나타난다. 하지만 자신이 양파라는 사실을 밝힐 수 없기는 마찬가지였다.

그녀에게 편지를 쓰지만 글씨도 남지 않는다. 모두 이미 세상을 떠난 사람이기 때문에 금지된 것이다. 말을 할 수도 적을 수도 없는 사자의 한계다. 그는 초란에게 자신의 사랑을 전할 수 있는 방법이 없어 안타깝기만 하다. 더구나 오해만 사서 탁지만(양파)을 좋지 않게 보는 초란은 그녀를 좋아하는 의사와 가까워지는 지경에 이르게 된다. 더구나 양파는 이제 하고픈 말은 하지 못한 채 다시 하늘나라로 돌아가야 할 시간은 가까워 오는데….

불가능할 것 같은 그들의 만남, 그러나 양파와 초란은 우여곡절 끝에 다시 만난다. 어떻게 그들은 온갖 장애를 뚫고 만날 수 있었을까? 그들이 다시 만나게 되는 장면은 이 영화의 가장 중요한 대목이기 때문에 자세하게 볼 필요가 있다. 여주인공을 사랑하는 이는 주인공 양파뿐만 아니라 의사(소영강 분)도 있다. 양파는 자신이 초란을 사랑할 수 없고 곁에 있을 수 없다는 사실을 절감한다. 그래서 차라리 그 의사에게 초란을 양보하기로 한다. 그러면서 의사에게 초란의 마음을 얻는 방법을 알려주겠다고 한다. 그리고 이윽고 양파가 초란에게 불었던 색소폰 소리가 울려 퍼지기 시작한다. 그 소리를 듣고 뛰어나간 초란. 그러나 거기에는 양파가 아니라 의사가 색소폰을 연주하고 있었다. 의사 선생을 안는 초란! 그러나 곧 괴로워하고 고민하는 의사의 모습이 반전으로 다가온다. 고민하던 그는 마침내 색소폰을 연주한 것은 자신이 아니라 탁지만이라는 사실을 알리고 만다.

그때서야 이상한 행동을 했던 탁지만이 양파라는 사실을 알게 되는 초란. 그러나 이제 몇 시간 후에는 이별해야 한다. 헤어져야 할 시간을 알리는 유성 쇼의 시작이 머지않았던 때였다. 그런데 둘은 그들

의 공통된 소원을 인식하게 되면서 더 애절한 감정을 공유하게 된다. 즉, 이별의 순간을 앞두고 예전에 별똥별을 함께 보며 빌었던 그와 그녀의 두 번째 소원이 모두 '그, 그녀와 함께 평생 사는 것'이었음을 알게 된다, 하지만 무심하게도 유성 쇼가 시작되고 둘은 이별을 한다.

장애인의 죽음과 극적 효과

이 영화가 주는 감명의 요인에는 몇 가지 이유가 있다. 장백지의 순수한 연기나 설정 자체 때문일 수 있지만, 양파가 자신이 양파라는 사실을 알릴 수 없는 제한상황이라는 비극적 상황도 한몫하고 있다. 양파가 초란을 사랑하는 마음을 우리에게도 동질감을 느끼게 하는 라디오라는 매체를 통해 표현한 점, 별똥별에게 소원을 빈다는 동일한 풍습, 심금을 울리는 색소폰 연주 자체에 빠져들었을지도 모른다. 배경음악도 그런 요소를 제공한다.

영화음악이 영화 내용과 별개의 경우가 많은데 이 작품은 내용과 관련이 많다.

별에게 비는 소원 － 장백지

이제 제 자신을 진정시켜야겠네요.
내가 울먹이는 것을 누가 보지 못하도록 말이에요.
당신에겐 관심이 없는 척,
생각이 나지 않는 척 했지만
용기가 없었기 때문이랍니다.
마음이 너무 아파 숨을 쉴 수 없어요.
당신이 머물렀던 흔적을 찾을 수가 없답니다.
눈을 커다랗게 뜨고 당신을 지켜보건만
내가 어찌할 수도 없이 당신은 이 세상의
끝으로 사라져 가시네요.
제가 강해져야만 하나요?
아무리 애를 써도 당신의 따스함을 느낄 수 없는데
알려주세요.
제 별자리가 어딘지,
그곳엔 끝이 있는지요.
이렇게 유성에게 소원을 빌어
당신에게 제가 사랑하고 있다는
사실을 알려드리고 싶답니다.

이 노래에서는 자신이 얼마나 사랑하고 있는지를 별을 통해 알리고 싶다는 마음을 담고 있다. 뜻하지 않은 이별을 당한 연인들의 가슴 아픈 사연을 담았다.

이 영화는 장애인 관점에서는 어떤 의미가 있을까? 장애인 멜로 영화는 드문 편이다. 〈성원〉은 장애인 남성과 비장애인 여성의 사랑

이야기다. 장애인 남성을 등장시켜 사랑과 이별을 다룬 점이 이채롭다. 어떻게 보면 동양의 정서와 할리우드 영화 문법이 만난 영화다. ⟨사랑과 영혼⟩의 짝퉁 같지만, 멜로 영화로써 작품의 얼개를 잘 갖추고 있다. 뻔한 최루성 영화임에도 감동의 여운을 준다. 이는 ⟨사랑과 영혼⟩과 같이 복수를 위한 영화가 아니라 애절한 이별−멜로의 요소에 충실하면서도 짙은 휴머니즘을 담고 있기 때문일 것이다.

다만, 장애인 남성이 꼭 죽었어야 하나 싶기도 하다. 살아남아서 행복할 수는 없는 것일까? 언어장애와 시각장애를 갖는 남성 캐릭터를 등장시킨 것은 아무래도 극적 비극성을 더욱 강화하기 위한 장치일 것이다. 다른 면에서 생각했을 때, 자연은 인자하지 않다는 노자의 말을 기억할 수도 있겠다. 불행은 그 경중을 가리지 않고 언제나 찾아온다. 하나이든 겹쳐서 오든.

문명은 인간과 동물을 장애의 사물로 만든다?

워낭소리(2008)

근대 이전에는 천도(天道)와 영성(靈性)을 매우 중요하게 생각했다. 생명은 우선되었고, 결핍이 존재도 우대되었다. 근대 이후 자본주의는 눈물과 이윤을 중요하게 여겼다. 천도와 영성에 따른 경향이 치세는 사라졌다. 따라서 생명과 결핍의 존재는 부차적이 되었다. 장애인과 가축은 효율과 경제성의 관점에서 자신의 땅에서 쫓겨나고 수단화되었다. 그래서 둘은 동병상련의 연대 속에 있다. 그것은 자본주의 속 모든 생명에게 해당한다.

"소가 아픈데도 이걸 해놓고, 이거 때라고 이걸 때놓고 살라고… 영감 할 매 그래 때놓고 살라고 나무 땔감을 저렇게 해놓고 갔자는겨…!"

2009년 초 영화 〈워낭소리〉가 폭발적인 반응을 얻었다. 제목이 말해 주듯 주인공은 '소'였다. '워낭'은 말이나 소의 귀에서 턱 밑으로 늘여 단 방울을 말한다. 소나 말이 움직일 때마다 이 워낭이 움직이면서 소리를 낸다. 그래서 워낭소리다. 소리는 살아있는 존재의 상징이다. 움직일 때마다 소리가 나기 때문에 그 존재를 확인할 수 있고, 다른 존재에게 자신의 존재를 스스로 확인시킬 수 있다. 영화 〈워낭소리〉는 영화 자체가 워낭소리다. 영화가 하나의 워낭이 내는 소리처럼 소의 존재를 알리기 때문이다. 영화가 잊혀져버린 소의 의미를 다시 한 번 되새긴다고 할 때, 그 의미는 사람에서 비롯된다. 이 때문에 영화의 테마를 엄밀하게 말하면 사람과 소의 관계라고 할 수 있다. 매우 오랜 기간을 소와 인간은 떼어 내려 해도 뗄 수 없는 관계를 이루었다. 소는 인간이 없으면 의미를 찾을 수 없다. 어느새 소와 인간은 하나의 공동운명체가 되었다. 그러나 현대 산업자본주의에서 그러한 돈독한 관계는 무너지게 되었다. 그것은 단지 소의 위기만을 의미하는 것은 아니며, 인간의 위기이기도 했다. 그 둘은 공동운명체이기 때문이다. 그래서 더욱 워낭소리의 노인은 늙은 소를 버리지 못하고 부여잡고 있었는지도 모른다. 늙은 소를 버리는 것은 효율성이 없다고 폐기하는 것인데, 결국 소를 버리는 것은 장애를 지닌 노쇠한 자신을 버리는 것이기 때문이다. 자본주의 사회에서 사람도 장애를 얻기 쉽고, 노쇠하면 쫓겨나는 일이 다반사이니 말이다.

소의 추방, 인간의 위기

영화에서 인상적인 부분은 광우병 쇠고기 반대 시위현장을 노부부와 소가 지나가다가 함께 그 광경을 멀거니 쳐다보는 장면이었다. 2008 년 한해 소에 대한 담론이 넘쳐났는데, 우려스러웠던 것은 전체적인 담론이 소를 하나의 먹을거리로만 여긴 것이었다. 소는 '안전한 먹을 거리인가, 그렇지 않은가'로만 판단되었다. 미국 소는 미친 소이고, 한 우는 안전한 먹을거리라는 홍보가 이를 상징한다. 결국 소는 먹을거 리에 불과하다는 결론에서 미국 소와 한국 소는 같았다. 이제까지 한 국인의 전통적인 정서에서 소는 단순히 먹을거리만이 아니라 한 가정 의 식구로 받아들여졌다. 또한 부를 불러오고 화를 막는 존재였고 덕 을 상징하기도 했다.

영화 〈워낭소리〉가 사람들을 감동시킨 것은 평생을 주인을 위해 일해준 소를 차마 시장에 팔지 못하고 마지막 임종을 지켜주며 땅에 묻어준 점이다. 즉, 소의 죽음과 장례를 카메라에 담았던 것이 역설적 으로 감동의 힘을 발휘했다.

〈워낭소리〉에서 이 소는 15년밖에 되지 않는 평균 수명을 훌쩍 넘 어 마흔 살까지 농사일을 하며 주인과 끈끈한 정을 유지했다. 주인은 소 덕분에 9남매를 교육시켰다. 또 주인은 소와 함께 하루 일과를 시 작하고 한 해 한 해를 살아왔다. 영화는 소가 사람보다 더 나은 존재라 는 점을 부각시키기도 하고, 사람에게 소는 백여만 원의 고기 값으로 도 매길 수 없는 가족구성원이었음을 도드라지게 했다. 결과적으로 소의 죽음은 소 주인인 할아버지의 삶 자체를 위협했다. 이렇게 사람 들은 동물을 의인화시키거나 동일시한다.

2008~2009년 인기를 끌었던 다큐멘터리에는 동물들이 빈번하게 등장했다. 다큐 〈북극의 눈물〉에서 주인공은 북극이 아니라 북극곰이 었다. 〈북극의 눈물〉이라는 제목은 감성을 자극하기에 충분하다. 이 뉴이트족과 북극곰, 동물과 인간 사이의 관계가 핵심이라고 볼 수 있 다. 북극곰의 위기는 단순히 곰이라는 동물의 위기가 아니라 인간의 위기였다. 다큐 〈한반도의 공룡〉도 공룡이라는 동물을 다루었다. 이

콘텐츠는 공룡을 하나의 오락영화에 등장하는 괴수로 그린 것이 아니었다. 사람과 같은 일생을 지닌 존재라는 점에 초점을 맞추고 있다. 작은 공룡이 성장하고 성숙하며 전성기를 누리다가 마침내 생을 마감하는 일대기적인 서사구조를 통해 인간과 공룡을 함께 같은 이성과 감정이 있는 존재로 여기게 했다.

다큐 〈공룡의 땅〉은 한반도의 공룡들을 사실적으로 부활시키면서 높은 시청률을 기록했다. 한반도 공룡 콘텐츠가 암시하는 것도 결국 공룡의 멸종이 인간의 최후를 암시하고 있는지 모른다. 인류도 지구의 지배자였던 공룡처럼 한순간 사라져 버릴 수 있다는 불안의식은 공룡에 대한 관심과 연구를 증대시켜왔다.

인간의 장애를 극복시킨 가축들

최근 이렇게 동물에 관한 콘텐츠가 대중적인 주목을 끌고 있는 이유는 무엇일까? 지금의 산업구조와 경제위기라는 상황이 이러한 주목을 낳게 한지도 모른다. 동물은 단순히 동물과 밀접하게 떼어놓을 수 없는 존재이다. 생태적인 측면에서 하나의 고리로 연결되어 있다는 점을 인기 콘텐츠들을 보여주고 있다. 나약한 존재일수록 그 나약함을 보강하는 존재를 원한다. 어린 아이들이 호랑이와 사자 그리고 공룡에 몰입하는 이유가 여기에 있다. 그들은 그것이 자신을 해칠 것이라 생각하지 않고 자신을 보호해주리라 생각한다. 그래서 막상 동물원에서 동물들이 자신들에게 달려들 때 엄청 놀라며 세계관적 파기의 경험을 하게 된다. 어디 어린이들만 그럴까? 동물에 대해서 회귀하는 것은 성인들도 마찬가지인데 그것은 소에 대한 향수에서 드러난다. 소는 인간보다 우월한 힘을 가지고 있으면서 인간이 시키는 대로 원하는 일을 해내는 존재이다. 산업자본주의에서 무력감을 느끼는, 혹은 자신의 통제력을 행사할 수 없을수록 자신의 말을 잘 들으면서 원하는

것을 해주는 존재에 경도된다. 가축은 인간에게 이러한 존재이다.

영화 〈워낭소리〉는 에너지를 소진시키고 환경오염을 낳는 기계와 화학물질이 없이도 인간이 자연과 함께 공존할 수 있었던 과거의 삶에 대한 향수를 자극한다. 〈북극곰의 눈물〉은 북극곰과 이뉴이트족을 통해 야생의 삶을 동경하게 하면서도 생태학적 공존이 위기에 이르렀음을 우리의 시선으로 보여준다. 그 핵심 가운데 하나는 에너지 문제다. 소가 단순히 먹을거리로만 전락한 것은 역설적으로 에너지를 석유와 석탄에서 얻으면서부터다. 오바마 미국 대통령은 그린에너지 계획을 의욕적으로 추진하고 있다. 오바마 노믹스는 근본적으로 경제와 산업 패러다임을 바꾸는 가운데 강대국으로 다시금 발돋움하려는 것이다.

분명한 것은 인간이 지금의 산업구조와 경제시스템으로 멸종했던 공룡과 똑같이 되지 않으리라는 보장이 없다는 점이다. 산업과 경제 패러다임의 근본적인 이동은 에너지를 석유에너지 문명에서 그린에너지 문명으로 전환시키는데서 출발한다. 그것은 동물과 인간, 자연과 사람이 공존할 수 있는 환경적 조건을 담보하는 것이다. 〈워낭소리〉에는 우리가 지향해야 할 경제모델이 담겨 있는지 모른다.

이제까지 거론한 내용을 통해 우리는 '장애'에 대해서 정리할 수 있다. 우선, 동물은 인간의 부족한 부분을 채워주는 존재이다. 인간보다 우월하지만 인간을 해치지 않고 힘이 되어줄 것 같은 존재들에게 감정이입을 하여 선망의식을 보이는 것이 사람이다. 인간은 기본적으로 동물에 비할 때, '장애'의 존재이다. 인간은 다른 동물에 비해 약하고 여린 존재이며 결핍된 존재이다. 그러한 인간을 도와주는 것이 동물이고, 반려자 같은 존재가 가축이다. 물론 대부분의 인간들은 그러한 가축의 고마움을 도외시하기 일쑤지만 말이다.

두 번째, 산업화 시대의 자본가들에게 장애인은 골칫덩어리이자, 추방의 대상이었다. 그러나 과거 전통사회에서 장애인은 골칫덩어리도 추방의 대상도 아니었다. 왜냐하면 느림의 전통사회에서는 장애인들도 할 일이 있었고, 작게라도 생산의 주체였다. 하지만 고효율을 요구하면서 인간을 압박하는 자본주의 사회에서 장애인들은 생산의 기회조차도 박탈당했다. 모든 것을 투입과 산출에 따른 이익을 중심에 두었기 때문이다. 약하고 결핍된 인간을 도와주던 가축들도 그 생산의 현장에서 배제되었다. 그나마 농업은 장애인들이 남아있을 수 있는 공간이기도 했다. 그건 바로 동물 – 가축이 있었기 때문이다. 이것이 영화 〈워낭소리〉와 무슨 관련이 있을까?

영화의 주인공 최원균 할아버지는 밭을 갈 때면 거의 끌다시피 한다. 세심한 관객들은 그 같은 장면을 볼 수 있었을 것이다. 영화에 몰입하지 않고 그 장면들을 인식하지 않으면 기억도 나지 않을 만큼 순식간에 흘러간다. 왜 그렇게 움직이는 것일까? 나이가 들어 다리에 힘이 없어서일까? 그 이유는 이렇다. 할아버지는 여덟 살 때 한쪽 다리의 힘줄이 늘어져 평생 장애를 안고 살아왔다. 침을 잘못 맞아서 힘줄이 늘어졌다고 한다. 하지만 일부 장애인 전문가는 소아마비에 걸린 다리였다고 지적하기도 했다. 다리에 이상이 있다고 느껴서 침을 맞았는데 더욱 악화가 되었는지도 모를 일이다.

하지만 그는 장애인이 아니고 농부였다. 소가 옆에 있기 때문이다. 소는 그의 직업을 상징했다. 늙은 소가 끌어주는 작은 수레를 타고 움직일 수 있었고, 생산하는 사람이 되었다. 이렇게 전통사회에서 장애인은 모두 자신의 직업이 있었고 그것을 통해 먹고 살았다. 요컨대, 할아버지가 단순히 장애인이 아니고, 농부로 생산 활동이 가능했던 것은 바로 소 때문이었다. 사실 전통사회에서 많은 장애인들은 농업에 종사하면서 생산 활동을 벌였다. 느리고 작은 양이라도 노동을 할 수 있고 생산물에 기여할 수 있었다. 그것은 농업은 생태학적 에너지 체계 안에 있기 때문에 가능했다.

만약 소가 없었다면 그는 장애인 그 자체로 남아있었을 것이다. 그러나 그는 소를 통해 농사를 지으면서 9남매를 키웠다. 우직한 늙은 소가 한 집안을 먹여 살린 셈이며, 수많은 사람 생명을 잉태시키고 길러낸 셈이다. 영화에서 갖은 고생을 다한 사람은 할머니인데, 만약 소가 없었다면 할아버지와 같이 살지 않았을지도 모른다. 진즉 이혼하거나 야반도주를 했을지도 모른다. 그러나 할아버지는 소를 통해 노동하는 가장이었고, 생산물을 얻어 아이들을 키우는 등 집안을 건사했다. 소를 부리는 것은 아내가 할 수 없는 유일한 가부장적 권위를 세워주는 것이므로 더욱 할아버지에게는 포기할 수 없는 것이며, 그로써 가족의 권력구조에서 할아버지를 위치 세우기 때문에 소의 중요성은 더욱 배가 되었다. 그러나 소를 부릴 수 없는 존재라면, 결국 할머니의 잔소리에 먹혀버렸을 것이다.

농업의 위기, 장애인의 위기

영화의 주요 내용과 극적인 결말은 바로 그런 고마운 소와 이별하는 장면이다. 소와의 이별은 존재 기반의 상실을 의미했다. 소가 없으면 할아버지는 온전한 결핍의 존재로 돌아간다. 무엇보다 소의 죽음은 농업의 붕괴를 의미하는 것이기도 하다. 소와 농부의 땀으로 길러진

9남매는 농사를 짓지 않고 있다. 소 그리고 할아버지의 사라짐은 농업의 소멸을 말하는 것이기도 하다. 또한 자본주의 시대의 장애인의 처지를 말하는 것이기도 하다. 자본주의 사회는 장애를 갖는 사람들에게 고도의 생산과 효율성, 경제성을 요구하는 점을 생각할 때 할아버지와 같은 장애인에게 농업은 마지막 피신처이자, 생산의 장이었다. 농업이 있는 한 그들은 장애인이 아니었다.

피신처였던 농촌 경제의 붕괴는 근근이 농업에 종사하며 살고 있는 장애인에게 치명적이다. 그들이 세계농업시장 개방에 맞서서 경쟁력 있는 농산물을 생산하라는 정부정책에 얼마나 부응할 수 있을까? 그것에 부응하지 못한다면 소와 같은 운명이 아닌가? 어디 인간에게만 자본주의 문명의 발달이 영향을 미칠까? 농업시대의 '영웅' 소는 자본주의 산업시대 속에서 장애에 걸린 존재가 되었다. 따라서 잡아먹어야 하는, 한낱 고깃덩어리, 즉 인간의 입을 즐겁게 하는 사물에 불과해졌다. 결국 문명은 '자연적 존재들', 그 자체로 소중한 존재를 모두 장애의 존재로 만들어버리는 것이 아닌가? 영화 〈워낭소리〉는 그 점을 은연히 품고 있었던 것은 아닐까?